Artemis & Winkler

Mircea Eliade und Ioan P. Couliano

Handbuch der Religionen

Unter Mitwirkung von H. S. Wieser

Artemis & Winkler

Aus dem Französischen übertragen von Liselotte Ronte
Mit Literaturangaben von David J. Krieger

Titel der französischen Ausgabe:
Dictionnaire des religions
© 1990 Plon Paris

ISBN 3-7608-1048-9

Ich sage euch, in Seiner Weisheit war Er nicht geneigt,
mehr zu geben,
und Er wollte es auch nicht.
Warum Er es nicht wollte, ich weiß es nicht.
Er aber, Er weiß es.

ALBERTUS MAGNUS (1206–1280), *Opera* XXVI, 392.

Kānā fi'l-imkan abda 'mimmā kān.
In der Macht des Allerhöchsten steht das, was ist.

AL-BIKĀ Ī (1404–1480), *Tahdim al-arkān,* fol. 48a.

Inhaltsverzeichnis

Vorwort

Im Mai 1975, nach zwei Semestern, die ich als Student in Chicago zugebracht hatte, sprach Mircea Eliade zum ersten Mal mit mir über den Plan dieses Handbuches, doch der Vertrag sollte erst einige Jahre später unterzeichnet werden. Eliade war zu sehr damit beschäftigt, die *Geschichte der religiösen Ideen* zum Abschluß zu bringen, und er dachte auch nicht mehr daran bis zum Jahre 1984, als wir in Paris und in Groningen noch zwei ausführliche Gespräche darüber führten. Damals wollte Mircea Eliade die *Geschichte* in einem Band zusammenfassen, gewissermaßen zu einem Überblick über die Religionen für den fachlich nicht vorgebildeten Leser, doch nahmen ihn andere Projekte wie z. B. die Arbeit an der *Encyclopedia of Religion*, die der Verleger Macmillan in New York herausbringen wollte, zu sehr in Anspruch. Damals schwebte ihm vor, Wörterbuch und Abriß der Religionsgeschichte in einem einzigen Band zusammenzufassen, auf daß die Lektüre der einzelnen Kapitel nicht weniger angenehm und instruktiv wäre als die des «Romans der Geschichte der Religionen», den zu schreiben Eliade nicht mehr genügend Zeit verblieb.

Es gibt in der Tat gewiß genügend Wörterbücher der Religionen, entweder Zusammenfassungen eines einzelnen Verfassers oder aber Arbeiten einer Gruppe von Autoren (vgl. hierzu die nachfolgenden bibliographischen Anmerkungen). Es versteht sich jedoch von selbst, daß es ein ungeheuerliches Unterfangen ist, ein Wörterbuch der Religionen herauszugeben, das sowohl (vom wissenschaftlichen Standpunkt aus gesehen) korrekt als auch leicht zugänglich ist, es sei denn, der oder die Verfasser verfügten über einen Filter, der es ihnen ermöglicht, das

System der Religionen im ursprünglichen Licht darzustellen. (Doch ist es dann nicht mehr als wahrscheinlich oder gar unvermeidlich, daß der einseitige oder persönliche Charakter eines solchen Werkes früher oder später den Verfassern von der Kritik zum Vorwurf gemacht wird?) Zweifellos besaß Mircea Eliade seinen eigenen hermeneutischen Filter sowie eine unvergleichliche Erfahrung im Erforschen der Religionen. Außerdem verfügte er über eine große Neugier, die ebenso selten anzutreffen ist wie seine methodologische Wendigkeit. Am Ende seiner Karriere beneidete er in der Tat jene Freiheit und jene Kreativität der Naturwissenschaftler im Vergleich zu den Historikern und anderen Gelehrten auf dem Gebiet der Geisteswissenschaften, deren Hemmungen er mit einem starken Minderwertigkeitskomplex zu erklären suchte. Es geht darum, in den umfassenderen Artikeln dieses Handbuches den *System*charakter der Religion deutlich zu machen, eine Konzeption, die sich, wenn auch in unterschiedlichen Formen, bei Mircea Eliade schon in seinen frühesten Arbeiten erkennen läßt. Und wenn die Einleitung die Beziehungen zwischen mehreren systemisch bedingten Methoden, deren Gegensätze bislang immer unterstrichen wurden, in einer neuen Perspektive zu zeigen scheint, so rührt dies daher, daß die Aussöhnung möglich und zweifellos auch unvermeidbar geworden ist. Besteht doch zwischen Methode und Methodologie der gleiche Abstand wie zwischen Naturwissenschaft und Technologie, und ähnliche Grundannahmen können durchaus zu weit auseinanderliegenden Ergebnissen kommen.

Die besonders geartete vorliegende Arbeit läßt sich nur schwer auf ein einziges Strukturprinzip festlegen. Sie benötigt klare überschaubare Angaben zu einer ganzen Reihe von Phänomenen, für die der Historiker keine Spezialkenntnisse vorzulegen vermag. Treu einem von Mircea Eliade häufig erwähnten Ideal, habe ich mich ständig bemüht, den Horizont meiner Kenntnisse in der Religionsgeschichte zu erweitern und die wesentlichen Bibliographien sämtlicher bekannter Religionen mit hineinzunehmen. Ohne die vielen Berichte, die ich seit 1974 in *Aevum, Revue de l'histoire des religions, History of Religions, Studi e Materiali di Storia delle Religioni, Journal for the Study of Judaism, Journal of Religion, Church History* und anderen veröffentlichte, wäre es mir unmöglich gewesen, das Projekt dieses Wörterbuches zu vollenden. Ebenso haben meine Kontakte mit bedeutenden Historikern und Philosophen in bestimmten Abschnitten meines Lebens meine Forschungen nachhaltig geprägt. An dieser Stelle möchte ich besonders erwähnen Ugo Bianchi in Mailand, Michel Meslin und Jacques Flamant in Paris, Maarten J. Vermaseren in Amsterdam von 1978 bis 1983, Moshe Barasch in Jerusalem, Carsten Colpe in Chicago im Jahre 1975, Hans Jonas, dem ich in New Rochelle, in Luxemburg und in Groningen begegnet bin, Hans Kippenberg, Florentino Garcia-Martinez und Hans Witte in Groningen, Michael Stone in Wassenaar, Gösta Ahlstrom, Dieter Betz, J. J. Collins und Adela Yarbro Collins, Wendy Doniger, Robert Grant, David Hellholm, Bernard McGinn, Joseph M. Kitagawa, Arnoldo Momigliano, Michael Murrin, Frank Reynolds, Larry Sullivan, David Tracy und Anthony Yu in Chicago und zahlreiche andere Kollegen und Freunde, deren Werk und/oder Gegenwart einen nachhaltigen Einfluß auf mich ausgeübt und es mir oftmals ermöglicht haben, jene dummen Fehler zu vermeiden, die jeder Generalist zu machen droht.

Vom 23. März 1986 bis zu seinem Tode am 22. April habe ich Mircea Eliade täglich gesehen. Bis zum 13. April haben unsere Arbeitsgespräche im allgemeinen diesem Handbuch gegolten. Ich habe ihm zwar vielerlei bibliographische Anmerkungen vorlegen können, doch war bis dahin noch kein einziger Artikel für dieses Handbuch niedergeschrieben worden. Da die *Encyclopedia of Religion* sich bereits im Druck befand und Mircea Eliade jeden Artikel darin durchgesehen hatte, beauftragte er mich, den Text für dieses Handbuch zu schreiben, und zwar an Hand der ersten drei Bände seiner *Geschichte der religiösen Ideen,* des vierten Bandes (eine gemeinsame Arbeit, für die noch viele Artikel geplant waren) und schließlich der *Encyclopedia.* Selbstverständlich hätte Mircea Eliade vor der Weitergabe an den Verleger mein Manuskript durchgesehen und abgeändert.

Unglücklicherweise war dies dem *Handbuch der Religionen* nicht mehr beschieden. Mircea Eliade weilt nicht mehr unter uns, um dieser Arbeit seine endgültige Zustimmung zu erteilen. Da er jedoch unbedingt auf der Verwirklichung dieses Projekts bestand, wollte ich ihn nicht im Stich lassen. Als die Arbeit über meine Kräfte zu gehen drohte, erörterte ich mit Madame Christinel Eliade die Möglichkeit, einen Mitarbeiter hinzuzuziehen. Ich war sehr froh und dankbar, in H. S. Wiesner, M. A. des berühmten Instituts für orientalische Sprachen an der

Universität von Chicago und M. A. in Religion an der Harvard-Universität, einen Mitarbeiter gefunden zu haben, dem die Werke Mircea Eliades und die Bibliographie verschiedener älterer und neuerer Zivilisationen des Mittleren Orients vertraut waren.

Im Verlauf der Arbeit, die wir in Wassenaar in den Niederlanden aufnahmen, als ich *Fellow in Residence* des *Netherlands Institute for Advanced Study* war – dem ich an dieser Stelle gern für die Aufnahme danken möchte –, beschlossen wir, noch einmal alle wichtigen primären und sekundären Quellen zu überprüfen, ehe wir einen Artikel niederschrieben. Unsere Arbeit nahm ihren Fortgang in Cambridge, Massachusetts, in Chicago, an der amerikanischen Universität von Kairo, in Andalusien, wo wir den maurischen Herrlichkeiten nachspürten, und in Amherst, Massachusetts, wo wir die Gastfreundschaft von Kurt und Dorothy Hertzfeld genießen und die ausgezeichnete Bibliothek des Amherst College benutzen durften. Die Vielfalt unseres Vorgehens erklärt hinreichend, warum der endgültige Text des Handbuches nicht vor Anfang 1989 vorliegen konnte. Doch die genaue und sorgfältige Überprüfung, der wir das gesamte Material unterzogen haben, gab uns zugleich die Gewißheit, daß auch Mircea Eliade unsere Arbeit gutgeheißen hätte, ohne sie allzu stark verändern zu müssen.

Doch das werden wir nie wissen. Aber jeder, der Mircea Eliade gekannt hat, wird sich an die außergewöhnliche Großzügigkeit dieses Mannes erinnern, dessen berufliches Streben einzig und allein darauf gerichtet war, die Disziplin der Religionsgeschichte zu fördern. Ich bin überzeugt, daß er mit Begeisterung alles angenommen hätte, was dieses Wörterbuch an methodisch Neuem aufweist; dennoch muß ich gleichzeitig die volle Verantwortung für den Inhalt und die Form übernehmen. Wenn er der geistige Urheber dieses Projekts ist, so hat Mircea Eliade doch keinerlei Anteil an den eventuellen Irrtümern seiner Verfasser.

IOAN P. COULIANO

Chicago, 5. Januar 1989

Bibliographische Anmerkungen

Es gibt eine große Anzahl von Wörterbüchern der Religionen. Das dem Umfang nach vollständigste Werk ist der *Dictionnaire des religions*, erschienen bei PUF (Paris 1984, 2. Aufl. 1985, 1838 Seiten) und herausgegeben von Paul Poupard unter Mitarbeit von mehreren Verfassern katholischen Glaubens.

Ein anderes Werk dieser Art (29 Verfasser), auf englisch erschienen und herausgegeben von John R. Hinnels, ist *The Facts on File Dictionary of Religions*, Facts on File, New York 1984, 550 Seiten, das gleichzeitig auch unter dem Titel *The Penguin Dictionary of Religions* bei Penguin Books (Harmondsworth 1984) herausgekommen ist. Es will andere ältere Überblicke ablösen wie *A Dictionary of Religion and Ethics* von Shailer Mathews und Gerald Birney Smith (Macmillan, New York 1921, 513 Seiten) oder *An Encyclopedia of Religion*, herausgegeben von Vergilius Ferm (The Philosophical Library, New York 1945, 844 Seiten; ungeachtet des Begriff «Enzyklopädie» im Titel handelt es sich hierbei doch mehr um ein Wörterbuch).

In englischer Sprache sei noch erwähnt: *A Dictionary of Comparative Religion*, herausgegeben von S. G. F. Brandon (Weidenfeld & Nicholson, London 1970, 704 Seiten). Unter den nach geographischen und chronologischen Gesichtspunkten zusammengestellten Werken gibt es Arbeiten wie *World Religions. From Ancient History to the Present* von Geoffrey Parrinder (Facts on File, New York-Bicester, 3. Aufl. 1983, erstmals erschienen 1971 unter dem Titel *Man and his Gods*, 528 Seiten), mit einem Überblick über einundzwanzig Religionen (oder Religionsgruppen). Außerdem haben wir Wörterbücher, die für ein breit gestreutes Publikum bestimmt und mit zahlreichen Abbildungen versehen sind, wie *The International Dictionary of Religion* von Richard Kennedy (Crossroad, New York 1984, 256 Seiten).

In deutscher Sprache liegt uns vor: *Religionswissenschaftliches Wörterbuch. Die Grundbegriffe*, herausgegeben von Franz König (Herder, Frankfurt 1956, 955 Seiten). Eine Neuausgabe (die vierte, herausgegeben und bearbeitet von Kurt Goldammer) des *Wörterbuchs der Religionen* von Alfred Bertholet und Hans Freiherr von Campenhausen (1952) ist 1985 erschienen (Kröner, Stuttgart, 679 Seiten).

Auf italienisch, französich und deutsch liegen allgemeine Religionsgeschichten vor, die von Spezialisten sämtlicher Fachgebiete herausgegeben worden sind. Das beste darunter ist die dreibändige *Histoire des Religions*, erschienen bei Gallimard in der «Encyclopédie de la Pléiade» und herausgegeben von Henri-Charles Puech (Paris 1970–1976, 1486 + 1596 + 1460 Seiten). Das weniger umfangreiche *Handbuch der Religionsgeschichte*, herausgegeben von Jan Peter Asmussen, Jürgen Lassöe und Carsten Colpe (3 Bände, Vandenhoeck & Ruprecht, Göttingen 1971–1975, 525 + 536 + 550 Seiten) ist von skandinavischen Wissenschaftlern (unter Mitwirkung von Carsten Colpe und Mary Boyce) verfaßt und dann ins Deutsche übertragen worden.

Das vorliegende *Handbuch der Religionen* ist von keiner der vorstehend erwähnten Arbeiten in irgendeiner Weise beeinflußt. Es geht so weit wie möglich unmittelbar von den Quellen und von den kritischen Bibliographien der dreiunddreißig untersuchten Religionen oder Religionsgruppen aus. Es orientiert sich an *The Encyclopedia of Religion* in 16 Bänden, herausgegeben von Mircea Eliade und erschienen bei Macmillan, New York 1987, und übernimmt im allgemeinen den Standpunkt der dreibändigen *Geschichte der religiösen Ideen* von Mircea Eliade (auf deutsch erschienen bei Herder, Freiburg 1978–1983) .

Am Anfang der meisten Bibliographien wird auf dieses Werk verwiesen, abgekürzt zitiert als GrI, unter Angabe von Band und Paragraphennummer; Eliade, GrI 1/61–69 verweist z. B. auf die Paragraphen 61 bis 69 des ersten Bandes.

Die Religion als System

Der Erkenntnistheoretiker Karl R. Popper hatte mehr recht, als er ahnte, das zu beklagen, was er die «Armut des Historizismus» nannte, denn die historischen Methodologien zögern noch immer, die mittlerweile schon geläufig gewordenen Begriffe zu übernehmen, die andere Geisteswissenschaften längst revolutioniert haben, Begriffe nämlich wie «System», «Komplexität», «Information». Sie sind heute allgemein bekannt, so daß wir darauf verzichten können, sie hier genauer zu definieren. Das Werk des französischen Mathematikers Benoît Mandelbrot hat durch den neu eingeführten Begriff des «Fraktals» außergewöhnliche Perspektiven für die Darstellung der mathematischen Eigenschaften von natürlichen Objekten eröffnet. Jede unendliche Verzweigung, die sich nach einer bestimmten Regel vollzieht, ist ein «Fraktal». Die Gedanken im Bereich meines Bewußtseins bringen diesen Text hervor, indem sie das Fraktal der französischen Sprache, dasjenige einer Fremdsprache und dasjenige der Gattung «Handbuch» sowie «Einleitung» benutzen, wobei sie gleichzeitig anderen latent wirksamen Befehlen gehorchen wie «einfach», «klar», «knapp», «ohne Anmerkungen», «eine fachlich nicht vorgebildete Leserschaft», «Umsicht» usw. Mein Blick wandert jedoch zum Fenster hinüber und sucht das Licht, das gleich in Dämmerung übergehen wird, und schon legt mir ein vertrauter Name ein Lächeln auf die Lippen. Mein Leben ist ein äußerst komplexes System von Fraktalen, ein System, das sich gleichzeitig innerhalb verschiedener Dimensionen abspielt. Einige davon will ich aufzählen, z. B. «Professor», «Kollege», «Nachbar» oder «Liebe», «Lektüre», «Musik», «Küche», und es dabei bewenden lassen. In jedem

Augenblick bestehe ich aus allen diesen und vielen tausend anderen Dimensionen, die noch nicht einmal im «Großen Duden» definiert sind und deren Kombinationen zahlenmäßig praktisch unendlich sind. Ein mathematischer Raum mit zahlenmäßig unendlichen Dimensionen wird «Hilbert-Raum» genannt. Nach dem amerikanischen Mathematiker Rudy Rucker kann ich mein Leben definieren als «ein Fraktal im Hilbert-Raum».

Dieser Tagesablauf in der Stadt Chicago ist ebenfalls, wenn auch ungleich viel komplexer, «ein Fraktal im Hilbert-Raum», und dasselbe gilt für die Geschichte dieser Stadt, die Geschichte des amerikanischen Westens, die Geschichte der Vereinigten Staaten von Amerika, diejenige der amerikanischen Kontinente und der gesamten Welt von den Uranfängen bis zum heutigen Tage. *Alle* diese Geschichtsabläufe, die ineinander übergreifen, sind unendliche Verzweigungen mit einer unendlichen Zahl von Dimensionen.

Wenn es schon möglich ist, Definitionen von solcher Allgemeingültigkeit zuzustimmen, die uns letztlich zu nichts zu verpflichten scheinen, so fällt es doch ungleich schwerer, die Vorstellung zu übernehmen, das Leben, dieses anarchische Phänomen par excellence, «bilde ein System». In Wahrheit geht mein Leben von einem binären Optionsmechanismus aus, denn in jedem Augenblick trifft es auf eine «Information», die ein «System» hervorbringt: Um 6 Uhr 35 morgens klingelt mein Wecker, und ich habe die Wahl, aufzustehen oder nicht. Wenn ich das tue, was für gewöhnlich der Fall ist, sehe ich mich vor die Alternative gestellt, zu duschen oder nicht, worauf die Alternative des Frühstücks kommt, die Frage nämlich, was ich essen will usw. Während dieser ganzen Zeit nehmen meine Gedanken einen durch meine Aktivitäten, meine Gefühle usw. festgelegten Verlauf, indem sie sich stets auf unendlich komplexe Situations- und Kommunikationsmodelle einstellen. Ich weiß, was mein Leben ist (ein Fraktal im Hilbert-Raum), aber es ist mir unmöglich, es in seiner ganzen Komplexität zu beschreiben, es sei denn, ich könnte es so wiedergeben, wie es ist. Ich kann mein Leben nur leben (was ich auch tue). Doch abgesehen davon stehe ich auch sonst vor grundsätzlichen Entscheidungen, die ich in jedem Augenblick treffen muß, diejenigen nämlich, die «systembildend» sind. Ich vermag sie zu beschreiben, wohlwissend, daß sie nur eine der Facetten eines unendlich komplexen Systems darstellen.

Aber in welcher Weise bildet die Religion ein System? Verfasser, die ansonsten sehr unterschiedliche Standpunkte vertreten, wie Emile Durkheim, Marcel Mauss, Georges Dumézil, Mircea Eliade und Claude Lévi-Strauss, waren alle der Auffassung, daß die Religion in bestimmte tiefgreifende *Strukturen* eingebunden ist. In seinem grundlegenden Werk *Die elementaren Formen des religiösen Lebens* (frz. 1912) stellt Durkheim fest, daß das religiöse System heteronom ist, und zwar in dem Sinn, daß es ein anderes System kodifiziert, nämlich das System der sozialen Verhältnisse innerhalb einer Gruppe. Georges Dumézil ist genau wie Durkheim bis ans Ende seines Lebens der Konzeption des Mythos als «dramatischen Ausdrucks» der fundamentalen Ideologie jeder menschlichen Gesellschaft (*Heur et malheur du guerrier,* S. 15) treu geblieben. In der wiederholt durchgeführten Analyse des Mythos von Asdival bei den Tsimshian-Indianern an der Nordwestküste Nordamerikas dagegen kommt Claude Lévi-Strauss zu einer Schlußfolgerung, die der von Durkheim und Dumézil diametral entgegengesetzt ist. Insbesondere schreibt er, daß «dieser Mythos ... alle Aspekte der sozialen Wirklichkeit systematisch in eine paradoxe Perspektive stellt» (Eingelöste Versprechen, S. 131). Dies wiederum bedeutet, daß für Lévi-Strauss das System der Religion im Verhältnis zum System der Gesellschaft autonom ist.

Trotz aller Unterschiede, die sie trennen, haben Mircea Eliade und Claude Lévi-Strauss das gemeinsam, daß sie beide die «Regeln» hervorheben, nach denen sich die Religion entwickelt, und damit auch ihren systemischen Charakter. Beide unterstreichen ferner die Autonomie der Religion gegenüber der Gesellschaft.

Doch wie ist es dann möglich, die Resultate dieser eher vagen Behauptung, nach der die Religion und alles übrige ein System bilden, in die Praxis umzusetzen? Tatsächlich handelt es sich hier nicht um eine neue Entdeckung; sie besagt zunächst einmal nur, daß die gegebenen Tatsachen der Religion *synchron* sind, ihre diachrone Verteilung aber einen Vorgang darstellt, dessen Ursachen und Gründe keiner genaueren Analyse bedürfen. Wenn man aber daran geht, sie näher zu analysieren, muß immer wieder auf neue Dimensionen unendlich komplexer Fraktale zurückgegriffen werden. So gesehen, hat die Religion keine «Geschichte», und die Geschichte zu einem ganz bestimmten Zeitpunkt läßt sich nicht durch eine «Religion» definieren, sondern nur durch einige unvollständige Bruchstücke einer Religion. Zunächst einmal ist eine Religion nämlich ein unendlich komplexes System und dann erst derjenige Teil dieses Systems, der sich im Laufe der Geschichte herausgeschält hat. Also ist nur ein verschwindend kleiner Teil dieses Fraktals in einem bestimmten Augenblick gegenwärtig, den wir als «Jetzt» bezeichnen können. Das «Jetzt» des Buddhismus ist wesentlich eingeschränkter, als es der Buddhismus selbst jemals gewesen ist – und noch weiter sein wird, während dieser wiederum wesentlich reduzierter ist bezogen auf das System des Buddhismus, wie er sich idealerweise darstellt (d. h. einschließlich sämtlicher möglicher Verzweigungen des Fraktals, wie sie sich durch seine Prämissen, seine Existenzbedingungen usw. herausgebildet haben).

Wir müssen noch einmal betonen, daß diese Betrachtungsweise nicht neu ist. Die christlichen Häresiologen wie Irenäus von Lyon oder Epiphanias von Salamis und die arabischen Doxologen wie al-Nadim und Shahrastani hatten schon die gleiche systemische Konzeption von der Religion, wußten sie doch sehr genau und zeigten dies auch auf Schritt und Tritt, daß jede Häresie die Variante einer anderen ist und daß sich die verschiedenen religiösen Lehrmeinungen nach klar erkennbaren Regeln überschneiden. Und wer weiß besser als der christliche Dogmenhistoriker, daß alle diese Ideen, für die Menschen bereit waren, sich gegenseitig umzubringen, sich eine aus der anderen ableiten lassen nach ganz bestimmten Mechanismen, denen außerhalb des menschlichen Bewußtseins keinerlei «Realität» entspricht, Mechanismen also, deren Funktion es zu sein scheint, nach bestimmten Prämissen, die sich ihrerseits wiederum von ungewissen Vermutungen herleiten, Gedanken bis ins Unendliche zu zerkleinern? Es ist unmöglich (auf empirischem Wege) zu ergründen, ob Jesus Christus Gott-Vater gleichgestellt oder untergeordnet ist. Wenn aber weder das eine noch das andere zutrifft, wie sieht dann die hierarchische Ordnung der beiden genau aus? Doch es ist durchaus möglich, alle in Frage kommenden Lösungen des Problems *vorauszusagen,* wenn wir die Fakten des Systems kennen (in diesem Fall eine göttliche Trinität, die aus drei «Personen», zumindest aber aus drei Gliedern mit individuellen Namen besteht), also *alle* möglichen Lösungen des Problems, die in der Tat durchaus nicht «historisch» sein müssen (obgleich sie verschiedene Persönlichkeiten zu unterschiedlichen Zeiten erwähnen), da sie synchron im System gegenwärtig sind. Anders ausgedrückt, noch ehe es einen Arius oder Nestorius gibt, *weiß ich,* daß es einen Arius oder Nestorius geben wird, denn ihre Lösungen sind Bestandteile des Systems, und eben dieses System erdenkt einen Arius und erdenkt einen Nestorius in dem Augenblick, da Arius und Nestorius ihrerseits das System zu erdenken glauben. Und was für die Christologie und die Mariologie gilt, trifft auch auf jedes andere System zu, einschließlich der Wissenschaft und der Wissenschaftstheorie und selbst auf die systematische Analyse eines jeden dieser Systeme.

Hier ist nicht der Ort, sich näher mit den Folgen dieser systemischen Perspektive zu befassen. Doch wie ist die Tatsache zu rechtfertigen, daß sie in ein einfaches Handbuch, in ein Nachschlagewerk übernommen worden ist? Wir haben sie übernommen, weil sie dem Leser erlaubt, sich mit den Mechanismen vertraut zu machen, welche die verschiedenen Aspekte einer Religion bilden. Doch es ist selbstverständlich, daß die systemische Analyse erst dann zur Anwendung kommen konnte, als die Komplexität der Fakten dies zuließ wie zum Beispiel im Fall des Buddhismus, des Christentums und des Islam. Da der für den Beitrag über die Grundelemente einer Religion vorgesehen Raum zu knapp bemessen war, haben wir uns auf eine synthetische Darstellung beschränkt und dabei so gut wie möglich die wichtigsten primären und sekundären Quellen berücksichtigt.

Dieses Wörterbuch stellt sich dem Leser also mindestens in drei Dimensionen oder Ebenen dar: In der Ebene eines «objektiven» Überblicks, der die wesentlichen Bestandteile zahlreicher Religionen umfaßt; in der «literarischen» Ebene, die jedem Leser erlauben soll, wenn auch nicht den «Roman» der Geschichte der Religionen zu lesen, wie Mircea Eliade das vorgesehen hatte, so doch wenigstens eine Abfolge von Berichten, die sich auf ein und dasselbe Thema beziehen; und schließlich in der Ebene einer Strukturanalyse der religiösen Systeme mit ihren Übereinstimmungen und Unterschieden. Wie das Licht der Lampe sich auf den Bildschirm legt, so entfernen sich meine Gedanken von dem Rechner, und zurück bleiben diese gedruckten Seiten, und die drei Dimensionen dieses Buches werden bei jedem Schritt sichtbar. Bücher haben nun einmal ihr eigenes Leben, und dieses Leben ist nichts anderes als ein Fraktal im Hilbert-Raum.

Literatur

Ioan P. Couliano, Mircea Eliade, Assisi 1978.
Ders., Gnoses dualistes d'Occident, Paris 1990.
Georges Dumézil, Mythos und Epos. Die Ideologie der drei Funktionen in den Epen der indoeuropäischen Völker, Frankfurt 1988.
Emile Durkheim, Die elementaren Formen des religiösen Lebens, Frankfurt 1984 [frz. 1912].
Mircea Eliade, Die Religionen und das Heilige. Elemente der Religionsgeschichte, Frankfurt 1986.
Ders., Die Sehnsucht nach dem Ursprung, Frankfurt 1976.
Ders., Das Heilige und das Profane. Vom Wesen des Religiösen, Frankfurt 1984.
Günter Lanczkowski, Einführung in die Religionswissenschaft, Darmstadt 1980.
Claude Lévi-Strauss, Strukturale Anthropologie, 2 Bde., Frankfurt 1977.
Ders., Eingelöste Versprechen. Wortmeldungen aus dreißig Jahren, München 1985.
C. Scott Littleton, The New Comparative Mythology. An Anthropological Assessment of the Theories of Georges Dumézil, Berkeley/Los Angeles 1966.
Niklas Luhmann, Die Funktion der Religion, Frankfurt 1982.
Rudy Rucker, Mind Tools. The Five Levels of Mathematical Reality, Boston 1987.

Die Religionen der Welt

Die vorgeschichtlichen Religionen

Der Begriff «Vorgeschichte» bezeichnet die unermeßlich lange Zeitspanne zwischen dem Auftreten der ersten Vorfahren des Menschen (vor mindestens 6 Millionen Jahren) bis hin zum örtlich begrenzten Erscheinen der Schrift. Die ältesten vorgeschichtlichen Überreste, die für eine religiöse Interpretation geeignet sind, werden heute etwa um 60 000 v. Chr. datiert. Im allgemeinen haben sich zwei Methoden herausgebildet: Entweder werden analoge Modelle bekannter Religionen von schriftlosen Völkern herangezogen, oder aber man verzichtet auf jedwedes Modell. Die Religionsgeschichte kann nur den ersten Weg gehen, so unvollkommen er auch sein mag. Sie ist bemüht, den geistigen Horizont der Völker aus der vorgeschichtlichen Zeit nachzubilden anhand der Bedeutung, die nach der ethnographischen Erforschung der verschiedenen Völker den archäologisch belegten Bräuchen zugeschrieben wird, wie zum Beispiel der Beerdigung in Embryonalhaltung oder ganz allgemein der Bestattung der Toten. In der Tat ist es legitim, ja sogar unabdingbar, davon auszugehen, daß es keine menschlichen Handlungen geben kann, die nicht irgendeinen Sinn hätten. Jedem Bestattungsbrauch muß also eine Glaubensvorstellung zugrunde liegen, die ihn notwendig macht. Da wir über eine Vielzahl von Kenntnissen und Informationen verfügen, die den Sinn des Begräbnisses zu erläutern suchen (es soll das Wachsen eines neuen Lebewesens sicherstellen, ein «Pflanzen»dasein, das ein Überleben im Jenseits in sich schließt, die Auferstehung usw.), ist anzunehmen, daß der vorgeschichtliche Mensch ihm eine Bedeutung beigemessen hat, die sich mit den uns bekannten Deutungen annähernd deckt. Selbstverständlich aber hat die Anwendung analoger Modelle eine Grenze, und sie wird uns nie einen unmittelbaren Zugang zur vorgeschichtlichen Welt ermöglichen.

Die unter dem Namen *Neandertaler* bekannte Menschenrasse, die um 30 000 v. Chr. verschwand, glaubte zweifellos an eine Art von Überleben ihrer Toten, die, auf der rechten Seite liegend und den Kopf nach Osten gewandt, begraben wurden. In den Grabstätten des mittleren Paläolithikums sind primitive Geräte aus Quarz und Roteisenstein gefunden worden. Einige Schädel sind in einer Weise verformt, die den Gedanken an ein Herauslösen des Gehirns nahelegt.

Die sogenannte «Kunst» des Altpaläolithikums besteht aus den berühmten steatopygischen Venusstatuetten («mit Fettsteiß»), die häufig stark betonte Geschlechtsmerkmale aufweisen, und aus den Felszeichnungen, die im allgemeinen tierähnlich, eigengestaltig waren, aber auch durchaus menschliche Formen haben konnten. Die Figuren mit Masken in den französisch-kantabrischen Höhlen hat man als einen Hinweis auf «schamanische Sitzungen» gedeutet.

Im Mesolithikum schien das Jäger- und Sammlerdasein die Wirtschaftsform zu bestimmen, bis dann die Haustierhaltung und die Entdeckung des Nährwerts von wildem Getreide hinzukamen. Aus dem Mesolithikum sollen auch die typisch männlichen Institutionen stammen, in denen der Mensch das Verhalten von fleischfressenden Raubtieren nachahmte. Noch zu Beginn der siebziger Jahre dieses Jahrhunderts tauchte die ethologische Fiktion auf, nach der dieses Verhalten noch sehr viel älter gewesen sein soll und zur Menschheitsentwicklung mit beigetragen haben könnte. Einige Ethologen gingen so weit, anzunehmen, die mörderische Aggressivität wäre unserer Rasse zum Verhängnis geworden. Dabei handelt es sich um reine Hypothesen, die einzig und allein auf bestimmten Vorstellungen bestimmter Wissenschaftler zu bestimmten Epochen beruhen. Nach jüngsten Erkenntnissen hat das Verhalten der Jäger die Menschheitsgeschichte nicht wesentlich beeinflußt. Ein Verhaltensforscher wie Konrad Lorenz ging in seinem Mißtrauen dem Menschen gegenüber so weit, ihm als einzigem Lebewesen unter den Tieren die sehr relative Eigenschaft zuzuschreiben, es mangele ihm an Hemmungen, die ihn veranlaßten, seine Artgenossen nicht zu töten. Diese Einstellung ist von Wissenschaftlern wie E. O. Wilson aus den Reihen der Soziobiologie selbst widerlegt worden.

Dem Mesolithikum sind verschiedene wichtige Erfindungen zuzurechnen: der Bogen, das Seil, das Netz, die Barke. Wenn man noch, wie etwa die neodarwinistische Soziobiologie, die wirtschaftliche Spezialisierung der Geschlechter aufrecht erhält, so gebührt das Verdienst, den Ackerbau eingeführt zu haben, allein den Frauen. Die «neolithische Revolution» findet um 8000 v. Chr. statt. Um 7000 herum taucht eine neue, auf Getreideanbau gegründete Wirtschaftsform in den Ländern des Mittelmeerbeckens auf, in Italien, auf Kreta, in Griechenland, in Südanatolien, in Syrien und in Palästina (der «fruchtbare Halbmond»). Die Ackerbaukultur verändert den Lebensrhythmus und die religiösen Glaubensinhalte sehr nachhaltig. Bei den Jägern ist das Schicksal des Menschen sehr eng mit dem des Wildes verbunden. Bei den Ackerbauern wird die Vegetation zum Gegenstand der mystischen Zusammengehörigkeit, das Getreide im Mittelmeerbecken und in Zentralamerika, die Knollengewächse in Südostasien und im tropischen Amerika. Durch den Ackerbau rückt die Frau mit ihren Geheimnissen wieder in den Mittelpunkt der Religion: Sie wird verglichen mit der nährenden Erde; ihre Schwangerschaft ist das Symbol des keimenden Lebens der Nachkommenschaft und der Wiedergeburt; ihr Menstruationszyklus wird in Verbindung gebracht mit allen Zyklen in der Natur wie denen des Mondes, der Gezeiten, der Pflanzen und der Jahreszeiten. Im Mittelpunkt der Religion stehen Göttinnen, Abkömmlinge der altsteinzeitlichen Venusfiguren. Bei den Ausgrabungen von Hacilar, Çatal Hüyük, Jericho (um 7000 v. Chr.) wurden solche Statuetten gefunden, deren Zahl jedoch wächst in der Epoche, die Marija A. Gimbutas «das frühe Europa» nennt, d. h. von 6500 v. Chr. bis zu den Invasionen der Indoeuropäer. Doch die baltisch-amerikanische Wissenschaftlerin nimmt an, daß im frühen Europa zwanzigtausend Jahre lang, vom Paläolithikum bis zum Neolithikum und zum Chalkolithikum (Jungsteinzeit), eine matriarchalische matrilokale friedliebende Kultur geherrscht habe. Die Göttinnen erscheinen häufig in der Gestalt von Vogelfrauen oder Schlangen und haben ein stark ausgeprägtes Gesäß (das sehr oft dazu dient, auf phallischen Statuetten die Hoden darzustellen). Ihre Gefährten sind verschiedene Tiere wie der Stier, der Bär, der Bock, der Hirsch, die Kröte, die Schildkröte usw. Die Indoeuropäer, patriarchalische und gewaltsame Nomaden, sollen die religiösen Werte in den von ihnen eroberten Gebieten zerstört haben, ohne jedoch die alten Göttinnen abschaffen zu können, die unter dem Namen Artemis, Hekate oder Kybebe/Kybele auch weiterhin ihre eigenen Kulte und ihre gläubigen Anhänger hatten.

Die Eisenzeit führt mit der neuen Technologie zugleich auch eine sehr reiche Mythologie ein, welche die Metalle einer «landwirtschaftlichen» Behandlung unterwirft in Form eines Schwangerschafts- und Reifungsprozesses im Bauch der Erde. Hier stoßen wir auf die Keimvorstellungen der Alchimie.

Die mutterrechtlichen (matrilokalen) und eventuell gynäkokratischen Kulturen des Neolithikums haben an die 50 000 megalithische Denkmäler hervorgebracht, die in Portugal, Spanien, Frankreich, England, Norddeutschland, Schweden usw. gefunden worden sind. Sie umfassen Tempel, Grabstätten, Menhire, Stelen. Bei der Lektüre über die Morphologie dieser Monumente und die symbolischen Strukturen von vorgeschichtlichen Felszeichnungen kommt Marija Gimbutas zu der Schlußfolgerung, daß diese sich stets auf die Große Göttin beziehen, die in den Darstellungen oft das entsetzliche Aussehen der Totenkönigin annimmt. Diese Deutung ist zwar einleuchtend, hat jedoch keine übereinstimmende Zustimmung gefunden.

Literatur

Eliade, GrI 1/1–15.
Hans-Georg Bandi/Johannes Maringer, Kunst der Eiszeit, Basel 1952.
Carl Clemen, Vorgeschichtliche Religion, 2 Bde., Bonn 1932/33.
Hans J. Eggers, Einführung in die Vorgeschichte, München 1974.
Marija Gimbutas, Old Europe, in: Encyclopedia of Religion 11, 506–515.
Dies., Megalithic Religion: Prehistoric Evidence, ebenda 9, 336–344.
Herbert Jankuhn (Hg.), Vorgeschichtliche Heiligtümer und Opferplätze, Göttingen 1970.
Herbert Kuhn, Erwachen und Aufstieg der Menschheit, Frankfurt 1966.
André Leroi-Gourhan, Die Religionen der Vorgeschichte, Frankfurt 1981.
Hermann Müller-Karpe, Einführung in die Vorgeschichte, München 1975.
Ders., Handbuch der Vorgeschichte, 4 Bde., München 1969–1980.
Karl Narr, Urgeschichte der Kultur, Stuttgart 1961.

Die Religionen Afrikas

Klassifikation

Vor mindestens fünf Millionen Jahren wurde der Mensch in Afrika geboren. Heute beherbergt der Kontinent eine Vielzahl von Völkern, die über achthundert verschiedene Sprachen sprechen (von denen siebenhundertdreißig klassifiziert sind). Die Bewohner Afrikas wurden nach «Rassen» und nach «Kulturgebieten» eingeteilt, aber diese beiden Kriterien haben sich in den letzten fünfundzwanzig Jahren als nicht ausreichend erwiesen. Obwohl die Sprachgrenzen fließend und nicht unbedingt genau sind, ist die linguistische Einteilung allen anderen Möglichkeiten bei weitem vorzuziehen.

Joseph H. Greenberg hat 1966 vorgeschlagen, den afrikanischen Kontinent in vier große Sprachgruppen aufzuteilen, die ihrerseits aus mehreren Sprachfamilien bestehen. Die wichtigste unter ihnen ist die Kongo-Kordofan-Gruppe mit der nigero-kongolesischen Hauptfamilie, zu der als Unterfamilie auch die Bantusprachen gerechnet werden. Das Sprachgebiet Kongo-Kordofan erstreckt sich über Zentral- und Südafrika.

Eine zweite Sprachgruppe, zu der die Sprachen der Niloten, des westlichen Sudan und des Mittleren Niger gehören, ist die Nilo-Sahara-Gruppe.

Im Norden und Nordosten befindet sich das Gebiet der afro-asiatischen Gruppe, zu der die in Westasien gesprochenen semitischen Sprachen gehören: Ägyptisch, Berberisch, die Sprache der Kuschiten und die das Tschad wie die Haussasprache.

Die vierte Gruppe umfaßt die allgemein als «clic» bezeichneten Sprachen (so genannt nach den vier charakteristischen Lauten der

Buschmännersprache), der Greenberg den Namen *Khoîsan* gibt und die hauptsächlich von Buschmännern und Hottentotten gesprochen wird.

Die religiösen Grenzen decken sich nicht mit den Sprachgrenzen. Die nördlichen Länder sind stark geprägt durch die lange Geschichte des ägyptischen und berberischen Islam, wobei letzterer vorwiegend mit weiblichen Besessenheitskulten, die gern mit dem frühen griechischen Dionysoskult verglichen werden, und mit afrikanischen Zauberriten durchsetzt ist. Die Zentralfigur in diesem afro-islamischen Synkretismus ist der *Marabut,* dem *baraka* oder prophetische Wunderkraft verliehen ist. Vor dem Islam gab es den Judaismus der Berberstämme und das afrikanische Christentum, das mit der Ausbreitung der von Augustinus (354–430) bekämpften puritanischen donatistischen Lehre schon damals jenen Partikularismus der Berber ankündigte, der sie stets eine Religionsform wählen ließ, die nicht vollkommen mit der ihrer Herrscher übereinstimmte.

Im Westen liegen die Dinge anders. Den Senegal teilen sich die autochthonen Kulte Kreuz und Halbmond. Je weiter südlich man kommt, um so vielfältiger wird die Auswahl. In Guinea, Liberia, an der Elfenbeinküste, in Sierra Leone und in Benin nimmt der Synkretismus überhand. Die Mandäer sind islamisiert, doch das gilt nicht für die Bambara, die Minianka und die Senufo. Im nigerianischen Staatenbund gedeihen und blühen die autochthonen Kulte. Die Religion der Yoruba ist in dieser Region eine der wichtigsten.

Der Synkretismus beherrscht Äquatorialafrika und den von Portugiesen sowie britischen und holländischen protestantischen Missionen evangelisierten Süden. Im Osten wird der Synkretismus bei den Bantu von der Standarte des Propheten (Mohammed) beherrscht. Schließlich praktizieren die Stämme im Seengebiet (Azanda, Nuer, Dinka, Masai) ungeachtet der englischen Missionstätigkeit noch immer die Religion ihrer Vorfahren.

Angesichts einer solchen Vielfalt steht der Religionshistoriker vor einer schweren Wahl. Er kann sich sozusagen für die Vogelperspektive entscheiden und nirgendwo verweilen, wie zum Beispiel B. Holas in seinem Buch *Religions du monde: l'Afrique noire* (1964); er kann den Stoff aus phänomenologischer Sicht behandeln, ohne den geographischen und historischen Aufteilungen Rechnung zu tragen wie Benjamin Ray in *African Religions* (1976); schließlich kann er eine Anzahl von repräsentativen Religionen herausgreifen und diese einzeln beschreiben, indem er sie dabei einander vergleichend gegenüberstellt wie Noël Q. King in *African Cosmos* (1986). Jede dieser Möglichkeiten hat Vor- und Nachteile. Die einzige brauchbare Lösung in einem Nachschlagewerk wie dem vorliegenden ist der Versuch, alle drei zu kombinieren.

Doch bevor wir fortfahren, muß noch festgestellt werden, daß zwei charakteristische Züge, auch wenn ihnen keine universale Bedeutung zukommt, für zahlreiche autochthone Religionen Afrikas typisch sind: der Glaube an ein höchstes Wesen, meistens einen *deus otiosus*, der sich aus dem menschlichen Geschehen zurückgezogen hat und folglich im Ritual nicht mehr aktiv anwesend ist, und die Weissagung in zweifacher Weise, nämlich durch spiritistische Orakelsprüche und durch verschiedene *geomantische Methoden*, die selbst wohl von den Arabern zu stammen scheinen.

Die Religionen Westafrikas

Die Religion der Yoruba

Die Religion der Yoruba ist wahrscheinlich diejenige afrikanische Religion mit der größten Anzahl praktizierender Anhänger (über 15 Millionen) in Nigeria und den angrenzenden Gebieten wie etwa Benin. Vor kurzem hat eine zahlenmäßig recht große Gruppe von Afrikanisten es unternommen, ihre schier unerschöpflichen Feinheiten zu erforschen.

Noch zu Beginn dieses Jahrhunderts wurde die Yoruba-Gemeinschaft von einer geheimen Bruderschaft beherrscht, die den höchsten Repräsentanten der Staatsgewalt (den König) ernannte. Vor seiner Ernennung war der König in keiner Weise in irgend etwas eingeweiht, denn er gehörte dem Geheimbund der Ogbonis nicht an.

Als Mitglied dieses Geheimbundes mußte man eine den Profanen unverständliche Sprache sprechen und bestimmte hierarchische und monumentale Kunstformen beherrschen, die der breiten Masse der Yoruba nicht zugänglich waren. Eingebettet im Initiationsritus, bleibt uns der streng geheime Kult der Ogbonis verschlossen. Im Mittelpunkt: Onile, die Große Muttergöttin der *ile,* der Urwelt im Zustand des Chaos, noch ehe dieses geordnet wurde. Ile steht einerseits dem *orun* gegenüber, dem Himmel als Ordnungsprinzip, und andererseits der *aiye,* der bewohnten Welt, die entstanden ist aus dem Eingreifen des *orun* in *ile.* Während jeder die von den Bewohnern des *orun* angenommenen Gestalten, die *orisas,* denen allgemeinverständliche Kulte gewidmet sind, und den *deus otiosus* Olorum kennt, der in keinem Kult verehrt wird, bringt die Anwesenheit der *ile* das beunruhigende Geheimnis weiblicher Ambivalenz in das Leben der Yoruba. Die Göttin Yemoja wird von ihrem eigenen Sohn Orungang befruchtet, und die Produkte dieses Inzests werden in großer Zahl als Götter und Geister verehrt. Yemoja ist die Gebieterin der Yoruba-Hexen und Zauberinnen, die sie als Vorbild gewählt haben auf Grund ihres ungewöhnlichen und qualvoll verlaufenen Lebens. Mit Hexerei und Zauberei verbunden ist auch die Sterilität, für welche die Göttin Olokun, die Frau von Odudua, zuständig ist.

Mit Zauberei und Hexerei hat auch die Yoruba-Venus zu tun, die Göttin Osun, die Urheberin einer ganzen Reihe von Scheidungen und Skandalen. Sie erfand die magischen Künste, und die Zauberinnen und Hexen halten sie für eine der ihren.

Die geordnete Welt befindet sich stets abseits der *ile.* Der Schöpfer ist Obatala, der Gott, der das Embryo im Mutterleib erschafft. Mit ihm hat das *orun* den Gott der Orakel Orunmila in das *aiye* entsandt, dessen Weissagungswerkzeuge in den traditionellen Häusern der Yoruba noch heute zu finden sind. Die Ifa-Weissagung ist eine Form von Geomantie, die von den Arabern stammt. Sie umfaßt sechzehn Grundfiguren, deren Kombinationen ausschlaggebend sind für den Inhalt der Vorhersage. Der Wahrsager deutet den Spruch nicht; er beschränkt sich darauf, Verse zu rezitieren, die zu einem überlieferten Ritual gehören, etwa so wie die Kommentare des Yi-King, des alten chinesischen Wahrsagebuchs. Je mehr Verse der Wahrsager kennt, um so tiefer wird er von seinen Kunden verehrt.

Ein anderer bedeutender *orisa* ist Esu der Trickster, klein und ithyphallisch. Einerseits muß man über ihn lachen, andererseits weiß man aber auch, daß er betrügt; es ist also ratsam, ihn gnädig zu stimmen durch Tieropfer und Palmwein.

Der Patron der Schmiede, die überall in Afrika eine Sonderstellung einnehmen, die Einsamkeit und Argwohn, aber auch ambivalente magische Kräfte mit einschließt, ist der Kriegsgott Ogún. Dieselbe Ambivalenz finden wir in den Vorstellungen der Yoruba in Hinblick auf Zwillinge wieder. Die Anomalie einer Zwillingsgeburt bedeutet für die afrikanischen Völker ein Dilemma: entweder sie muß neutralisiert werden als Störung des Weltengleichgewichts (in diesem Fall sind ein oder beide Zwillinge zu beseitigen), oder sie erfreut sich ganz besonderer Verehrung. Die Yoruba behaupten, in ferner Vergangenheit hätten sie die erste Lösung vorgezogen, doch habe ihnen ein Orakel ausdrücklich die zweite befohlen. Zwillinge erfreuen sich bei ihnen ganz besonderer Aufmerksamkeit.

Wenn Obatala den Körper formt, so haucht Olodumare ihm den Geist *(emi)* ein. Im Tod kehren die Bestandteile des menschlichen Wesens zu den *orisas* zurück, die sie wieder auf die Neugeborenen verteilen. Es gibt jedoch unsterbliche Bestandteile, denn die Geister können zur Erde zurückkehren und sich eines Tänzers Egungun bemächtigen. Dieser überbringt dann den Lebenden die Botschaft der Verstorbenen.

Eine Zeremonie des Schreckens und der Freude zugleich ist der Gelede-Tanz, der auf dem Marktplatz stattfindet zu Ehren der Ahnfrauen, der Angst einflößenden Göttinnen, die es zu besänftigen gilt.

Die Religion der Akan

Das Volk der Akan gehört zur Sprachfamilie *Twi* und damit auch zur *Kwa*-Gruppe wie die Yoruba und bildet ein Dutzend unabhängige Königreiche in Ghana und an der Elfenbeinküste, von denen das Reich der Asante (Aschanti) wohl das bedeutendste ist. Die Klanordnung, acht matrilineare Einheiten, deckt sich nicht mit der politischen Ordnung. Die Aschanti haben, genau wie die Yoruba, ihren himmlischen *deus otiosus* Nyame, der aus der Welt geflohen ist wegen des unerträglichen Lärms, den die Frauen verursachen, wenn sie Jamsknollen zu Brei schlagen. In jedem Aschantihaus ist Nyame ein kleiner, in einem Baum errichteter Altar gewidmet. In seiner Eigenschaft als Schöpfergott wird er häufig neben der Göttin der Erde Asase Yaa angerufen.

Die Aschanti verehren die persönlichen Gottheiten *abosom* und die unpersönlichen Gottheiten *asuman* und rufen die Ahnen *asaman* an mit Hilfe kleiner Hocker, die mit Blut oder anderen Materialien geschwärzt sind. Die schwarzen Hocker im Hause des Königs sind bestimmt für die Opfergaben, die in regelmäßigen Abständen dargebracht werden. Die Institution des Königtums bei den Aschanti besteht aus einem König (Asantehene) und einer Königin (Ohenemmaa), die nicht seine Gattin oder Mutter ist, sondern aus dem matrilinearen Verband kommt, der die politische Gruppe kontrolliert.

Das zentrale religiöse Fest in allen Königreichen der Akan ist Apo, eine Zeit der Besinnung auf die Ahnen mit reinigenden und versöhnenden Zeremonien.

Die Weltensicht der Bambara und der Dogon in Mali

1951 schrieb Germaine Dieterlen in ihrem *Essai sur la religion bambara:* «Das Leben von mindestens neun Volksstämmen unterschiedlicher Bedeutung (Dogon, Bambara, Forgeron, Kurumba, Bozo, Mandingo, Samogo, Mossi, Kule) geht von ein und denselben metaphysischen wenn nicht religiösen Voraussetzungen aus. Gemeinsam ist ihnen das Thema der Schöpfung durch ein zunächst bewegungsloses Wort, das durch seine Vibration allmählich das Wesen und dann die Existenz der Dinge bestimmt; dasselbe gilt auch für die kosmische Spiralbewegung des Universums, die sich ständig weiter ausdehnt, und ebenso für die Vorstellung vom Menschen wie auch für die von der ursprünglichen Zwillingshaftigkeit als Ausdruck der vollkommenen Einheit. Die einen wie die anderen erkennen das Eingreifen einer göttlichen Erscheinung an, die manchmal als Erlöser, als Herr der Welt auftritt, dessen Gestalt überall identisch ist. Alle glauben an die Notwendigkeit der Weltharmonie sowie an die innere Harmonie der Lebewesen, da beide eng miteinander verbunden sind. Daraus folgert notwendigerweise der subtile Mechanismus der Unordnung, die wir mangels eines besseren Begriffs hier Unreinheit nennen und die stets begleitet ist von hochentwickelten reinigenden Bräuchen.»

In der Kosmogonie der Dogon sind die Urformen von Raum und Zeit als Zahlen im Schoße des Himmelsgottes Amma festgelegt. Yurugu, der bleiche Trickster Fuchs, führt die reale Zeit und den realen Raum ein. Nach einer anderen Version sind das Universum und der Mensch aus einer Urvibration hervorgegangen, die sich schraubenförmig von einem Mittelpunkt aus fortsetzt und deren Beginn von sieben Segmenten verschiedener Länge bestimmt wird. Verweltlichung des Menschen und Vermenschlichung der Welt, das sind die beiden Vorgänge, welche die Weltensicht der Dogon kennzeichnen. Nach G. Calame-Griaulé *(Ethnologie et langage)* «sucht (der Dogon) sein Gegenbild in allen Spiegeln eines vermenschlichten Universums, in dem jeder Grashalm, jede Mücke Träger eines ‹Wortes› ist». Bei den Bambara spielt das Wort dieselbe Rolle, wie Dominique Zahan *(Dialectique du verbe chez les Bambaras)* betont: «Das Wort stellt (...) eine Annäherung her zwischen dem Menschen und seinem Gott, und damit schafft es gleichzeitig eine Verbindung zwischen der objektiven konkreten Welt und der subjektiven Welt der menschlichen Vorstellung.» Das ausgesprochene Wort gleicht einem Kind, das zur Welt kommt. Es gibt mehrere Verfahren und Instrumente, welche die Geburt des Wortes durch den Mund erleichtern helfen: die Pfeife und der Tabak, die Benutzung der Kolanuß, das Feilen der Zähne, der Gebrauch von Zahnhölzchen, das Tätowieren des Mundes. Im Grunde ist es nicht ungefährlich, das Wort zu gebären, wird dadurch doch die Vollkommenheit des Schweigens gebrochen. Das Schweigen, das nicht ausgesprochene Geheimnis, stellt einen ursprünglichen Wert dar, der den Urzustand der Welt wiedergibt.

Im Anfang bedurfte es keiner Sprache, denn alles Seiende ging in ein «unhörbares Wort» ein, in ein unaufhörliches Schwirren und Raunen, das der harte, phallische und auf Bäumen lebende Schöpfer Bemba dem himmlischen, geläuterten, im Wasser lebenden Schöpfer Faro anvertraut hatte. Muso Koroni, die Gattin des Bemba, die Pflanzen und Tiere hervorgebracht hatte, war eifersüchtig, weil ihr Gemahl sich mit allen von Faro erschaffenen Frauen paarte. Deshalb verriet sie ihn ihrerseits, und Bemba verfolgte sie daraufhin, kriegte sie bei der Gurgel zu fassen und drückte ihr den Hals zu. Durch solch gewaltsame Behandlung seiner Gemahlin, die dem treulosen Gatten untreu war, bilden sich jene Einschnitte im ununterbrochenen sonoren Klangfuß, die für das Entstehen des Wortes und damit einer Sprache unbedingt notwendig sind.

Wie die Dogon so glauben auch die Bambara an den Verfall der Menschheit, und das Auftauchen der Sprache ist schon das erste Anzeichen dafür. Auf individueller Ebene ist der Verfall gekennzeichnet durch den *wanzo,* die gestörte verhexte Weiblichkeit des menschlichen Wesens, das im Zustand der Vollkommenheit androgyn ist. Das sichtbare Zeichen des *wanzo* ist die Vorhaut. Die Beschneidung entzieht dem androgynen Wesen seine weibliche Komponente. Von seiner Weiblichkeit befreit, begibt sich der Mann auf die Suche nach einer Frau, und so entsteht dann wieder die Gemeinsamkeit. Die körperliche Beschneidung findet bei der frühkindlichen Initiation *n'domo* statt, während es der Sinn der letzten von sechs aufeinanderfolgenden *dyows* (Initiationen), des *kore,* ist, dem Mann die geistige Weiblichkeit zurückzugeben, wodurch er aufs neue androgyn, d. h. vollkommen wird. Der *n'domo* kennzeichnet den Eintritt des Individuums in das gesellschaftliche Leben, der *kore* dagegen den Austritt, um so der gesamten göttlichen Fülle und Spontaneität teilhaftig zu werden. Auf ihren Mythen und Ritualen haben die Dogon und die Bambara eine ganze höchst subtile und vielfältige «Architektonik der Erkenntnis» errichtet.

Die Religionen Ostafrikas

Im ostafrikanischen Gebiet leben 100 Millionen Menschen, die den vier großen bereits erwähnten Sprachgruppen angehören und mehr als 200 verschiedene Gesellschaften bilden. Ein vereinfachtes Suaheli dient in diesem Gebiet als Verkehrssprache, doch die meisten Bewohner benutzen die Bantusprachen wie die Ganda, Nyoro, Nkore, Soga und Gisu in Uganda, die Kikuyu und Kamba in Kenia und die Kaguru und Gogo in Tansania. Die Religionen der Bantuvölker weisen einige gemeinsame Züge auf wie zum Beispiel die Gestalt des *deus otiosus,* des Schöpfers, den man sich, außer bei den Kikuyu, als eine sehr ferne Gottheit vorstellt, die in das alltägliche Geschehen nicht mehr eingreift. Folglich ist seine Anwesenheit im Ritual selten. Die aktiven Gottheiten sind die Heroen und die Ahnen, die häufig in ihren Heiligtümern angerufen werden von Medien, die im Trancezustand unmittelbar mit ihnen Verbindung aufnehmen. Grundsätzlich können aber auch die Geister der Toten das Medium besitzen. Deshalb ist es ratsam, sie versöhnlich zu stimmen und ihnen Opfergaben darzubringen. Mehrere Rituale verfolgen das Ziel, die Gesellschaft von bestimmten unreinen

Zuständen zu befreien, die herbeigeführt worden sind durch beabsichtigtes oder unbeabsichtigtes Übertreten der Ordnung.

Die Weissagung nach einem vereinfachten geomantischen Muster ist bei den meisten ostafrikanischen Völkern anzutreffen. Sie wird ausgeübt, um die binären Entscheidungen (ja/nein) zu erleichtern, einen Schuldigen ausfindig zu machen oder die Zukunft vorauszusagen. Da Zauberei als Ursache des Todes, der Krankheit oder eines schweren Schicksals angesehen wird, bedient man sich der Weissagung, um den Verursacher eines magischen Mißgeschicks aufzuspüren und zu bestrafen. Die Studie von E. E. Evans-Pritchard über die Asande erhellt die Verbindungen zwischen Hexerei und Orakeln.

Alle ostafrikanischen Völker kennen die Initiation im Pubertätsalter, die im allgemeinen bei den männlichen Kindern vielfältiger ist als beim anderen Geschlecht. Bei den meisten Bantuvölkern sind die Zirkumzision und die Labioresektion üblich. Häufig sollen die noch strengeren Initiationsriten für den Kriegerstand den Zusammenhalt der Geheimbünde untermauern, so etwa bei den Mau Mau der Kikuyu in Kenia, die eine wichtige Rolle bei der Befreiung des Landes gespielt haben.

Zu den nilotischen Völkern Ostafrikas gehören die Schilluk, die Nuer und die Dinka in der Republik Sudan, die Acholi in Uganda und die Ino in Kenia. Die Religion der Nuer und der Dinka kennen wir besonders gut durch die ausgezeichneten Untersuchungen von E. E. Evans-Pritchard und Godfrey Lienhardt. Wie auch andere Bewohner des Seengebiets (z. B. die Masai) sind die Nuer und die Dinka wandernde Viehzüchter. Dieser ökologische Tatbestand spielt in ihrer Religion eine wichtige Rolle. Die ersten Menschen und die ersten Rinder sind gleichzeitig erschaffen worden. Der Schöpfergott selbst nimmt nicht mehr an der Geschichte der Menschheit teil. Dem Menschen stehen die verschiedenen Geister, die er anrufen kann, und die Ahnen zur Seite.

In beiden Gesellschaften finden wir Männer, die mit dem Heiligen besonders eng verbunden sind und mit den Kräften des Unsichtbaren in Verbindung stehen: bei den Nuern die Leopardenpriester und bei den Dinka die Meister des Hakenspießes, die das Ritual der Rinderopfer ausführen, um so die Gemeinschaft von der Verunreinigung und den einzelnen von der Krankheit zu heilen, die ihn befallen hat. Die

Propheten der Nuer und der Dinka sind religiöse, von Geistern besessene Persönlichkeiten.

Die Religionen Zentralafrikas

Die Religionen der Bantu

An die zehn Millionen Bantu leben in Zentralafrika im Kongobecken, das sich von Tansania im Osten bis zum Kongo im Westen erstreckt. Durch die Arbeiten von Victor Turner (*The Forest of Symbols,* 1967; *The Drums of Affliction,* 1968) und von Mary Douglas (*The Lele of the Kasai,* 1963) sind heute die Lele und die Ndembu die bekanntesten unter ihnen.

Im Mittelpunkt der Bantureligionen stehen die spiritistischen Kulte und die magischen Sühnerituale; mit ersteren eng verbunden sind die geheimen Initiationsbünde, die von einigen Völkern, wie zum Beispiel von den Ndembu, entwickelt wurden, aber auch die weit verbreitete Institution der königlichen Orakel und der «Betrübniskulte», die den von Betrübnis heimgesuchten Lebewesen die bösen Geister austreiben sollen. Diese Geister sind manchmal Randerscheinungen, die verschiedenen ethnischen Gruppen angehören; sie bitten die Medien, sie in ihrer Sprache anzureden. Allen Bantuvölkern sind Zauberei und Hexerei als typisch weibliche Tätigkeiten unbekannt.

Der geschlechtslose Schöpfergott ist im allgemeinen ein *deus otiosus,* dem kein Kult gewidmet ist, der jedoch als Bürge beim Schwören des Eides angerufen wird.

Die Religion der Pygmäen

Die Pygmäen des Tropenwaldes gliedern sich in drei Hauptgruppen: die Aka, die Baka und die Mbuti aus Ituri in Zaire, die in den berühmten Büchern von Colin Turnbull geschildert werden, von denen *The Forest People* (1961) wohl zu den bekanntesten zählt. Von dem eifrigen Bemühen des Priesters W. Schmidt (1868–1954) beeinflußt, der bei allen Völkern, die keine Schrift kennen, urmonotheistische Glaubensvorstellungen feststellt, haben zahlreiche katholische Missionare und viele Ethnographen bestätigt, bei diesen drei Gruppen den Glauben an einen Schöpfer angetroffen zu haben, der zum *otiosus* wird. Aber Colin Turnbull verneint, daß die Mbuti an einen Schöpfergott glauben: für sie ist Gott die Wohnstatt, der Busch. Man trifft bei ihnen eine gewisse Armut an Ritualen an: Sie haben keinen Priester und betreiben keine Weissagung. Sie kennen aber Übergangs- und Reinigungsriten, die mit der Initiation der Knaben und mit der Isolierung der jungen Mädchen anläßlich ihrer ersten Regel verbunden sind.

Die Religionen Südafrikas

Die Bantuvölker sind in zwei Wellen nach Süden ausgewandert: zwischen 1000 und 1600 n. Chr. (Sotho, Tswana, Nguni – unter ihnen die Zulu – Lovendu, Venda) und im 19. Jahrhundert (Tsonga). Nach dem Afrikanisten Leo Frobenius (1873–1938) ist die Gründung des alten Königreichs von Zimbabwe eng verbunden mit den Vorfahren der von Norden gekommenen Hungwe. In einem Karanga-Mythos verwirklichte das heilige Königtum das Gleichgewicht der Gegensätze Wärme und Feuchtigkeit, die von den Prinzessinnen mit der feuchten Vagina und von den Prinzessinnen mit der trockenen Vagina symbolisiert werden. Die ersteren waren verpflichtet, sich mit der großen Wasserschlange, gelegentlich auch Regenbogenschlange genannt, zu paaren, die bei zahlreichen Völkern West- und Südafrikas als übernatürliches Wesen anzutreffen ist. Die Prinzessinnen mit der trockenen Vagina waren die Vestalinnen, die das heilige Feuer hüteten. In Zeiten der Trockenheit wurde eine Prinzessin mit feuchter Vagina geopfert, um Regen zu erhalten.

Die pubertären Initiationsriten sind bei den Knaben komplizierter als bei den jungen Mädchen. Die Beschneidung ist nicht allgemein üblich, und die Klitorisresektion wird nicht durchgeführt, obwohl das Ritual andeutungsweise auf die Ausschneidung hinweist. Der Initiationssymbolismus gründet sich auf den Übergang von der Nacht zum Tag, von der Dunkelheit zum Sonnenlicht.

Die afro-amerikanischen Religionen

Die afro-amerikanischen Religionen sind entstanden unter den aus Westafrika stammenden Sklaven in der Karibik, an der Westküste Südamerikas (Surinam und Brasilien) und in Nordamerika.

Die afro-karibischen Kulte

Die afro-karibischen Kulte weisen neben den afro-guayanischen Religionen noch die authentischsten afrikanischen Züge auf, auch wenn sie vom Katholizismus einige Namen und Begriffe übernommen haben. Der Wodu (Voodoo) in Haiti, der, wie bekannt, im Kampf um die Unabhängigkeit des Landes eine entscheidende Rolle gespielt hat, ist ein Besessenheitskult rund um die Gottheiten *(lwa)*, die ursprünglich von den Fon und von den Yoruba stammen, während die in der kubanischen Santeria und im Shango von Trinidad angerufenen Geister die *orisa* der Yoruba sind. In allen drei Fällen dienen blutige Opfer und in Trance versetzte Tänze dazu, eine Verbindung zu den Göttern zu schaffen, die mal afrikanische Namen und dann auch wieder die Namen von Heiligen aus der römisch-katholischen Kirche tragen, die ursprünglich afrikanischen Göttern beigegeben worden sind. Die haitische Gesellschaft insgesamt ist vom Wodu-Glauben durchsetzt mit allen seinen Zaubereien und Entzauberungen, seinen Geheimnissen und seinem Okkultismus.

Die Ahnen werden in mehreren synkretistischen Kulten verehrt wie dem Kuminatanz, dem Convincetanz und dem Kormantitanz der entflohenen Sklaven auf Jamaika, dem Big Drum Tanz auf den Inseln Grenada und Carriaku, dem Keletanz auf Santa Lucia usw.

In mehreren anderen Kulten wie dem der Myalisten auf Jamaika, der Baptisten, Shouters genannt, in Trinidad und der Shaker von Saint-Vincent überwiegen die christlichen Elemente gegenüber den afrikanischen Glaubensvorstellungen.

Die Rastafari auf Jamaika sind in erster Linie eine religiöse millenaristische Bewegung. Der Durchschnittswestler verbindet sie mit der *dreadlock*-Frisur und der Reggaemusik, doch finden ihre Philosophie und ihre Musik auch viele Anhänger im Westen und in Afrika.

Die Identifizierung Äthiopiens nach Psalm 68, 31 mit dem den

Afro-Jamaikanern versprochenen Heimatland löste eine politische Bewegung aus, als der äthiopische Prinz (Ras) Rafari (von daher «Rastafari») im Jahre 1939 zum Kaiser von Abessinien gekrönt wurde unter dem Namen Hailé Selassie. Im Laufe der Zeit, vor allem aber nach dem Tode des Kaisers, zerfiel die Bewegung in mehrere Gruppen, die weder die gleiche Ideologie vertraten noch dieselben politischen Ziele verfolgten.

Die afro-brasilianischen Kulte

Die afro-brasilianischen Kulte entwickelten sich um 1850 von verschiedenen Ursprüngen ausgehend und weisen authentische afrikanische Züge auf wie die Besessenheit durch *orisa* Gottheiten und ekstatische Tänze. Im Nordosten heißt der Kult Candomblé, im Südosten Macumba, doch seit 1925/30 ist der Umbanda, der aus Rio de Janeiro kommt, sehr populär geworden. Waren die Besessenheitskulte im Anfang verboten, so sind sie heute ein wesentlicher Bestandteil des religiösen Lebens in Brasilien.

Die afro-guayanischen Religionen

Die afro-guayanischen Religionen tauchen in Surinam (dem ehemaligen holländischen Guayana) auf unter den kreolischen Küstenbewohnern, aber auch bei den entflohenen Sklaven, die ins Innere des Landes geflüchtet waren. Die Religion der Kreolen an der Küste heißt *winti* oder *afkodré* (aus dem Holländischen afgoderij «Götzenverehrung»). Beide bewahren alte afrikanische und authentische Glaubensvorstellungen.

Das religiöse Leben der Afrikaner in den Vereinigten Staaten

Das religiöse Leben der Afrikaner in den Vereinigten Staaten ist durch seine Intensität bekannt und weist insofern eine Besonderheit auf, als die amerikanischen Schwarzen viele afrikanischen Glaubensvorstellungen und Geisterriten nicht unversehrt erhalten haben, weil sie einer viel ausgeprägteren und wirksameren Evangelisierung ausgesetzt waren als anderswo. Seit 1816 sind die *American Colonization Society* und mit unterschiedlichen Akzenten auch mehrere schwarze Kirchen um 1900 für den Gedanken einer Rückkehr nach Afrika eingetreten. Zahlreiche amerikanische Afrikaner waren enttäuscht ob der Unfähigkeit der christlichen Kirchen, ihre sozialen Belange zu vertreten, und haben sich daraufhin dem Judentum und besonders dem Islam zugewandt. Heute gibt es unter den amerikanischen Afrikanern zwei muslimische Glaubengemeinschaften, die beide aus der im Jahre 1934 von Elijah Muhammad (Elijah Poole, 1897–1945) gegründeten *Nation of Islam* (Black Muslims) hervorgegangen sind, die wiederum auf der von einem Muslim (Wallace D. Fard) geschaffenen Organisation fußt; gleichzeitig konnten sie sich jedoch auch das Klima zunutze machen, das durch die Parallelorganisation *Moorish Science Temple* von Noble Drew Ali (Timothy Drew, 1886–1929) und durch die 1920 einsetzende Missionspropaganda der Ahmadiyahs aus Indien geschaffen worden war. 1964 trennte sich die Gruppe *Muslim Mosque* um Malcolm X (Malcolm Little 1925–1965) von der *Nation of Islam.* Nach dem Tod von Elijah Muhammad im Jahre 1975 wandelte sein Sohn Warithuddin (Wallace Deen) Muhammad die *Nation of Islam* um in eine dem orthodoxen (sunnitischen) Islam angegliederte Organisation unter dem Namen «Muselmanische amerikanische Mission» *(American Muslim Mission).* Die Organisation *Nation of Islam* wird heute geleitet von dem Geistlichen Louis Farrakhan aus Chicago, der den von Elijah Muhammad eingeschlagenen Weg fortsetzt.

Allgemeine Literatur

Hermann Baumann, Schöpfung und Urzeit des Menschen im Mythus der afrikanischen Völker, Berlin 1964.

Karl-Eugen Bleyler, Religion und Gesellschaft in Schwarzafrika. Sozialreligiöse Bewegungen und koloniale Situation, Stuttgart 1981.

Ernst Dammann, Die Religionen Afrikas, Stuttgart 1963.

B. Holas, Religions du monde: L'Afrique Noir, Paris, 1964.

Noël Q. King, African Cosmos. An Introduction to Religion in Africa, Belmont, California 1986.

John S. Mbiti, Afrikanische Religion und Weltanschauung, Berlin 1974.

Benjamin C. Ray, African Religions. Symbol, Ritual, and Community, New Jersey 1976.

Theo Sundermeier, Nur gemeinsam können wir leben. Das Menschenbild schwarzafrikanischer Religion, Gütersloh 1988.

Literatur zu einzelnen Völkern und Kulturen

Hermann Baumann (Hg.), Die Völker Afrikas und ihre traditionellen Kulturen, 2 Bde., Wiesbaden 1975.

Geneviève Calame-Griaule, Ethnologie et langage. La parole chez les Dogons, Paris 1965.

Germaine Dieterlen, Essai sur la religion bombara, Paris 1951.

Edward E. Evans-Pritchard, Hexerei, Orakel und Magie bei den Zande, Frankfurt 1977.

Peter Fuchs, Kult und Autorität. Die Religion der Hadjerai, Berlin 1970.

Marcel Griaule, Schwarze Genesis, Freiburg 1970.

Bruno Gutmann, Die Stammeslehren der Dschagga, 3 Bde., München 1932–1938.

Ferdinand Herrmann, Symbolik in den Religionen der Naturvölker, Stuttgart 1961.

E. Hohn, Tier und Gott. Mythik, Mantik und Magie der südafrikanische Urjäger, Basel/Stuttgart 1965.

Godfrey Lienhardt, Divinity and Experience. The Religion of the Dinka, Oxford 1961.

Thomas Maler, Medizinmann-Praxis in Ostafrika, Ingelheim 1972.

Placidus Tempels, Bantu Philosophie, Heidelberg 1956.

Colin M. Turnbull, The Forest People. A Study of the Pygmies of the Congo, New York 1962.

Dominique Zahan, La Dialectique du verbe chez les Bambaras, Paris-La Haye 1963.

Jürgen Zwernemann, Die Erde in Vorstellungswelt und Kultpraktiken der sudanischen Völker, Berlin 1968.

Die Religionen Zentralamerikas

Der mesoamerikanische Raum ist gewissermaßen das amerikanische Äquivalent zum fruchtbaren Halbmond. Hier haben sich eine große Anzahl von Hochkulturen entwickelt (Tolteken, Olmeken, Zapoteken, Mixteken usw.), von denen die Kulturen der Maya und der Azteken zu den bedeutendsten zählen.

Die Maya und ihre Religion

Die Maya mit ihrer teilweise entzifferten Hieroglyphenschrift und einem komplexen und äußerst genauen Kalender, als dessen Gegenstück aus heutiger Sicht wohl der Gregorianische Kalender gelten kann, sind die kulturellen Erben der Olmeken, deren Zivilisation um 1200 v. Chr. ihre Blütezeit erlebte. Die ältesten Spuren der Maya hingegen lassen sich nur bis in die Zeit 200–300 n. Chr. zurückverfolgen; kurz nach einer militärischen Invasion aus Teotihuacan (dem heutigen Mexiko) verwischen sie sich nach und nach, tauchen später jedoch noch einmal auf und erreichen ihren Höhepunkt unter den geophysikalisch sehr ungünstigen Verhältnissen des Tropenwaldes. Um 750 n. Chr. bilden sich vier wichtige urbane Zentren heraus (Tikal, Copan, Palenque und Calakmul), um die herum einen große Zahl von nebengeordneten Städten und Dörfern entstehen, doch ist die Existenz eines zentralen Mayastaates eher unwahrscheinlich.

Aus unbekannten Gründen, vermutlich aber Invasion und Religionskrieg, verließ die Bevölkerung zwischen 800 und 900 die Städte und gab die herrlichen Prachtbauten dem Dschungel preis. Nach dieser Katastrophe konzentrierte sich die Mayakultur auf der Halbinsel Yucatan, wo zwischen 900 und 1200 n. Chr. mehrere Stadtzentren entstanden. Allem Anschein nach wurde eines von ihnen, nämlich Chichen Itza, von den Vorläufern der Azteken, den Tolteken aus Tula, erobert und entwickelte sich zu einem wichtigen Brennpunkt ihrer Expansion. Der Legende nach war es der mythische Held Quetzalcoatl-Kukulkan (Schlange mit den Federn des Quetzalvogels oder Federschlange) selbst, der im Jahre 987 die Vertriebenen von Tollan (Tula im Norden Mexikos), das damals von den Mächten des furchterregenden Kriegsgottes Spiegelrauch (Tezcatlipoca) heimgesucht wurde, bis nach Yucatan führte und dort Chichen Itza gründete. Um 1200 wurde Chichen Itza aufgegeben und übertrug seinen Glanz und seine Pracht auf die Stadt Mayapan in der Nähe von Merida, die dann ihrerseits wieder um 1441 zerstört wurde. Als die spanischen Eroberer in Mittelamerika landeten, befand sich die Mayakultur bereits im Zustand des Verfalls. Beim Herannahen der riesigen schwarzen Galeeren einer unbekannten Macht im Frühjahr 1517 entsannen sich die Bewohner von Yucatan der alten Prophezeiungen über die Rückkehr von Tezcatlipoca: «An jenem Tag aber wird alles einstürzen ...»

Einige verstreute Gruppen entgingen der aufgezwungenen Akkulturation; nach dem Zweiten Weltkrieg sollte man sie im Dschungel von Chiapas im Umkreis sonderbarer verlassener Tempelbauten wieder entdecken. Heute leben über zwei Millionen Nachkommen der alten Maya in Zentralamerika: die Yukateken, die Chol, die Chontal, die Lacandonen, die Tzotzol, die Tzeltal, die Tojolabal, die Quiche, die Kaktschibel, die Tzutuhil usw., die an die dreißig sehr unterschiedliche Dialekte sprechen. Bis heute sind sie die Bewahrer der heiligen Rituale, die sie stets praktiziert haben, obwohl sie seit mehr als vierhundert Jahren gute Katholiken sind.

Heute besitzen wir nur noch drei Bücher in der Hieroglyphenschrift der Maya, nachdem alle Schriften und Urkunden vom fanatischen spanischen Ordensbruder Diego de Landa vernichtet worden sind. Später haben uns dann Mayapriester unter Benutzung ihres Dialekts und des lateinischen Alphabets ihre frühe Mythologie übermittelt. Die wichtigsten Dokumente dieser Art sind der *Popol Vuh* des Mayavolkes Quiche und die *Bücher von Chilam Balam* der Yukateken.

Die höchste Priesterwürde der Maya lag in den Händen des *halach uinic* (des «wahren Menschen»), dessen Tätigkeit sowohl die Unterweisung in der Hieroglyphenschrift als auch die den Kalender betreffenden Berechnungen und die Weissagung umfaßte.

Im Mittelpunkt des Kultes steht das in der Sprache der Yukateken *p'a chi* («den Mund öffnen») genannte Opfer, ein Brauch, der darin besteht, mit dem Blut des Opfers den Mund der Gottesstatue einzureiben. Nur selten waren es Tieropfer; Menschenopfern gab man den Vorzug, und einige Götter hatten auch bestimmte Vorlieben wie zum Beispiel die Chacs, die Regengötter, die das wertvolle Blut von Kindern besonders gern mochten. Blut, eine so edle Substanz, daß sie in den Reliefs durch die Federn des Quetzalvogels dargestellt wurde, konnte auf verschiedene Art und Weise gewonnen werden: durch die einmalige Technik, das Herz herauszuschneiden, durch Perforation, durch Enthäutung usw. In den Bußriten mußte ein jeder Blut opfern, und um die Wunden besonders eindrucksvoll zu gestalten, bediente man sich dazu eines Rochenstachels.

Wenn es sich hier auch nicht um einen echten Monotheismus handelt, so kommt der Kult des Himmelsgottes Itzam Na («Haus des Iguane») – dargestellt als Gebäude, an dem der Mund des Gottes das Eingangstor ist –, diesem doch sehr nahe, sind die anderen Gottheiten des Mayapantheons (die Chacs, die Sonne, der Mond usw.) doch seine Diener. Itzam Na ist auch der Gott der Hölle, des Feuers und der Medizin.

Nach dem Tode lebt der Mensch im himmlischen Paradies, in der unteren Welt oder in der ebenfalls himmlischen Ruhestatt des Kriegers fort.

Die Mayamythen, die in dem hochinteressanten *Popol Vuh* aufgeführt sind, umfassen die bekannten Themen: die periodisch wiederkehrende Zerstörung der Welt durch Wasser und durch Feuer, die Erschaffung eines im Wasser löslichen und bewegungsunfähigen Menschen oder aber eines hölzernen Menschen, dessen Steifheit in Widerspruch steht zur Biegsamkeit des anderen usw. Der mythische Ursprung des Mais ist eine Verbindung dessen, was der Ethnologe Ad. E. Jensen (1899–1965) die *demas*-Mythen und die *prometheischen* Mythen genannt hat. Erstere weisen hin auf das Erscheinen bestimmter eßbarer Pflanzen, insbesondere der Knollengewächse, nach Tötung einer Gottheit namens *Dema* in Indonesien, während die anderen vor allem mit dem Himmelsflug des Getreides erklärt werden. Das geköpfte Haupt der geopferten Götter steht am Anfang des ritualen Ballspiels, dem in Mittelamerika besondere Bedeutung zukam. Dieses Spiel wurde mit großer Verbissenheit gespielt, denn die Mitglieder der unterlegenen Mannschaft wurden enthauptet.

Die Azteken und ihre Religion

Die Azteken oder Mexica, die wie die Tolteken der Nahua-Sprachfamilie angehören, lassen sich um 1325 auf der Insel Tenochtitlan nieder, an dem See gelegen, der damals das Mexikanische Becken zum Teil bedeckte. Sie kommen aus dem Norden, wo sie kein herrschendes, sondern ein beherrschtes Volk waren. Auf der Suche nach dem Gelobten Land brechen sie auf unter Führung des Hohen Priesters Huitzilopochtli, der von dem Gott Spiegelrauch (Tezcatlipoca) beseelt und von der Muttergöttin Coatlicue neu belebt wird. Nachdem sie im zentralen Mexikanischen Hochland ansässig geworden sind, entwickeln sie sich rasch zu einem Erobererveolk, dessen hervorstechendste Tätigkeit sich als «mystischer Imperialismus» umschreiben läßt. Von der Notwendigkeit besessen, immer neue Opfer darbringen zu müssen, auf daß deren Blut den Lauf der Sonne sichere und gewährleiste, holen es sich die Azteken in der Tat bei den Nachbarvölkern.

Als Hernando Cortés (1485–1547) im Jahre 1519 mit 508 Soldaten und 10 Kanonen Yukatan erreichte, wies das Aztekenreich von Montezuma II. (ebensowenig wie das Inkareich unter Atahuallpa) im Unterschied zur Mayakultur keinerlei Verfallserscheinungen auf. Cortés nutzte geschickt den Glauben an die Rückkehr von Quetzalcoatl und an den Untergang der Welt, vor allem aber die Rivalitäten unter den aztekischen Städten aus, so daß er schon nach zwei Jahren an der Spitze eines großen Reiches stand und damit der zweihundertjährigen blutigen und triumphalen Geschichte der Azteken ein Ende bereitete.

Die Azteken siedelten sich an dem herrlichen mythischen Ort Teotihuacan («Stätte der Verehrung Gottes») an, dem Sitz einer hochentwickelten Kultur, die um 700 n. Chr. verschwand, jedoch gleichzeitig die der Tolteken aus Tula einleitete. Die Azteken übernehmen mehrere Götter wie Quetzalcoatl und Tezcatlipoca, die Schrift, den Kalender, die Weissagung. In einem der aztekischen Mythen, die besonders reich an den damit verbundenen Ritualen sind, ist Teotihuacan die mythische Ebene, wo das Opfer der Götter das fünfte Zeitalter (oder Sonne) der Welt einleitet. Die vier ersten Sonnen waren durch heftige Zerstörungen vernichtet worden. Dort in der Ebene von Teotihuacan versammeln sich die Götter, um eine neue Sonne und ein neues Menschengeschlecht zu erschaffen. Tezcatlipoca und Quetzalcoatl formen das erste Menschenpaar und geben ihm als Nahrung Mais. Um die Sonne zu erschaffen, muß jedoch ein Gott als Opfer dargebracht werden. Doch die neue Sonne und der neue Mond, die geboren sind aus dem Feueropfer von zwei Göttern, können sich nicht bewegen. Nun vergießen alle anderen Götter ihr Blut unter dem Opferbeil von Ecatl, bis zuletzt die fünfte Sonne ihren Lauf beginnt. Nur Xolotl flieht schmählich, um dem Tod zu entrinnen; er wird der Gott der Ungeheuer und Monster und alles dessen, was doppelt ist wie Zwillinge.

Dieses Uropfer muß in regelmäßigen Abständen wiederholt werden, damit die Sonne ihre Bahn fortsetzt. Aus diesem Grund sind die Azteken, das Volk der Sonne, von Blut ganz besessen und auch von der Pflicht, sich dieses zu beschaffen, damit das Fünfte Weltalter andauern kann. So erklären sich Hekatomben von Opfern, Frauen und Kriegsgefangenen, die nach einem festen Ritual geopfert wurden vor dem Heiligtum des Huitzilopochtli oberhalb des Templo Mayor von Tenochtitlan, dem symbolischen Zentrum der aztekischen Macht. Obwohl den Azteken ebenso viele Tötungsarten bekannt sind wie den Maya, ziehen diese es vor, das Herz herauszuschneiden. In einer mystischen, von Blas- und Perkussionsinstrumenten (Saiteninstrumente kannten die Bewohner Mittelamerikas noch nicht) untermalten Atmosphäre befördert der Opferpriester das rasch herausgeschnittene Herz in ein eigens für diese blutige Götternahrung bestimmtes Gefäß, besprengt das gewaltige Bildnis des Huitzilopochtli mit Blut, trennt den Kopf des Opfers vom Körper und legt ihn auf ein dafür vorgesehenes Podest neben die anderen. Der unter das Opferbecken geworfene Leichnam ist dann Gegenstand eines kannibalischen Mahls, an dem auch die Bevölkerung teilnimmt.

So wie die Maya hatten auch die Azteken eine hochentwickelte Kosmologie, die von dreizehn Himmeln ausging, denn dreizehn war die Grundzahl des zweihundertsechzigtägigen Weissagungskalenders (nicht zu verwechseln mit dem normalen Sonnenkalender) und der

Zahlenspekulationen. Das Vorhandensein von zwei Kalendern gab Anlaß zu einer großen Zahl von Festen oder beweglichen Feiern, zu denen noch Sühnezeremonien sowie Gnaden- und Weihehandlungen kamen. Das Trinken von Bier *(pulque)* in ebenso reichlichen Mengen wie bei den anderen mesoamerikanischen Völkern auch bestimmte den Ablauf der großen Feste, deren Vorbereitung häufig mit Entbehrungen und Kasteiungen Hand in Hand ging. Beim Sonnenfest am 4. Ollin ließ sich die ganze Gemeinde zum Zeichen der Buße zur Ader.

Die Religion im heutigen Zentralamerika

Bis auf wenige Ausnahmen haben die Völker des heutigen Zentralamerika die Sprachen und die Religion der christlichen Eroberer übernommen, wodurch ihre eigenen überlieferten Traditionen und Bräuche ganz einfach allmählich ausgelöscht wurden.

Unverstandene mythologische, kosmologische und rituelle, sich auf Weissagung beziehende Fragmente tauchen noch in den Vorstellungen der Mesoamerikaner auf wie Überreste eines gewaltigen archaischen religiösen Komplexes, der im Dschungel versunken ist.

Das Höchste Wesen bei den heutigen Indianern ist entweder der von Cortés oder von Pizarro mitgebrachte Gottvater oder Jesus Christus, die von den Stämmen wie den Quiché oder den Tepehua mit der Sonne identifiziert werden. Doch vor allem fällt Maria, der Jungfrau von Guadeloupe, eine zentrale Stellung im indianischen Pantheon zu. Im Dezember 1531 erschien die indianische Jungfrau auf dem heiligen Hügel der aztekischen Göttin Tonantzin, der unbefleckten Mutter des Huitzilopochtli, und wandte sich in Nahuasprache an die Eingeborenen. Seitdem wacht sie über diese und erhört ihre auch noch so bescheidenen Bitten besser, als irgendeine herrschende Macht es in diesem Gebiet der Erde jemals vermocht hat.

Literatur

Ferdinand Anders, Das Pantheon der Maya, Graz 1963.
Cottie A. Burland, Völker der Sonne, Bergisch Gladbach 1980.
Armin Bollinger, Die Indiovölker Alt-Mexikos, Frauenfeld 1981.
Ders., Einführung in die Welt des Indios: Inka, Alt-Mexiko, Maya, Frauenfeld 1988.
Nigel Davies, Die Azteken. Meister der Staatskunst. Schöpfer hoher Kultur, Reinbek 1989.

Anncharlott Eschmann, Das religiöse Geschichtsbild der Azteken, Berlin 1976.
Rafael Girard, Die ewigen Mayas. Zivilisation und Geschichte, Zürich 1969.
Klaus Helfrich, Menschenopfer und Tötungsrituale im Kult der Maya, Berlin 1973.
Adolf Jensen, Mythos und Kult bei Naturvölkern, Wiesbaden 1951.
Ulrich Köhler, Conbilal c'ulelal. Grundformen mesoamerikanischer Kosmologie und Religion in einem Gebetstext auf Maya-Tzotzil, Wiesbaden 1977.
Walter Krickeberg/Hermann Trimborn/Werner Müller/Otto Zerries, Die Religionen des alten Amerika, Stuttgart 1961.
Günther Lanczkowski, Die Religion der Azteken, Maya und Inka, Darmstadt 1989.
Miguel Leon-Portilla/Renate Heuer, Die Rückkehr der Götter. Aufzeichnungen der Azteken über den Untergang ihres Reiches, Frankfurt 1986.
Christian Rätsch (Hg.), Chactun. Die Götter der Maya: Quellentexte, Darstellung und Wörterbuch, Köln 1986.
Karl A. Wipf, Wanderer in der Nacht. Religionsgeschichtliche Interpretationen zu altamerikanischen Chroniken, Hallein (A) 1980.

Die Religionen in Nordamerika

Der amerikanische *Indianer* ist, wie die ausgezeichnete Untersuchung von Elémire Zolla *I litterati e lo sciamano* nachweist, Gegenstand dauernd sich wandelnder Interpretationen seitens der Kolonisatoren gewesen, die zugleich aber auch seine Kultur vernichtet haben. Die meisten dieser Deutungen, so unterstreicht Zolla, sagen nichts aus über die Indianer selbst, sondern nur über die vorherrschenden Vorstellungen der Euro-Amerikaner in dieser oder jener Zeit: religiöser Puritanismus, Aufklärung, Romantik, übertriebener Fortschrittsglaube (der den Eingeborenen mal mit einer gewissen herablassenden Nachsicht, mal feindselig begegnete). Allen diesen Ansichten ist gewöhnlich etwas gemeinsam, nämlich die Vorstellung, daß der Indianer der Zivilisation der europäischen Kolonisatoren ein verhältnismäßig geringes Interesse entgegenbringt, ob es sich nun um ihre Religionen oder um ihre Technologien handelt. (Mit einer Einschränkung: Einige dieser Prärieindianer, die wir uns mit der durch den Western geprägten Phantasie nur noch schwer ohne Pferde vorstellen können, hatten vor dem 18. Jahrhundert noch nie einen einzigen der Kolonisatoren gesehen, ehe diese, von Spanien über Mexiko kommend, bis zu ihnen vordrangen.) Die Behörden hätten auch bestimmt mit weniger Gründen den Völkermord zu rechtfertigen gewußt. Die holländischen Calvinisten, deren Taten in Südafrika heute viel berühmter sind, zögern nicht, sie wie wilde Tiere zu behandeln, und der Gouverneur Kieft setzt in Neuholland eine Prämie für jeden Indianerskalp aus. Noch vor der englischen Herrschaft war der Süden der Staaten New York und New Jersey schon von sämtlichen Eingeborenen «befreit». Die Engländer gingen nicht anders vor, sie erhöhten nur die Prämien: In Massachusetts war im Jahre 1703 ein indianischer Skalp 60 Dollar wert, in Pennsylvania kostete der Skalp eines Mannes 134 Dollar, der einer Frau 50 Dollar, einer engstirnigen patriarchalischen Logik folgend, doch ist zu offensichtlich, daß die Wachstumsrate einer Bevölkerung von den Frauen und nicht von den Männern abhängig ist. Die Indianer der Ostküste, soweit sie nicht umgebracht wurden, ließ Präsident Andrew Jackson nach der Removal Act von 1830 in Gebiete westlich des Mississippi verschleppen; ja er verjagte sogar die braven Tscherokesen (Cherokees) aus ihrem Land, die doch ordnungsgemäß getauft und dazu noch besonders stolz waren, die Zivilisation der Eindringlinge so gründlich nachgeahmt zu haben. Allgemein galt, daß der stets «wilde», gelegentlich auch «barbarische» Indianer, als dessen Abbild die Schoschonen aus dem großen Becken im Felsengebirge galten, die der Forschungsreisende Jodediah Smith 1827 «Diggers» (Gräber, Wurzelfresser) genannt hatte, angeblich in einem beklagenswerten Zustand von Armut und mangelnder Hygiene lebte. Wie der romantische Schriftsteller Washington Irving behauptet, lassen sogar die französischen Trapper, die übrigens einer rassischen Integrationspolitik viel eher zugetan sind als die Puritaner, kein gutes Haar an den Schoschonen, die sie bemitleidenswert nannten. Niemand ist vor derartigen abscheulichen Fehlurteilen gefeit: 1861 korrigiert der gute Mark Twain sogar den Darwinismus hinsichtlich der Indianer, denn ihre Vorfahren scheinen nicht von Primaten abzustammen, sondern eher vom Gorilla, vom Känguruh oder der skandinavischen Wühlmaus. 1867 schildert der «Weekly Leader» von Topeka, ein würdiger Erbe der frommen Holländer, sie nur als eine Bande von schändlichen Dieben, stinkenden Faulenzern und Ungläubigen, deren völlige Ausrottung jeder ehrenhafte Mensch nur herbeisehnen könne. («A set of miserable, dirty, lousy, blanketed, thieving faithless, guteating skunks as the Lord ever permitted to infect the earth and whose immediate and final extermination all men, save Indian agents and traders, should pray for.») Dieses Gebet, in das zur gleichen Zeit auch General William Sherman einstimmte, wurde gewissermaßen erhört, ungeachtet der großen Erregung am Ende des 19. Jahrhunderts, als die millenaristische Bewegung der Ghost Dance Religion aufkam. General Phil Sheridan befürwortete ausdrücklich die Ausrottung der Bisonrinder, nur um auf diese Weise den Indianern die Grundlage ihres Lebensunterhalts zu entziehen. Das Massaker von Wounded Knee (29. Dezember 1890) leitete eine Epoche ein, in der das «Reservat» die einzige noch mögliche Alternative zur Integration bildete. Doch inzwischen haben Ethnographen und Ethnologen wie James Mooney oder Franz Boas, deren Namen heute schon Legende sind, den unvergleichlichen Reichtum und die große Vielfalt der Glaubensvorstellungen und Bräuche bei den Indianerstämmen geschildert. Heute erregt diese fremde Welt wie eh und je die Phantasie, doch die Entdeckung neuer komplexer Zusammenhänge, unerwarteter Tiefgründigkeit macht sie für uns nicht unbedingt leichter zugänglich als für unsere Vorgänger, um so mehr als sich mitunter Wunschbilder einzuschleichen scheinen wie in den immer merkwürdiger klingenden Erzählungen des Romanschriftstellers Carlos Castaneda.

Herkunft der amerikanischen Indianer

Die Herkunft der amerikanischen Indianer war Gegenstand einer langanhaltenden Debatte. Nicht genug damit, daß man sie zu Ägyptern, Trojanern oder Karthagern zu machen suchte, eine der hartnäckigsten Hypothesen behauptete beharrlich, sei seien die zehn verlorenen Stämme Israels.

In Wahrheit kommen die Vorfahren der Indianer aus Sibirien. Auf der Jagd nach Wild haben sie trockenen Fußes die weite Eisfläche der Meerenge von Bering überquert. Vor elftausend Jahren erreichten sie dann die Südspitze des amerikanischen Kontinents. Die monumentalen Kulturen, deren Spuren im Norden von Mexiko gefunden wurden, kommen an Größe denen in Zentralamerika nicht gleich. Die nordamerikanischen Indianer verteidigten indessen ihren Partikularismus. Bei Ankunft der ersten Europäer sprachen sie über fünfhundert Sprachen.

Der hohe Norden und die Inseln wurden von den Eskimos besiedelt. Von dort bis zur heutigen Grenze zwischen Kanada und den Vereinigten Staaten erstreckten sich die Territorien der Indianer, die zu den Sprachfamilien der Algonkin (im Osten: die Ojibwa und die Penobscot) und der Athapasken gehörten (im Zentrum und im Westen: die Yellowknife, die Chipewyan, die Kaska, die Slaven- und die Beaver-Indianer).

Im Osten und Süden der Großen Seen lagen die Gebiete der Irokesen- und Siouxsprachfamilien. Weiter südlich schlossen sich die Muskogean den Algonkin, Sioux, Irokesen und Caddo an.

Auf den zentralen Hochebenen lebten vorwiegend Siouxstämme (Assiniboin, Crow, Deghiga, «Dickbauch», Chiwere, Mandanen, Arikara, Hidatsa usw.). Ursprünglich hatte der Begriff «Sioux» eine abwertende Bedeutung; heute bezeichnet er vor allem die mit den Dakota, Lakota und Nakota verwandten Stämme. Es gibt noch sechs weitere Sprachfamilien: Algonkinisch (Cree, Cheyenne, Schwarzfuß), Athapaskanisch (Apachen), Caddoanisch (Pawnee, Arikara), Kiowa-Tanoanisch, Tonkawanisch und Uto-Aztekisch (Komantschen, Uten).

Die Nordwestküste war in drei Gebiete aufgeteilt: der Norden (Tlingit, Haida, Tsimshian), die Mitte (Bellacoola, Nootka, Kwakiutl), der Süden (Salisch, Chinook).

Das Große Becken war von Indianern bewohnt, die nur einer Sprachfamilie angehörten wie die Schoschonen und die Paiute. Auf dem Plateau und in Kalifornien dagegen lebten Völker mit großer sprachlicher Vielfalt.

Im Süden sind sechs Sprachfamilien vertreten: Uto-Aztekisch, Hokanisch, Athapaskanisch, Tanoanisch, Zuniisch und Keresisch. Die Wirtschaftsformen verlaufen quer zu den Sprachgemeinschaften. Die seßhaften Puebloindianer z. B., die in Dörfern *(pueblos)* leben, sprechen tanoanische Sprachen (Tiwa, Tewa, Towa), keresisch, zuniisch, uto-aztekisch (Hopi). Einige dieser *pueblos* waren seit dem 12. Jahrhundert ohne Unterbrechung bewohnt. Die Navajo und die Apatschen sind Athapakan-Indianer, die, aus Kanada kommend, im Süden vor Ankunft der spanischen Kolonisatoren einwanderten.

Die Eskimos

Die Eskimos, die sich selbst *inuit* («Menschen») nennen, leben entlang der arktischen Küsten Nordostasiens, Alaskas, Kanadas und Grönlands. Auf den Aleuten beispielsweise ist ein den Eskimos verwandtes Volk ansässig. Wie die nordsibirischen Völker stellen auch die Eskimos den Schamanismus in den Mittelpunkt ihrer Religion. Da sie für ihren Lebensunterhalt Fischfang oder Jagd betreiben, bringen sie den Geistern der getöteten Tiere Sühne- und Versöhnungsopfer dar.

Die Indianer des Nordens

Die Indianer des Nordens kennen vielfältige Mythologien, die sich über mehrere Weltenzeitalter hin erstrecken; ein jedes von ihnen hat seine eigenen mythischen Wesen wie den Kulturheros, der sich jeweils höchst unterschiedlich aufführt. Die zentrale Gestalt dieses Geschehens, das häufig mit dem Tun eines Tricksters abgestimmt oder doch davon beeinflußt scheint, ist in Alaska ein Tier, im übrigen Gebiet handelt es sich jedoch um ein Menschenwesen. Rituale spielen im Zusammenleben der Eingeborenen Kanadas eine verhältnismäßig untergeordnete Rolle. Der Schamane, dem das Wissen und die Erkenntnis im Traum offenbart werden, ist der einzige in der Region, der für religiöse Fragen zuständig ist.

Die Indianer im Osten

Die Indianer im Nordosten der Vereinigten Staaten teilen die Vorstellung von einer alles umfassenden Kraft, die bei den Algonkinvölkern *manitu,* bei den Huronen *oki* und bei den Irokesen *orenda* genannt wird. Diese Kraft, ob gut oder böse, verkörpert sich in bestimmten Lebewesen und Gegenständen. Über Geister stellt sie die Verbindung zu den Menschen her. Das rituelle Leben der Völker an der Nordostküste ist sehr reich an Opfer- und Sühnezeremonien für das Wild und die eßbaren Pflanzen und an mehr oder weniger vielfältigen Übergangsriten. Selbstverständlich hat der einzelne auch persönliche Geister, die er durch schamanisch bestimmte Riten anruft. Zaubersprüchen, Masken und anderen «machtvollen» Gegenständen sind besondere Kulte gewidmet. Initiationsbrüderschaften von Medizinmännern wie der Midewiwin der Ojibwa haben sich in einigen Gesellschaften herausgebildet, während sie in anderen völlig unbekannt geblieben sind. Im Mittelpunkt des religiösen Lebens der Region steht der Schamane, der durch die Technik des «Schüttelzeltes» *(shaking-tent)* und durch das Aussaugen krankheitserregender Kräfte auf Heilung und Weissagung spezialisiert ist.

Der Glaube an Zauberei und Hexerei und die Rituale, welche die Medizinmänner beherrschen, um diese bekämpfen zu können, unterscheiden die Indianer der Südostküste, wie die Tscherokesen, von den

Indianern im Nordosten. Das tägliche Untertauchen im Wasser galt als besonders wichtiges Ritual für das Überleben der Gruppe. Unter den jahreszeitlich bestimmten Zeremonien war das Neujahrsfest das hervorstechendste, das mit dem Reifen des Mais zusammenfiel.

Die Prärieindianer

Die Prärieindianer gehören zu einem Konglomerat von Kulturen, das erst im 18. Jahrhundert in Erscheinung tritt, als die Wanderung mehrerer mit Pferden aus Mexiko ausgerüsteter Indianerstämme einsetzt, die sich auf der Jagd nach Wild befinden. In diesem kulturellen Schmelztiegel bilden sich im religiösen Leben höchst unterschiedlicher Völker zahlreiche gemeinsame Bräuche heraus wie beispielsweise die Zeremonie des Sonnentanzes und die Existenz von Kriegsbruderschaften. Diese Region wird in der Tat zum Schauplatz unaufhörlicher Kämpfe. Das Verlangen nach Visionen unter den mannhaften Kriegern macht es den Kolonisatoren leicht, billigen Alkohol als wirksames Instrument einzusetzen, um sich von den Eingeborenen zu befreien. Die Einfuhr berauschender Pflanzen wie Peyote um 1850 führt zur Schaffung von Kulten und zur Gründung von Bruderschaften, deren Mitglieder miteinander bestimmte Geheimrituale und bestimmte Visionen teilen.

Während des sogenannten Saunarituals *(sweat lodge)* erdulden die männlichen Teilnehmer starke sengende Hitze, sie peitschen sich mit Zweigen, tanzen und singen. Die Sauna reinigt den Krieger oder den Seher.

Dem Schamanen und dem Medizinmann oder der Medizinfrau fällt in der Prärie die wichtige (und gut bezahlte) Rolle des Zeremonienmeisters zu. Sie bilden eine Kaste, die sich genau wie unsere Ärzte einer Fachsprache bedient. Einer der Älteren *(kurahus)* leitet bei den Pawnee-Indianern die Sühnefeierlichkeit *hako,* in deren Verlauf die symbolischen Bande zwischen den Generationen gefestigt werden. Ein Medizinmann (bei den Schwarzfußindianern ist es eine Frau) führt den Sonnentanz *(Sun Dance)* an, der ursprünglich von der medizinischen Bruderschaft bei den Mandanen zelebriert wurde, sich dann aber bald zur wichtigsten Zeremonie für alle in dieser Region versammelten Indianerstämme entwickelte. Während des *Sun Dance* erdulden die männlichen Teilnehmer entsetzliche körperliche Qualen, um so dem Höchsten Geist näherzukommen. Um 1880 etwa wurde der Tanz verboten, er tauchte jedoch 1934 wieder auf, und seit 1959 haben die Ojibwa und die Lakota wieder strenge Kasteiungen mit hineingenommen.

Ebenfalls bei den Prärieindianern entsteht um 1870 der millenaristische Kult, *Ghost Dance* (Geistertanz) genannt, der von den Mormonen aus Utah ausging, die immer noch glauben, die Indianer seien die zehn verlorenen Stämme Israels. Der Prophet Wovoka verkündete, die Indianer sollten die Kämpfe einstellen, sich der Reinigung unterziehen und durch den Tanz den Höchsten Geist ehren, denn die Unterdrükkung der europäischen Kolonisatoren werde enden, wie sie begann, von einem Erdbeben verschlungen, dem allein die Eingeborenen entgehen sollten. Das Verbot des Geistertanzes blieb ohne Wirkung. 1890 entsandte die Regierung Truppen, die 260 unschuldige Sioux-Indianer niedermetzelten, als diese sich zum Wounded Knee Creek in Süddakota aufmachten, um dort ihre Zeremonie abzuhalten.

Der Kult des berauschenden mexikanischen Kaktus, auf aztekisch *peyote* («Membrane») genannt (Lophophora williamsii), verbreitete sich bei den Prärieindianern etwa zur selben Zeit, als der Geistertanz auftauchte. Zunächst war der Kult nicht illegal, bis 1964 der Kalifornische Gerichtshof erklärte, die Abschaffung stelle keine verfassungswidrige Einschränkung der Religionsfreiheit dar, denn dieser Kult weise keineswegs die Struktur einer Religion auf. Das erste Buch des Romanschriftstellers Carlos Castanada, das 1968 als ethnologische Arbeit erschien, sollte wahrscheinlich den Peyote-Kult als echte Religion darstellen.

Die Indianer im Nordwesten

Die Indianer im Nordwesten, die wir im allgemeinen mit jenen Totempfählen in Verbindung bringen, mit deren Herstellung jedoch erst begonnen werden konnte, als die ersten Kolonisatoren Werkzeuge aus Eisen mitbrachten, leben in einer Region, wo der Fischfang stets Lebensmittel in solchem Überfluß bescherte, wie ihn die von der Jagd lebenden Stämme erst nach der Ankunft der spanischen Pferde aus Mexiko kennenlernten. Die Tlingit, Haida, Tsinshian, Haisla, Bellacoola,

Kwakiutl, Nootka, Salisch, Makah, Quileuten, Skokomisch, Chinook, Tillamook, Coos, Tolowa, Yurok, Hupa und Karok aus British Columbia und von der Nordwestküste der Vereinigten Staaten (Washington, Oregon) weisen mehrere übereinstimmende Institutionen, Glaubensvorstellungen und Rituale auf. Der Überfluß an Lebensmitteln und das Häuptlingswesen machen es uns möglich, den *potlatch* zu erklären, ein Fest, auf dem ein jeder Geschenke verteilt an die anderen Mitglieder der Gemeinschaft und an die angrenzenden Nachbarn. Die Menge der verteilten Güter hängt von der sozialen Stellung ab, und die Häuptlinge oder diejenigen, die ihren sozialen Status zu verändern streben, sind quasi verpflichtet, unvorstellbare Mengen an Gütern freigiebig zu verschenken (oder zu vernichten). Die gleiche soziale Hierarchie funktionierte auch kraft eines äußerst komplizierten Schuldensystems. Der Tatbestand, daß Schulden nicht wieder erstattet werden durften, sicherte ihre soziale Macht; jemandem seine Schulden zurückzuzahlen, hieß «ihn entehren». Außerdem besaß die Aristokratie das Handelsmonopol mit den zahllosen Geistern der Ahnen. Mehrere Indianerstämme im Norden und Nordwesten glaubten an die Präexistenz der Seelen in begrenzter Zahl und an die Metensomatose, d. h. an die Reinkarnation einer Seele in mehreren Körpern; das ist eine einfache Erklärung des Ahnenkults, der Achtungs- und Dankesbezeugungen, die allein die Nachkommen den Vorfahren entgegenzubringen vermochten.

Die Institution des Schamanismus, die sich nur selten vererbte und im allgemeinen jedem seherisch Begabten offenstand, war überall in dieser Region bekannt. Auch einem anderen sozialen Verband gegenüber konnte der Schamane als Zauberer tätig werden. Sonst stand auf Zauberei Todesstrafe.

In den Mythologien der Nordwestküste tritt die Rolle des Tricksters, wie z. B. die des Raben bei den Tlingit, besonders hervor.

Die wichtigsten Zeremonien in dieser Region waren die ekstatischen Tänze, die während des Winters zelebriert wurden.

Die kalifornischen Indianer

Die kalifornischen Indianer kennen Ahnen- und Tiergeister, mythische Wesen wie etwa den Kulturheros und den Trickster, die Institution des Schamanismus, und sie streben auch nach Visionen genau wie die Völker der Hochebene, des Großen Beckens und der Prärie. Sie haben Weiheriten, Pubertätszeremonien (besonders für die jungen Mädchen) und Saunakulte, in denen der Mann seine Unreinheiten ausschwitzt. Besonders typisch für diese Region ist aber die Anwendung eines psychotropischen Getränks, eines Extrakts aus *toloache*; das ist ein aus der Nahuasprache stammender Begriff für *Datura stramonium,* eine auch in der europäischen Zauberei erwähnte toxische Pflanze. In bestimmten Gebieten war der *toloache*-Kult, der den Weg zu Visionen und damit zur Welt der Geister öffnete, sehr elitär. In mehreren Gemeinschaftszeremonien (z. B. Bestattungsritualen) spielte *toloache* ebenfalls eine wichtige Rolle. Im nordkalifornischen Kult *Kuksu* (Name des Schöpferheros der Pomo) bildete sich eine dieser Zeremonien heraus durch die Gründung geheimer Maskenbrüderschaften.

Die Puebloindianer

Die Puebloindianer – einunddreißig von Indianern bewohnte Dorfanlagen mit sechs verschiedenen Sprachgruppen – haben eine seßhafte Ackerbauweise und zahlreiche Glaubensvorstellungen gemeinsam. Mit den frühen Religionen Zentralamerikas verbindet sie der Mythos von mehreren Schöpfungen und Zerstörungen der Welt. Alle anerkennen übernatürliche Wesen, die *Katschinas*, ein Wort, das zugleich auch die jeweiligen kultischen Masken bezeichnet, mit denen die anwesenden übernatürlichen Geister in das rituelle Geschehen der Pueblos hineingenommen werden.

Die Hopiindianer haben ein vielfältiges System religiöser Geheimbünde, von denen jeder eine der periodisch wiederkehrenden Katschinas-Zeremonien leitet. Die Katschinas (so heißt auch einer dieser religiösen Bünde) treten von März bis Juli öffentlich auf, während sie von Januar bis März in den *Kivas* oder Kulträumen anzutreffen sind. Im Februar, zur Zeit der Powamuy-Zeremonie werden die Kinder in den

Katschinas-Kult eingeführt. Im Juli beschließt dann die Niman («Rückkehr»-)Zeremonie den Katschinas-Zyklus; danach wird der Zyklus ohne Masken zelebriert. Die wichtigsten Symbole im rituellen Leben der Hopiindianer sind einmal der Mais, der für dieses Ackerbau treibende Volk das Leben schlechthin bedeutet, und zum anderen die Vogelfedern, von denen es heißt, daß sie die Gebete der Menschen zu den Geistern tragen.

Der Pueblo der Zuni kennt andere religiöse Geheimbünde, darunter auch den der Katschinas und der der Katschinas-Priester. Im Jahre 1680 haben sich in allen Pueblos die Krieger der Katschinas gegen die spanischen Kolonisatoren erhoben; sie töteten ihre Priester und zwangen die Fremden, sich nach Süden zurückzuziehen. 1690 wurde das Land von den Spaniern wiedererobert bis auf den isoliert liegenden Pueblo der Hopi, der nie mehr einer Akkulturation unterworfen war. In den anderen Pueblos entwickelten sich später synkretistische Kulte.

Literatur

Weston le Barre, The Peyotl' Cult, Hamden, Connecticut, 1964.

Serge Bramly, Im Reiche des Wakan. Schamanismus und Magie der Indianer Nordamerikas, Basel 1982.

Maximilien Bruggmann/Peter R. Gerber, Indianer der Nordwestküste, Zürich 1987.

Carlos Castaneda, Die Lehren des Don Juan. Ein Yaqui Weg des Wissens, Frankfurt 1988.

Peter Farb, Die Indianer. Entwicklung und Vernichtung eines Volkes, München 1988.

Frederik Hetmann (Hg.), Märchen der Sioux und Cheyenne, Frankfurt 1987.

Ake Hultkranz, Belief and Worship in Native North America, Syracuse, N.Y., 1981.

Rudolf Kaiser, Gesang des Regenbogens. Indianische Gebete, Münster 1985.

Albert Kunze (Hg.), Hopi und Kachina. Indianische Kultur im Wandel, München 1988.

Michael Kuper (Hg.), Die Vereinigung des Feuers. Ursprungsmythen der Winnebago Indianer, Berlin 1989.

Hans Läng, Kulturgeschichte der Indianer Nordamerikas, Bornheim-Merten 1989.

James Mooney, The Ghost-Dance Religion and the Sioux Outbreak of 1890, Chicago 1896 [gekürtze Ausgabe 1965].

Werner Müller, Die blaue Hütte. Zum Sinnbild der Perle bei nordamerikanischen Indianern, Wiesbaden 1954.

Ders., Amerika – Die Neue oder die Alte Welt, Berlin 1982.

Ders., Indianische Welterfahrung, Stuttgart 1987.

Karl A. Nowotny, Der indianische Ritualismus, Bonn 1976.

Ivar Paulson/Ake Hultkranz/Karl Jettman, Die Religionen Nordeurasiens und der amerikanischen Arktis, Stuttgart 1962.

Konrad Th. Preuss, Die Eingeborenen Amerikas, Tübingen 1926.

Dennis Tedlock/Barbara Tedlock (Hg.), Über den Rand des tiefen Canyon. Lehren indianischer Schamanen, Köln 1989.

Elémire Zolla, I litterati e lo sciamano, Milano 1969.

Die Religionen Südamerikas

Südamerika ist ein unermeßliches, von sehr unterschiedlichen Völkern bewohntes Land. Wenn auch keine Aufteilung nach Gebieten einer solchen Vielfalt gerecht werden kann, so wird doch die nachfolgende Einordnung allgemein anerkannt: a) das Gebiet der Anden (von Kolumbien bis nach Chile), wo die Kultur der Inka aus Peru beheimatet war; b) das Gebiet des Tropenwaldes, das größtenteils vom Dschungel des Amazonas bedeckt ist, mit Guayana; c) das Gebiet des Gran Chaco; d) der Süden bis nach Feuerland.

Einige Kulturen haben die europäische Einwanderung überlebt, wie die der Ketschua und der Aymara in Peru und Bolivien und diejenige der Araukanen in Chile; die Kulturen der Tupi, der Kariven, der Arawaken, der Tukano und der Pano in Guayana; diejenigen der Indianerstämme Gê in Ostbrasilien und schließlich die Kulturen der heute verschollenen Fuegin sowie der Selknam.

Bis zum Erscheinen des Buches *Icanchu's Drum* von Lawrence E. Sullivan gab es noch keine Zusammenfassung der Religionsgeschichte auf dem südamerikanischen Kontinent in seiner Gesamtheit. Der Leser, der sich in dieses Thema vertiefen möchte, kann nur vertrauensvoll zu diesem einzigartigen Buch greifen, das für eine nicht-fachkundige Leserschaft geschrieben worden ist.

Die Andenkulturen und die Inka

Die großen Andenkulturen, von denen die der Inka (15. Jahrhundert) die bekannteste ist, blühten in den Hochtälern der Berge, die schon seit zehntausend Jahren bevölkert sind. Zur Zeit der spanischen Eroberung bedeckte das Inkareich die weiten Flächen der Westküste von Peru bis nach Chile. Im Jahre 1532 zerfiel es, als der letzte Inkaherrscher von den Eroberern enthauptet wurde.

Die frühe Periode

Um 7000 v. Chr., also drei Jahrtausende nach der Einwanderung aus dem Norden, tritt der Ackerbau, dem keine Weidewirtschaft vorausgegangen zu sein scheint, erstmals in primitiver Form an der peruanischen Küste auf. Um 2500 v. Chr. entwickelt sich infolge klimatischer Veränderungen die Sammelwirtschaft zur seßhaften Gartenkultur. Die tierischen Proteine liefert nicht die Jagd, sondern der Fischfang. Der Mais, der schon seit mehr als sechzigtausend Jahren in Zentralamerika angebaut worden war, breitet sich um 1400 v. Chr. in Peru aus, wo dann um 900 v. Chr. eine neue veredelte Sorte gezüchtet werden konnte. Zu jener Zeit steigern sich wechselseitig die Bewässerung einerseits, die den Aufschwung einer hochentwickelten Landwirtschaft erlaubt, und der Staat andererseits, der die Bewässerung organisiert, nachdem ihre Entstehung durch einen religiösen Kult ermöglicht worden ist, der wahrscheinlich der mythischen Genese dieser neuen, in jenem Gebiet einmaligen Kultur wichtige Impulse gegeben hat. Diese Periode ist eng verbunden mit einem Kulturkomplex, der in Chavin auf dem nördlichen Plateau entdeckt wurde, während etwa zur gleichen Zeit im südlichen Küstengebiet eine Kultur herrschte, die eine riesige Nekropole in den Grotten von Paracas geschaffen hat. Leider gibt es, abgesehen von diesen Monumenten, keinerlei Quellen über den Chavin-Kult, dessen Bedeutung uns verborgen bleibt. Seine zentrale Gottheit in Gestalt einer Katze (Jaguar oder Puma) hat fünfhundert Jahre lang im Andengebiet großen Widerhall gefunden.

Um 300 v. Chr. verschwindet in den Anden plötzlich jede Spur von kultureller Homogenität, während sich die landwirtschaftlichen Techniken durch Einführung neuer Pflanzen und durch den Terrassenanbau weiter verbessern. Nur eine Nekropole von Paracas mit 429 Mumien bedeutender Persönlichkeiten läßt darauf schließen, daß sich die Beisetzungsbräuche und der Glaube an das Jenseits gewandelt haben.

Um 200 n. Chr. scheinen die zu dieser Übergangsperiode gehörenden Kulturen ihren Höhepunkt zu erreichen. Sie sind theokratisch, setzen die Katzengottheit wieder in ihre Rechte ein, bringen Menschenopfer dar und bekunden das gleiche besessene Interesse für den menschlichen Schädel wie ihre Vorfahren: er wird schon bei der Geburt ganz bewußt verformt und im Laufe des Lebens sowie beim Tode vielfach durchbohrt; die Schädel der Gegner werden als Kriegstrophäen gesammelt.

Ohne überbevölkert gewesen zu sein, wiesen die Küstentäler doch eine höhere Einwohnerzahl auf als heute. Die Menschen dort lebten im Überfluß, waren erfüllt von religiösen Idealen, die geeignet schienen, eine hochentwickelte Technologie hervorzubringen, um Projekte zu realisieren, deren Kühnheit an das Unmögliche grenzt wie z. B. der Kanal von La Cumbre mit einer Länge von 113 km, der bis heute noch in Betrieb ist.

Eine dieser Kulturen, nämlich die der Moche, errichtete riesige Tempel, von denen zwei Pyramiden, der Sonnentempel und der Mondtempel, die bekanntesten sind. Die bemalte Keramik zeigt uns, daß die Moche die Beschneidung praktizierten sowie die schamanische Art und Weise, Krankheiten zu heilen durch Aufsaugen des Geistes, der sich ihnen als greifbarer Gegenstand darstellte. Sie benutzten Begriffszeichen, die in Saubohnen eingeritzt waren. Die Gemeinschaft der Moche war eine theokratische, die Kriegerkaste wurde ganz besonders verehrt. Die Rolle der Frauen blieb streng auf Haus und Herd beschränkt.

Der Nazca-Kultur an der Küste, die aus der gleichen Periode stammt, verdanken wir zahlreiche Beispiele für abgeflachte, bemalte und zwecks Transport zu Girlanden zusammengebundene Schädeltrophäen. Die Nazca haben jene riesigen Zeichnungen auf eisenhaltigem Felsgestein im Tal von Palpa geschaffen, die dazu bestimmt waren, von irgendeiner himmlischen Gottheit von oben betrachtet zu werden, und die gleichzeitig von astronomischen Kenntnissen zeugen, deren Sinn uns im allgemeinen unbekannt geblieben ist.

Am Ende dieser Periode übt die megalithische Zivilisation von Tiahuanaco (Bolivien) auf die Andenkulturen einen starken Einfluß aus, der dem der früheren Chavinkultur durchaus vergleichbar ist. Die in 4000 m Höhe errichteten Megalithen bilden ein in der Welt einmaliges Zentrum mit terrassenförmig angeordneten Pyramiden, mit reliefverzierten Portalen, Plattformen, Reservoiren und Statuen. Als die Anlage aufgegeben wurde, war der Bau noch nicht vollendet.

Um 1000 n. Chr. erleben die Andenvölker eine Periode politischer Organisation, die stark an den abendländischen Feudalismus erinnert. Das Königreich Chimú, das wichtigste dieser Epoche, wird im Norden gegründet und erstreckt sich über mehrere Täler, von denen ein jedes sein eigenes urbanes Zentrum hat. Die Hauptstadt Chanchan (in der Nähe von Trujillo) ist ein Musterbeispiel für Städteplanung; dort lebten über fünfzigtausend Einwohner in zehn rechteckigen Stadtteilen, von denen jeder seine eigenen Häuser, seine Wasserreservoire und seine Tempelpyramiden hatte.

Die Gründung des Inkareichs

Die Gründung des Inkareichs um 1200 n. Chr. wird dem mythischen Heros Manco Capac und seinen Schwestern zugeschrieben, die sich im Tal von Cuzco niederließen. Die beeindruckende Ausdehnung des Inkastaates setzte erst mit seinem achten Kaiser Viracocha Inca und seinem Sohn Pachacuti ein, der ihm um 1438 auf dem Thron folgte. Bis zum Tode von Topa Inca, dem Sohn von Pachacuti, im Jahre 1493 erstreckte sich das Reich bei einer Länge von 5000 km vom Äquator bis ins Innere Chiles. Der Aufbau dieses Reiches läßt sich vergleichen mit den Leistungen Alexanders und Napoleons. Um so erstaunlicher ist es, daß dieses riesige Territorium von einer Handvoll spanischer Abenteurer erobert wurde.

Nach dem Tod des Kaisers Huayna Capac im Jahre 1525 kam es zum Krieg zwischen seinen beiden rivalisierenden Söhnen: Huascar (der in Cuzco residierte) und Atahuallpa (der in Quito in Ekuador residierte). Atahuallpa war zuletzt der Überlegene und wurde 1532 zum Herrscher ausgerufen. Von Berichten über die wunderbaren Goldschätze Perus angelockt, landete dort Pizarro mit hundertachtzig Mann. Von hier an vermengen sich unentwirrbar Religion und Geschichte. Atahuallpa hielt Pizarro für den großen Gott Viracocha, der mit seinem Gefolge zur Erde zurückgekehrt sei, um das Ende der Welt zu verkünden. Pizarro nutzte das aus und nahm Atahuallpa widerstandslos gefangen. Der Kaiser ließ seine Zelle mit Gold anfüllen und konnte sich auf diese Weise loskaufen, doch wurde er nicht freigelassen. Zum Tode verurteilt, unterzog er sich schließlich der christlichen Taufe, worauf er dann am 29. August 1553 zwar nicht bei lebendigem Leibe verbrannt, sondern nur gehängt wurde. Der letzte Thronanwärter der Inka wurde vierzig Jahre später enthauptet.

Die Religion der Inka

Im kommunistischen Reich der Inka war die offizielle Religion – die der Ketschua aus Cuzco, die vermutlich in vielem den von ihr assimilierten unbedeutenderen Kulten glich – Angelegenheit des Staates. Die Bauern mußten drei Parzellen Land bestellen, von denen die erste für die Götter bestimmt, die zweite dem Kaiser zugedacht und die dritte für den Lebensunterhalt der Familie vorgesehen war. Die heiligen Gegenstände oder *huacas* der besiegten Stämme wurden in einer Prozession nach Cuzco gebracht und in Heiligtümern aufbewahrt, wo sie dann auch weiterhin das Ziel von Wallfahrten aus fernen Provinzen waren. Doch zur Kategorie der *huacas* gehörte auch alles, was in irgendeiner Form heilig war: Hügel, Steine, Bäume und ebenso das, was fremdartig, widernatürlich erschien.

Die Organisation des Inkareiches weist überall starke Züge einer rationalen Utopie auf, die wohl auch den Philosophen Tommaso Campanella um 1600 beeinflußt haben muß, als die ersten Berichte darüber Europa erreichten. Die in hohem Maße durchorganisierte Kirche der Inka paßte sich der allgemeinen Struktur des Systems an. Im Mittelpunkt steht der Kaiser, der den Staat, das Gesetz verkörpert und zugleich auch Gott ist. Selbst ein *Huaca*, ist er jenem ebenbürtig, der keinen Ebenbürtigen hat, dem Gott Viracocha, aus dem Schaum des Titicacasees geboren und im Schaum des Ozeans verschwunden, als er sich über die Wasser schreitend nach Nordwesten in eben jene Richtung wandte, aus der 1532 Pizarro und seine Männer kamen.

Die Metaphysik Viracochas ist vielschichtig. Er ist der Schöpfer der natürlichen und der sozialen Welt, woraus sich auch sein Aufsteigen zum Inka-Pantheon erklärt, in dem die Sonne eine zentrale Stellung einnimmt. Ihm ist der größte Tempel von Cuzco gewidmet. Zu den Tempeln der Inka hatten die Gläubigen keinen Zutritt. Dorthin zogen sich die Priester und die Sonnenjungfrauen zurück, die unter den reinsten jungen Mädchen ausgewählt und dann auf Staatskosten unterwiesen wurden, um entweder als Vestalinnen zu dienen oder aber die Zweitfrauen der höchsten Würdenträger oder des Kaisers persönlich zu werden. Wenn der Kaiser mit einer Vestalin «sündigte», genügte es, daß er diese Überschreitung gestand, doch jeder andere, der gleiches tat, wurde mit seiner Konkubine zusammen hingerichtet.

In den Tempeln war die Sonne durch menschenähnliche Statuen und riesige Goldscheiben dargestellt. Der Kaiser war der Sohn der Sonne und die Kaiserin damit die Tochter des Mondes, Schwester und Gattin der Sonne, die im Tempel in Gestalt von menschenähnlichen Silberstatuen verehrt wurde. Die Inka benutzten gleichermaßen einen Mondkalender und parallel dazu noch einen Sonnenkalender.

Pachacamac, der Gott der Erde, mit seiner Höhlengattin Pachamama, und Illapa, der Gott der meteorologischen Erscheinungen, waren ebenfalls wichtige Gottheiten.

An der Spitze der Kirchenhierarchie stand ein Hohepriester, ein naher Verwandter des Kaisers, dem ein neunköpfiger Rat, alles Adlige, beigegeben war. Zahlreiche Priester wurden ausgesandt, um die Provinzen zu überprüfen, wo die alten Wächter der *huacas* als freiwillige Priester residierten, die keine Gelder aus dem Haushalt der Zentralregierung bezogen.

Der Tempel war kein Versammlungsort. Die gemeinsamen Zeremonien fanden auf den öffentlichen Plätzen statt und waren häufig mit Tieropfern verbunden, die sowohl der Sühne als auch der Weissagung dienen sollten. Doch als besonders wirksam galt es, zehnjährige Kinder zu opfern, die auf Grund ihrer körperlichen und moralischen Vollkommenheit auserwählt und glücklich gepriesen wurden, direkt ins Jenseits befördert zu werden, was übrigens ausschließlich den Adligen vorbehalten blieb. Im Gegensatz zu dem bei den Azteken und sogar bei den Maya üblichen Brauch kamen Menschenopfer bei den Inka nicht oft vor. Mit Techniken, die denen der Azteken ähnelten, wurden – wenn auch seltener – die kräftigsten unter den Kriegsgefangenen als Opfer dargebracht.

Genau wie in Ägypten verwalteten die Priester der Inka alles, was mit der Gesundheit zu tun hatte, vom politischen «Körper» des Staates bis hin zum menschlichen Körper, und so vereinigten sie in einer Person die Funktionen des Opferpriesters, des Sehers und Weissagers und des Medizinschamanen. Wie die babylonischen *barus* untersuchten sie sorgfältig die Eingeweide der geopferten Tiere und lasen daraus Vorhersagen für die Zukunft ab. Doch sie heilten auch Krankheiten durch Aussaugen eines Gegenstandes, der verdächtigt wurde, als Krankheitserreger das organische Ungleichgewicht hervorgerufen zu haben. Außerdem waren sie Chiropraktiker, die mit bestimmten Handgriffen ausgerenkte Glieder und Organe wieder einrenkten; vor allem aber waren sie ausgezeichnete Chirurgen, die sich auf höchst schwierige Operationen wie Schädelbohrungen verstanden, deren letzten Sinn und tiefere Bedeutung wir in vielen Fällen nicht zu erkennen vermögen.

Leider fehlen uns schriftliche Quellen, die von den Inka selbst stammen, so daß es uns nicht möglich ist, Genaueres über ihre Theologien auszusagen. Die Existenz von «Mönchen» und «Nonnen» (die Vestalinnen der Sonne) ebenso wie der Brauch der geheimen Beichte hatten die tief religiösen Spanier sehr beeindruckt. Doch die für immer verlorengegangenen subtilen Feinheiten des Inkadenkens können wir nur noch aus zurückhaltenden, naiven oder ungewollt unwahren Aussagen fremder Berichterstatter erahnen.

Die Religionen des Tropenwaldes

In dem unendlich weiten Dschungelgebiet der Flüsse Orinoko und Amazonas, dem auch noch die Gebirgsregionen von Guayana zuzurechnen sind, leben zahlreiche Völkerstämme, die zu den Sprachfamilien der Arawaken, der Kariben, der Pano, der Tukano und der Tupi gehören. Obwohl jede Gruppe ihre eigene Religion oder Religionsvariante besitzt, ist es dennoch möglich, viele Gemeinsamkeiten herauszustellen, sei es auf dem Gebiet der Mythologie, wie Claude Lévi-Strauss in seinem großartigen Werk *Mythologica* zeigt, sei es auf dem Gebiet der Vorstellungen, Bräuche und Institutionen, wie es unlängst Lawrence E. Sullivan getan hat.

Die wichtigsten *Gottheiten* dieser Religion sind ein Mittelding zwischen einem höchsten Wesen und einem Kulturheros, wobei die Funktion des letzteren im allgemeinen stärker ausgeprägt ist. Wie wir schon an anderer Stelle ausgeführt haben, stellt der Ethnologe Adolf Jensen im Zusammenhang mit den mythologischen Strukturen der Molukker auf dem Indonesischen Archipel fest, daß sich eine große Anzahl von Schöpfungsmythen, wie sie in der ganzen Welt anzutreffen sind, wohl zwei Archetypen zuordnen lassen: den *demas*-Gottheiten, deren als Opfer dargebrachte Körper die Knollengewächse, wie etwa die Kartoffeln, entstehen lassen, und dem des Prometheus, der im allgemeinen auf das Geheimnis der zum Himmel emporgeflogenen Getreidepflanzen hinweist.

Der Mondgott Moma bei den Witoto im nordwestlichen Amazonasgebiet ist eine ausgeprägte *dema*-Gottheit, die kaum dem Urbild des höchsten himmlischen Wesens entspricht, das ihm einige Ethnologen zugeschrieben haben. Die Mythologie des schöpferischen Sonnengottes Pura bei den Warikyana in Guayana mit ihren periodisch wiederkehrenden Weltzerstörungen kommt hingegen dem Urbild des Höchsten Wesens viel näher, das der *deus otiosus* eines anderen karibischen Stammes, nämlich dem der Mundurukú, am besten darzustellen scheint. In der Tat wird Karukasaibe nach Erschaffung der natürlichen und der menschlichen Welt von den Menschen tödlich beleidigt und zieht sich in die unzugänglichen Gefilde der Himmel zurück. Beim Untergang der Welt wird er wiederkommen und die Menschheit durch Feuer vernichten.

Wesentlich für die religiöse Erfahrung der Indianer im Tropenwald ist die Existenz eines unsichtbaren Universums, das sich über dasjenige des Alltags stülpt und nur über veränderte Bewußtseinszustände zugänglich wird, so im Traum, in der Trance, in durch Inhalieren von Drogen hervorgerufenen Visionen usw., oder aber über eine natürliche mystische Veranlagung sowie eine im Verlauf eines besonderen Trainings erworbene Fähigkeit. Das Übereinanderstülpen der Welten sieht so aus, daß die Lebewesen der anderen Welt im allgemeinen die Gestalt eines Tiers annehmen (z. B. Krokodil, Anakonda, Jaguar oder Geier), deren übernatürliche Kräfte allein Spezialisten zu erkennen vermögen. Doch alles läßt sich ins Unsichtbare hinein verlängern, und die Sanema an der Grenze zwischen Brasilien und Venezuela unterscheiden acht Kategorien von *hewkulas* oder verborgenen Wesen.

Unter diesen Geistern wird in bestimmten Sozietäten den Meistern der Tiere eine besondere Bedeutung zugemessen, denn ihnen soll es obliegen, den Zustrom von Tieren und Fischen zu lenken, die für den Verzehr bestimmt sind.

Die Geister der Ahnen sind ebenfalls wichtig, denn unsichtbar nehmen sie teil am Wirken und Treiben der Gemeinschaft der Lebenden. Eine der menschlichen Seelen, eben jene, die nach dem leiblichen Tod weiterlebt, vermag die Lebenden je nachdem heimzusuchen oder ihnen Wohltaten zu erweisen. Die Vorstellungen, die sich die südamerikanischen Indianer von der Seele machen, weichen im allgemeinen von den drei wichtigsten Lehren ab, die man im Orient, aber ebenso in den Religionen der Mittelmeerländer antrifft: Metensomatose, Traduzianismus, Neogenese. Die Indianer dagegen glauben an ein Reservoir voll psychischer Substanzen, in das die Seele in einem undeutlichen nebelhaften Zustand zurückkehrt. Zur Belebung eines neuen menschlichen Wesens wird ihm etwas von dieser Substanz zugeteilt. Solche Vorstellungen entsprechen mehr oder weniger denen bestimmter Gnostiker, die zum Teil der katholischen Lehre von der Neogenese der Seelen zustimmen; denjenigen von Averroës (1126–1198), der den Intellekt als ein einziges und ungeteiltes Wesen ansah und infolgedessen das individuelle Überleben der Seele leugnete; und ganz am Rande auch denen des späten Kabbalismus, der es für möglich hält, daß ein Individuum mehr als eine Seele besitzt und sich beliebig viele berühmte Seelen einverleibt. In säkularisierter Form finden wir diese Vorstellung in dem Gedanken von Benedetto Croce wieder, daß der Leser von Dante im Augenblick der Lektüre Dante selbst ist.

Die Psychologie der Jívaro am östlichen Äquator, die zwischen der «gewöhnlichen» Seele, der «vollkommenen» Seele und der «rächenden» Seele unterscheidet, gibt uns ein Bild von der Vielfalt der Seelen. Die gewöhnliche Seele ist das Attribut der Masse der Sterblichen; die vollkommene Seele kann erst nach der Vision der unsichtbaren Welt erworben werden. Doch der Jívaro muß diese vollkommene Seele, die ihn blutdürstig macht, in sich austreiben. Er wird eine andere erhalten, wenn er einen Feind tötet; als Besitzer von zwei vollkommenen Seelen ist er künftig unverwundbar. Zwar darf er nicht mehr als zwei Seelen erwerben, doch kann er sich fortan die in anderen Seelen wirkende Kraft aneignen.

Die rächende Seele ist diejenige, die beim Tod des Besitzers einer vollkommenen Seele erscheint und sich an ihrem Mörder rächen will. Das ist der Grund, weshalb die Jívaro die Schädel ihrer Feinde austrocknen *(head shrinking)*, denn sie glauben, daß auf diese Weise die rächende Seele in dem geschrumpften Schädel wie in einer Falle festgehalten wird.

Die religiöse Autorität der südamerikanischen Indianer ist der Schamane; er vereint in sich die Funktion desjenigen, der den sozialen Körper heilt, und die des Medizinmanns, der den menschlichen Körper heilt, wenn dieser von einem aus der unsichtbaren Welt stammenden Krankheitserreger befallen worden ist.

Es ist leicht einzusehen, daß das religiöse System der südamerikanischen Indianer doch wohl ein höchst vielfältiges Geflecht darstellt, das ihre Kultur trägt, und daß es unmöglich ist, den «profanen» vom «religiösen» Teil ihres Daseins zu trennen. Schließlich ist die Welt für einen jeden von uns nur ein geistiger Vorgang, einmalig und nicht unterteilt: Es gibt keine Grenze, an der man aufhört, «profan» zu denken, um sich auf das «Religiöse» zu besinnen oder umgekehrt. «Heilig» und «profan» überschneiden sich zwangsläufig; sie sprechen die gleiche Sprache und verkünden übereinstimmend das gleiche «Wort».

Die Religionen des Gran Chaco

Der Gran Chaco (in der Ketschua-Sprache bedeutet Chaco Jagdgebiet) liegt im Zentrum des südamerikanischen Kontinents zwischen dem Mato Grosso und den Pampas. Dort leben die Sprachfamilien der Zamuco, der Tupi-Guarani, der Mataco-Makka, der Guaiacuru-Caduveo und der Arawaken. Alle Völkerstämme dieser Region kennen die Institution des Schamanismus und den Glauben an übernatürliche Wesen, die im unsichtbaren Universum leben, das wiederum unserer Welt übergestülpt ist. Ihre Mythen berichten von der Entstehung der Welt, der Pflanzen, der Tiere, der menschlichen Wesen, der Initiation und des Schamanismus. Unter den übernatürlichen Wesen gibt es Höchste Wesen, die sich mehr oder weniger mit Kulturheroen oder *demas*-Gottheiten vermengen, aber auch prometheische Wesen, die Getreidepflanzen und/oder das Feuer stehlen, Trickster, durchtriebene Leute, die in beiden Teilen Amerikas anzutreffen sind (genau wie auf anderen Kontinenten auch), deren schöpferische Funktionen mehr oder weniger weitreichend sein können. Es ist nicht möglich, hier die einzelnen Aspekte aller dieser mythischen Wesen bei den Völkerstämmen dieser Region aufzuzeigen.

Die Religionen der Pampas, Patagoniens und Feuerlands

Die Ethnographen haben mehrere heute verschwundene Völkerstämme dieser Region erforscht. Ihre besondere Aufmerksamkeit galt dabei den Fuegin-Indianern (Selk'nam oder Ona, Yahgan oder Yamana und Alakaluf), bei denen der Glaube an ein Höchstes Wesen festgestellt werden konnte. Bei den Selk'nam hat sich der Gott Temakuel ins himmlische Jenseits zurückgezogen und den obersten Ahnherrn Kenos mit der Aufgabe betraut, die Welt zu regieren. Die Selk'nam stören Temakuel zwar nicht durch häufige Gebete, doch werden ihm täglich Lebensmittel geopfert.

Millenaristische Bewegungen

Die millenaristischen Bewegungen der Tupi-Guarani vom Mato Grosso scheinen wohl kurz nach der Ankunft der europäischen Kolonisatoren eingesetzt zu haben. 1539 verließen zwölftausend Tupi-Indianer Brasilien auf der Suche nach dem Gelobten Land; als sie Peru erreichten, waren es noch dreihundert. Die anderen waren Krankheit und Hungersnot zum Opfer gefallen. 1602 bereiteten die Jesuiten dem Exodus von dreitausend Indianern aus Bahia ein Ende, die unter Führung eines Propheten *(pagé)* auf der Suche nach dem Land ohne Leid waren. Diese Ereignisse haben sich bis ins 20. Jahrhundert hinein fortgesetzt. Für diese selbstmörderischen Wanderungen gibt es verschiedene Erklärungen, die sie entweder als lokale oder akkulturierte «messianische» Phänomene deuten, als «Bewegungen unterdrückter Völker» (was für die Tupi nicht zutrifft) oder aber als einen inneren Mechanismus der Gesellschaft, die sich durch Selbstzerstörung gegen das drohende Heraufkommen der Institution Staat wehrt (P. Clastres).

Literatur

Armin Bollinger, Einführung in die Welt der Indios. Inka, Alt-Mexiko, Maya, Frauenfeld 1988.

Maria S. Cipolletti, Jenseitsvorstellungen bei den Indianern Südamerikas, Berlin 1983.

Pierre Clastres u. a., Gesellschaften gegen den Staat, Ludwigsburg 1988.

Ioan P. Couliano, Religione e accrescimento del potere, in: Romanato/Lombardo/Couliano (Hg.), Religione e Potere, Turin 1981.

Walter Krickeberg/Hermann Trimborn/Werner Müller/Otto Zerries, Die Religionen des Alten Amerikas, Stuttgart 1961.

Günther Lanczkowski, Die Religion der Azteken, Maya und Inka, Darmstadt 1989.

Claude Lévi-Strauss, Traurige Tropen, Frankfurt 1978.

Ders., Mythologica, 4 Bde., Frankfurt 1976.

Lawrence E. Sullivan, Icanchu's Drum. An Orientation to Meaning in South American Religions, New York 1988.

Klaus Zeller, Das Krokodil. Das Kaiman in Vorstellung und Darstellung südamerikanischer Indianer, München 1983.

Die Religionen Australiens

Im Norden des australischen Kontinents, im Arnheim-Territorium, und im Innern des Landes sind die Religionen der Urbewohner (Aborigenes) nicht der Akkulturation erlegen. Sie weisen zahlreiche übereinstimmende Züge auf.

So kennen die Einheimischen einen Schöpfergott, der sich in die fernen Höhen des Himmels zurückzieht, wohin ihm die Menschen nicht folgen können. Er verläßt seine geheimnisumwitterte Wohnstatt nur, um bei den streng geheimen Initiationskulten zugegen zu sein. Folglich rufen die Einheimischen im täglichen Leben nicht den *deus otiosus* an, sondern den Kulturheros und die autogenen Geister aus der sogenannten «Traumzeit» (*alchera* oder *alcheringa*), himmlische Wesen also, die sich zwischen Himmel und Erde frei bewegen können, indem sie sich dazu beispielsweise eines Baumes oder einer Leiter bedienen. Sie sind die Urheber einer «zweiten Schöpfung», d. h. der Organisation der Welt als bewohnbaren Raums. Hier handelt es sich offensichtlich um eine heilige Geographie, die jedem einzelnen noch gestattet, angesichts eines Felsens oder eines Baumes dem Treiben der mythischen Urwesen zuzuschauen, die später dann im Innern der Erde oder aber auch im Himmel verschwunden sind. Die Letzten haben wohlweislich die Brücke zwischen der Erde und dem Himmel eingezogen und damit den Bruch zwischen diesen beiden Raumebenen endgültig besiegelt, die eigentlich zwei ontologische Ebenen sind.

Der Einheimische lernt die heilige Geschichte seiner Welt kennen bei den Initiationen und den streng geheimen Initiationskulten (Kunapipi und Djanggawul), die in unveränderter Form den Neulingen die mythischen Grundkenntnisse vermitteln, ohne dabei immer auf Beschneidungs- und Ausschneidungsriten zurückzugreifen.

Die Pubertätsriten für die Knaben sind schwieriger und heftiger als für die jungen Mädchen beim Auftreten der ersten Regel. Auch wenn die Beschneidung nicht überall in Australien üblich ist, so erleidet der Knabe doch einen «symbolischen Tod», der Hand in Hand geht mit rituellen Verwundungen, Blutbesprengen und einem Scheintod, in dem er sich der heiligen Ursprünge der Welt «entsinnen» soll. Der geheime Kult Kunapipi geht im allgemeinen zurück auf den mythologischen Zyklus der Schwestern Wawilak, denen die phallische Große Schlange geheimes Wissen vermittelt: Das ist eine dritte Schöpfung, die Erschaffung des kulturellen Raums der Einheimischen.

Das gleiche rituelle Schema von Tod und Wiedergeburt ist stärker ausgeprägt in den schamanischen Initiationsriten. Der Kandidat wird «getötet» und «operiert» vom Kollegium der Medizinmänner, die seine inneren Organe gegen unvergängliche mineralhaltige Organe austauschen. Während dieser Zeit unternimmt die Seele des Neophyten eine danteske Reise in den Himmel und in die Hölle. Wenn er dann wieder genesen ist, besitzt der neue Schamane besondere Fähigkeiten.

In den meisten mythischen Initiationskulten spielt die Regenbogenschlange eine wichtige Rolle. Ihre Aufgabe ist es, in den Teichen und Quellen, wo sie ihren Wohnsitz hat, jene aus der Traumperiode und der himmlischen Welt stammenden Quarzkristalle zu hüten, die zur Herstellung der neuen mineralischen Organe des jungen Schamanen dienen. Die Wasserschlange Wonambi ist es dann, die in den westlichen Wüsten die Neophyten «tötet». In Queensland steckt sie ihnen ein Stück Holz oder Knochen in den Körper, das die Medizinmänner ein paar Tage später bei der «Wiederbelebung» des künftigen Schamanen entfernen. Die magischen Substanzen überwinden die Entfernung vom Himmel zur Erde, indem sie auf dem Regenbogen hinabgleiten. Aus Angst, die Medizinmänner könnten nicht in den Besitz der himmlischen Kristalle gelangen, ist es infolgedessen verboten, in einem Teich oder Tümpel zu baden, über den ein Ende des Regenbogens hinweggezogen ist.

Die Einheimischen halten den Tod für eine Folge von Hexerei. Der Bestattungsritus sieht also die Bestrafung des mutmaßlichen Mörders vor. Der Tote reist wie der Schamane in den Himmel empor. Im Gegensatz zu diesem wird er aber nie wieder über einen physischen Körper verfügen können.

Literatur

A. P. Elkin, The Australian Aborigines, Sydney 1964.

Thomas Göbel, Erde, die die Seele trägt. Australische Mythen, Stuttgart 1976.

Hans Nevermann/Ernest A. Worms/Helmut Petri, Die Religionen der Südsee und Australiens, Stuttgart 1968.

Richard Thurnwald, Die Eingeborenen Australiens und der Südseeinseln, Tübingen 1927.

B. Wongar, Spuren der Traumzeit. Geschichten der australischen Ureinwohner, München 1981.

Die Religionen Ozeaniens

Die Inseln und Sprachen

Die Inseln im Pazifischen Ozean werden herkömmlicherweise in drei Gruppen aufgeteilt: Mikronesien, Melanesien (mit Neuguinea, den Salomoninseln, den Admiralitätsinseln, den Trobriandinseln, den Fidschiinseln, Neukaledonien, Santa Cruz, Tikopia, Vanuatu-Neuhebriden usw.) und Polynesien (mit Neuseeland, Samoa, Tonga, Tahiti, den Marquesainseln, Hawai, den Osterinseln usw.). Die Einteilung ist ziemlich willkürlich, denn allein Mikronesien weist typische kulturelle Züge auf, die asiatische Einflüsse zeigen. Mikronesien umfaßt vier Inselgruppen (die Marianen-, die Karolinen-, die Marschall- und die Gilbertinseln) mit einer Gesamtbevölkerung von 140 000 Einwohnern, die malaisch-polynesische Sprachen sprechen. Melanesien ist dichter bevölkert und besitzt eine wunderbare und reiche Kultur. Polynesien dagegen zeichnet sich aus durch eine riesige Flächenausdehnung und die abertausend Inseln, aus denen es sich zusammensetzt. Die meisten Sprachen der Bewohner Mikronesiens und Polynesiens gehören zur austronesischen Gruppe. Die meisten Sprachen in Melanesien sind nicht austronesisch, sondern zählen zu den Sprachen der australischen Eingeborenen.

Mana und Tabu

Zahlreiche von den Ethnologen entwickelte Vorstellungen beruhen auf der (falschen) Deutung der Religionen Ozeaniens. So geht beispielsweise die große Beliebtheit des Begriffs *mana* letzten Endes zurück auf die Arbeiten des englischen Missionars R. H. Codrington

(1830–1922) auf den Neuen Hebriden (Vanuatu). Codrington und nach ihm R. R. Marett definieren *mana* als eine Art Energiesubstanz, die wie die Elektrizität angesammelt und gewinnbringend wieder abgegeben werden kann, um sich damit alle nur erdenklichen Vorteile einzuhandeln. In Wahrheit scheint *mana* vielmehr eine Eigenschaft darzustellen, die von den Göttern auf Personen, Orte und Gegenstände übertragen wird. In der Gesellschaft ist sie geknüpft an den Stand und außergewöhnliche Leistungen.

Ebenso stammt der Begriff *tabu* (aus dem Polynesischen *tapu*), der den Ethnologen und Psychoanalytikern so ans Herz gewachsen ist, von den Maori in Neuseeland. *Tapu* hängt eng zusammen mit *mana* und bedeutet soviel wie göttlicher Einfluß, vor allem mit negativen Auswirkungen, die bestimmte Orte, bestimmte Personen und bestimmte Gegenstände unzugänglich und gefährlich machen. Es gibt einige Bereiche, in denen sich die Vorstellungen von *mana* und *tapu* überschneiden, doch im allgemeinen bezeichnet *mana* einen nicht übertragbaren und langanhaltenden Einfluß, während *tapu* vorübergehenden und womöglich ansteckenden Zuständen von Besessensein vorbehalten ist. Das Menstruationsblut z. B. ist *tapu,* also ansteckend; in den Tagen ihrer Regel darf die Frau für niemand anderen als nur für sich selbst Nahrung zubereiten, um die krankheitserregende Erscheinung nicht zu übertragen. Zu den Aufgaben der Priester gehört es, die durch *tapu* infizierten Orte zu reinigen.

Das Bild, das sich der Westen von Ozeanien macht, geht in erster Linie zurück auf Forschungen wie die des funktionalistischen englischen Ethnologen Bronislaw Malinowski (1884–1942) auf der Trobriandinsel (1915–1918) oder auf die des französischen Missionars Maurice Leenhardt in Neukaledonien (*Do Kamo,* 1947).

Religion

Um 1500 v. Chr. wurde das riesige Gebiet Polynesiens allmählich von Seefahrern besiedelt, die aus Indonesien und von den Philippinen (Lapita-Kultur) kamen und vor 500 n. Chr. auf der Osterinsel an Land gingen. Um 1200 wurde Ostpolynesien kolonisiert. Im 16. Jahrhundert beherrschte der Kult des Gottes Oro, des Sohnes der himmlischen Gottheit Ta(ng)aroa, auf der Insel Raiatea das religiöse Leben der Region. Eben dort wurde die schamanische Gesellschaft der Ariois gegründet, die vor allem wegen ihres großen Einflusses (und ihrer Ausschweifungen) auf Tahiti, dem religiösen Zentrum um 1800, bekannt geworden ist. Der Gotteskult fand in rechteckigen Höfen (sog. *maraes*) statt, die mit einem pyramidenförmigen Terrassendach *(ahu)* versehen waren. Auf der Osterinsel, den Marquesainseln und in Raivavae stehen monumentale Statuen aus Stein. Die Zivilisation der Osterinsel, die bei Ankunft der Sklavenhändler aus Peru im 19. Jahrhundert völlig zerstört wurde, erweist sich als ein Rätsel der Geschichte. Vor 1500 hatten die Bewohner Kontakte zu den Inkas aufgenommen und kannten die sogenannte *rongorongo*-Schrift, in Bustrophedon-Schreibweise, die bisher nicht restlos entziffert werden konnte.

Die religiöse Einheit Ozeaniens ist nur andeutungsweise vorhanden; aber die Vorstellung, daß die meisten Götter Ahnen sind, die auf einer anderen Welt leben und die Menschen häufig aufsuchen, ist in der Region sehr verbreitet. Der himmlische Schöpfungsgott ist unerreichbar, aber von seinen Taten berichten die Mythen. Tangaroa und die Erde hielten sich so fest umschlungen, daß ihre Söhne sie gewaltsam trennen mußten, um den Raum bewohnbar zu machen. Der Gott Tane der Maori aus Neuseeland und seine Brüder formten aus Erde eine Frau. Tane hauchte ihr Leben ein, wußte jedoch nicht, welche Öffnung für die Zeugung bestimmt war, und vorsichtshalber befruchtete er alle. Schließlich bekam er eine Tochter von ihr, die er zur Frau nahm. Sie gebar die Vorfahren des Menschengeschlechts. Der Kulturheros Maui, der auch ein Trickster ist, legte die Länge des Tages und der Nacht fest und fing mit seinem Netz zahlreiche Fische, aus denen die Inseln von Polynesien entstanden. Danach beschloß er, zum ewigen Leben zu gelangen, indem er das weibliche Ungeheuer Hine-nui-te-po tötete. Doch als er sich anschickte, in ihre Scheide einzudringen, um sie durch ihren Mund wieder zu verlassen, konnten seine Gefährten, die Vögel, das Lachen nicht unterdrücken; der schlafende Tod erwachte und zermalmte Maui.

Die Mehrzahl der Götter übt entscheidenden Einfluß auf die menschlichen Angelegenheiten aus. Ihr Wille kann durch Weissagung, für die besondere Kenntnisse erforderlich sind, oder durch spiritistische Besessenheit erkundet werden. Die Priester von Tahiti und Hawai verstanden sich darauf, aus den Eingeweiden eines Opfertiers zu weissagen. Die Zauberer lenkten den Willen der Götter zu gutem oder zu bösem Tun, indem sie diese mit einem Ritus anriefen und sie einluden, sich in bestimmten Gegenständen niederzulassen, meistens in unfertigen, eigens für diesen Zweck geschaffenen Statuen oder Stäben «zum Götterfangen». Wenn die Götter dann anwesend waren, wurden ihnen Opfer (meist Menschenopfer) angeboten, um sie zu bewegen, das zu tun, wofür man sie angerufen hatte. Die Gegenwart der Götter führte einen Zustand herbei, der als *tapu* bezeichnet wurde. Es bedurfte besonderer Riten (Besprengen mit Wasser und Behandeln mit Feuer) oder aber der Anwesenheit einer Frau, um den Gott wegzuschicken und den normalen Zustand *noa* wiederherzustellen.

Der Tod wird von langandauernden besonderen Zeremonien begleitet. In dieser Zeit soll der Tote seinen Weg zum unterirdischen Königreich finden, von wo aus er bei den Lebenden weiterhin aufkreuzen wird, entweder um sie heimzusuchen oder um ihnen, falls diese sie anrufen, auf ihre Fragen zu antworten.

Literatur

H. Fischer, Studien über Seelenvorstellungen in Ozeanien, München 1965.

Hans-Jürgen Greschat, Mana und Tapu. Die Religion der Maori auf Neuseeland, Berlin 1980.

Michael King (Hg.), Tihi mauri ora: Aspects of Maori Tanga, Wellington 1978.

Fr. R. Lehmann, Mana, Leipzig 1915.

B. Malinowski, Argonauton des westlichen Pazifik, Frankfurt 1984 (engl. 1922).

Hans Nevermann, Götter der Südsee, Stuttgart 1947.

Hans Nevermann/Ernest A. Worms/Helmut Petri, Die Religionen der Südsee und Australiens, Stuttgart 1968.

J. Sterly, «Heilige Männer» und Medizinmänner in Melanesien, Köln 1965.

Georg Thilenius, Ergebnisse der Südsee-Expedition, 1908–1910, Hamburg 1927.

Richard Thurnwald, Die Eingeborenen Australiens und der Südseeinseln, Tübingen 1927.

M. Williams, Neugeuinea, Wien 1966.

Clara B. Wilpert, Südsee. Inseln, Völker und Kulturen, Hamburg 1987.

Die Religion Ägyptens

Selbst wenn uns die Ikonographie des Alten Ägypten oberflächlich vertraut ist, so bleibt uns dessen Religion fremd und rätselvoll. Aus einer so großen zeitlichen Entfernung gesehen erscheint uns vieles widersprüchlich; die vielfältigen Strukturen des Pantheons, die verschiedenen Varianten der Mythen und die Götter vermischen sich und bleiben lückenhaft. Heutzutage ist alles von neuem in Frage gestellt: die Göttlichkeit des Pharao, die Wirklichkeit des Jenseits, die genaue Natur von Wesenheiten wie *ba* und *ka*, die im allgemeinen mit «Seele» und «Geist» übersetzt werden. Andererseits ist die ägyptische religiöse Überlieferung äußerst konservativ. Sie widersetzt sich jeder Veränderung und hält fest an ihren archetypischen Gottes- und Heldenbildern. Sie ist durch und durch eingestellt auf ein in seiner Vollkommenheit unabänderliches Jenseits, dessen Mysterien zahlreiche Generationen von Forschern zu entziffern versucht haben.

Die archaische Periode

Der einzigartige Stil der ägyptischen Ikonographie ebenso wie die Hieroglyphenschrift tauchen gleichzeitig mit der ersten pharaonischen Dynastie und der Vereinigung des nördlichen und des südlichen Niltals um 3000 v. Chr. auf. Vorher hatten die Mesopotamier ihren Einfluß auf dieses Gebiet ausgedehnt und dessen Monotonie mit Bauten aus sonnengetrockneten Ziegeln und Gegenständen orientalischer Herstellung, wie beispielsweise zylindrischen Rollsiegeln, aufgelockert. Noch früher pflegten die prähistorischen Bewohner in dieser Gegend ihre Toten, das Gesicht nach Westen gewandt, zu bestatten und deren Gräber mit Gaben für das Jenseits zu versehen.

Der Beginn der ägyptischen Geschichte ist zugleich der Beginn des Königtums, das zum ersten Mal auf einer Schminkpalette von Narmer auftaucht, auf welcher der König die Kronen von Ober-und Unterägypten trägt. Ursprünglich identifizierten sich die Könige mit Horus, die der zweiten Dynastie dann mit Seth oder sowohl mit Horus als auch mit Seth. In der Mythologie haben sich Seth und Horus die Königswürde streitig gemacht. Die übermenschliche Stellung des Königs hat sich sehr früh herausgebildet und sich als dauerhaftes und wirkungsvolles politisches Instrument erwiesen. Menes, wie später der erste König und Reichseiniger Ägyptens genannt wurde, gründete laut Überlieferung die Hauptstadt Memphis. Die Könige der ersten Dynastien (des Alten Reichs) ließen die Pyramiden errichten und die größten Nekropolen anlegen, deren Inschriften und Zauberformeln von ihren frühen Götterlehren künden.

Kosmogonien und Theologien

In einer Kosmogonie des Alten Reichs begegnen wir Re/Atum, der Schu (Luft) und Tefnut (Feuchtigkeit) erschaffen hat, die dann Geb (Erde) und Nut (Himmel) hervorbringen. Von ihnen stammen wiederum Osiris und Seth, Isis und Nephthys ab. Osiris, der gerechte König der Erde, wird von seinem Bruder Seth getötet. Isis gelingt es, von dem toten Osiris befruchtet zu werden, und sie gebiert Horus, den Sohn, der später Osiris rächt und mit dem sich der Pharao identifiziert.

Wie in Mesopotamien schuf sich nun jeder Tempel in den großen Städten, den Zentren der Macht, seine eigene Kosmologie und setzte den Ortsgott an die Spitze seiner Hierarchie. Das Ei, aus dem der Schöpfer entstand, stammt aus dem See von Hermopolis. Es ist emporgetaucht aus dem Chaos des Wassers, das von vier Wesenheiten verkörpert wird: Dunkelheit, Finsternis, Kraftlosigkeit und abgrundtiefem Urwasser. In Heliopolis ist aus den Wassermassen ein Ursandhügel aufgetaucht, der heute noch dort sichtbar ist, wo einst die Welt ihren Anfang nahm. Was die kosmischen Handlungen betrifft, so wurde auf die derbsten wie die Masturbation oder das Aushusten des Schöpfergottes besonderer Wert gelegt, doch bildeten sich in den wichtigsten religiösen Zentren bald geläuterte Vorstellungen heraus. So erklärt sich, daß nach einer späteren Überlieferung Ptah den Atum in seinem Herzen empfängt und ihn erschafft, indem er ihn bei seinem Namen ruft. Durch diesen Mythos ist Ptah dann Atum übergeordnet, und auf eben diese Weise war Re auch Atum überlegen, bedingt durch seine frühere Stellung in der Kosmogonie.

Für die Ägypter war die Welt eine flache Scheibe, und sie stützte den Himmel, der in der Form einer umgestülpten Trinkschale mal die Unterseite der Kuh Hathor und mal die Vorderseite der Göttin Nuth darstellte, die jeden Abend die Sonne verschlang. Zahlreiche Götter haben Tiergestalten, was nicht unbedingt auf Tierkulte hinweist, vielleicht aber doch auf die Erkenntnis eines wesentlichen und tiefgreifenden Andersseins oder auf die Einsicht in die urbildhafte Eigenschaft aller lebenden Dinge schließen läßt. Die wandelbare, vielgestaltige Natur der ägyptischen Götter gibt Rätsel auf. So obliegt es ihnen, die Menschenwesen zu erschaffen, die durch das Wort von Ptah hervorgebracht oder auf der Töpferscheibe geformt werden. Der Geist bewahrt sich so lange, als seine physische Stütze fortbesteht. Diese Sorge um das Weiterleben führt dazu, daß dem irdischen Leben, auch wenn es angenehm sein sollte, die rituelle Bestattung vorzuziehen ist. Die Gräber sind wichtiger als die prunkvollsten Häuser, und es ist unvorstellbar, auf Kosten der Bestattungspriester Einsparungen machen zu wollen.

Die erste Zwischenzeit

Um 2200 v. Chr. spalteten eine politische Wende und Bürgerkriege einhundertfünfzig Jahre lang Ägypten. Die literarischen Zeugnisse aus dieser Zeit berichten von wachsender Individualisierung und «Demokratisierung» des religiösen Lebens angesichts einer herrschenden sozialen Anarchie. Totensprüche aus den alten Königsgräbern finden sich in den Särgen jener wieder, die sie bezahlen können. Die Texte, die sogenannten *Lieder der Harfner,* empfehlen, in der Gegenwart zu leben. Dem Land droht eine ungewisse Zukunft, in der Gräber geplündert und Unschuldige verfolgt werden. Alles wird in Zweifel gezogen: das Selbst, das Jenseits, die Götter, der Pharao. Prophetische Werke wie die *Ermahnungen von Ipuwer* stellen uns einen alten Weisen vor, der sich in Schmähungen über die Lügen und die Gewalttaten des Königs und seiner Regierung ergeht. Die *Lehre für König Merikare* beklagt die Schicksalsschläge des Lebens und preist dabei die überlieferten moralischen Werte Ägyptens, als da sind Gerechtigkeit und Edelmut, insbesondere den Armen gegenüber. Besonders interessant ist das *Gespräch eines Lebensmüden mit seinem Ba,* wo ein an der Bosheit der Welt Verzweifelter den Selbstmord verteidigt seiner Seele gegenüber, die ihn wiederum ermutigt, sein Leben fortzusetzen und es zu genießen. Die Seele, die für das künftige Leben bürgt, verspricht dem Menschen, ihn nicht zu verlassen, doch die Aussichten auf das Jenseits erscheinen ihm nicht reizvoller als dieses unvollkommene Dasein. Bittere Klagen über das wachsende soziale Chaos – die Söhne lehnen sich gegen ihre Väter auf und die Untertanen gegen ihren König –, das sind die ständig sich wiederholenden literarischen Vorlagen dieser Zeit, die noch Jahrhunderte gelten sollten.

Die religiösen Bräuche

Ähnlich wie schon in Mesopotamien hatten die einzelnen Götter ihre eigenen Hauptstädte, deren Tempel zugleich ihre Wohnstätten waren. Das Innere der Tempel blieb für gewöhnlich den Priestern im Zustand ritueller Reinheit vorbehalten. Ganzen Gruppen von Priestern mit kahlgeschorenen Schädeln oblagen zahlreiche Aufgaben: Die Waschung der Statuen, die rituelle Darreichung von Lebensmitteln und Getränken, das Einbringen der göttlichen Gegenwart in die Statuen, das Herumtragen der Statuen auf Orakelprozessionen usw. Im Tempel von Amon in Theben, wo einige zehntausend Menschen tätig waren, mußten einhundertfünfundzwanzig verschiedene Pflichten erfüllt werden. Die wichtigste Funktion der Statuen, in denen der Gott angeblich wohnte, bestand darin, sofort einen Orakelspruch zu fällen. In ihren undurchsichtigen Kabinen, die in der Mitte unterschiedlich großer Barken standen (die für mächtige Götter besonders groß und schwer waren), wurden die Statuen von den Priestern in Prozessionen aus dem Tempel herausgetragen. Häufig schloß sich die Menge den Trägern an, denn es galt als Verdienst, beim Transport der Götter mitgewirkt zu haben. In irgendeinem beliebigen Streitfall zum Richter erkoren, handelte der Gott häufig als Schlichter zwischen zwei Parteien; doch falls eine von beiden sich nicht zufriedengestellt sah, konnte sie den Fall einem anderen Gott vortragen. Der Orakelspruch erfolgte unter recht seltsamen Umständen: Lautete die Antwort «ja», dann beschwerte der Gott angeblich den Bug der Barke und zwang so die Träger, niederzuknien oder sich nach vorn zu begeben; lautete die Antwort «nein», veranlaßte er sie rückwärtszugehen. Doch manchmal wurden dem Gott auch schriftliche Orakelsprüche mit «ja» oder «nein» vorgelegt, unter denen er dann nur zu wählen brauchte. Das Eingreifen der Priester in die göttlichen Handlungen war deutlicher erkennbar im Falle von medizinischen Orakelsprüchen. Im Heiligtum von Deir el-Bahari in Luxor diktierte die Stimme des Gottes Amenophis jedem Patienten das Rezept für dessen Heilung. Ein im Heiligtum verborgener Priester sprach durch eine unsichtbare Öffnung im Gewölbe. Sollte irgendein Neugieriger die Türe öffnen, blieb dem Priester noch genügend Zeit zu verschwinden. Die Priester von Karanis in Faijûm beherrschten subtilere Methoden. Hinter den innen hohlen großen Gottesstatuen wohl verborgen, ließen sie die Priester durch Rohre sprechen.

Ein Tempel konnte ein Skriptorium und Fachbibliotheken besitzen, um über mehrere Generationen dort die Papyri aufzubewahren. Die Aufgabe des Hauptpriesters oder der Hauptpriesterin war auch politisch wichtig; der König brachte dort seine Kinder oder einen einflußreichen Freund unter. Wie die reichen Bürger besaßen auch die Tempel Grund und Boden im Niltal, ein Zeichen ihrer Bedeutung für die Stabilität und Einheit des Landes.

Das Volk erwartete Gerechtigkeit in der Gesellschaft wie im Universum. Der Pharao war die Inkarnation von *maat,* Ordnung und Wahrheit. Die ägyptische Weisheitsliteratur, die Sammlungen moralischer Aphorismen wie *Die Weisheit des Ptahhotep* aus der 5. Dynastie und das *Weisheitsbuch des Amenemope* des Neuen Reiches erinnern dem Sinn nach an das *Buch der Sprüche* im Alten Testament, dessen Botschaft teilweise völlig gleichlautet. Die zahlreichen Schutz-, Sühne- und Heilamulette – Skarabäen und Statuetten – bezeugen einen wichtigen Anteil an Volksglauben. Die Magie sollen die Götter den Menschen übertragen haben, um ihnen die Möglichkeit zu geben, sich gegen die Unbilden des Schicksals zur Wehr zu setzen. Auf Papyri oder Ostraka (Scherben) geschriebene Zaubersprüche waren sowohl im Tempel als auch im Privathaus in Gebrauch. Die Namen und Laute, die sie aufwiesen, waren an die Götter gerichtet, um deren Hilfe anzurufen. Letztlich waren die Götter durch die Magie manipulierbar.

In der Volksreligion nahm Osiris, der Sieger über den Tod und der Richter der Dahingeschiedenen, eine besondere Stellung ein. Er symbolisierte die Wiedergeburt, und also suchten alle seinen Rat. Abydos, wo sich laut Überlieferung seine Grabstätte befindet, war der wichtigste Wallfahrtsort in Ägypten. Solche Kulturzentren betrieben einen lebhaften Handel mit Opfergaben und Votivstatuetten, mit auf Stelen geschriebenen Bittgesuchen, mit verderblichen Waren. Die Hauptfeste wurden mit klingender Musik und Tanz anläßlich der Prozessionen der Götter gefeiert, die in der Mitte ihrer Zeremoniebarken unsichtbar blieben. Das Volksfest von Min war das Erntedankfest, das in den königlichen Kult mit aufgenommen wurde. Ein weißer heiliger Stier nahm an diesem Ereignis teil.

Die Reform des Echnaton

Im 14. Jahrhundert v. Chr., nach der Vertreibung der Hyksos und der darauffolgenden Periode von Eroberungen im Osten sowie lebhafter internationaler Diplomatie, führte der junge König Amenophis IV. eine radikale und politische Reform durch, die Aton, die Sonnenscheibe, zur einzigen höchsten Gottheit des ägyptischen Pantheons erhob. Er änderte seinen eigenen Namen um von «Amon-ist-zufrieden» (Amenophis) in «Der-Sonnenscheibe-gefällig» (Echnaton); er ließ die Hauptstadt Theben nach Echtaton (Tell el-Amarna) verlegen und auf allen Inschriften den Namen Amon löschen. Diese Bewegung ist als Henotheismus, als Monolaterie, ja sogar als Monotheismus bezeichnet worden. Wie dem auch sei, die politische Absicht und Bedeutung sind eindeutig: die mächtigen Priester und Beamten der Amon-Tempel verloren ihre weitreichenden Privilegien. Die neuen Amon-Tempel hatten keine Dächer. Gleichzeitig mit dieser Revolution Echnatons entwickelte sich ein neuer naturalistischer Kunststil. Die Sonnenscheibe wurde dargestellt mit einem Kranz von Strahlen, die in Hände ausliefen und zuweilen den Anwesenden das Kreuz *ankh,* das Zeichen des Lebens, entgegenhielten. Der König wies sich selbst eine Rolle als göttlicher Fürsprecher zwischen der Menschheit und Aton zu, er war die einzige Quelle allen Lebens.

Nach dem Tod Echnatons hat vermutlich seine Frau Nofretete unter dem Namen Smenkhape kurze Zeit regiert. Die mächtigen Amon-Priester ergriffen jedoch ihren Sohn Tutanchaton, bekehrten ihn wieder zum Amonkult und änderten seinen Namen in Tutanchamun. Nach dem Ende der Dynastie, und zwar der 18., galt die Atonreform als verabscheuungswürdige Häresie.

Der Tod: Reise und Erinnerung

Im Anfang scheint das Jenseits seinen Platz im Himmel, und zwar im Westen gehabt zu haben. Wir wissen, welche Bedeutung der Aufgabe zugemessen wurde, den Toten zu schützen durch Einbalsamieren des Leichnams, durch Kunstgriffe wie das Grab mit Scheintüre und durch ein ganzes Arsenal von Gegenständen, als da sind die Statuen und kleinen Figuren des Doppels *(ka)*, in denen der Geist Zuflucht findet und der Kopf oder Geist sich dank der Verklärungs- oder «Mundöffnungs»zeremonien einrichten kann, die Weihegeschenke in Form von Nahrungsmitteln und Mobiliar, die Statuetten von Unfreien und von Soldaten usw. Wirksame Verfluchungen hielten die Grabplünderer fern. Die Vorübergehenden waren aufgerufen, den Verstorbenen wirkliche oder symbolische Opfergaben darzubringen, um sie immer neu mit Lebensmitteln zu versorgen. Der Reise des Toten kam eine grundsätzliche Bedeutung zu. Zaubersprüche, die in das Grab gelegt wurden, sollten dazu dienen, eine leichte Überfahrt ins Jenseits zu gewährleisten.

Die ersten Zaubersprüche, die Pyramidentexte, umfassen 760 Inschriften aus den alten Königsgräbern, beginnend mit denjenigen Unas, des letzten Königs der 5. Dynastie (24. Jh. v. Chr.). In den Pyramidentexten wohnen wir den Bestattungsritualen des Königs sowie seiner Himmelfahrt bei, die ihren Höhepunkt erreicht, wenn der Sonnengott den König in die Ewigkeit aufnimmt gemäß der Theologie des Tempels Re in Heliopolis. Der König, der auf Grund seiner Göttlichkeit unsterblich ist, fliegt in Gestalt eines Vogels, eines Skarabäus oder einer Heuschrecke zum Feld der Opfergaben, das im östlichen Teil des Himmels liegt. Um an das andere Ufer eines Sees gebracht zu werden, hat er sich einer Reinigung zu unterziehen, und um die nächsthöhere Ebene zu erreichen, muß er mit Hilfe magischer Sprüche in einem Initiationsverhör Rede und Antwort stehen. Da er selbst dem unsterblichen Osiris gleichgestellt war, brauchte der König nicht vor den Richter Osiris zu treten. Zuletzt nahm er, dem Beispiel des Sonnengottes folgend, auf einem himmlischen Thron Platz, um von dort aus bis in alle Ewigkeit über sein Volk zu herrschen.

Die Sargtexte, die aus der 9. bis 23. Dynastie (vom 22. bis 17. Jh. v. Chr.) stammen, deuten die Begebenheiten der früheren Pyramidentexte neu. Wir finden sie im Innern der Särge in Holz geritzt. Im Mittelpunkt stehen Osiris und das Totengericht. Seit der 6. Dynastie machen die politische Dezentralisierung und das Heraufkommen lokaler Machthaber große Grabstätten auch den adligen und reichen Familien zugänglich. Dort finden wir die gleichen Themen wieder, die in den Pyramidentexten der Verherrlichung des Königs vorbehalten waren, freilich in volkstümlicher Form.

Eine dritte Phase in der Entwicklung der Totenliteratur stellt der allgemein als *Totenbuch* bekannte Text dar. Von der 18. Dynastie (16. Jh. v. Chr.) bis zur Römerzeit wurde dieses Buch dem Sarg beigelegt. Es versorgte den Toten auf seiner Reise und vor dem Gericht mit größtenteils den Sargtexten entnommenen Zauberformeln, die jedoch teilweise neu gedeutet waren. Ihr magischer Inhalt steht jetzt eindeutig fest: Sie sollten die Götter mild stimmen.

Literatur

Eliade, GrI 1/25–33.

Jan Assmann (Hg.), Ägyptische Hymnen und Gebete, Zürich 1975.

Winfried Barta, Die Bedeutung der Pyramidentexte für den verstorbenen König, München 1981.

Hans Bonnet, Reallexikon der ägyptischen Religionsgeschichte, Berlin 1971.

Hellmut Brunner, Das hörende Herz. Kleine Schriften zur Religions- und Geistesgeschichte Ägyptens, Göttingen 1988.

Emma Brunner-Traut, Gelebte Mythen, Darmstadt 1981.

Adolf Erman, Die Literatur der Ägypter, Hildesheim 1971.

Erik Hornung, Der Eine und die Vielen. Ägyptische Gottesvorstellungen, Darmstadt 1983.

Ders., Ägyptische Unterweltsbücher, München 1984.

Ders., Das Totenbuch der Ägypter, Zürich 1990.

Ders., Die Nachtfahrt der Sonne. Eine ägyptische Jenseitsbeschreibung, Zürich 1991.

Hermann Kees, Der Götterglaube im alten Ägypten, Berlin 1965.

Ders., Das Priestertum im ägyptischen Staat vom Neuen Reich bis zur Spätzeit, Leiden 1953.

Siegfried Morenz, Ägyptische Religion, Stuttgart 1977.

Siegfried Schott, Mythe und Mythenbildung im alten Ägypten, Leipzig 1945.

Die Religionen Griechenlands

Die minoische Religion

Die kretische Kultur des zweiten Jahrtausends v. Chr. trägt den Namen des legendären Königs Minos, der das berühmte Labyrinth erbauen ließ. Wenn es sich dabei auch nicht um den mit Doppeläxten *(labrys)* verzierten großen Palast von Knossos handelt, so ist es wahrscheinlich doch das verzerrte Abbild der alten seit dem Neolithikum als Heiligtum benutzten Grotten. Die kretische Kultur ist gekennzeichnet durch ihre ausgedehnten Palastbezirke, ihre die Natur verherrlichende Kunst und ihre beiden Schriften, einmal eine Hieroglyphenschrift, die von der indogermanischen Sprache der Luvier aus Westanatolien stammt, und zum anderen die gemeinsam mit der von ihr kodifizierten Sprache aus Phönizien kommende Linearschrift A, die semitischen Ursprungs zu sein scheint. Nach der Explosion der Vulkaninsel Thera (Santorin) wurde die bereits verfallende minoische Kultur durch die sich ausbreitende robustere mykenische Kultur teilweise bewahrt und teilweise ersetzt (etwa 15. Jh. v. Chr.).

Die Themen der minoischen Religion sind an der Ikonographie abzulesen: farbige Fresken der Paläste, verzierte Metallgeräte, Vasen und Statuetten. Alle diese Darstellungen deuten darauf hin, daß die Hauptgottheit der Insel eine große Naturgöttin gewesen sein muß, die sich ihren Priestern und Anbetern offenbarte, gelegentlich in Begleitung ihres schmächtigen männlichen Partners, eines jungen Gottes, der vermutlich zu jener Gruppe von Gottheiten zählte, die sterblich sind und ins Leben zurückkehren. Die Göttin trägt einen glockenförmigen Rock, hat nackte Brüste und reckt die Arme empor. Zu ihren Attributen gehören die Schlangen und die Panther. Sie ist die Herrin der

Tiere, doch auch der Berge und der Meere, des Ackerbaus und des Krieges, die Königin über die Lebenden und die Toten. Die wichtigsten Symbole minoischer Heiligkeit sind die Doppelaxt der Göttin und die stilisierten Stierhörner («Heilige Hörner»), beide anatolischen Ursprungs. Die Taube und der Stier sind die jeweiligen Merkmale der Göttin und des Gottes.

Der minoische Kult bestand aus Opfern und Opfergaben, die in Grotten (Kamares, Psychro usw.) und auf Berggipfeln (wie z. B. am Grabmal des Zeus, das charakteristisch ist für das Motiv des sterbenden Gottes auf Kreta) dargebracht wurden, aber auch in ländlichen Heiligtümern, die man um heilige Bäume herum oder in besonderen Räumen des Palastes erbaute. Die archäologischen Grabungen von Arthur Evans und anderen haben dort Spuren freigelegt, die auf Opfer von Stieren und von anderen kleineren Tieren, auf Brand- und Trankgaben hinweisen. Der Göttin wurden Votivstatuetten, Waffen und Miniaturheiligtümer geweiht. Feuerrituale auf den Gipfeln der Berge, Prozessionen und Akrobatik über den Hörnern eines Stieres gehörten zum religiösen Leben auf Kreta.

Die mykenische Religion

Die mykenische Religion ist die eines Volkes, das Griechisch spricht und der indoeuropäischen männlichen himmlischen Gottheit zum Sieg über die alte Göttin Kretas, die *potnia theron* (die Herrin der Tiere), verhilft. Diese blühende Meereskultur, die sich der reichen anatolischen Stadt Troja bemächtigt, geht allmählich unter im Streit der Fürsten und schließlich durch die Eroberungen der «Seevölker» (12.–9. Jh. v. Chr.), die ihren Verfall endgültig besiegeln.

Die uns in der sogenannten Linearschrift B überlieferten Inschriften weisen auf das Vorhandensein örtlicher Pantheons hin mit Gottheiten wie Poseidon, Zeus, Hera, Artemis, Dionysos, den Erinnyen usw., von denen wir später die meisten in Griechenland wieder antreffen werden. Die diesen Göttern dargebrachten Opfer ähneln denen des frühen Griechenland, auch wenn es als ziemlich wahrscheinlich gilt, daß zur minoischen wie zur mykenischen Zeit Menschenopfer dargebracht worden sind.

Die griechische archaische und klassische Religion

Durch Mythen und Rituale von außergewöhnlichem Reichtum hindurch wird die griechische archaische und klassische Religion für uns sichtbar. Der Mythos ist die Grundlage des Rituals, und beide sind zugleich lokal und allgemein verbreitet, denn häufig haben örtliche Varianten anderswo entsprechende Gegenstücke. Dasselbe gilt für die Götter: ihre Attribute, ihre Legenden und sogar ihre Namen unterscheiden sich je nach Region und kulturellem Kontext. In seinem Orakel in Delphi gilt Apollo als der Pythier, auf seiner Heimatinsel ist er der Delier, in der *Ilias* ist er Phoebus, der seinen Pfeil aus weiter Ferne abschießt. Die homerischen Gedichte sind panhellenistisch in ihrem bewußten Bemühen, nur die allgemein üblichen Attribute der Götter zu erwähnen. Die griechische Religion weist eine erstaunliche Vielfalt auf und umspannt mehrere Dimensionen zugleich. Die psychologischen, soziologischen, historischen, kunsthistorischen und linguistischen Forschungen legen eine Dimension nach der anderen frei, die sich manchmal noch einer modernen Interpretation erschließen, aber auch undurchdringlich, dunkel und verwirrend bleiben.

Die Staatsreligion

Die staatliche Religion, die einen heiligen Kalender und ein Priesteramt für jeden einzelnen Stadtbezirk vorsieht, entwickelt sich vom 11. bis zum 8. Jahrhundert v. Chr. Sie ist gekennzeichnet durch das Opfer und das gemeinsame Verzehren des Opfertiers. Der orphische und pythagoreische Antinomismus tritt im 6. Jahrhundert auf mit vegetarischer Kost und anderen Enthaltsamkeitsvorschriften und unterwirft das Opfer einer unwiderruflichen Kritik. Die Mysterienspiele von Eleusis sind eine geheime Institution, die allen Bürgern der athenischen *Polis* so etwas wie Unsterblichkeit gewährleisten soll. In der hellenistischen Zeit sind dann andere, exklusivere Mysterienvereinigungen das Signal für eine Epoche, die Individualismus und Verinnerlichung des Rituals in den Vordergrund stellt.

Die Iatromanten

Diese individualisierende Tendenz war schon vorhanden in einer seltsamen, seherisch begabten und heilkundigen Persönlichkeit, die mit dem technischen Doppelbegriff *Iatromant* (aus *iatros,* «heilkundig» und *mantis,* «seherisch») bezeichnet wird und stark an die Schamanen aus Zentralasien erinnert.

Zu den wichtigsten griechischen Iatromanten, die nicht nur einfach dem Gebiet des Mythos zuzurechnen sind, gehören Epimenides von Kreta, Hermotimes von Klazomenai, Aristeas aus Porkonnesos, Empedokles von Agrigent und Pythagoras von Samos. Sie sollen besonders großer Taten fähig gewesen sein wie Enthaltsamkeit, Vorsehung, Thaumaturgie, Allgegenwärtigkeit, Erinnerung an frühere Leben, ekstatische Reisen und Eingehen in den Raum. Eine ganze pythagoreische und platonische Tradition wird dann die Heldentaten dieser halbgöttlichen Wundertäter preisen und ihnen mit geisterbeschwörenden Methoden nacheifern, die dann zur Zeit der Römer kodifiziert werden.

Religion und Philosophie

Diese Tendenz, die der Volksreligion entgegenwirkte, zeigt sich ebenfalls in der *Philosophie,* die geeignet ist, die Distanz zwischen dem Menschlichen und dem Göttlichen zu beseitigen und der im Hades gefesselten Seele beizustehen. F. M. Cornford sieht in den Iatromanten den Ursprung jeder Philosophie. Walter Burkert glaubt, die Philosophie habe mit dem Erscheinen des Buches als Kommunikationsmittel zwischen einem denkenden Wesen und einem anderen an Bedeutung gewonnen. Dem bilderreichen Anthropomorphismus der Götter folgt der Skeptizismus der Vorsokratiker, der sich dann im Rationalismus entfaltet, dem wohl typischsten Erbe Griechenlands. Die Entdeckung der tiefgründigen Religion Platons wirkt jedoch auf alle jene wie ein Schock, die sich zunächst in den zahlreichen Fallen seiner Dialektik verfangen. Der griechische Rationalismus schließt die Suche nach den Göttern oder der Gottheit nicht aus, sondern bezieht vielmehr die Erkenntnis und die Systematisierung unserer Beziehungen zu ihnen mit ein. Wenn Platon eine Wahrheit feststellen muß, die an sich außerhalb des dialektischen Prozesses liegt, so greift er auf den Mythos zurück.

Eines der Hauptprinzipien, die sein Denken bestimmen, ist die vertikale Hierarchie des Seienden: Wir alle sind niedere Lebewesen gleich Würmern in den Erdspalten; wie ein Paradies dünkt uns schon die Oberfläche der Erde (der «wahren Erde») mit ihren Lebewesen, die sich auf der Luft bewegen wie wir auf dem Meer. Diese im *Phaidon* skizzierte Vision wird deutlicher im *Gorgias* (523 a ff.), wo die Bewohner der Wahren Erde auf den von einem Ozean der Lüfte umschlossenen Inseln der Seligen leben. Die großen eschatologischen und kosmologischen Mythen von Platon (*Phaidon, Phaidros, Timaios,* der Mythos des *Er* in dem *Staat,* X) führen letzten Endes nur die Glaubensvorstellungen von der Ekstase der Iatromanten weiter fort. In der vorgesehenen Reihenfolge beschreiben uns die Platonischen Mythen, wie die Einzelseele in das Gefängnis des Körpers geraten ist (*Kratylos* 400 b), wie sie sich von ihm befreien kann, indem sie ein «philosophisches Leben» führt, das in einer systematischen Loslösung von allen körperlichen Begierden besteht, so wie die postume Belohnung der Seele unmittelbar abhängt von der Art und Weise des Lebens, das wir auf Erden geführt haben. Wie einige Iatromanten und wahrscheinlich auch die orphischen Puritaner stellt Platon die Metensomatose (Reinkarnation der Seele in mehreren Körpern im Unterschied zur Metempsychose, also die Neubelegung mehrerer Körper nacheinander durch eine Seele) in den Mittelpunkt seines religiösen Szenarios. In der Tat wird der Seele des vollendeten Philosophen das Glück zuteil, in die höchsten Gefilde des Kosmos zu gelangen, um sich dort einige Jahrtausende lang die unsterblichen Ideen anzuschauen; danach wird sie aufs neue der abstumpfenden Berührung mit dem Körper ausgesetzt sein. Wenn sie den Körper in mehreren aufeinanderfolgenden Zyklen besiegt, wird sie in ständiger Verbindung mit den unverderbbaren und unbestechlichen Ideen bleiben. Doch wenn sie dem Druck des Körpers erliegt, wird sie schließlich unter zunehmend ungünstigeren Bedingungen wiedergeboren: an der unteren Grenze der menschlichen Hierarchie steht als männliche Wiederverkörperung der Tyrann und danach kommt die Wiederverkörperung als Frau (selbst wenn Platon die politische Gleichstellung von Frauen und Männern anerkennt, so glaubt er gleichwohl an ihre ontologische Unterlegenheit). Mit *Er* aus Pamphylien, mit Sokrates dem Erzähler in *Phaidon* und *Phaidros* und mit Timäus aus Locri lernen wir die andere Welt bis in ihre verborgensten

Winkel kennen, ausgenommen die unzugänglichen Regionen der Sterngötter, den Vorhof zur ungewöhnlichen Welt der idealen Wesenheiten. Plutarch aus Chaironeia (1.–2. Jh. n. Chr.), ebenfalls Verfasser von Mythen, die mit denen des Meisters wetteifern, achtet das Schweigen Platons über die Geheimnisse der Gestirne und beschreibt selbst sehr genau nur die eschatologische Funktion des Mondes.

In der platonischen Tradition ist die Philosophie eine Religion und die Religion eine Philosophie. Es ist allein eine Frage des Akzents, ob sich ein Zweig der Platonischen Lehre in eine mehr abstrakte Richtung entwickelt oder sich zuletzt dem Kult und den Mysterien zuwendet. In einem gewissen Sinn behält das Christentum die Begriffe des Platonischen Dualismus Seele/Körper und eine vereinfachte Platonische Eschatologie bei; im Mittelpunkt steht der Platonische Logos, ein Nachschlagewerk der Welt der Ideen, der Logos, der aus sich heraus Mensch geworden ist, um die Sünde der Menschheit auf sich zu nehmen. Die jüngsten Versuche, das Christentum vom Platonischen Dualismus zu befreien, sind zum Scheitern verurteilt. Der philosophische Purismus Plotins löst neuplatonische Strömungen aus, welche die Theurgie und Magie anregen und im christlichen Umfeld fortleben, sowohl in Byzanz unter Michael Psellos als auch in Florenz an der platonischen Akademie von Marsilius Ficino (1433–1499).

Theogonie

Die Literatur legt im allgemeinen den Mythostext endgültig fest. Das trifft auf die Homerischen Heldengedichte zu, die im Anfang mündlich überliefert, im 7. und 6. Jahrhundert v. Chr. dann schriftlich niedergelegt wurden. Homer, Hesiod und die anderen Dichter erhalten so zuletzt eine unübersehbare theologische Bedeutung. In seiner *Theogonie* schildert Hesiod die Geburt der Naturkräfte und der Götter des Urchaos, der Erde, des Tartaros und des Eros; ebenso beschreibt er die alten Titanen mit der nachfolgenden Generation von Kronos, der seinen Vater Uranos (Himmel) kastriert, und mit der Generation des Zeus, der seinen Vater Kronos bezwingt und ihn irgendwohin auf die Erde, nach Sizilien oder, nach anderen Versionen, auf eine Insel im Atlantik verbannt. Es ist wiederum Hesiod, der den Verfall der Menschheit, ihren Übergang vom goldenen zum silbernen und schließlich zum bronzenen Zeitalter der großen Homerischen Helden bis hin zum derzeitigen eisernen Zeitalter erläutert. Andere didaktische Dichter wie Theognis und Megara oder Lyrikerinnen wie Sappho haben den neuen Entwicklungen im Leben der Götter Ausdruck verliehen.

Das griechische Pantheon wird als indoeuropäisch bezeichnet, doch ist der entscheidende Einfluß des Nahen Ostens und Anatoliens nicht zu übersehen. Zeus ist ein indoeuropäischer Himmelsgott, der König der olympischen Generation, mit überquellender Fruchtbarkeit begabt. Seine Attribute sind der Blitz und der Adler. Seine legitime Frau Hera, mehrmals betrogen, unbarmherzig, maßlos eifersüchtig, kurzum recht unsympathisch, ist die furchterregende Beschützerin ehelicher Beziehungen. Zeus hat zahlreiche Kinder, doch von Hera nur einen Sohn: Ares, der kein sonderlich einnehmendes Wesen hat. Athena, die weise Jungfrau, ist wunderbarerweise in voller Rüstung dem Kopf des Zeus entsprungen, ohne Mitwirkung irgendeiner weiblichen Partnerin. Die Frauen lehrt sie häusliche Künste, die Männer die Kriegskunst. Leto aus dem Stamm der Titanen hat von Zeus die Zwillinge Artemis und Apollon empfangen. Artemis, die Herrin der Tiere *(potnia theron)*, ist die jungfräuliche Jägerin, die beispielsweise in Brauron die weiblichen pubertären Initiationsriten leitet. Unter den Erscheinungsformen dieser kalten unerbittlichen Gestalt verbirgt sich eine große weibliche Gottheit, die vermutlich aus einem präindoeuropäischen Substrat hervorgegangen ist. Apollon, der strahlende, aber ferne Gott der Leier und des Bogens, der Gefährte der Musen, verbirgt unter seiner eher zweckmäßigen Erscheinung die tiefgründigsten Geheimnisse wie prophetische Fähigkeiten, seherische Ekstase, Heilkunst und Läuterung. Die Nymphe Maia, die Tochter des Titanenriesen Atlas, ist schwanger von Zeus und bringt Hermes, den Götterboten, Seelenführer Psychopompos und Trickster, zur Welt, dessen Name wieder auf den die Besitztümer abgrenzenden phallischen Steinen *(hermai)* auftaucht. Demeter, die Schwester des Zeus, bringt Persephone zur Welt, die Königin der Hölle; und die Thebanerin Semele gebiert Dionysos. Aphrodite, die Göttin der Liebe, die orientalische Ishtar/Astarte, die über Zypern nach Griechenland gelangt ist, hat Hephaistos, den hinkenden Schmied, zum Gemahl. Poseidon und Hades sind Brüder von Zeus und herrschen jeweils über das Reich der Gewässer und das Reich der unterirdischen Hölle.

Dionysos

Dionysos ist ein ungewöhnlicher Gott. Obwohl er der Sohn des Zeus und der thebanischen Prinzessin Semele ist, soll er aus den geheimnisumwitterten Regionen Thrakiens oder Phrygiens stammen. Selbst wenn er autochthon ist, so stellt er doch den Fremden in uns selbst dar, eben die furchtbaren gesellschaftsfeindlichen Kräfte, welche durch jene göttliche Raserei entfesselt werden. Trunkenheit durch Wein, sexuelle Exzesse, Masken und Theater sind nur die äußeren Anzeichen dieses göttlichen Rausches. Ganze Scharen seiner Mänaden, besessener Frauen, streifen im Zustand der Hypnose durch die Berge und zerstückeln mit eigenen Händen die wilden Tiere, um sich an ihrem rohen Fleisch zu laben. Und auf solche Weise widerspricht die Lehre des Dionysos ganz und gar den sozialen Normen.

Der Orphismus

Der Orphismus (oder besser der *orphikos bios,* die orphische Lebensweise) muß als semantische Inversion des Dionysmus angesehen werden, die eben diesen Dionysmus radikal verändert. In der Tat begnügt sich der Orphismus nicht damit, die Exzesse des Dionysmus zu mildern, er verwandelt sie in ihr Gegenteil: die Enthaltsamkeit wird zur Norm, ob es sich nun um die Ernährungsweise oder das Sexualleben handelt. Der zentrale Mythos des Orphismus ist stark dualistisch: das Menschengeschlecht ist aus der Asche der Titanen erschaffen worden, die Zeus durch Blitz vernichtet hat, weil sie den Knaben Dionysos getötet und verzehrt haben. Die Menschheit muß also die unheilvolle Last dieses Urereignisses auf sich nehmen. Der orphische Puritanismus, der eine bedeutende Rolle in der antisomatischen Lehre Platons gespielt haben muß, ist Ausdruck einer Lebensanschauung, die den unkontrollierten Zuständen, wie sie der Dionysmus fördert, genau entgegengesetzt ist.

Dämonen und Heroen

Nach dem Tod wird aus dem Menschen eine Seele *(Psyche)*, die gelegentlich die Lebenden heimsuchen kann. Eine außergewöhnliche Persönlichkeit wird zum *daimon*, doch ist das nicht der einzige Ursprung der *Dämonen* oder Genies, wie etwa die Stimme, die zu Sokrates spricht. E. R. Dodds hat festgestellt, daß in der Homerischen *Odyssee* die Zahl der Genies zunimmt in dem Maße, wie der Wirkungskreis von Zeus sich verengt. Eine andere Kategorie von Zwischenwesen, deren Kult seit dem 8. Jahrhundert v. Chr. in Mykene nachgewiesen ist, bilden die Heroen wie beispielsweise Helena und Menelaos. Das Grabmal einer berühmten Persönlichkeit verwandelt sich in ein *heroon*, ein Kultzentrum und einen Ort, von dem die Macht des Heros ausstrahlt, dessen Reliquien, selbst wenn sie an eine andere Stelle gebracht worden sind, wie Talismane für die Gemeinde wirksam werden, in deren Besitz sie sich befinden. Die denkwürdigsten Beispiele für einen solchen Reliquienkult sind der Erwerb des sieben Ellen langen Skeletts von Orest durch die Spartaner und die Rückkehr der Gebeine von Theseus nach Athen. Ödipus ist ein Heros auf Grund seines ungewöhnlichen Lebenslaufs und seines Todes; der Sterbende in der Tragödie *Ödipus auf Kolonos* von Sophokles wird begehrt, weil sein Leichnam so etwas wie ein Talisman ist, genau wie die mittelalterlichen Heiligen als potentielle Reliquien oft begehrt waren. Andere Heroen wieder sind Gründer einer Stadt oder Vorfahren eines edlen Geschlechts; noch andere wie Herakles, Helena oder Achill waren von ihrer Geburt an halbgöttlich; Herakles, der von Hera unablässig Verfolgte, wurde nach seinem Tod schließlich göttlich. Zum Heroenkult gehörten Trinkgelage, Opfer und athletische Wettspiele, die den Zusammenhalt der Gemeinschaft fördern sollten. In der hellenistischen Epoche verwandeln sich die Heroen in himmlische Zwischenwesen, wie die Abhandlung *Über die Mysterien in Ägypten* des Neuplatonikers Iamblichos aus Chalkis (Syrien) bestätigt.

Opferbräuche

Die göttlichen Opfer wurden nach der *Theogonie* von Hesiod in Mékoné von dem Titanen und dem Trickster Prometheus manipuliert, der die Menschen dazu bewog, Zeus selbst auswählen zu lassen zwischen einem Haufen, der das mit einem Magen bedeckte Fleisch des Opfertiers enthielt, und einem anderen, der aus dem mit Fett überzogenen Gerippe bestand. Zeus wählte den zweiten Haufen und legte damit den Prototyp des Opfermahls fest (*Theogonie,* 556). Das Opfertier wurde in einer Prozession von girlandengeschmückten Menschen bis zu einem Altar getragen und dort nach einer besonderen Zeremonie getötet und zerlegt. Für die Götter waren das verbrannte Fett und die Knochen bestimmt, während das Fleisch gebraten, dann gekocht und zuletzt an die Anwesenden ausgegeben wurde. Steininschriften verzeichnen die heiligen Gesetze, welche die Zuweisung der verschiedenen Aufgaben und die Verteilung des Fleisches bei den öffentlichen Opfern regelten und auch Titel und Funktion der Opferpriester näher bestimmten. Die Wahrsagung durch Deutung aus den Eingeweiden der Opfertiere fand nur gelegentlich statt; sie stammte aus Mesopotamien und konnte die hohe Vielfältigkeit der mesopotamischen Techniken auf diesem Gebiet nie erreichen. Die Homerischen Gedichte und die übrige Literatur besagen, daß andere Formen der Weissagung verbreiteter waren, wie zum Beispiel die Traumdeutung, die Beobachtung des Vogelflugs und der meteorologischen Erscheinungen usw.

Die chthonischen Opfer, so stellt J.-P. Vernant fest, die für Gottheiten oder Heroen bestimmt waren oder finsteren Kräften entgegenwirken sollten, die das Wohlbefinden der Stadt zu bedrohen schienen, wurden nach einem anderen Gesetz dargebracht. Der Altar war niedrig und mit einem Loch versehen, damit das Blut auf den Boden fließen konnte. Die Zeremonie fand bei Dämmerung statt und ohne ein darauffolgendes Mahl, denn das Tier wurde restlos verbrannt. Das Blut sollte ein Gespräch mit den chthonischen Kräften ermöglichen. In der *Odyssee* (Buch XI) gibt das Blut, das die Toten trinken, diesen das Bewußtsein und die Stimme zurück. Im allgemeinen wurde der Toten gedacht durch Mahlzeiten im Familienkreis auf den Gräbern aus Anlaß von Geburtstagen oder Festen wie der Genesis. Man brachte ihnen Trankopfer dar und setzte ihnen Kuchen aus Korn und Honig vor.

Die Verunreinigung *(miasma),* die aus irgendeiner Unordnung entstanden war – Mord, Krankheit, Überschreitung von Tabus, Entweihung eines Heiligtums oder auch einfach nur die Eifersucht eines Gottes –, erforderte Wiedergutmachung. Heroen, die bis dahin Quellen der Verunreinigung gewesen waren, verwandelten sich nach einer beschwichtigenden rituellen Sühnehandlung in Schutz- und Glücksquellen. Manchmal bedurfte es eines «Sündenbocks» *(pharmakos),* der auch ein Mensch sein konnte. Nachdem man ihn verprügelt und ihm alle seine Sünden aufgeladen hatte, wurde er aus der Stadt gejagt.

Der Festkalender

Der Festkalender war in den einzelnen Städten unterschiedlich, doch verzeichnete er eine Anzahl von allgemeinen gemeinsamen Zeremonien wie beispielsweise die Neujahrfeiern. Nach monatelanger ritueller Reinigung und Vorbereitung wurden in Athen mitten im Sommer die Panathenäen gefeiert. Von den Toren der Stadt aus zog eine Prozession zur Akropolis, um der Kultstatue der Athena Polias ein neues Gewand anzulegen. Opfer, Pferderennen und nächtliche Feste folgten.

Ein altes, weit verbreitetes dreitägiges Seelenfest, Anthesteria genannt, war Dionysos gewidmet; es fand im Frühling statt, wenn der junge Wein fermentiert hatte. Die ganze Stadt nahm daran teil, trank gemischten Wein oder organisierte auch ein großes Trinkgelage. In der Nacht wurde dann die Frau des *archon basileus,* des obersten Kultbeamten in Athen, dem Dionysos mit allen Hochzeitsritualen zugeführt. Die Geister der Toten hielten sich in der Stadt auf, bis sie nach Abschluß der Feierlichkeiten hinausgejagt wurden.

An den Thesmophorien der Demeter nahmen nur die Frauen teil. Sie wohnten in Hütten außerhalb der Stadt, brachten Ferkel als Opfer dar und feierten chthonische Fruchtbarkeitsmysterien.

Die Mysterien von Eleusis

Doch die athenischen Mysterien par excellence und zugleich auch die berühmtesten der Antike wurden in Eleusis gefeiert zu Ehren von Demeter und ihrer Tochter Persephone (Kore), die Hades entführt hatte, sowie zu Ehren von Bakchos. Die Homerische Hymne an Demeter überliefert uns einen Teil des Mythos, der den Teilnehmern der Mysterien zweifellos gegenwärtig gewesen sein muß, was jedoch nicht den tieferen Sinn dieser Mysterien erklärt, deren Geheimnis für immer unbekannt bleiben wird.

Die Eingeweihten reinigten sich durch Fasten und ein rituelles Bad im Meer, wobei sie das Ferkel im Arm trugen, das zum Gedenken an das Hinabsteigen Kores zum Hades geopfert werden sollte. Eine Prozession zog nach Eleusis. Die Teilnehmer führten schlüpfrige Reden. Sie suchten die Höhle Plutons am Eingang zum Hades auf. Die Eingeweihten legten ihre Schleier an, so wie sich einst Demeter zum Zeichen der Trauer verhüllt hatte. Es gab Gerstensaft zu trinken. Im Innern des Heiligtums, *telesterion* genannt, eher ein überdachtes Theater als ein Tempel, wurde das Weihespiel aufgeführt, das möglicherweise eine symbolische Paarung darstellte. Zuletzt zeigte der Priester den Teilnehmern eine Getreideähre. Es ist anzunehmen, daß die eleusinischen Mysterienspiele den Bürgern von Athen so etwas wie Hoffnung auf Unsterblichkeit vermittelten, doch können wir sie unmöglich genau definieren, ohne uns in haltlose Spekulationen zu verlieren.

Die Heiligtümer

Die Typologie des griechischen Heiligtums ist komplex. Ein abgeschlossener geheiligter Bezirk hieß *temenos*. Im allgemeinen überdauerten diese von einer Mauer umgebenen heiligen Stätten hunderte von Jahren. Das Christentum hat jedoch ohne Skrupel den heiligen Charakter zahlreicher *temenoi* übernommen.

Ein Tempel war die Wohnstatt eines Gottes, der dort durch eine Statue, den Kultgegenstand, dargestellt wurde. Im 5. Jahrhundert v. Chr. waren diese Statuen Meisterwerke aus Elfenbein und Gold mit einem inneren hölzernen Kern. Die Grabungen in den Heiligtümern bringen meist zahlreiche kleine Votivfiguren und Münzopfer ans Tageslicht. Die reicheren Stifter ließen Bauten, Stelen und Statuen errichten.

In jedem Haus stand ein Altar für Opfer und Ahnenkult. Das 5. Jahrhundert neigte eher dazu, den öffentlichen Kult auf Kosten des privaten zu verstärken.

Das Orakel war ein Heiligtum besonderer Art; das berühmteste

Beispiel ist das Orakel von Delphi, das als der *omphalos*, der Nabel der Welt, angesehen wurde. Pythia, die Apollonpriesterin, saß auf einem Dreifuß nach Art jener, die zum Kochen des Opferfleisches benutzt wurden. Vielleicht durch äußere Einwirkungen angeregt, versetzte sie sich in einen Trancezustand und erteilte auf die ihr gestellten Fragen doppelsinnige Antworten. Die Orakelpriester formten diese Sprüche, die inhaltlich breit gefächert waren, in schwer verständliche Verse um. Das Orakel hatte zahlreiche Aufgaben zu erfüllen. Es bürgte für Versprechen und Verträge, es war zuständig für die Freilassung von Sklaven, für den Ort der rituellen Reinigung, das Heiligtum usw.

Literatur

Eliade, GrI 1/83–99; 122–125.

Walter Burkert, Griechische Religion der archaischen und klassischen Epoche, Stuttgart 1977.

Ders., Homo Necans. Interpretationen altgriechischer Opferriten und Mythen, Berlin 1972.

I. P. Couliano, Expériences de l'extase, Paris 1984.

Ludwig Deubner, Attische Feste, Hildesheim 1966.

Marion Giebel, Das Geheimnis der Mysterien. Antike Kulte in Griechenland, Rom und Ägypten, Zürich 1990.

Robert v. Ranke-Graves, Griechische Mythologie. Quellen und Deutung, Reinbek 1986.

Jean P. Vernant, Die Ursprünge des griechischen Denkens, Frankfurt 1982.

Bartel L. van der Waerden, Die Pythagoreer. Religiöe Bruderschaft und Schule der Wissenschaft, München 1979.

Otto F. Walter, Die Götter Griechenlands. Das Bild des Göttlichen im Spiegel des griechischen Geistes, Frankfurt 1987.

Die Religion der Thraker

Bevölkerung

Das Wort *thrakes* bezeichnete auf griechisch die Bewohner im Nordosten der Balkanhalbinsel, an die zweihundert Völkerstämme, die im Osten von den Skythen, im Westen von den Pannoniern, den Dalmatiern und den Illyriern und im Norden von den Balten und den Kelten eingeschlossen waren. Südlich der Donau verläuft eine Linie, die zwei Sprach- und Kulturgruppen trennt: die Südthraker und die Nordthraker (Geten-Daker).

Quellen

Es ist nicht erwiesen, ob die Thraker die Schrift gekannt haben. Sollte dies der Fall gewesen sein, so sind wir gleichwohl nicht in der Lage, die wenigen bis heute erhaltenen Überreste zu entziffern. Die Weiheinschriften in griechischer Sprache übermitteln uns an die 160 Namen und Epitheta von Gottheiten Südthrakiens. Für alles andere sind wir vollständig angewiesen auf die Informationen der griechischen und lateinischen Schriftsteller von Herodot und Platon (5. Jh. v. Chr.) bis hin zu Jordanes (6. Jh. n. Chr.), dem an der Westküste des Schwarzen Meeres (in der ehemaligen Provinz der Geten) geborenen Geschichtsschreiber der Goten, dem sehr daran gelegen war, aus den frommen Geten die Vorfahren der Goten zu machen.

Entlang eben jener Grenzlinie, die den Norden vom Süden trennt, spaltet sich auch die Religion. Der Grund dafür ist das, was wir als die «Reform von Zalmoxis» bezeichnen könnten, die tief und nachhaltig die Glaubensvorstellungen und Institutionen im Norden geprägt hat. Doch die im 5. Jahrhundert v. Chr. den Griechen bekannten Götter (Sabazios, Bendis, Kotys) und ebenso Gestalten wie Dionysos und Orpheus, die thrakischer Herkunft gewesen sein sollen, kommen ursprünglich zweifellos aus Südthrakien.

Laut Herodot verehrten die Thraker vier Gottheiten, die Ares, Dionysos, Artemis und Hermes entsprechen; der Kult der letzteren war den Königen vorbehalten. Ares-Mars wird von Jordanes bezeugt, doch ist sein Name nicht bekannt. Auch die drei anderen Gottheiten konnten nicht mit Gewißheit endgültig identifiziert werden.

Bendis, die zu Beginn des 5. Jahrhunderts v. Chr. in einem Kult verehrt wurde, war die Göttin der Ehe. Sie ist Artemis und ebenso Hekate gleichgestellt worden.

Sabazios ist ein thrakischer Gott, der schon früh in Phrygien (Kleinasien) Fuß faßt. In Athen ist er seit dem 5. Jahrhundert v. Chr. bekannt, wo in seinen nächtlichen Zeremonien ein Reinigungsritus durch Einreiben mit Schlamm zelebriert wurde. Im 4. Jahrhundert v. Chr. gelangt er bis nach Afrika, wo er ein Himmelsgott wird, und dies zweifelsohne durch Identifizierung mit dem semitischen Gott Baal. Er erhält das Epitheton *Hypsistos* («Höchster»). Ob die Mythen des Sabazios in römischer Zeit noch thrakische Züge aufweisen, läßt sich nicht mehr feststellen.

Was Kotys oder Kotyto anlangt, ist so viel bekannt, daß ihm zu Ehren Orgien gefeiert wurden, in deren Verlauf sich die Männer als Frauen verkleideten.

Ein männlicher Himmelsgott spielt bei den Nordthrakern eine bedeutende Rolle; bei den Südthrakern hingegen muß diese Gottheit weiblich gewesen sein, wurde sie doch mit Hera identifiziert.

Zwei Bräuche sind sowohl im Norden als auch im Süden nachweisbar: die Tätowierung und die Bestattung oder Verbrennung der Witwen neben ihrem toten Ehemann (die Thraker waren polygam). Der Tätowierung wurden verschiedene symbolische Werte zugemessen: im

Süden sind es die Vornehmen, im Norden die Frauen und Sklaven, die sich tätowieren lassen im Gedenken an ein Zalmoxis zugefügtes Leid.

Alle Thraker lassen ihre Toten entweder beerdigen oder einäschern. Im Norden waren Verbrennungen beliebter. Der Tod wurde als ein glückliches Ereignis gefeiert, doch sind die Motivationen für solche Freude je nach den Quellen unterschiedlich. Im Norden liefert die Reform von Zalmoxis eine in sich schlüssige Version.

Die Feststellung des Geographen Strabo (etwa 63 v. Chr. bis nach 26 n. Chr.) über die vegetarische Lebensweise und die Enthaltsamkeit der *theosebeis* («Anbeter der Götter»), der *ktistais* («Gründer, Stifter») und der *abiois* (wörtlich «ohne Leben»), die sich ausschließlich von Käse, Milch und Honig ernährten, scheint einzig und allein auf die Geten aus der Provinz Moesia zuzutreffen. Einige Thraker, die sogenannnten *kapnobatais* («die über dem Rauch wandeln») benutzten wahrscheinlich den Rauch des Hanfs als Rauschmittel.

Zalmoxis und sein Kult

Dank des Reformators Zalmoxis, der später als Gott verehrt wurde, kennen wir die Religion der Nordthraker etwas genauer. Im Griechenland des 5. Jahrhunderts v. Chr. wurde Zalmoxis in Verbindung gebracht mit Pythagoras und der psychosomatischen Medizin, die Platon so hoch geschätzt hatte (*Charmides* 155 d–57 c).

Die griechische Interpretation von Zalmoxis reiht diesen ein in die besondere Kategorie der Seher und apollinischen Heilkundigen, die wir unter der technischen Bezeichnung «Iatromanten» kennen. Die Prinzipien seiner Religion – Unsterblichkeit der Seele, vegetarische Lebensweise usw. – stehen in der Tat der Pythagoreischen Lehre nahe. Im Anfang scheint Zalmoxis ein Prophet und enger Berater des getischen Königs gewesen zu sein. Seine Legende weist ein Szenario von okkulten Geheimlehren und Gotteserscheinungen auf, die entfernt an die sterbenden Gottheiten wie Attis, Osiris und Adonis erinnert.

Unter dem Namen Gebeleizis war Zalmoxis jedoch ein Himmelsgott. Alle vier Jahre ließen die Geter ihm eine Botschaft zukommen über die Seele eines Kriegers, der auf drei Speere gespießt wurde. Starb der Bote nicht, mußte alles von vorn anfangen. Die getischen Krieger fürchteten den Tod nicht. Vermutlich hatte Zalmoxis sie gelehrt, die Seele des Kriegers sei unsterblich in einem Paradies, von dem wir keinerlei Schilderung besitzen.

Der Kult von Zalmoxis war verknüpft mit dem getisch-dakischen Königtum und mit der Aristokratie des Landes. Die Priester von Zalmoxis, die der gotische Historiker Jordanes in einer Liste aus dem Jahre etwa 60 v. Chr. bis 196 n. Chr. aufführt, waren häufig Könige. Der wichtigste unter ihnen, Deceneus, war Ratgeber des getischen Königs Burebista (etwa 80–44 v. Chr.). Er unterwies die Geten in Kosmologie, Astrologie, Astronomie und in den Regeln eines geheimnisvollen Kalenders, der in den Ruinen der ehemaligen Hauptstadt des Dakerkönigs Decebalus (gest. 106 n. Chr.), in Sarmizegetusa Regia (dem heutigen Gradistea Muncelului im Südosten Rumäniens), wieder aufgefunden wurde. Ein anderer Tempel, Teil derselben Ruinen, besteht aus einer großen unterirdischen Halle, die wahrscheinlich jener Raum war, wohin sich Zalmoxis drei Jahre lang zurückgezogen hatte, um Unsichtbarsein vorzutäuschen.

Der jüdische Historiker Flavius Josephus (1. Jh. n. Chr.) wußte schon von dem heiligen Ruf einiger Daker, mit denen er die Sekte der Essener verglich. Der Name *pleistois,* den er ihnen beigab, deutet wahrscheinlich darauf hin, daß sie Mützen aufhatten, was Jordanes bestätigt, nach dem die getischen Aristokraten eine Kopfbedeckung *(pilleus)* trugen, während die Leute aus dem Volk barhäuptig einhergingen. Wir wissen, daß der getisch-dakische Priesterstand so eng mit der Militäraristokratie und dem Königtum verknüpft war, daß zwei der Nachfolger von Deceneus, die Priester Comosicus und Coryllus, der mutmaßliche Vorgänger, wenn nicht gar Vater von Decebalus, Könige gewesen sind.

Literatur

Eliade, GrI 2/169–179.

Mircea Eliade, Zalmoxis: The Vanishing God. Comparative Studies in the Religion and Folklore of Dacia and Eastern Europe, Chicago 1972.

Die hellenistische Religion

Der Hellenismus ist jene Kultur, die sich nach der territorialen Expansion Alexanders des Großen (362–331 v. Chr.) ausbreitet und gekennzeichnet ist durch den Gebrauch der griechischen Sprache und die Hegemonie des griechischen Denkens. Zeitlich ist der Hellenismus einzuordnen etwa zwischen dem Tod Alexanders und dem Heraufkommen des Christentums, doch bleiben mehrere Elemente dieser Kultur, die manchmal auch hellenistisch-römisch genannt wird, bis zum Ende des römischen Imperiums (476) und selbst noch darüber hinaus erhalten. Das präzise Ende des Hellenismus läßt sich also nicht genau bestimmen.

Die Religion

Die Religion dieser Epoche ist beeinflußt durch das Denken von Aristoteles (384–322 v. Chr.), die stoische philosophische Synthese (etwa 300 v. Chr.) und die allgemeine Entwicklung der Wissenschaft, die eine wahre Woge von Astralmystizismus auslöst und im 3. Jahrhundert die hellenistische Astrologie hervorbringt. Diese zeichnet sich aus durch die Verbindung seherischer aus der ägyptischen und der mesopotamischen Religion entlehnter Elemente mit der griechischen Astronomie.

Der von Alexander und der Dynastie der ägyptischen Ptolemäer (323–30 v. Chr.) übernommene Königskult stammt offenbar aus dem Orient und verwandelt sich in der Zeit des Römischen Reiches in den Kaiserkult.

Die allgemeine Tendenz dieser Epoche, die von dem stoischen

Dogma der Leichtigkeit der «feurigen» Seele ermutigt gewesen sein muß, besteht darin, die Höllenorte der Strafe verschwinden zu lassen, die in der platonischen religiösen Geographie mit ihren Höhlen im Innern der Erde und mit ihren furchteinflößenden Flüssen Acheron, Phlegeton und Kokytos eine wichtige Rolle gespielt haben. Es ist möglich, daß der Schüler Platons Herakleides Pontikos (geb. zw. 388 und 373 v. Chr.) schon alle Ereignisse der individuellen Eschatologie so betrachtet hat, als ob sie sich im Himmel abspielten, doch ist es wenig wahrscheinlich, daß ein so später platonischer Denker wie Plutarch aus Chaironeia (etwa 45–125 n. Chr.) völlig auf den sich im Erdinnern befindenden Hades von Platon verzichtet haben könnte. Indes verlegt Plutarch die Hölle tatsächlich in den sublunarischen Raum. Eine ähnliche Tendenz findet sich auch in den visionären jüdischen Berichten (dem äthiopischen *Henoch*, den *Testamenten der zwölf Patriarchen*) und bei dem platonisch-jüdischen Philosophen Philo von Alexandrien (etwa 15 v. Chr.–50 n. Chr.). Im 2. Jahrhundert n. Chr. hat eine Lehre, der in der platonischen Philosophie von Macrobius (etwa 400 n. Chr.) bis hin zu Marsilius Ficino (1433–1499) eine grundlegende Bedeutung zukommt, bereits Gültigkeit im Gnostizismus und im Hermetismus erlangt. Sie geht davon aus, daß die einzelne Seele durch die planetarischen Sphären hindurch zur Erde hinabsteigt und auf dem gleichen Weg wieder zu den Sternen zurückkehrt. Im ersten Jahrhundert christlicher Zeitrechnung sind Besuche im Himmel recht häufig, und zwar in den drei großen Traditionen dieser Zeit: in der Platonischen Philosophie, der jüdischen Religion und dem Christentum.

Astrologie

Die Astrologie als Überbau zweier Systeme – die Laufbahn der Gestirne und das irdische Dasein – kommt aus Mesopotamien und aus Ägypten, doch die hellenistische Synthese zwischen mehreren orientalischen Elementen und der griechischen Astronomie ist einmalig. Sie wird dem ägyptischen Gott Hermes-Thot zugeschrieben, tritt erstmals gegen Ende des 3. Jahrhunderts v. Chr. auf und befaßt sich sowohl mit allgemeinen Voraussagen *(genika, thema mundi)* als auch mit individuellen Weissagungen, die sich auf die Zukunft oder die Ätiologie, auf ärztliche Verschreibungen und die Dosierung von Medikamenten, beziehen *(iatromathematika)*. Die neue astrologische Synthese, die noch heute ihre Gültigkeit hat (obwohl sie nach der Reformation ihre wissenschaftliche Anerkennung einbüßte, die ihr die Renaissance noch zubilligte), ist eng verbunden mit dem Namen Claudius Ptolemäus (etwa 100–178 n. Chr.). Die hellenistische Astrologie breitet sich vom 1. bis zum 3. Jahrhundert n. Chr. in Indien und im 6. Jahrhundert in Persien aus, wo mehrere Abhandlungen zunächst in die pahlavi-Sprache (Mitteliranisch) und später von Abu Ma'shar (Abumasar, 787–886) ins Arabische übertragen worden sind.

Magie

Die hellenistisch-römische Magie bringt eine reiche Zahl von Anrufungen, Zeichen, Beschwörungen, Amuletten, Verwünschungen und Hymnen hervor, deren Sprüche und Vorschriften in den großen Lehrbüchern auf griechisch und altägyptisch erhalten sind – in den berühmten «magischen Papyri». Auch die übrige Literatur dieser Zeit ist reich an Berichten über Magie. Die wichtigste Schilderung, die ebenfalls eng mit einer typisch hellenistischen Institution, den «religiösen Mysterien», verknüpft ist, stellt der Roman *Metamorphosen* oder *Goldesel* des römisch-afrikanischen Schriftstellers Apuleius aus Mandaura dar (etwa 125–170 n. Chr.).

Die Erforschung der hellenistischen Magie steht noch ganz am Anfang. Es gibt keine Soziologie der magischen Sprüche und Vorschriften. Doch wenn man die große Zahl der Liebestränke in Betracht zieht, kann man unschwer erkennen, daß der häufigste Fall doch wohl der des Menschen ist, der sich der Treue seiner Geliebten versichern möchte. Viel mehr Männer als Frauen finden sich beim Magier ein. Gelegentlich möchte sich der Kunde auch eines Feindes entledigen oder seine Gesundheit, sein Hab und Gut vor Schaden bewahren. Manchmal soll auch die Anrufung eines hilfsbereiten Dämons demjenigen, der ihn besitzt, die verschiedensten übernatürlichen Fähigkeiten verleihen.

Wundertäter

Die *Thaumaturgen* (die «Wundertäter»), die nicht als Schöpfung des Hellenismus gelten, sind auch noch in der christlichen Epoche anzutreffen, und einige Gelehrte haben Jesum selbst für einen Magier gehalten. In jener Zeit gehört das Wunder zum täglichen Leben. Versprechen die Magier nicht Unsichtbarkeit, die Gabe der Sprachen, das sofortige Hinübergehen in den Raum? Sind sie nicht fest davon überzeugt, daß es möglich ist, aus der Ferne nicht nur die menschlichen Wesen zu beeinflussen, sondern auch die Elemente der Natur? Es darf uns nicht wundern, daß die Menschen den unwahrscheinlichsten Berichten Glauben schenken. Das typische Bild des hellenistischen «göttlichen Menschen» ist das des Apollonius von Tyana (1. Jh. n. Chr.), wie dies die Biographie von Philostratos (um 217) schildert. Apollonius, der in die alte pythagoreische Weisheit eingeweiht ist, wetteifert mit Brahmanen und ägyptischen Priestern.

Später schreiben neuplatonische Schriftsteller wie Porphyrios (etwa 234–301/305) und Iamblichos (etwa 250–330) eine Biographie *Leben des Pythagoras,* die auf frühere Überlieferungen zurückgreift und den alten Philosophen zum Prototypen des «göttlichen Menschen» schlechthin *(theios aner)* macht. Die Disziplin der Theurgie, wie sie die im 2. Jahrhundert n. Chr. von Julian dem Chaldäer und dessen Sohn Julian dem Theurgen verfaßten chaldäischen Orakel darstellen, welche die Neuplatoniker von Porphyrios bis zu Michael Psellos sehr hoch schätzten, lehrt wie die Götter anzurufen sind und wie der Umgang mit ihnen zu nutzen ist. Vor seinem Übertritt zum Christentum und seiner Weihe zum Bischof schrieb der Neuplatoniker Synesius von Kyrene (etwa 370–414) eine Abhandlung über die Träume (Das Traumbuch), in der er nachweist, daß das Land der Träume der beste Ort ist, um den Göttern zu begegnen. Selbst in der Philosophie von Plotin (205–270), dem Begründer des Neuplatonismus, gilt als höchstes Ziel des Lebens die ekstatische Vereinigung mit dem Weltengeist; zuletzt vermehren seine Schüler dann die Zahl der Zwischenwesen und der Begegnungen mit dem Göttlichen.

Alchimie

Die Alchimie ist ebenfalls eine hellenistische Disziplin, die im 3. bis 4. Jahrhundert n. Chr. mit den Schriften von Zosismus und denen seiner Kommentatoren ihren Höhepunkt erreicht. Die alchimistischen Szenarios fügen sich voll und ganz ein in den hellenistischen religiösen Kontext, der die Initiation und den sich daraus ergebenden veränderten Zustand, die qualitative «Transmutation» des einzelnen, besonders betont.

Hermetismus

Der Hermetismus gehört zu den Schöpfungen des Hellenismus. Astrologische Bücher, der unvergeßlichen Weisheit des ägyptischen Gottes Hermes-Thot zugeschrieben, waren bereits im 3. Jahrhundert v. Chr. erschienen, doch das als *Corpus hermeticum* bezeichnete Werk ist eine Sammlung verschiedenartiger Schriften aus der Zeit 100 bis 300 n. Chr., die wiederum in gnostischen Zirkeln zweifellos stark verändert worden sind. Eigentlich ist der Hermetismus nur ein Etikett für hervorragende Kenntnisse in Astrologie, Magie und Alchimie, die dem kulturellen Milieu der Zeit entstammen. Einzig und allein die Kosmologie in der Abhandlung *Poimandres* ist echt. Das Bestehen einer hermetischen Gemeinschaft in den ersten Jahrhunderten n. Chr. ist fraglich, doch ihre Existenz im Mittelalter ist mit Sicherheit falsches Wunschdenken.

Literatur

Eliade, GrI 2/205–211.

(Vgl. die Literaturangaben zu den Artikeln «Dualismus» und «Mysterien».)

Wilhelm Bousset, Religionsgeschichtliche Studien. Aufsätze zur Religionsgeschichte des Hellenistischen Zeitalters, Leiden 1979.

Hans J. Gehrke, Hellenismus, München 1990.

Martin Hengel, Juden, Griechen und Barbaren, Stuttgart 1976.

Richard Reitzenstein, Die hellenistischen Mysterienreligionen nach ihren Grundgedanken und Wirkungen, Stuttgart 1966.

Karl Schneider, Kulturgeschichte des Hellenismus, 2 Bde., München 1967–1969.

Die Mysterienkulte

Zum Begriff

Der Begriff «Mysterien» hat eine recht klar umrissene technische Bedeutung und bezieht sich auf eine Institution, die geeignet ist, die Weihe, die Initiation zu gewährleisten. Die Ideologie der Mysterien hat zwei Quellen: die archaischen Initiationen und Geheimbünde einerseits und eine frühe agrarische Religiosität aus den Mittelmeerregionen andererseits. Aus mythologischer Sicht weist der Ethnologe Ad. E. Jensen zwei Varianten ein und desselben Mythos nach, der auf Ackerbaukulturen zurückgeht. Bei den Marind-Anim in Neuguinea werden die schöpferischen Gottheiten und die anderen Wesen der Urzeit *demas* genannt. Die erste mythische Erzählung berichtet von der Tötung einer *dema*-Gottheit durch die anderen *demas.* Die getötete Gottheit stellt den Übergang dar von der Vorzeit zur historischen Zeit, der gekennzeichnet ist durch den Tod, durch die Notwendigkeit, sich zu ernähren und sexuell fortzupflanzen. Die als Opfer dargebrachte Gottheit ist «die erste Tote»; sie verwandelt sich in alle Nutzpflanzen und in den Mond. Der Kult ist eine dramatische Darstellung der Tötung des *dema,* an die durch das rituelle Kauen von Lebensmitteln erinnert werden soll. Jensen nennt dieses Mythologem «Hainuwele» nach der getöteten Gottheit der Wemale auf der Insel Ceram und führt es zurück auf den Anbau von eßbaren Pflanzen, ganz besonders aber von Knollengewächsen. Das andere Mythologem hat etwas zu tun mit dem Anbau von Getreide; es bezieht sich auf den Himmelsflug des Getreides und ist eng mit Prometheus verknüpft. In Wahrheit sind diese beiden Mythen jedoch in geographisch zu unterschiedlichen Breiten anzutreffen, als daß sie das Auftreten der Knollengewächse oder das des Getreides zu erklären vermöchten.

Die griechischen Mysterien

Iranische, babylonische oder ägyptische Mysterien gibt es nicht. Es handelt sich hier um ein hellenistisches Phänomen. Die typischsten Mysterien aus der klassischen Epoche Griechenlands sind diejenigen von Eleusis, in deren Umkreis schon sehr früh Dionysos auftaucht, ohne jedoch über seine eigenen Mysterien zu verfügen. Auch die Orphiker und die Pythagoreer besitzen keine Initiationskulte. Anders sieht es aus, wenn es sich um die Kabiren und um Kybele und Attis handelt. Unter den «sterbenden Gottheiten» ist dies das einzige Mysterium aus dem Vorderen Orient (Tammuz, Adonis, Osiris), das Aufnahme in einem festgefügten Initiationskult gefunden hat.

Der Komplex der Mysterien von Demeter und ihrer Tochter Kore-Persephone beruht auf einer Agrarideologie und auf einem mythologischen Szenario, das demjenigen stark ähnelt, in dessen Mittelpunkt Hainuwele steht, die Kore der Molukken. Genau wie diese verschwindet auch Persephone in den Tiefen der Erde, sie wird dem Mond zugeordnet und gebietet über das Schicksal der Vegetation, vor allem aber über das des Getreides. Als Opfertier wird ihr ein Schwein dargebracht, wie Hainuwele auch.

Die Mysterien von Eleusis waren der gemeinschaftliche Initiationskult par excellence des Staates Athen. Ihr Geheimnis wurde streng gehütet, doch trotz mangelnder vollständiger Unterlagen und Beweise können wir davon ausgehen, daß das Szenario des Initiationskults in irgendeiner Form dem höchsten Ziel der Mysterienideologie entsprach, nämlich mittels des Rituals das Geschick des Neugeweihten angesichts der Wandelbarkeit des Gottes ausdrücklich anzuerkennen und zu bestätigen.

Neuere Mysterien

Zur Zeit des römischen Kaiserreichs erhalten neue Gottheiten orientalischen Ursprungs (oder nicht) ihre eigenen Mysterien: Dionysos, Isis, Mithra, Sarapis, Sabazios, Jupiter Dolichenus, der Dakische Reiter. Diese Mysterien gewährleisten eine geheime Initiation, ohne sich jedoch wechselseitig auszuschließen, so daß ein Teilnehmer alle Weihen auf sich vereinigen kann, soweit das Geschlecht, der Stand und die finanziellen Mittel ihm das erlauben. Zudem sind die Züge bestimmter Mysteriengottheiten verschwommen, und ihre Sonnenattribute sowie ihre gemeinsamen Namen (Zeus, Jupiter, Helios, Sol, Sol invictus) weisen auf eine starke Vermischung hin, die zuweilen als «Sonnensynkretismus» bezeichnet wird. Im 4. Jahrhundert sind alle diese Gottheiten (auch Kybele) himmlische Wesen, sie identifizieren sich häufig mit der Sonne und werden für vollkommene höchste Wesen gehalten, ohne dabei unbedingt in Widersprüche zu geraten. In bestimmten Exegesen trägt die Vielfalt ihrer Namen lediglich dazu bei, ihre eigentliche Identität zu verbergen.

Die institutionellen Strukturen, die aus *Dionysos* eine Mysteriengottheit machen, bilden sich gegen Ende des 1. Jahrhunderts n. Chr. heraus. Der *Dionysoskult* ist zu dieser Zeit besonders reich an eschatologischen Symbolen. Die postume Hoffnung der dionysisch Geweihten wird von dem platonischen Philosophen Plutarch (etwa 45–125) aus Chaironeia in Böotien und in zahlreichen bildlichen Darstellungen geschildert. Die Seelen befinden sich in einem ständigen Zustand himmlischer Freude und Trunkenheit.

Die Initiationsstufen in den Mysterien der ägyptischen Göttin *Isis*, denen die Wissenschaftler kürzlich authentische ägyptische Elemente bescheinigt haben, werden in dem phantastischen Roman *Metamorphosen* oder *Goldener Esel* des römischen Schriftstellers Apuleius aus Madaura (etwa 125–162) doch wohl recht unvollständig und verworren geschildert. Nach einer nächtlichen Initiation, deren Inhalt uns der Held des Romans nicht enthüllen darf, erhält der Eingeweihte die zwölf Stolen, wird auf einen hölzernen Hocker vor die Statue der Isis gestellt, mit der *stola Olympiaca* bekleidet, hält eine Fackel in der rechten Hand und trägt eine Palmenkrone auf dem Kopf. Welche Tat hat ihm diese Maskerade eingetragen, die eine Vergöttlichung darstellen soll? Er sagt es uns undeutlich mit rätselhaften Worten (Übers. nach der französischen Fassung von I. P. Couliano): «Ich überschritt die Grenze des Todes; als ich dann über die Schwelle der Proserpina trat, kehrte ich um und wurde durch alle Elemente hindurchgetragen. Mitten in der Nacht erblickte ich die blendend helle Sonne, die vor lauter Licht zu zerspringen drohte. Ich trat vor die Götter der unteren und der oberen Welt und betete sie an aus der Nähe.» Die Gelehrten haben die in diesen Zeichen enthaltenen Anspielungen gedeutet entweder als Schilderung einer sehr kostspieligen Inszenierung, als eine Initiationsprüfung, die Unverwundbarkeit betreffend, oder aber als Himmelfahrt.

Die Mysterien des Gottes *Mithra* (iranischer Name, hellenistischer Inhalt), die über eine in den Geheimnissen der Astrologie sehr beschlagene Hierarchie verfügen, spielten in den militärischen Kreisen des Reiches eine große Rolle. Sie wurden in besonderen Tempeln, den sogenannten *mithraea* zelebriert, die jeweils erbaut wurden, wenn die Zeit für das Nachbauen einer Grotte günstig zu sein schien.

Die Initiation bestand aus sieben Stufen, die zum Schutz den sieben Planeten unterstellt waren:

korax (Rabe)	Merkur
nymphus	Venus
miles (Soldat)	Mars
leo (Löwe)	Jupiter
Perses (Perser)	Mond
Heliodromus	Sonne
Pater	Merkur

Unter den bildlichen Darstellungen der Mithrareligion bietet sich die Szene des Stieropfers, die Mithra darstellt, als er den Stier tötet, umgeben von symbolischen Tieren (Schlange, Hund, Skorpion usw.), für astrologische Auslegung geradezu an.

In seiner von dem christlichen Apologeten Origenes zusammengefaßten Streitschrift *Wahres Wort* schreibt der heidnische Philosoph Celsus (2. Jh.) einen symbolischen Gegenstand – die «siebentürige Leiter» – den Mithramysterien zu. Laut Celsus sollte die Leiter wohl den Weg der Seele durch die Sphären der Planeten darstellen.

In den Mysterien des *Dakischen Reiters* tritt eine Fischgöttin auf und wird vermutlich ein Widder geopfert. Sie stellen eine Vereinfachung des Mithrakultes dar, in den bestimmte religiöse Elemente aus den Donauprovinzen des Reiches aufgenommen worden sind. Nur drei Initiationsgrade sind uns überliefert: Aries (Widder), Miles (Soldat), Leo (Löwe); die beiden ersten standen unter dem Schutz von Mars, der letzte unter dem der Sonne.

Sabazios, ein alter thrakischer und phrygischer Gott, war im 2. Jahrhundert n. Chr. der Patron der Mysterien. Nach dem christlichen Schriftsteller Clemens von Alexandria (gest. vor 215) war der Höhepunkt der Initiation in diesen Mysterien die Berührung des Eingeweihten mit einer vergoldeten Schlange, die ihm durch die Brust *(per sinum)* eingeführt wurde und den Körper über den Schoß wieder verließ.

Sarapis oder *Serapis* ist ein künstlicher Gott (Osiris und Apis), dessen Theologie in Memphis entsteht und sich in Alexandria unter den Ptolemäern weiter entwickelt. Das zentrale *Serapeum* steht in Alexandria, doch wird der Gott in zahlreichen griechischen Städten von Sarapiastais-Gesellschaften verehrt.

Jupiter Optimus Maximus Dolichenus ist eine kaiserliche Mysteriengottheit, die den Namen des Obersten Gottes trägt. Häufig ist er unter den Epitheta anderer Mysteriengötter wie Sabazios und Sarapis anzutreffen. Er ist der himmlische Gott aus der Stadt Doliche in Kleinasien, den die Griechen zu Zeus-Oromasdes machen und den die Soldaten aus der Provinz Kommagene mit nach Rom bringen.

Literatur

Eliade, GrI 1/96–99; 2/205–211.

Walter Burkert, Griechische Religion der archaischen und klassischen Epoche, Stuttgart 1977.

Franz Cumont, Die Mysterien des Mithra. Ein Beitrag zur Religionsgeschichte der römischen Kaiserzeit, Stuttgart 1981.

J. Frickel, Hellenistische Erlösung in christlicher Deutung, Leiden 1984.

Marion Giebel, Das Geheimnis der Mysterien. Antike Kulte in Griechenland, Rom und Ägypten, München 1990.

Hugo Hepding, Attis. Seine Mythen und sein Kult, Berlin 1967.

Diether Lauenstein, Die Mysterien von Eleusis, Stuttgart 1987.

Martin P. Nilsson, Geschichte der griechischen Religion, 2 Bde., München 1967–1974.

Richard Reitzenstein, Die hellenistische Mysterienreligionen nach ihren Grundgedanken und Wirkungen, Berlin 1927.

Christoph Riedweg, Mysterienterminologie bei Platon, Philon und Klemens von Alexandrien, Berlin 1987.
Maartin J. Vermaseren, Die orientalische Religionen im Römerreich, Leiden 1981.
Edgar Wind, Heidnischen Mysterien in der Renaissance, Frankfurt 1981.

Die römische Religion

Vor der römischen Vereinigung lebten auf der italienischen Halbinsel Völkerschaften verschiedener Herkunft. Die wichtigsten unter ihnen waren die Griechen in den Kolonien des Südens, die Latiner in Mittelitalien und die Etrusker nördlich des Tiber. Vermutlich sind die Etrusker asiatischen Ursprungs. Seit dem Ende der Republik (seit Beginn des 1. Jh. v. Chr.) waren sie berühmt durch ihre *libri augurales,* die Orakeldeutungen, insbesondere die Kunst, aus den Eingeweiden der Opfertiere Weissagungen herauszulesen. Keiner dieser Texte ist uns überliefert. Die archäologischen Quellen reichen nicht aus, um uns ein zufriedenstellendes Bild der Glaubensinhalte der Etrusker zu vermitteln.

Der Aufstieg Roms

Das indoeuropäische Volk der Latiner, das zunächst in der Latium Vetus (Altes Latium) genannten Zentralregion ansässig war, gründet am 21. April 753 v. Chr. die Stadt *(urbs).* Im 6. Jahrhundert v. Chr. beginnen die Römer, sich auf Kosten der anderen Latiner und der benachbarten Stämme territorial auszudehnen. Eine Reihe von sieben mehr oder weniger mythischen Königen herrscht über Rom; die ersten vier sind Latiner, die drei anderen Etrusker. Der letzte König Tarquinius Superbus soll im Jahre 510 vertrieben worden sein von der Bevölkerung Roms, das sich in eine Republik verwandelt. Die Republik setzt die expansionistische Politik im Mittelmeerbecken fort. So erklärt sich die politische Rolle der zunehmend wichtiger werdenden Armeeführer, die bestrebt sind, im Staat die Hauptfunktionen zu übernehmen. Einer von ihnen, Caesar, ein besonders begabter General, ernennt sich 45 v. Chr. selbst zum *dictator perpetuus* (Diktator auf Lebenszeit) und *imperator,* ehe er von einer Gruppe republikanischer Senatoren am 15. März 44 ermordet wird. Sein Neffe Oktavian, der den Ehrentitel Augustus erhält, läßt sich im Jahre 27 in der Tat zum Kaiser krönen, ohne jedoch die republikanischen Institutionen abzuschaffen, die pro forma bestehen bleiben. Nach seinem Tode im Alter von sechsundsiebzig Jahren 14 n. Chr. wird Augustus als Gott verehrt. Das Römische Reich, das sich im 2. Jahrhundert n. Chr. über das gesamte Mittelmeerbecken, West-, Mittel-, Südosteuropa und Kleinasien erstreckt, zerfällt dann im Jahre 395 in ein westliches Reich, das 476 von den Germanen erobert wird, und in ein östliches oder byzantinisches Reich (so genannt nach seiner Hauptstadt Byzanz/Konstantinopel, gegründet von Konstantin I. im Jahre 330), das im Jahre 1453 von den osmanischen Türken erobert wird.

Die römische Religion und ihre Entwicklung

Die archaische römische Religion fußt auf einem göttlichen Pantheon und einer stark von griechischen Glaubensvorstellungen beeinflußten Mythologie. Im übrigen läßt ein Überfluß an einheimischen Gottheiten und veralteten, zuweilen rätselhaften Ritualen auf das authentische indoeuropäische Erbe der Römer schließen, das Georges Dumézil einer Interpretation unterzogen und als «stark historistisch» definiert hat. So stellt Dumézil beispielsweise fest, daß die Schilderung, die uns der Geschichtsschreiber Titus Livius (64 oder 59 v. Chr.–17 n. Chr.) von dem Krieg der Römer und der Sabiner gibt, bei anderen indoeuropäischen Völkern rein mythologischen Episoden entspricht. Er hat ebenfalls das Vorhandensein einer indoeuropäischen «dreiteiligen Ideologie» in der römischen Triade nachgewiesen: Jupiter (Herrschaft), Mars (Kriegsmacht), Quirinus (Ernährung und Schutz). Zum alten römischen Priestertum gehört der König *(rex sacrorum),* ein Amt, dessen religiöser Aspekt in der Republik beibehalten wird, die *flamines* der drei Götter (oder *flamines maiores: flamen Dialis, flamen Martialis, flamen Quirinalis*) und der *pontifex maximus* oder der Hohe Priester, ein Amt, das schon von der Zeit Cäsars an dem Kaiser vorbehalten war.

Die römische Religion, die oft mit dem Judentum und mit dem Konfuzianismus verglichen wird, teilt mit dem ersteren das Interesse für das konkrete historische Geschehen und mit dem letzteren die religiöse Achtung vor der Überlieferung und für die soziale Pflicht, wie sie im Begriff *pietas* enthalten ist.

In Rom, dessen Gründung deutliche religiöse Züge aufweist, war den Altären der einheimischen Gottheiten ein durch Steine gekennzeichneter innerer Kreis vorbehalten, *pomerium* genannt. Das Marsfeld, auf dem alle fünf Jahre die Stadt durch das Opfer eines Stiers, eines Wildschweins und eines Widders gereinigt wurde, lag außerhalb dieser intimen engeren Zone, wo die militärische Macht *(imperium militiae)* nicht zugelassen war. Die späteren Gottheiten, auch die wichtigsten wie Juno Regina, wurden *extra pomerium* aufgestellt, im allgemeinen auf dem Hügel des Aventin. Eine Ausnahme macht der Kastor-Tempel, der im 5. Jahrhundert von dem Diktator Aulus Postumius innerhalb des *pomerium*-Bezirks errichtet worden war. Die archaischen Gottheiten innerhalb des Pomeriums haben häufig bizarre Namen, Charakterzüge und Feste: Angerona, die Göttin der Tagundnachtgleiche im Frühling, Matuta, die Göttin der Matronen usw.

Die alte Triade Jupiter–Mars–Quirinus, an ihrer Seite der doppelgesichtige Janus und die Erdgöttin Vesta, wird zur Zeit der Tarquinier durch eine neue Triade Jupiter Optimus Maximus–Juno–Minerva ersetzt. Die Götter, die Zeus, Hera und Athene entsprechen, haben jetzt Statuen. Der Diktator Aulus Postumius setzt abermals eine neue Triade auf dem Aventin ein: Ceres (Demeter), Liber (Dionysos), Libera (Kore). Die Römer nehmen lokale Kulte in ihre Religion auf in dem Maße, wie sie die Länder der benachbarten Götter erobern. Die bekannteste unter ihnen, die Mondgöttin Diana aus Nemi, die Schutzpatronin der flüchtigen Sklaven, wird auf den Aventin gebracht.

Der häusliche Kult

Der häusliche Kult drehte sich vorwiegend um Tür und Herd und bestand aus Tieropfern und Gaben von Speisen und Blumen für die Ahnen, die Laren und die Penaten, und den Schutzgeist der Heimstatt. Die Hochzeit wurde im Haus unter dem Schutz weiblicher Gottheiten (Tellus, Ceres) zelebriert. Später wurde Juno dann die Beschützerin des Ehegelübdes. Zweimal im Jahr feierte die Stadt die Geister der Toten, die Manen und die Lemuren, die auf die Erde zurückkehrten und sich an den Speisen labten, die für sie auf ihre Gräber gelegt worden waren.

Seit 399 v. Chr. brachten die Römer immer häufiger sogenannte *lectisternia* dar, Opfer an Götterpaare, deren Statuen in den Tempeln aufgestellt waren (Apollo/Leto, Herkules/Diana, Merkur/Neptun).

Das Priestertum

Die römischen Priester bildeten das Pontifikalkollegium, dem der *rex sacrorum,* die *pontifices* mit ihrem Oberhaupt, dem *pontifex maximus,* die *flamines maiores,* drei an der Zahl, und die *flamines minores,* zwölf an der Zahl, angehörten. Dem Pontifikalkollegium waren die sechs Vestalinnen angeschlossen, die im Alter von sechs bis zehn Jahren für die Dauer von dreißig Jahren ausgewählt wurden, in der sie ihre Jungfräulichkeit bewahren mußten. Bei Zuwiderhandlung wurden sie bei lebendigem Leib eingemauert. Aus dem Reich der Inkas kennen wir eine ähnliche Institution. Die Aufgabe der Vestalinnen bestand darin, das heilige Feuer zu unterhalten.

Das Augurenkollegium bediente sich etruskischer Bücher (*libri haruspicini, libri rituales* und *libri fulgurales*) und griechischer Werke (der Sibyllinischen Orakel, von denen auch jüdische und christliche Nachdrucke vorhanden sind), um die glücklichen und die unglückseligen Konstellationen festzulegen. In Rom gab es noch andere religiöse Sondergruppen wie die Fetialen, die salischen Priester und die *Fratres Arvales,* Beschützer der Felder, die *Luperci,* die am 15. Februar die Lupercalia feierten, bei denen die Frauen mit Riemen aus Bocksfell geschlagen wurden, um ihre Fruchtbarkeit zu gewährleisten (Lupa, Wölfin, Synonym für «Prostituierte», bezeichnete die entfesselte Sexualität; Romulus, der mystische Gründer Roms, und sein Bruder Remus waren von einer «Wölfin» aufgezogen worden).

Kaiserkult und Synkretismus

Der römische religiöse Eifer steigert sich fühlbar in der kaiserlichen Epoche, wie Arnoldo Momigliano richtig feststellt. Cäsar und Augustus werden nach ihrem Tod zu Göttern erhoben. Auch wenn dies bei ihren Nachfolgern nicht automatisch eintrat, so war dadurch doch ein Präzedenzfall geschaffen, der später reichlich genutzt wurde, als der Kaiser und seine Verwandten häufig schon zu Lebzeiten zu Göttern erhoben wurden. Caesar führt auch das Doppelamt ein in der Funktion des *imperator* und der des religiösen Oberhauptes, *pontifex maximus,* die zuletzt nicht mehr voneinander zu trennen sind. Der Kaiserkult hatte genau wie derjenige der alten Götter seine eigenen Priester und Zeremonien. Tempel wurden den Kaisern entweder persönlich oder gemeinsam mit irgendeinem verehrungswürdigen Vorgänger oder aber zusammen mit der neuen Gottheit Roma geweiht, für die Rom namengebend war. Im 3. Jahrhundert sind die Kaiser bestrebt, sich mit Göttern zu identifizieren: Septimius Severus und seine Gemahlin Julia Donna lassen sich anbeten wie Jupiter und Juno.

Der Kaiserkult ist eine Neuerung, die das Ende der überlieferten römischen Religion anzeigt, ihre überalterte, überholte oder *Kitsch*periode. Wenn an jener Epoche etwas vital ist, so sind es hellenistische intellektuelle Synthesen einerseits und Mysterien andererseits. Um die massive Ausbreitung des Christentums zu bremsen, berufen sich die heidnischen Schriftsteller auf die platonische Exegese der alten Mythen und verleihen diesen dadurch große Symbolkraft. Celsius im 2. Jahrhundert, Porphyrius im 3., Kaiser Julianus, die «Heidenpartei» des Symmachus und die Platoniker Makrobius und Servius am Ende des 4. Jahrhunderts stellen dem christlichen Totalitarismus eine pluralistische religiöse Vision entgegen, eine Art von platonischer Hermeneutik. Sie sind bemüht, alle Glaubensvorstellungen aus der Vergangenheit zusammenzutragen und aufzuwerten, auch jene, die auf den ersten Blick der Vernunft sehr zuwider waren. Die römische Elite sollte sich noch bis zum Sturz des römischen Reiches an diesen Glaubensvorstellungen festhalten; danach werden sie in Byzanz im Untergrund weiterwirken.

Literatur

Eliade, GrI 2/161–168; 225–240.
Franz Altheim, Römische Religionsgeschichte, 2 Bde., 1956.
Kurt Latte, Die Religion der Römer und der Synkretismus der Kaiserzeit, München 1967.
Gerhard Radke, Die Götter Altitaliens, München 1965.
Christoph Ulf, Das römische Lupercalienfest, Darmstadt 1982.
Otto F. Walter, Aufsätze zur Römischen Religionsgeschichte, Frankfurt 1975.
Antonie Wlosok (Hg.), Römischer Kaiserkult, Darmstadt 1978.

Die Religion der Germanen

Die Germanen gehören zu einer Gruppe von indoeuropäischen Völkerstämmen, deren Existenz in Nordeuropa etwa um 600 v. Chr. archäologisch nachgewiesen ist. Zu jener Zeit waren ihre Nachbarn im Norden die Lappen und die Finnen, im Osten die Balten und die iranischen Stämme der Skythen und der Sarmaten, im Süden die Gallier. Zur Zeit der römischen Eroberungen (im 1. Jh. v. Chr.) waren sie Viehzüchter, Ackerbauer und Jäger.

Quellen

Die wichtigsten unmittelbaren Quellen der germanischen Religion gehen zurück auf das Zeitalter der Wikinger. Die poetische Edda in isländischer Sprache enthält zehn Götter- und achtzehn Heldengedichte. Die prosaische Edda, das Werk des isländischen Historikers Snorri Sturluson (1179–1241), ist ein Handbuch skaldischer Poesie in drei Teilen, dessen Vorwort *Gylfaginning* eine Einführung in die norwegische Mythologie darstellt. Der erste Teil der Geschichte der norwegischen Könige von Snorri *(Heimskringla)*, genannt *Ynglingasaga*, befaßt sich mit dem mythischen Ursprung des nordischen Königtums.

Kosmogonie

Die Kosmogonie im Gylfaginning wird in drei eddischen Liedern (*Vafthrudhnismal, Grimnismal* und *Voluspa* oder «Weissagung der Seherin») dargelegt. Am Anfang war da nur eine große Leere namens *Gin-*

nungagap. Noch vor der Erde gab es *Niflheim,* die Welt des Todes, die zum Sein kam. Der großen Quelle Hvergelmir entströmten elf Flüsse; im Süden lag die feuerglühende Welt Muspelheim, die dem Riesen Schwarzer Surtr gehörte. Zum Zusammentreffen mit Ginnungagap verwandelte sich das Wasser der Flüsse in einen Gletscher; und als das Eis mit dem Feuer von Muspelheim in Berührung kam, tauchte ein menschenähnlicher Riese namens Ymir auf. Aus dem Schweiß seiner rechten Achselhöhle entstand ein Riesenpaar, und seine beiden Beine zeugten miteinander einen Sohn.

Aus dem schmelzenden Eis taucht die Kuh Audhumbla auf, die Ymir mit Milch versorgt und sich selbst von salzigem Eis nährt, wodurch sie ein anderes Lebewesen, Buri, zum Leben erweckt; dessen Sohn Borr vermählt sich mit Bestla, der Tochter des Riesen Bolthorn. Dieses Paar hat wiederum drei Söhne: Odin, Vili und Ve. Die drei göttlichen Brüder töten den Riesen Ymir, in dessen Blut die ganze Rasse der Riesen versinkt bis auf Bergelmir und seine Angehörigen. Die Götter tragen den Leichnam Ymirs in die Mitte von Ginnungagap, wo sich aus seinem Fleisch die Erde, aus seinem Blut die Gewässer, aus seinem Schädel der Himmel, aus seinen Knochen die Gebirge, aus seinen Haaren die Bäume usw. bilden. Die Gestirne, deren Lauf von den Göttern bestimmt wird, sind Funken, die Muspelheim aufwirbelt.

In der Mitte der kreisrunden Erde, die ringsum von einem großen Meer umspült ist, bauten die Götter aus den Brauen Ymirs das umfriedete Land Midgard, die Wohnstatt der Menschen, die dann kurz darauf erschaffen wurden. Und mit der Errichtung von Asgard, dem Wohnsitz der Götter, war die Schöpfung vollendet.

Das erste Menschenpaar wurde von Odin aus zwei Bäumen, der Esche Ask und der Ulme Embla, erschaffen, die am Ufer des Meeres standen. Er verlieh ihnen das Leben, während Hönir ihnen das Gefühl und Lodur ihnen die menschliche Gestalt und das Wort schenkten.

Die Welt liegt im Schatten des Weltenbaumes Yggdrasill, *axis mundi,* der die Himmelsgewölbe trägt. Bei den Westskandinaviern ist Yggdrasill eine Esche, in der sich jeden Tag der Rat der Götter versammelt. Yggdrasill hat drei Wurzeln, die tief in die drei Welten eindringen: in die Welt der Toten (Hel), in die der Eisriesen und in die der Menschen. An seinem Fuß entspringen mehrere Quellen (obwohl es ursprünglich vermutlich nur eine gegeben hat): Urd, die Quelle des

Schicksals, Mimir, die Quelle der Weisheit, und Hvergelmir, die Quelle der irdischen Flüsse. Aus der Rinde des Baumes quillt der Lebenssaft *aurr.*

Theologie

Die Götter gehören zwei verschiedenen Klassen an: den Asen und den Vanen. Asgard ist der Sitz der Asen; die bedeutendsten Götter unter ihnen sind Odin und Thor. Am Anfang aller Zeiten führen die Asen einen langen Krieg gegen die Vanen, der mit dem Austausch von Geiseln endet: Der Vane Njörd und sein Sohn Freyr lassen sich bei den Asen nieder, während Mimir und Hönir sich zu den Vanen begeben. Die Wodanrolle, welche die Vanen-Göttin Freya in diesem Krieg spielt, ist unklar, doch wahrscheinlich führt sie in Asgard die Begierde ein, von der sich die Asen nie wieder befreien können. Sie lehrt Odin die magischen Künste *(seidhr).*

Schon bei Julius Caesar, vor allem aber bei Tacitus *(Germania)* finden wir wichtige Angaben über die Götter der Germanen. Tacitus stellt den Gott Odin-Wodan dem Merkur gleich, eine im 4. Jahrhundert noch durchaus gültige Deutung, als der Tag des Merkur (auf französisch *mercredi*) von den Germanen zum «Tag des Wodan» (auf englisch *Wednesday,* auf holländisch *woensdag* usw.) erklärt wird. Diesem «Gott, der über alles herrscht» *(regnator omnium deus),* werden Menschenopfer dargebracht. Andere Gottheiten werden Mars und Herkules oder Jupiter, dem Gott des Donners, gleichgesetzt. Tacitus erwähnt auch noch eine geheimnisvolle Göttin, die Narthus entspricht, und den Kult von göttlichen Zwillingen, die mit Castor und Pollux übereinstimmen.

Zur Zeit der Wikinger bleibt Odin zwar der oberste Gott, doch werden in diesem Kult Thor die meisten Ehren zuteil.

Eschatologie

Das Ende der Welt ist eng verknüpft mit einer der wichtigsten Gestalten der germanischen Mythologie, mit dem Riesen Loki, der sich indes in sämtliche Angelegenheiten der Asen einmischt. Er ist der Sohn der Riesin Laufey, paart sich mit der Riesin Angrbodha, die den Wolf Fenrir und die Schlange Midhard zur Welt bringt, die sich um die Erde windet; beide sind bedrohliche und zerstörerische Lebewesen. Loki kann beschrieben werden als jene Gestalt der Mythologie, die in der gesamten Welt Trickster genannt wird, ein Wesen, das älter ist als die Götter selbst, spaßig und häufig boshaft, gelegentlich bisexuell oder transsexuell und dazu noch töricht und lächerlich. Als weiblicher Trickster setzt Loki das achtfüßige Roß Sleipnir in die Welt, das gezeugt wurde mit dem Hengst Svadhilfari und das eine ganze Rasse von Lebewesen, die sogenannten *flaghd*, hervorbringt. In der poetischen Edda zeigt Loki keinen Hang zur Bosheit. Erst das spätere Gedicht *Lokasenna* schreibt ihm eine große Anzahl von Missetaten zu.

Eine dieser Missetaten, die unmittelbar mit dem Untergang der Welt zusammenhängt, ist der Mord an Baldr, dem strahlend schönen Sohn Odins, der im Traum seinen nahen Tod voraussieht. Seine Mutter Frigg bittet alle Dinge auf der Welt zu schwören, daß sie Baldr kein Leid antun werden, doch sie vergißt den Mistelzweig. Loki, der eifersüchtig ist auf Baldr, verkleidet sich in eine alte Frau und erfährt von Frigg dieses Geheimnis; daraufhin bewaffnet er Hödr, den blinden Bruder von Baldr, mit dem Mistelzweig und führt ihn zu Baldr, daß er diesen zum Zeichen der Freude seinem Bruder zuwerfe. Baldr ist auf der Stelle tot, doch die Göttin Hel erklärt sich bereit, ihn wieder freizulassen, wenn alles auf dieser Welt ihn beweint. Und alles bis hin zu den Steinen beweint sein Verschwinden mit Ausnahme der Riesin Thokk, die kein anderer ist als der verkleidete Loki. Da die Bedingung nicht erfüllt ist, behält Hel Baldr bei sich.

Um Loki für den Mord an Baldr zu bestrafen, ketten die Götter ihn mit den Eingeweiden seiner eigenen Söhne an einen Stein. Über ihm hängt eine Schlange, die ihr Gift auf den Kopf Lokis träufeln läßt, was ihm tausendfache Qualen bereitet. Doch kurz vor dem Weltenuntergang entflieht der Bösewicht diesem Ort der Pein.

Der *Ragnarök* («die Götterdämmerung») oder der Weltenuntergang zieht sich über einen längeren Zeitraum hin. Die Zerstörung ist schon bis zum Weltenbaum Yggdrasill selbst vorgedrungen, dessen Laub von einem Hirsch abgefressen wird, dessen Rinde verfault und dessen Wurzel dem naschhaften Drachen Nidhhögr zum Opfer fällt. Nach einer idyllischen Anfangszeit entfesseln die Götter untereinander einen blindwütigen Krieg, in dessen Verlauf sich die Begierde in Asgard einschleicht. Der vorletzte Akt der Tragödie ist die Ermordung von Baldr. Der letzte ist dann die Entfesselung sämtlicher furchteinflößenden Kräfte, die sich die Asen vorübergehend untertan gemacht haben: Loki und seine Nachkommen, der Wolf Fenrir und die kosmische Große Schlange. Nach entsetzlichen Vorzeichen stürzen die Kräfte der Vernichtung über Asgard herein, Loki an der Spitze der unzähmbaren Riesen und Surtr, der Herrscher über Muspelheim, an der Spitze der Feuerdämonen, die den Kosmos in Brand setzen. Die Asen und ihre Feinde vernichten sich gegenseitig: der Wolf Fenrir tötet Odin, Vidar, der Sohn Odins, tötet Fenrir, Thor und die Große Schlange bringen sich gegenseitig um, Freyr wird von Surtr ermordet, alle himmlischen Lichter verlöschen, und die glühende Erde versinkt im Meer. Sie wird wieder emportauchen als Wohnstatt des guten unschuldigen Baldr und eines Menschengeschlechts ohne Sünde, das unter einer goldenen Kuppel wohnt.

Schamanismus und Initiation der Krieger

Schamanische Züge sind bei Odin festzustellen, dem Herrscher über die Asen, dem Besitzer magischer Kräfte *seidhr.* Wie die Schamanen besitzt auch Odin ein achtfüßiges Wunderpferd (Sleipnir) und zwei allwissende Raben; er kann seine Gestalt wechseln und mit den Toten sprechen usw.

Odin ist auch der Gott des Krieges, und seinen Kriegern ist ein besonderes Los beschieden: nach ihrem Tode begeben sie sich in den himmlischen Palast Walhall und nicht zu Hel, der Höllengöttin. Der Tod des Kriegers ist in der Tat so etwas wie ein unübertroffenes religiöses, höchst ekstatisches Erlebnis.

Der Krieger versetzt sich zuletzt in den Zustand des *Berserkers* (wörtlich: «Bärenhäuters»), eine Mischung von mörderischer Raserei und Unverwundbarkeit, indem er das Verhalten eines fleischfressenden Raubtiers, meist eines Wolfs, nachahmt.

In der Gesellschaft der Germanen ist Odin der Gott der *jarls* (der Earls, der Adligen) und genießt keinerlei Popularität bei den *karls* (den freien Menschen), deren Gott Thor ist. Die bewaffneten Scharen Odins terrorisieren die Dörfer. Außerdem fordert der Gott die Darbringung von Menschenopfern ein, die an Bäumen aufgehängt werden, möglicherweise in Erinnerung daran, daß Odin, der selbst neun Monate lang am Baume Yggdrasill gehangen hatte und mit einer Lanze verletzt worden war, auf eben diese Weise einst die magische Einsicht in die Runen und die wertvolle Gabe der Poesie erlangt hatte.

Literatur

Eliade, GrI 2/169–179.

R. L. M. Derolez, Götter und Mythen der Germanen, Einsiedeln 1963.

Ulf Diederichs (Hg.), Germanische Götterlehre. Nach den Quellen der älteren und jüngeren Edda mit mythologischem Wörterbuch, München 1987.

Wolfgang Golther, Handbuch der Germanischen Mythologie, Essen 1983.

Wilhelm Grönbech, Kultur und Religion der Germanen, 2 Bde., Darmstadt 1987.

Rudolf Mach, Die Germania des Tacitus erläutert, Heidelberg 1967.

Rudolf Simek, Lexikon der germanischen Mythologie, Stuttgart 1984.

Ake V. Ström, Germanische Religion, Stuttgart 1975.

Jan de Vries, Altgermanische Religionsgeschichte, 2 Bde., Berlin 1956/57.

Die Religion der Kelten

Bevölkerung und Sprache

In der Geschichte tauchen die Kelten im 5. Jahrhundert v. Chr. auf und lassen sich in einem Gebiet nieder, das von der Iberischen Halbinsel nach Irland und England und bis nach Kleinasien (die Galater) reicht.

Sie gehören zur sogenannten Latène-Kultur der Jüngeren Eisenzeit. Die Germanen, die Römer und die Daker bremsen ihre weitere Verbreitung. Im Jahre 51 v. Chr. erobert Cäsar Gallien. Unter fremder Herrschaft behaupten sich die Kelten weiter in England und in Irland. Heutzutage werden die keltischen Sprachen nur noch auf den Inseln gesprochen (Irisch, Gälisch und Walisisch) und an der bretonischen Küste, und zwar aus England kommend und nicht von den alten Galliern übernommen.

Quellen

Auf Grund des über die Druiden verhängten Verbots, ihr geheimes Wissen schriftlich festzuhalten, gibt es heute außer den durch die Kunst der Römer beeinflußten Monumenten keine Originaldokumente über Gallien. Dagegen besitzen wir eine beträchtliche Anzahl indirekter Quellen von Julius Cäsar bis hin zu Diodorus Siculus und Strabo.

Anders liegen die Dinge bei den Inselkelten, über die wir sehr viele Originaltexte haben; alle stammen jedoch aus mittelalterlichen Quellen und sind daher zuweilen auch vom Christentum beeinflußt. In mehreren irischen Manuskripten aus dem 12. Jahrhundert n. Chr.

sind schriftlich alte Traditionen aufgezeichnet. Die beiden berühmten Sammlungen aus dem 14. Jahrhundert, *Das Weiße Buch von Rhydderch* und *Das Rote Buch von Hergest,* schildern gallische Traditionen ebenso wie die Texte der sogenannten *Mabinogion*-Handschrift.

Die Religion Galliens

Die Religion Galliens ist uns nur so überliefert, wie die Römer sie geschildert haben. Cäsar erwähnt einen höchsten Gott, der für ihn Merkur ist, und vier weitere Götter, die er jeweils Apollo, Mars, Jupiter und Minerva gleichstellt. Obwohl diese Darstellung höchst anfechtbar ist, scheint sie aus der Sicht der Archäologie durchaus begründet zu sein. Merkur muß jener Gott gewesen sein, von dem noch zahlreiche Kleinstatuen erhalten sind, die von den Iren *Lugh* genannt werden. Sein Name ist auch in vielen topographischen Angaben zu finden.

Da die Kelten drei Gottheiten (Teutates, Esus und Taranis) Menschenopfer darbrachten, könnte eine jede von ihnen strenggenommen der Mars des Julius Cäsar gewesen sein. Teutates ist jedoch wohl eher ein Gattungsname, der so viel bedeutet wie «Stammesgott» (vgl. das irische Wort *tuath,* «kleines Stammeskönigreich»).

Mehrere Götter kommen für Apollo in Frage, und es ist nicht leicht, unter ihnen die richtige Auswahl zu treffen. Mehr als fünfzehn Namen wie Belenus, Bormo, Grannus usw. deuten auf ihn hin.

Der gallische Jupiter war der mythische Ahnherr der Druiden. Er konnte nicht identifiziert werden.

Minerva entsprach mehreren lokalen Gottheiten, wie die Ikonographie und ebenso die Votivinschriften bezeugen. Eine dieser Gottheiten in Irland war Brigid, die Patronin der Dichtkunst, der Medizin, der Technik. Sowohl ihre mythische Persönlichkeit als auch das ihr gewidmete Fest haben überlebt, und zwar im Gewand der christlichen heiligen Brigitta (Brigid von Kildare).

Die bildlichen Darstellungen überliefern die Gestalt und die Namen mehrerer anderer Gottheiten wie die der Waldgötter Sucellus und Nantos, vor allem aber das Bild des Gottes Cernunnos (des «Hörnertragenden»), der ein Hirschgeweih auf dem Kopf hat.

Die irischen Traditionen

Die irischen Überlieferungen berichten von der mythischen Geschichte der Insel seit der Sintflut. Die ersten Einwanderer sind den ständigen Angriffen der *Fomhoires*, der bösen Wesen von jenseits des Meeres, ausgesetzt. Eine neue Welle von Einwanderern führt die Gesetze und die Gesellschaftsordnung ein. Ihnen folgen die *Tuathas De'Dananu*, «die Stämme der Göttin Dana», die des magischen Wissens kundig sind und verschiedene magische Gegenstände besitzen (wie die Lanze von Lugh, die den Sieg verleiht, das unerbittliche Schwert des Königs Nuadhu, den unerschöpflichen Kessel von Daghdha und einen Stein, der dazu dient, den wahren König zu wählen). Die Tuathas De'Dananu werden vom Gott Lugh persönlich in die große Schlacht von Magh Tuiredh gegen das Geschlecht der Fomhoires geführt, das besiegt und danach für immer aus Irland verbannt wird. Nach dieser Schlacht gelangten die ersten Kelten aus Spanien kommend auf die Insel. Ihr Prophet Amharghin, der dank seiner okkulten Kraft die berechtigte Zurückhaltung der Tuathas gegenüber den Neuankömmlingen unschädlich zu machen versteht, betritt irischen Boden. Doch die Beziehungen zwischen Kelten und Tuathas bleiben weiterhin gespannt, wie mehrere Schlachten bezeugen, die sie sich geliefert haben. Zuletzt ziehen sich die Tuathas in die Unterwelt zurück und überlassen den sichtbaren Weltenraum den Kelten.

In Irland war das *Druidentum* eng verknüpft mit Uisnech, dem «Zentrum» des Landes, einem heiligen Ort, wo vermutlich die großen Jahreszeitenfeste abgehalten wurden.

Das keltische Königtum war heilig und konnte nur verliehen werden nach der sexuellen Vereinigung des künftigen Königs mit der sein Königreich schützenden Göttin oder mit einer Stellvertreterin der großen Pferdegöttin (Rhyannon, der gallischen Epona usw.). In seiner *Topographie Irlands* (12. Jh.) spricht Giraldus Cambrensis in der Tat von der Krönung des irischen Königs, deren Höhepunkt die öffentliche Paarung des künftigen Königs mit einer weißen Stute gewesen sein muß, deren gekochtes Fleisch die Versammelten anschließend verzehrt haben sollen.

Die zentrale Figur des *heroischen Zyklus,* auch Ulster-Zyklus genannt, ist der junge Cú Chulainn, der am Hofe König Conchobars in

Ulster residiert. Die Königin Medhbh von Connacht schickt eine Armee aus, um sich des braunen Stiers von Cuailnge zu bemächtigen, und die Leute von Ulster, die verzaubert sind, vermögen nicht, ihr Widerstand zu leisten. Doch Cú Chulainn tritt allein gegen die feindliche Armee an, und ein blutiger Kampf zwischen dem braunen Stier von Cuailnge und dem Stier von Connacht beschließt das Heldengedicht. Die Laufbahn des Halbgottes Cú Chulainn ist nur kurz, denn die Feinde töten ihn mit ihren magischen Kräften.

Ein anderer mythischer Held ist Fionn mac Cumhail, der Führer des Fian, eines Geheimbundes geweihter Krieger. Wie Cú Chulainn besitzt auch Fionn magische Fähigkeiten, die er einsetzt, um die übernatürlichen Kräfte, die sein Land bedrohen, unschädlich zu machen.

Die walisischen Traditionen

Die walisischen Traditionen sind vor allem in einer Sammlung aufbewahrt, die fälschlicherweise als «Mabinogion» bezeichnet wird und sich aus Berichten zusammensetzt, die höchst wahrscheinlich im Laufe des 11. und 12. Jahrhunderts n. Chr. zusammengetragen worden sind. Von den elf Texten des *Roten Buches von Hergest* (um 1325) sind zwei völlig bedeutungslos und drei andere scheinen lediglich den für diese Zeit noch recht neuen Stoff dreier Artusromane von Chrétien de Troyes (12. Jh.) zusammenzufassen. Die restlichen Texte enthalten das, was als «verfallende keltische Mythologie» bezeichnet wird, in der schwer einzuordnende Götter auftreten. Einer von ihnen, Pwyll, unterhält seltsame Beziehungen zur anderen Welt, wo er übrigens ein Jahr lang geherrscht hat. Seine Gemahlin ist Rhyannon, die Göttin der Pferde, ein Gegenstück zu Epona, die in der Zeit des römischen Synkretismus wiederum der griechischen Göttin Demeter-Erynis gleichgestellt wurde; sie verwandelt sich in eine Stute, um den Angriffen Poseidons zu entrinnen, der sich nun seinerseits in einen Hengst, Poseidon Hippios, verwandelt, um sich mit ihr zu vereinigen. Dieser Verbindung entspringen Persephone und das Pferd Areion (Pausanias 8. 25, 5–7). Der vedischen Variante (Rgveda 10. 17, 1–2) können wir entnehmen, daß es sich um einen indoeuropäischen Mythos handelt. In allen drei Fällen sind die Nachkommen der Göttin Menschen und Pferde, was die irische Mythologie (Noínden Ulad) belegt.

Andere walisische Texte berichten von Traditionen, welche die Gelehrten als schamanisch bezeichnen und deren Hauptgestalt Cei ist, der sich in den finsteren Seneschall Key aus der Artusrunde verwandelt. Der walisische Prototyp von Merlin schließlich ist der Barde Taliesin, der sich rühmt, «alle magischen Künste Europas und Asiens» zu beherrschen, doch verfügen noch andere wie Math, Gwydion, der Sohn von Don (= die Göttin Dana), Llwyd usw. über sagenhafte mythische Fähigkeiten.

Literatur

Eliade, GrI 2/169–172.
Maria Ch. Benning, Alt-Irische Mysterien und ihre Spiegelung in der keltischen Mythologie, Stuttgart 1978.
Wolfgang Krause, Die Kelten, Tübingen 1929.
Jean Markale, Die Druiden. Gesellschaft und Götter der Kelten, Gütersloh 1987.
Hermann Noelle, Die Kelten, Bergisch-Gladbach 1977.
Jan de Vries, Keltische Religion, Stuttgart 1961.
Ella Young, Keltische Mythologie, Stuttgart 1977.

Die Religion der Slawen und Balten

Die Slawen und ihre Religion

In der europäischen Geschichte treten die Slawen zum ersten Mal um 800 v. Chr. auf, doch ihre weitere Ausbreitung setzt erst eintausendvierhundert Jahre später ein, als sich die indoeuropäische protoslawische Sprache in drei Gruppen aufteilt (in die des Westens, des Südens und des Ostens). Im 10. Jahrhundert bewohnen die Slawen ein Gebiet, das von Rußland bis nach Griechenland, von der Elbe bis zur Wolga reicht. Aus der westslawischen Sprache entsteht Polnisch, Tschechisch, Slowakisch und Wendisch (heute eine tote Sprache); aus der südslawischen Sprache entwickeln sich Slowenisch, Serbokroatisch, Mazedonisch und Bulgarisch; die ostslawische Sprache bringt Russisch und Ukrainisch hervor. Die Slawen werden im 8. und 9. Jahrhundert christianisiert.

Die schriftlichen Quellen über die slawische Religion reichen nur bis ins 6. Jahrhundert n. Chr. zurück (Prokop von Caesarea). Die wichtigsten unter diesen sind die Chronik von Kiew (12. Jh.) über die Christianisierung Rußlands (988) unter Wladimir I. und die Chroniken der antiheidnischen Feldzüge der Bischöfe Otto von Bamberg (12. Jh.; aufgezeichnet von Ebbo, Herbord und einem anonymen Mönch aus Priefling), Thietmar von Merseburg und Gerhard von Oldenburg (Helmold von Bosau) die Westslawen betreffend. Die einzigen unmittelbaren Quellen verdanken wir der Archäologie; sie bestehen aus einigen Tempeln und Statuen. Schließlich bewahrt auch die slawische Folklore die Erinnerung an einige vorchristliche Götter.

Die Chronik von Kiew erwähnt sieben Götter der Ostslawen (Perun, Volos, Chors, Dazbog, Stribog, Simarglu und Mokosh), denen Opfer dargebracht wurden. Marija Gimbutas nimmt an, daß Chors, Dazbog und Stribog Züge einer Sonnengottheit aufweisen, die sie Weißer Gott (Belobog) nennt. Bei den Westslawen heißt dieser Gott, der Veles, dem Höllengott, gegenübersteht, Jarowit, Porowit und Swantewit. In der *Chronica slavorum* spricht Helmold von einem Himmelsgott, dem Göttervater, der sich nicht mehr um die Regierung der Welt kümmert. Diese Aufgabe obliegt Perun, dem Gott des Donners, dessen Name sich von der Wurzel *per* («donnern, klopfen») herleitet; auf polnisch bedeutet *piorun* «Blitz». Bei den Balten (Litauen) heißt der Gewittergott Perkunas, ein Name, der sich von dem indoeuropäischen Wort für «Eiche» ableitet, ein häufig himmlischen Gottheiten geweihter Baum. Wahrscheinlich verehrte die ursprünglich skandinavische Dynastie der Rurikiden von Kiew unter dem Namen Perun den germanischen Gott Thor, dessen Mutter in der norwegischen Mythologie Fiorgynn («aus Eiche») ist. Nach der Christianisierung Rußlands wurde die Mythologie Peruns auf den heiligen Elias übertragen, *gromovnik* («der Donnernde») genannt, dessen Fest am 20. Juli mit Bußzeremonien begangen wurde. Als Verwalter des Regens wurde Elias allem Anschein nach auch für die Ernte verantwortlich gemacht.

Zu den männlichen übernatürlichen Wesen sind die zahllosen Hausgeister zu rechnen, die mit dem vertrauten Namen *ded* oder *deduschka,* «Großväterchen», angeredet wurden, die Geister des Waldes (*Leshiis*) und die Ahnen. Doch bei den Slawen sind die meisten übernatürlichen Wesen weiblichen Geschlechts: Mat'Syra Zemlia («Feuchte Erdmutter»), Mokysha (vgl. Mokosh in der Aufstellung aus dem 12. Jahrhundert), die Parze zusammen mit anderen weiblichen Wesen, die über die Geheimnisse des menschlichen Schicksals bestimmen, die kalte, häßliche und todbringende Baba Yaga, die Zauberin Ved'ma, die Nymphen des Wassers *(vilas)* und die der Bäume *(rusalkas)*.

Die Balten und ihre Religion

Die Balten treten in der Mitte des 2. Jahrtausends v. Chr. in der europäischen Geschichte auf, doch die schriftlichen Quellen schweigen über sie bis zum 10. Jahrhundert n. Chr., als die Germanen und die Dänen beginnen, ihre Länder in Besitz zu nehmen. Im Verlauf dieser Eroberung, die erst im 14. Jahrhundert mit der Christianisierung der

Balten beendet ist, wird ein baltisches Volk (die alten Prußen oder Pruthenen) vollständig assimiliert, während zwei andere Stämme (die Litauer und die Letten) sich ihre Identität bewahren können.

Das Pantheon der Balten umfaßt genau wie das der Slawen drei Hauptgottheiten: einen himmlischen untätigen Gott (lit. *Dievas,* lett. *Dievs*), einen Gott des Donners (lit. *Perkunas*, lett. *Perkuons*) und eine Sonnengöttin Saule, deren Aufgabe übrigens nicht der des slawischen Pluto, Veles, entspricht. Neben ihnen gibt es noch Mutter Erde (lett. *Zemen mate*) und die unzähligen weiblichen übernatürlichen Wesen, die sogenannten «Mütter».

Literatur

Eliade, GrI 3/249–251.
Haralds Biezais, Die Gottesgestalt der lettischen Volksreligion, Uppsala 1961.
Ders., Die himmlische Götterfamilie der alten Letten, Uppsala 1972.
Alexander Brückner, Die Slaven, Tübingen 1926.
Paul Diels, Die Slaven, Berlin 1920.
Marija Gimbutas, Slavic Religion, in: Encyclopedia of Religion 13, 353–361.
Felix Haase, Volksglaube und Brauchtum der Ostslaven, Breslau 1939.
Viljo J. Mansikka, Die Religion der Ostslaven, Helsinki 1922.
Josef Matl, Europa und die Slaven, Wiesbaden 1964.
Ake V. Ström/Haralds Biezais, Germanische und Baltische Religion, Stuttgart 1975.
Erwin Wienecke, Untersuchungen zur Religion der Westslaven, Leipzig 1940.

Die Religionen der Indoeuropäer

Begriff, Ursprung und Ausbreitung der Indoeuropäer

Die Idee einer linguistischen Verwandtschaft zwischen den Sprachen Sanskrit, Griechisch und Latein ist noch nicht sehr alt (1786). Der Begriff «Indoeuropäer» ist in Gebrauch seit 1816, die (traurig belastete) Bezeichnung «Arier» seit 1819; der nationalistische Ausdruck «indogermanisch» schließlich, der ebenso sinnlos ist wie etwa «indoslawisch» oder «indogriechisch», wird seit 1823 benutzt. Der erste indoeuropäische Linguist war der Deutsche Franz Bopp (1791–1867).

Die Philologen des 19. Jahrhunderts nahmen die Rekonstruktion einer gemeinsamen indoeuropäischen Sprache, «Protoindoeuropäisch» (PIE) genannt, so ernst, als habe sie es wirklich gegeben. Heute ist in den Augen der meisten Wissenschaftler PIE eine reine Fiktion.

Wenn die Indoeuropäer auch niemals eine gemeinsame Sprache hatten, so scheinen sie doch aus ein und derselben Region zu stammen, die von den Archäologen manchmal als das untere Wolgabecken angegeben wird, von wo aus sich halbnomadische patriarchalische Kriegerstämme seit der Mitte des fünften Jahrtausends v. Chr. in mehreren Wellen ausbreiteten und die Kultur der sogenannten *Kurgan* oder *Tumuli* (Hügelgräber) herausgebildet haben. Um 3000 v. Chr. entsteht durch eine neue Kurganwelle ein zweites Zentrum dieser Ausbreitung, das in etwa dem Gebiet entspricht, das die meisten Linguisten als «Heimat der Indoeuropäer» bezeichnen. Um 2500 v. Chr. erstreckt sich diese Zone vom Ural bis zur Loire und von der Nordsee bis zum Balkan. Nach der Theorie von Marija A. Gimbutas zerstört die patriarchalische Kultur der Indoeuropäer eine einheitliche matriarchalische und friedliebende Kultur, die zwanzigtausend Jahre vom Paläolithikum bis zum Neolithikum über das gesamte alte Europa herrschte. Das Hauptmerkmal dieser Kultur ist die Verehrung einer Göttin mit mehreren Attributen. Im Bronzezeitalter (1600–1200 v. Chr.) ist die überwiegende Mehrheit der europäischen Völker indoeuropäischen Ursprungs, mit einer einzigen beachtenswerten Ausnahme, nämlich den Finnen, eines finnougrischen Volkes aus dem Ural.

Religionen

Die Religionen der indoeuropäischen Völker weisen gemeinsame Züge auf, die von den vergleichenden Mythologen des 19. Jahrhunderts, Adalbert Kuhn (1812–1881) und Friedrich Max Müller (1823–1900), herausgestellt worden sind. Georges Dumézil (1899–1986), Schüler des Linguisten Antoine Meillet (1866–1936) und des Soziologen Emile Durkheim (1858–1917), hat der vergleichenden Forschung eine neue Dimension hinzugefügt. Im Jahre 1938 entwickelte Georges Dumézil zum ersten Mal die Theorie der «drei Funktionen» in der primitiven Gesellschaft der Indoeuropäer: die priesterliche, die kriegerische und die schöpferische. In dem klassischen Exposé seiner Lehre (1958) stellte Dumézil fest, daß diese drei Funktionen die indoeuropäische Gesellschaft von jeder anderen unterscheiden. Dieses dreiteilige Schema, das auf den Klassen der Priester, der Krieger und der Schaffenden fußt, soll sich auf allen Ebenen der Kultur und sogar in der Psychologie der indoeuropäischen Völker widerspiegeln. Dumézil weist es in der indischen, der iranischen, der römischen, der germanischen Religion nach und schließt daraus, daß dies auch auf die Kelten, die Griechen und die Slawen zutreffen muß, die Dokumente jedoch nicht ausreichen, um seine Interpretation zu untermauern.

Literatur

Eliade, GrI 1/61–64.
Georges Dumézil, Mythos und Epos. Die Ideologie der drei Funktionen in den Epen der indoeuropäischen Völker, Frankfurt 1989.
Jean Haudry, La religion cosmique des Indo-Européens, Paris 1987.
Reinhard Schmoeckel, Die Hirten, die die Welt veränderten. Der vorgeschichtliche Aufbruch der indoeuropäischen Völker, Reinbek 1982.

Die Religionen der Hethiter

Von der Mitte des zweiten Jahrtausends v. Chr. bis zu den Invasionen zu Beginn des 12. Jahrhunderts v. Chr. erstreckte sich das Reich der Hethiter über fast ganz Anatolien (die heutige Türkei). Seine linguistische und religiöse Verschiedenartigkeit verdankt es der ethnischen Mannigfaltigkeit der ihm zugehörigen Völker: Hattier, Hurriten, Semiten und Hethiter (Indoeuropäer). Ein großer Teil der hier zu untersuchenden Mythen ist nicht hethitischen Ursprungs; sie sind vielmehr in der Sprache und im Kult der Hethiter aufgegangen. In der Blütezeit des Reiches war die Hauptstadt Hattuscha Boghazköi auf dem anatolischen Zentralplateau. Unsere Kenntnisse der Kultur der Hethiter beruhen größtenteils auf den archäologischen Ausgrabungen von Boghazköi, die Tontafeln mit Keilschrift, Statuen, mehrere Tempel und das Heiligtum oder das in Fels gehauene Grabmal von Yazilikaya hervorgebracht haben.

Das göttliche Pantheon der Hethiter war sehr groß, doch gab es nur einige wichtige Götter, die in ihren städtischen Tempeln verehrt wurden. Wie überall im Vorderen Orient der Frühzeit waren die Tempel in der Tat auch die Wohnstätten der Götter in Gestalt von Bildnissen, die von den Priestern gewaschen, angekleidet, genährt und ergötzt wurden. An bestimmten Festtagen, die im hethitischen Kalender sehr zahlreich waren, wurden die Bildnisse aus ihren Ruhealtären hervorgenommen. Neben ihren religiösen Aufgaben hatten die Tempel auch eine ökonomische Funktion. Sie dienten als Speicher für Lebensmittel und besaßen eigene Ländereien mit den dazugehörigen Bauern und Handwerkern. Die wichtigsten Götter waren der Gott des Sturms mit dem hurritischen Namen Teshub, sein Sohn Telepinu und die Große Göttin mit vielfältigen Gesichtern und Namen, die vor allem als Göttin der Sonne von Arinna verehrt wurde. Nicht selten hatten die Götter auch Gemahlinnen.

Das hethitische Königtum war eine heilige Institution. Selbst in Kriegszeiten kehrten die hethitischen Könige in aller Eile nach Hause zurück, um die religiösen Zeremonien und Kulte zu leiten. Häufig in Begleitung ihrer Königinnen repräsentierten sie das ganze Volk, wenn sie in ihrer Funktion als Hohe Priester den Göttern dienten. Nach ihrem Tod wurden sie selbst zu Göttern erhoben, und ihren Statuen gebührten göttliche Ehren.

Die Weissagung war einer der wichtigsten Teile des offiziellen Kults. Sie bestand aus zahlreichen einzelnen Vorgängen von der Auslegung der königlichen Gedanken bis zur Deutung oder Vorhersage aus Gestalt und Lage der Eingeweide eines Tieropfers nach altem mesopotamischen Brauch. Wir besitzen noch zahlreiche schriftliche Zeugnisse über andere Weissagungspraktiken wie die Beobachtung des Vogelflugs, der Bewegung von Schlangen und der Opfertiere. Die meisten Weissagungstechniken bestehen aus einer Reihe von Fragen mit binären Antworten (ja/nein), um sich so ein allgemeines Bild von der Lage zu verschaffen. Die Antworten wurden abgelesen auf einem festen Raster aus mehreren kleinen Vierecken, die das Glück des Königs, die Zeitläufe und den Krieg bedeuten sollten und auf denen sich eine kleine Figur bewegte. Die Orakelbefragungen fanden regelmäßig statt. Darüber hinaus wurden sie auch zu Rate gezogen, sobald der König oder die Königin verstimmt zu sein schienen.

Der Zorn und die rituelle Beschwichtigung der Gottheiten stehen im Mittelpunkt des Mythos jenes Gottes, der sich zurückzieht. Telepinu stiehlt sich davon, und das verursacht Naturkatastrophen. In einer solchen Lage bestimmen die Priester die Gründe für den göttlichen Zorn und versuchen, ihn zu besänftigen. Im Mythos sucht eine von der Göttin entsandte Biene Telepinu auf, der in einem Wald schläft; sie sticht ihn und schreckt ihn aus dem Schlaf auf. Durch Zeremonien und Sprüche gelingt es der Göttin Kamrushepa, Telepinu zu beschwichtigen, der schließlich wieder friedlich zurückkehrt.

Ein anderer Mythos von Anwesenheit und Rückkehr eines Gottes greift ebenfalls das Thema des Kampfes zwischen dem Gott und dem

Ungeheuer auf, ein sowohl in Vorderasien als auch in Griechenland sehr bekannter Stoff. Die Schlange Illuyanka hat den Gott des Sturms besiegt, und die Göttin Inara schlägt dem Menschen Hupashiya vor, er solle die Schlange angreifen. Hupashiya willigt ein unter der Bedingung, daß sich die Göttin ihm hingibt. Inara bereitet ein Bankett vor, auf dem Illuyanka und seine Familie so viel essen und trinken, daß sie nicht mehr in ihre Löcher hinabzuschlüpfen vermögen. Hupashiya bindet sie mit einem Seil fest, und der Gott des Sturms tötet sie. Die gleiche Tontafel gibt noch eine andere Version wieder, in der Illuyanka den Gott des Sturms besiegt hat und sein Herz und seine Augen raubt. Der Gott des Sturms aber hat einen Sohn von einer Sterblichen, und dieser Sohn heiratet die Tochter Illuyankas. Der Brauch schreibt vor, daß der Schwiegervater dem Schwiegersohn als Gabe gewährt, was dieser verlangt. In diesem Fall fordert der Sohn des Sturmgottes die Rückgabe des Herzens und der Augen seines Vaters. Nachdem der Gott des Sturms auf diese Weise wieder kampffähig geworden ist, besiegt er Illuyanka und tötet ihn. Doch sieht er sich gezwungen, seinen Sohn ebenfalls zu töten, der verpflichtet ist, seinem Schwiegervater die Treue zu halten.

Ein anderer Mythos schildert die Nachfolgekämpfe der ersten Götter. Der erste König der Götter war Alalu, der nach neun Jahren gestürzt wurde von seinem Truchseß Anu. Kumarbi, Alalus Sohn, dient Anu neun Jahre lang, dann entthront er ihn und hindert ihn daran, in den Himmel zu entfliehen, indem er ihn zu Boden wirft und ihm die Genitalien abbeißt. Nach dieser Tat ist Kumarbi von Anu schwanger und bringt drei Götter zur Welt, von denen einer Teshub, der Gott des Gewitters und Nachfolger Kumarbis ist.

In der folgenden Episode aus dem Mythos *Der Gesang des Ullikummi* bemüht sich Kumarbi mit allen Mitteln, sich von neuem des Königreichs der Götter zu bemächtigen. Er schwängert einen großen Felsen und bringt den furchtbaren steinernen Riesen Ullikummi hervor, der bis zum Himmel emporwächst, Teshub angreift und ihn niederschlägt und damit die Existenz der Götter und der Menschen in Gefahr bringt. Nachdem Ea von den alten Göttern das Messer zurückerhalten hat, mit dem einstmals die Erde vom Himmel getrennt werden konnte, stellt er es den verängstigten Göttern zur Verfügung. Die Füße des steinernen Riesen werden abgeschnitten, und nun vermag Teshub ihn zu besiegen.

Literatur

Eliade, GrI 1/43–52.

Friedrich Cornelius, Geschichte der Hethiter, Darmstadt 1973.

O. R. Gourney, Some Aspects of Hittite Religion, London 1977.

Volkert Haas, Magie und Mythen im Reich der Hethiter, Gifkendorf 1977.

Ders., Hethitische Berggötter und hurritische Steindämonen. Riten, Kulte und Mythen. Eine Einführung in die altkleinasiatischen religiösen Vorstellungen, Mainz 1982.

Die Religionen Mesopotamiens

Im 7. Jahrhundert v. Chr. war das Land im Flußgebiet von Euphrat und Tigris, der heutige Irak, von Hirten und Ackerbauern bewohnt. Um 3500 v. Chr. deutet die Entwicklung der Schrift den Übergang von der vorgeschichtlichen zur geschichtlichen Epoche an. Die Funde der Ausgrabungen von Ubaid und Uruk bringen feine Ton- und Keramikgegenstände, Statuetten und Gebäude ans Tageslicht, deren Architektur und kunstvolle Verzierungen zunehmend vielfältiger werden. Verschiedene Beispiele für die Sprache der Ureinwohner finden sich noch in den Ortsnamen der südlichen Region, wo später dann die Sumerer auftauchen und ihre eigene Sprache sowie ein System von Zeichen zum Markieren und Zählen der Herden mitbringen, woraus sich dann ihre erste eigene Schrift entwickeln sollte. In den folgenden Jahrhunderten voller Unruhen und Kämpfe zwischen den Stadtstaaten und den aus verschiedenen Richtungen einfallenden Gegnern haben die Akkader, die eine semitische Sprache hatten, die sumerischen Überlieferungen und Gottheiten beibehalten und neu gedeutet. Seit dem 18. Jahrhundert v. Chr. können wir von neuen Territorialgebieten sprechen: Assyrien im Norden und Babylonien im Süden. Die königlichen Archive aus assyrisch-babylonischer Zeit, insbesondere des 7. und 6. Jahrhunderts, besitzen Mythen und epische Stoffe, die schon sehr alt waren zu jener Zeit, in der sie abgeschrieben wurden.

Die Götter

In der frühesten uns zugänglichen Epoche der mesopotamischen Religion sind die Naturkräfte zugleich auch die göttlichen Mächte. Jeder sumerische Gott herrscht in seinem Gebiet, das wiederum eng mit seiner Gottheit verbunden ist. Das wichtigste Eigentum der alten Tempel ist der Besitz eben jenes Gottes, die Menschen sind seine Leibeigenen, die Priester seine Verwalter und seine Diener. Die Flüsse und die Wiesen haben ihre eigenen Lokalgötter, deren Wesen zu dieser Zeit noch stark mit den Naturerscheinungen verknüpft war. Die dynamischen Kräfte der Natur werden, so der Glaube, ausgelöst und zugleich gelenkt durch die im Donner gegenwärtigen Götter wie Ischkur/Adad oder durch Amaushumgalna, welche die Dattelpalmen Knospen treiben läßt, oder Inanna, die Göttin der mit Früchten angefüllten Lager.

Die ursprünglichen Gottheiten nahmen mehr und mehr eine menschliche Gestalt und die sozialen Rollen an, die ihnen die Priester und die Schriftgelehrten zuwiesen. An der Spitze des werdenden Pantheon stand An, der Himmel, der Göttervater, dessen Name zugleich auch das Symbol für Himmel und Göttlichkeit selbst ist. Als die geschichtliche Überlieferung um 3500 v. Chr. in Sumer beginnt, war An schon ein *deus otiosus*. Als Oberhaupt der Götterversammlung spielt Enlil die wichtigere und aktivere Rolle; sein Haupttempel stand im religiösen Zentrum Nippur. Zuletzt konnten sich fast alle Götter eine Gemahlin nehmen, doch die Große Göttin in Mesopotamien war Inanna, die von den Akkadern Ischtar gleichgestellt wurde. In zahlreichen Mythen spielt sie eine wichtige Rolle; sie war der Planet Venus und herrschte über Fruchtbarkeit, Liebe und Krieg. Ihr Vater war der Mondgott Nanna (Sin) und ihr Bruder der Sonnengott Utu (Schamasch). Enki (Ea) ist der durchtriebene Gott der Bewässerung, der den Menschenwesen geholfen hat, Techniken zu entwickeln und die zu ihrer Vernichtung gesandte große Sintflut zu überleben. In verschiedenen Mythen ist Dumuzi (Tammuz) der Gott der Fruchtbarkeit und des Wachstums verschiedener Tiere und Pflanzen; er spielt die tragische Rolle eines Gottes, der jung stirbt. Über Eheschließung ist Nergal zum Gott der Höllenwelt geworden.

In allen Epochen war die Persönlichkeit der Götter recht unscharf, und sie konnten ohne weiteres ihre Charakterzüge untereinander austauschen. Auch nach der Vermenschlichung der Götter kam es immer noch zu geheimnisvollen Erscheinungen in der Natur. Vor dem Namen eines Flusses stand im allgemeinen ein Zeichen, das auf *Gott* hindeutete. Häufig hatten die Einzelwesen ihre persönlichen Schutzgötter, die auf den Rollsiegeln zu sehen sind, wie sie ihnen die Pforten zu den großen Göttern auftun.

Religion und Politik

Der Tempel der Sumerer war sowohl eine religiöse als auch eine politische und administrative Institution. In den Städten oblagen der Ältestenversammlung das Schiedsgericht und die Wahl der Oberhäupter sowie der Generäle im Kriegsfall. Als Macht und Reichtum der letzteren wuchs, wurden sie in Könige und königliche Dynastien umgewandelt. Den Königen gereichte es zum Vorteil, sich als Lieblinge der Götter darzustellen. Der erste König, der sich die göttliche Ikonographie zulegte, war Naramsin (etwa 2254–2218 v. Chr.), der Enkel des großen Königs und Siegers Sargon von Akkad. Er erscheint auf einer Steele; er trägt Hörner auf dem Kopf, die allein der Gottheit vorbehalten sind, und auf dem Schlachtfeld befehligt er seine Männer.

Jüngere Berichte zeigen auf, daß vor militärischen Unternehmungen Zuflucht zur Weissagung genommen wurde und zahlreiche Könige ganz bestimmte Götter für die Ursache und die Nutznießer ihres Erfolgs erachteten.

Die Himmelfahrt der heiligen Stadt Babylon war auch die Himmelfahrt ihres Gottes. In der Tat schildert das babylonische Weltschöpfungsepos *Enuma Elis,* wie Marduk sich zum Gipfel des Pantheon aufschwingt, um die Stelle von Enlil einzunehmen. In der assyrischen Variante löst der namengebende Gott von Assur dann Marduk ab.

Die königliche Religion bediente sich eines komplexen Weissagungssystems. Genaue astronomische Beobachtungen, die Grundlagen jener universalen Disziplin, nämlich der späteren Astrologie, zeigten die Gefühle der Götter an und sagten Dürrezeiten und Kriege oder auch Krisen im persönlichen Leben des Königs voraus. Rituale in Form von Gebeten, Reinigungen und Beschwichtigungen der Götter wurden zelebriert, um damit auf Voraussagen aus der Deutung der Eingeweide von Opfertieren oder aus der Traumauslegung (Oniromantie) zu antworten. Der König war verpflichtet, an den Neujahrsfeiern teilzunehmen; ebenso mußte er bei dem ritualen Kult der heiligen Hochzeit in Uruk anwesend sein, wo er die Göttin Inanna heiratete, um seinem Land Wohlstand und Gedeihen für das kommende Jahr zu gewährleisten.

Die öffentlichen Bräuche

Den großen Tempelkomplexen stand eine Bürokratie aus Priestern, Schriftgelehrten, Astrologen und gelernten Handwerkern zur Verfügung. Besonders ausgebildete Priester kümmerten sich um die tägliche Pflege der göttlichen Abbilder; sie mußten diese nähren, waschen, kleiden und unterhalten. Die Gemeinschaft der Gläubigen konnte vor dem Altar des Gottes Gaben darbringen in Form von Lebensmitteln oder Votivstatuetten und an den Feierlichkeiten und den Aufführungen des Mythos teilnehmen, die mit den göttlichen Festen verbunden waren. Das Volk nahm auch Zuflucht zu Sinnsprüchen und Beschwörungen, um Krankheiten zu heilen, die Fruchtbarkeit eines Paares zu erwirken, um zu verzaubern und zu entzaubern. Die medizinischen Beschwörungen und Besprechungen rufen häufig einen oder mehrere Götter an, erflehen ihre Vergebung für bewußte oder unbewußte Beleidigungen und weisen, soweit sie schriftlich niedergelegt sind, auch freie Zeilen auf, um dort den Namen des Nutznießers einzutragen. Sehr beliebt waren die kleinen Tonfiguren von Göttern und Geistern, die von berufsmäßigen Magiern «angeregt» und in den Häusern aufbewahrt oder auch vergraben wurden, um Schutz zu gewähren. Die Eigennamen, von denen die meisten theophorisch waren, zeigen auf, daß die Menschen sich ganz auf ihre persönlichen Götter verließen, um Gesundheit und Wohlstand zu erlangen.

Enuma Elis

Enuma Elis («als droben»), das babylonische Weltschöpfungsepos, ist eng verknüpft mit den Neujahrsfeiern (Akitu), die jedes Jahr zur Frühlingszeit in der Stadt Babylon abgehalten werden. Der Text preist Marduk als den größten unter den Göttern. Das deutet darauf hin, daß dieses Epos vermutlich im 12. Jahrhundert v. Chr. entstanden ist, als die

Statue Marduks nach Babylon zurückgekehrt war und die politische Vorherrschaft der Stadt als mythischer Triumph ihres Gottes gefeiert wurde.

Die erste der sieben Tafeln des Epos enthüllt den Urzustand des Universums, als es nur das Süßwasser (Apsu, männlich) und das Salzwasser (Tiamat, weiblich) gab. Die neuen Göttergenerationen stören mit ihrem Lärm die älteren Gottheiten. Apsu tritt zum Kampf gegen diese an, doch er wird von Ea getötet, der einen Sohn Marduk hervorbringt. Tiamat will Apsu rächen, und unter den jüngeren Göttern wagt allein Marduk, es mit dem weiblichen Ungeheuer aufzunehmen. Die Götter verleihen ihm die Königswürde, und Marduk zieht mitsamt seinen Stürmen und Blitzen in den Kampf. Die Winde stürzen sich in den geöffneten Mund Tiamats, und ein Pfeil tötet sie. Ihre Verbündeten werden umzingelt und gefangen genommen; unter den Siegestrophäen befinden sich auch die gestohlenen Registertafeln des Schicksals, die Kingu, der Gemahl Tiamats, entwendet hatte.

Marduk zerschnitt den Körper Tiamats in zwei symmetrische Hälften und erschuf so die Welt. Aus dem Blut Kingus formte er die Menschen, damit sie den Göttern dienten. Zum Dank wurde ihm höchste göttliche Macht verliehen und ein großer Tempel in Babylon errichtet. Mehrere Teile dieses Berichts entsprechen bestimmten Abschnitten in der Genesis und auch den Bildern des siegreichen Jahwe aus den Psalmen und dem Buch Hiob.

Gilgamesch

Gilgamesch, König von Uruk, war vielleicht ein König der alten Dynastien, und einige Berichte über ihn sind in sumerischer Sprache erhalten. Das uns überlieferte akkadische Epos ist von einem Schriftgelehrten verfaßt und erweitert worden, wahrscheinlich in der Mitte der babylonischen Epoche, mit einem Anhang, der die Sintflut von Atrahasis schildert. Diese vollständige Version der Legende beginnt mit der Lobpreisung der großen Bauten von Uruk, der wegen ihres Inanna-Tempels und der gewaltigen Ziegelsteinmauern berühmten Stadt. Gilgamesch, ein König, der zu zwei Dritteln göttlich und zu einem Drittel menschlich ist, tyrannisierte sein Volk mit schweren Frondiensten und mit dem *ius primae noctis,* das er unerbittlich durchsetzte. Die Götter schufen Enkidu, einen Wilden, der mit den Tieren friedlich zusammenlebte. Sie schickten eine Dirne zu ihm, um ihn zu vermenschlichen, und sie brachte ihn mit nach Uruk, wo Enkidu Gilgamesch kühn entgegentrat. Darauf brach ein fürchterlicher Kampf los, in dessen Verlauf die beiden Rivalen die besten Freunde wurden. Sie begaben sich gemeinsam in die Zedernberge, um das Ungeheuer Huwawa zu töten. Als Ischtar Gilgamesch aufforderte, ihr Gemahl zu werden, beschimpfte dieser sie und erinnerte sie daran, daß bislang alle ihre Liebhaber zur Hölle hinabgefahren seien. Die Rache Ischtars ließ nicht auf sich warten: Auf ihren Befehl läuft der furchterregende himmlische Stier Gilgamesch über den Weg, doch Gilgamesch und Enkidu töten ihn. Die Götter beschließen, beide zu bestrafen, indem sie Enkidu das Leben entziehen. Das Schicksal Gilgameschs scheint besiegelt zu sein, doch der Held begibt sich zu den Quellen der Flüsse, um den einzigen Menschen aufzusuchen, dem je Unsterblichkeit zuteil ward, den fernen Utnapischtim. Als Gilgamesch die von den Toren der Sonne durchbrochenen Berge erreicht, begegnet er dem entsetzlichen Skorpion-Menschen und dessen Ehefrau, die ihm den Weg in den Tunnel freigeben. Am Ende der Welt, am Meer, trifft er auf die Nymphe Siduri, die versucht, ihn von seinem Vorhaben abzubringen. Doch Gilgamesch setzt unbeirrt seine Suche jenseits der Gewässer des Todes fort, wo er schließlich Utnapischtim findet und ihn um das Geheimnis der Unsterblichkeit bittet. An dieser Stelle hat der Verfasser des Berichts die Episode der Sintflut eingefügt: Ea hatte Utnapischtim die bevorstehende Sintflut angekündigt; dieser hatte daraufhin seine Arche gebaut und sie gefüllt. Alsbald waren er und seine Gemahlin in Götter verwandelt und an diese fernen Gefilde gebracht worden. Das ist eine verkürzte Version der Sintflut – so wie die des Königs Ziusudra, den Enki veranlaßte, eine Arche zu bauen, um so der Sintflut zu entkommen, die das lärmende undankbare Menschengeschlecht vernichten sollte. Die Geschichte von Atrahasis («der große Weise») stellt die akkadische Fassung desselben Berichts dar. Gilgamesch gelang es nicht, Unsterblichkeit zu erlangen, sei es, weil er es nicht vermochte, der Versuchung des Schlafes zu widerstehen, sei es, weil er die Pflanze verloren hatte, die ihm ewige Jugend verleihen sollte. Als er wieder nach Uruk zurückgekehrt war, mußte er sich mit der Dauerhaftigkeit und dem Fortbestehen der Monumente dieser Stadt trösten.

Literatur

Eliade, GrI 1/16–24.

Hartmut Gese/Maria Höfner/Kurt Rudolf, Die Religionen Altsyriens, Altarabiens und der Mandäer, Stuttgart 1970.

Hans W. Haussig, Götter und Mythen im vorderen Orient, Stuttgart 1965.

Morris Jastrow, Die Religion Babyloniens und Assyriens, 2 Bde., Gießen 1905–1912.

Peter Jensen, Die Kosmologie der Babylonier. Studien und Materialien, Berlin 1974.

Bruno Meissner, Babylonien und Assyrien, 2 Bde., Heidelberg 1925.

Karl Oberhuber (Hg.), Das Gilgamesch-Epos, Darmstadt 1977.

Hartmut Schmökel, Das Gilgamesch-Epos. Eingeführt, rhythmisch übertragen und mit Anmerkungen versehen, Stuttgart 1966.

Die Religion Kanaans

Drei Jahrtausende führten die Völker aus den Ebenen Syriens und Arabiens ein ununterbrochenes Wanderleben. Vor 3000 v. Chr., in der sogenannten Älteren Bronzezeit, erreichte ein Volk aus der semitischen Sprachgruppe Palästina. Um 2200 v. Chr. führten die Invasionen der Amoriten neue Veränderungen in den soziokulturellen Strukturen herbei, was sich dann bei Ankunft der Israeliten am Ende des 2. Jahrtausends wiederholen sollte. An der Mittelmeerküste vermischten sich die Bauernkulte mit den himmlischen Pantheons der Nomadenhirten. Abgesehen von den Heiligtümern und den bei archäologischen Ausgrabungen wieder aufgetauchten Kleinstatuen beschränkten sich unsere Quellen über die religiösen Traditionen dieser Völker lange Zeit auf bruchstückhafte und stark polemische Angaben im Alten Testament, auf einige Keilschrifttafeln aus Mari und Tell el Amarna und auf einige Textstellen aus Werken hellenistischer und römischer Autoren. Im Jahre 1929 haben die Ausgrabungen von Ras Shamra die alte Stadt Ugarit wieder freigelegt, die uns Kenntnis gibt von der Kultur der Kanaaniter am Ende des Bronzezeitalters (etwa 1365–1175 v. Chr.).

Der Hafen von Ugarit an der syrischen Küste bestand schon am Anfang des zweiten Jahrtausends. Um 1350 v. Chr. tauchte eine Keilschrift auf, die mit einem spitzen Gegenstand in feuchte Tonerde eingeritzt wurde. Bevor die Invasion der Seevölker um 1175 v. Chr. diese Kultur zerstören konnte, blieben auf diese Weise zahlreiche Texte wie Weiheinschriften, Zauberformeln, Gebete, Listen von Göttern und vor allem frühe Mythen aus einer nicht genau bestimmbaren Zeit der Nachwelt erhalten.

Pantheon

Hoch oben im Pantheon von Ugarit hat der Gott El, der Schöpfer des Universums und Vater der Götter, seinen Wohnsitz, erhaben und wohlwollend, doch fern und machtlos in allen Angelegenheiten der Menschen, bei denen ihn der unerbittliche Baal, der Sohn Dagans, ein Gott des Sturms, ersetzt, der an die mesopotamische Gottheit Adad erinnert. Die Schriften und die volkstümlichen Überlieferungen kennen mehr als einen El und mehr als einen Baal, deren Namen gattungsmäßig zudem «Gott» und «Herr» bedeuten. Einige Elim und Baalim wurden wahrscheinlich nach ihren Kultstätten unterschieden, andere auf Grund der ihnen beigegebenen Eigenschaften. Baal, das ist der Mächtige, der Höchste, der Wolkenreiter, der Fürst, der Herr der Erde. Seine Feinde in den mythischen Texten sind Yamm («das Meer»), die Unheil bringenden «Vielfraße» und Mot («der Tod»), der ihn auch vorübergehend besiegen kann.

Die Gemahlin des El ist die Göttin und Königin Athirat (Asherah), deren Attribute sich auf das Meer beziehen. Anat, die Schwester oder die Gemahlin Baals, eine mächtige Göttin der Liebe und des Krieges, die manchmal auf dem Rücken eines Löwen stehend dargestellt wird, hat mehr Aufgaben. In der Person der Ashtart wa-Anat verwandeln sich die beiden Göttinnen später in die syrische Gottheit Atargatis, deren Meeresattribute und Fruchtbarkeitskulte bis in die Anfänge des Christentums erhalten bleiben. Unter den anderen Göttern von Ugarit sind noch zu erwähnen Ars wa Shamem («Erde-und-Himmel»), ein Mondgott und eine Mondgöttin, einige Göttertöchter: der Morgen- und der Abendstern (Venus), Kothar der Schmied, Rashap der Böse und andere aus fremden Religionen übernommene Götter. Die Ahnen, insbesondere diejenigen aus königlichem Geschlecht, wurden in den Rang von Gottheiten erhoben oder als Kultgestalten verehrt, parallel zu einer ganzen Schar von niederen namenlosen persönlichen Gottheiten.

Kult

Der kanaanitische Kult, so wie er sich an Hand der kleinen Metall- und Tonfiguren rekonstruieren läßt, konzentrierte sich auf zwei göttliche Paare: El und Athirat, die Herrscher der anderen Welt, und Baal und Anat, die Herrscher dieser Welt. In der Stadt Ugarit standen auf jeden Fall die Tempel von Baal und Dagan und wahrscheinlich auch noch andere. Die großen Tempel, denen ganze Herden sowie Öl- und Weinlager gehörten, haben mehr Spuren hinterlassen als die kleineren heiligen Stätten volkstümlicher Kulte. Der König und die Königin leiteten den Staatskult und nahmen aktiv an den Ritualen, Festen und Gebeten teil, um den göttlichen Schutz der Stadt zu wahren. Die Priester (*khnm,* was dem *kohanim* im Hebräischen entspricht) und die *qdshm* genannten religiösen Beamten waren verantwortlich für den Tempel und die Kultzeremonien, die Weihegeschenke, Opfergaben, Reinigungsriten und auch für die Pflege der göttlichen Statue. Andere Fachkundige kümmerten sich um den Totenkult, in dessen Mittelpunkt eine orgienhafte Zeremonie stand. Die Bestattungsfeierlichkeiten waren von einem Festmahl begleitet, das die Toten beschwichtigen sollte. Es gab Priester, die eine seherische Funktion innehatten: sie bedienten sich leberförmiger Tonabgüsse, wie wir sie aus Mari in Mesopotamien kennen. Die einfacheren Leute begnügten sich wahrscheinlich mit Magie und Sühnegebeten.

Mythologie

Die Mythologie von Ugarit ist durchsetzt mit Machtkämpfen zwischen El und Baal und zwischen diesem und seinen Gegnern. Die bekannteste dieser Fehden ist wohl der Kampf zwischen Baal und der Wassergottheit Yamm, die mal als menschliches Wesen, mal als Seeungeheuer dargestellt wird. Von ihrem Vater El ermutigt, schickt sie sich an, Baal von seinem Thron zu verjagen, doch mit Hilfe der von dem göttlichen Schmied Kothar hergestellten Waffen geht Baal zuletzt als Sieger aus dem Duell hervor. Natürlich erinnert der Kampf an die Niederlage des Seeungeheuers Tiamat, das von dem mesopotamischen Gott Marduk besiegt wurde, gemäß der vierten Tafel der babylonischen Genesis *Enuma Elish,* und ebenso an den Sieg Jahwes über das Meer, wie einige Psalmen und Hiob 26,12–13 berichten.

Als die Göttin Anat im Kampf mit ihrer Macht prahlt, fordert Baal sie durch eine Botschaft zum Frieden auf und tut ihr kund, wie in *Enuma Elis* steht, er verlange einen Tempel, damit er verehrt werden könne. Anat erwirkt von El die Erlaubnis und läßt für Baal einen großen Tempel errichten.

In einem anderen Kampf stehen sich Baal und Mot, der Tod, gegenüber, ein anderer Rivale, der unmittelbar von El herkommt. Im Plan der Natur bedeutet die Macht Baals Fruchtbarkeit und Überfluß, während die Herrschaft des Todes Trockenheit und Hungersnot bringt. Nach dem Austausch von Boten, die Mot an seinem Zufluchtsort aus Schlamm und Dreck aufsuchen, erklärt sich Baal bereit, sich in die Unterwelt zu begeben mitsamt seinem Geleit aus Regen, Wind und Wolken. Hier ist der Bericht durch eine Lücke unterbrochen. Als er wieder einsetzt, ist Baal tot, was El und Anat in große Not und Bedrängnis bringt, denn keiner der Söhne von El ist in der Lage, dessen Thron zu besteigen. Nachdem Anat Baal zu Grabe getragen hat, begegnet sie Mot und macht buchstäblich Staub aus ihm: Sie zerstückelt ihn, zermalmt ihn, brät ihn und zerstampft ihn, dann verstreut sie ihn auf den Feldern, damit er von den Vögeln gefressen wird. Die Beziehung zwischen diesen Episoden bleibt dunkel, doch nach der Vierteilung Mots träumt es El, daß Baal und mit ihm Wohlstand und Gedeihen ins Land zurückkehren, was auch tatsächlich eintritt. Mot seinerseits wird nicht ausgestoßen; doch Baal erringt sieben Jahre später einen entscheidenden Sieg über ihn, der seine Königswürde für alle Ewigkeit wiederherstellt.

Die Texte von Ugarit enthalten auch die Berichte über Kirta und Aqhat. Beide beginnen mit der Episode von einem gerechten König, der über seine Sterilität verzweifelt ist, ein Thema, das im Alten Testament wieder aufgegriffen wird. Die Götter bereiten dieser Not ein Ende, doch von nun an greifen sie in das Geschick der Menschen ein. Anat beschließt den Tod von Aqhat, dem ersehnten Sohn, als dieser sie beschimpft und sich weigert, ihr seinen magischen Bogen zu leihen. Im Kampf erhält Kirta eine Gemahlin, doch vergißt er sein Asherah gegebenes Versprechen und erkrankt. Später wird ihn dann einer seiner Söhne der Ungerechtigkeit in der Regierung des Königreichs bezichtigen.

Auch wenn die Texte lückenhaft sind, so erlauben sie uns doch einen Einblick in die historische, mythologische und religiöse Welt, welche die Israeliten besetzen und deren Widerschein sie der westlichen Kultur übermitteln werden.

Literatur

Eliade, GrI 1/43–52.

Karl Jaros, Die Stellung des Elohisten zur kanaanäischen Religion, Göttingen 1982.

Anton Jirku, Der Mythus der Kanaanäer, Bonn 1966.

Arvid Kapelrud, Die Ras-Schamra-Funde und das Alte Testament, Basel 1961.

Klaus Koch, Studien zur alttestamentlichen und altorientalischen Religionsgeschichte, Göttingen 1988.

Der Zoroastrismus

Vorzarathustrische Religion

Die Religion des Iran vor der Reform Zarathustras ist nicht leicht zu entziffern. Neben ursprünglichen Elementen weist sie auch Züge auf, die sie mit dem vedischen Indien gemeinsam hat, wie beispielsweise das Opfer (*yaz,* vgl. Sanskrit *yajna*) von Tieren, deren Geist sich zur göttlichen Wesenheit Geush Urvan («Die Seele des Stiers») gesellt, und der Genuß des Getränks *haoma* (Sanskrit *soma*) mit seinen halluzinogenen Eigenschaften. Die göttlichen Wesen gehörten zwei Klassen an, den *ahuras* («Herren»; vgl. Sanskrit *asuras*) und den *daivas* («Göttern»; Sanskrit *devas*), beide gut und bejahend.

Diese Religion entsprach einer Gesellschaft, die von einer Kriegeraristokratie mit ihren Initiationsbruderschaften beherrscht wurde, deren gewaltsame Bräuche im Zustand der «Raserei» *(aeshma)* gipfelten. Die Opfer von Tieren wie zum Beispiel des Ochsen *(gav)* und der Genuß von *haoma* (erwähnt in *Yasna* 48.10, 32.14 als ein Trank aus dem nach Einnahme einer Droge ausgeschiedenen Harn) standen im Mittelpunkt dieses Kultes.

Zarathustra

Es ist schwierig, die Reform Zarathustras (griechisch Zoroaster) zeitlich einzuordnen. Alles deutet darauf hin, daß der Reformator irgendwo im östlichen Iran um 1000 v. Chr. gelebt hat. Die ursprüngliche Botschaft Zarathustras widersprach in vielerlei Hinsicht der vorausgegangenen religiösen Überzeugung. Er verurteilte sowohl die blutigen Opfer als auch den Genuß von *haoma* und verlangte außerdem eine vollständige Änderung des Pantheon, das auf diese Weise *monotheistisch* und *dualistisch* wurde. Die neue Religion, die sich ihrem Wesen nach im Verlauf der weiteren Entwicklung noch wandelte, wird allgemein *Zoroastrismus* (Parsismus) genannt.

Der frühe Zoroastrismus

Quellen

Die Quellen des Zoroastrismus sind vom 4. oder vom 6. Jahrhundert n. Chr. an niedergeschrieben worden, doch sie bestehen aus verschiedenen Schichten. Das *Avesta* zerfällt in mehrere Teile: *Yasna* (Opfer), *Yasht* (Hymnen an die Gottheiten), *Vendidad* (Reinheitsvorschriften), *Vispered* (der Kult), *Nyayishu* und *Gah* (Gebete), *Khorda* oder Kleines Avesta (tägliche Gebete), *Hadhokht Nask* (Buch der Schriften), *Aogemadaecha* («Wir nehmen hin») mit Anweisungen für das Jenseits und *Nirangistan* (Kultvorschriften). Der älteste Teil der *Yasnas,* die *Gathas* (Hymnen), soll auf Zarathustra selbst zurückgehen.

Ebenso wichtig wie die avestischen Quellen sind die Schriften in Pehlevisprache (Mitteliranisch), die zum größten Teil im 11. Jahrhundert aufgezeichnet wurden: *Zand* (Auslegung des Avesta), *Bundehesh* (die zoroastrische Genesis), *Denkard* (Sammlung von Anleitungen zur Religion), die Auswahlen des Priesters Zatspram, der *Dadistan i Denig* des Priesters Manusheihr, der Weisheitstext *Dadistan i Menog i Khrad,* der apologetische Text *Shkand-gumanig Vizar* (systematische Beseitigung aller Zweifel) und das Buch *(Namag)* des Arda Viras, eines Priesters, der ins Jenseits reist. Spätere zoroastrische Texte wurden in persischer Sprache, in Gujarati, in Sanskrit und sogar in englischer Sprache niedergeschrieben.

Wir besitzen auch zahlreiche iranische bildliche Denkmäler von den Inschriften der Achaimeniden (Darius I., 522–486; Xerxes 486–465; Artaxerxes II. 402–359 v. Chr.) bis hin zu denen der Sassanidenkönige (Schapor I. 241–272 und Narses 292–302 n. Chr.). Sie sind zwar nicht rein religiösen Inhalts, doch erlauben sie uns, etwas Licht in die Glaubensgrundsätze und das Wesen der Religion zu diesen verschiedenen Epochen zu bringen. Die Inschriften des Großen Priesters *(mobad)* Kerdir zu Beginn der Sassanidenzeit sind ungleich viel wichtiger.

Auch von den Griechen, den Christen und den Arabern erhalten wir wertvolle Informationen über den Zoroastrismus, die sich über einen Zeitraum vom 5. Jahrhundert v. Chr. bis zum 10. Jahrhundert n. Chr. erstrecken.

Die zoroastrische Reform

Wie wir bereits gesehen haben, stellt sich die zoroastrische Reform dar als Reaktion auf den orgiastischen Kult der Initiationsbruderschaften für männliche Krieger. Hierbei handelt es sich um eine puritanische Revolution der Sitten, vergleichbar etwa der orphischen Revolution im alten Griechenland, die eine radikale Reform der kannibalischen dionysischen Opfer anstrebte. Im rein religiösen Sinn ist die Neuerung Zarathustras insofern ungewöhnlich, als sie ein System schafft, das Monotheismus und Dualismus in einer einmaligen Synthese verbindet. Wir halten ausdrücklich fest, daß die Begriffe dieses Problems der Theodizee in sämtlichen Religionen unverändert die gleichen bleiben und der Dualismus nur eine unter verschiedenen möglichen Lösungen darstellt. Interessant ist, daß der Zoroastrismus zurückgreift auf die Vorstellung vom freien Willen, der in seiner unvollkommenen Form dem logischen Widerspruch nicht auszuweichen vermag. In der Tat ist Ahura Mazda, der höchste Gott, der Schöpfer aller Gegensätze (*Yasna*, 44.3–5), doch seine Zwillingssöhne, Spenta Mainyu (Wohltätiger Geist) und Angra Mainyu (Verneinender Geist) müssen zwischen der Ordnung der Wahrheit *(asha)* und der Lüge *(druj)* wählen, die beide aus guten oder schlechten Gedanken, Worten und Taten bestehen. Dies macht Ahura Mazda offensichtlich zum Schöpfer des Bösen im doppelten Sinn: weil der Wahl von Angra Mainyu *druj* vorausgeht und weil dieser sein Sohn ist. Andererseits hat dieser ethische Dualismus auch theologische, kosmologische und anthropologische Aspekte.

In der gemeinsamen indoiranischen Epoche ebenso wie in der vorzoroastrischen Religion waren die *daivas* (Sanskrit *devas*) und die *ahuras* (Sanskrit *asuras*) göttliche Wesen. Im Zoroastrismus machen sie eine Entwicklung durch, die derjenigen in Indien genau entgegengesetzt ist: die *ahuras* sind die Götter, die *asha* wählen, und die *daivas* sind die Dämonen, die sich für *druj* entscheiden.

Die Mittlerfunktion zwischen dem wohltuenden Geist und der

Menschheit, die ständig zur moralischen Wahl verpflichtet ist, wird von den sieben Amesha Spentas, den «Wohltätigen Unsterblichen», wahrgenommen: *Vohu Manah* (Gute Gesinnung), *Asha Vahishta* (Vollkommene Wahrheit), *Khshathra Vairyia* (Gewünschte Herrschaft), *Spenta Armaiti* (Wohltuende Ergebung), *Haurvatat* (Erfüllung) und *Ameretat* (Unsterblichkeit). Die sieben wohltätigen unsterblichen Geister stellen gleichzeitig das Gefolge der Tugenden von Ahura Mazda und die Attribute jener Sterblichen dar, welche die Ordnung der Wahrheit *asha* einhalten. Das gerechte wahrhaftige Sein *(ashavan),* das einen besonderen, *maga* genannten Zustand erreicht, soll sich zu den Wohltätigen Unsterblichen gesellen, um eins zu werden mit dem wohltätigen Geist.

Die Synthese der Priester

Die orientalischen avestischen Priester, die sogenannten *athravans* (vgl. Sanskrit *atharvans)* und später die westlichen Priester (Meder), bekannt unter dem Namen Magier, unterzogen die puritanische Botschaft Zarathustras einer Reinterpretation, welche die vorzoroastrischen Bräuche wieder aufleben ließ und die inzwischen traditionell gewordenen Gegebenheiten systematisieren sollte. Die Synthese der Priester greift auf ein uraltes Erbe zurück. Sie führte sogar den Brauch der blutigen Opfer und den Genuß des Rauschmittels *haoma* wieder ein. Sie verwandelte die Amesha Spentas in *yazatas* oder Gottheiten, die nichts anderes waren als Attribute von Ahura Mazda und des *ashavan* zugleich. Sie setzte alte Götter wie Mithra wieder ein und machte andere wie Indra zu Dämonen. Vermutlich gehen auf diese Synthese die in den *Yashts* des Avesta erwähnten Mazda-Gottheiten zurück: Ardvi Sura Anahita und Mithra, sehr einflußreiche Götter unter den Achaimeniden, die aus der Reinterpretation einer indoiranischen Göttin hervorgegangen sind, die bei den Indern Sarasvati hieß (beeinflußt von einer orientalischen Göttin), sowie des indoiranischen Gottes Mithra. Im Mazda-Pantheon führt Mithra zusammen mit Sraosha und Rashnu den Vorsitz im Seelengericht nach dem Tode. Andere *yazatas* oder Gottheiten sind Verethragna, der die Siege lenkt, Vayu, der dem Wind gebietet, Daena oder das Abbild der Gesetz gewordenen Religion, Khvarenah oder die königliche Herrlichkeit, Haoma usw.

Der Zervanismus

Das Problem

Unter den Sassaniden (3. Jh. n. Chr.) findet eine religiöse Renaissance statt, die unter dem Zeichen der Intoleranz zu stehen scheint. Es läßt sich nur schwer feststellen, ob die Orthodoxie zu dieser Zeit mazdaistisch oder zervanistisch ist (abgeleitet von dem Namen Zervan, Protagonist einiger dualistischer Mythen). Wie R. C. Zaehner annimmt, ist der Mazdaismus wohl weit überlegen gewesen, doch hat sich zeitweise der Zervanismus durchsetzen können.

Ardaschir (Artaxerxes) ist der Erneuerer des Zoroastrismus; doch handelt es sich dabei um Mazdaismus oder um Zervanismus? Schapor I., der wahrscheinlich ein Anhänger des Zervanismus war, fühlt sich stark zu Mani hingezogen; seine beiden Brüder, Mihrshah und Peroz, treten zum Manichäismus über. Sein Nachfolger Hor Hormisd I. ist den Manichäern gewogen, doch Bahram I., unterstützt von dem zwielichtigen Kerdir, *mobadan mobad* oder Herr über die Priester des Feuers, läßt Mani ins Gefängnis werfen, wo dieser stirbt, und verfolgt dessen Anhänger. Schapor II., der im Jahre 309 n. Chr. an die Macht gelangt, setzt die intolerante Politik Kedirs fort. Laut Zaehner dauert diese Situation an bis zur Epoche von Jesdegerd I., genannt der «Sünder», dessen Toleranz sowohl von den Christen als auch von den Heiden gepriesen wird. Gegen Ende seiner Regierungszeit beginnt sein Kanzler Mihr-Narse in Armenien zu missionieren. Es ist möglich, daß der Mythos von Zervan, der uns von zwei armenischen Schriftstellern (Elishe Vardapet und Eznik de Kolb) und von zwei syrischen Autoren (Theodor bar Konai und Johannan bar Penkaye) überliefert ist, etwas zu tun hat mit der Missionstätigkeit Mihr-Narses in Armenien, wenn davon ausgegangen wird, daß Jesdegerd I. und die beiden anderen Gönner von Mihr-Narse, Bahram V. und Jesdegerd II., Zervaniten waren. Der Erstgeborene von Mihr-Narse, der das Amt des Hohenpriesters *(herbadan herbad)* innehat, heißt Zervandad; wenn er identisch ist mit dem im *Videvdat* (4.49) unter diesem Namen erwähnten «Ketzer» *(sastar),* so ist es möglich, diesen drei Kaisern eine Neigung zum Zervanismus zuzuschreiben. Kaiser Kawahd begeistert sich für die «kommunistischen» Ideen von Mazdak, doch sein Nachfolger Chosrau I. läßt Mazdak und die Seinen hinmorden, setzt den Mazdaismus wieder ein, wirft die Ketzer ins Gefängnis, um sie zu bekehren, und tötet unbarmherzig die Rückfälligen. Nach Chosrau I. setzt der Verfall des persischen Reiches ein; die Eroberung durch die Araber steht bevor.

Der Mythos

In der vollständigsten der vier vorhandenen Versionen, verfaßt von dem Armenier Eznik de Kolb, wird der zentrale Mythos des Zervanismus folgendermaßen dargestellt: Zervan, ein vermutlich androgynes Wesen, dessen Name so viel wie «Los» oder «Schicksal» heißt, existierte vor allen anderen Dingen. Zervan wünschte sich einen Sohn und brachte tausend Jahre lang Opfer dar, bis ihm Zweifel kamen, ob die Opfer sinnvoll seien. In diesem Augenblick entstehen zwei Söhne in seinem «mütterlichen» Schoß: Ohrmasd kraft des Opfers und Ahriman kraft des Zweifels. Zervan gelobt, den ersten, der bis zu ihm gelangt, werde er zum König machen. Ohrmasd enthüllt diesen Plan Ahriman, der sich beeilt, «den Schoß Zervans zu durchstoßen» und sich seinem Vater vorzustellen. Zervan erkennt ihn nicht: «Mein Sohn», spricht er, «ist voller Duft und Licht, du jedoch, du bist finster und stinkst.» Nun kam Ohrmasd zur Welt «zur rechten Stunde, voller Licht und Duft». Zervan aber war an sein Gelübde gebunden, die Königswürde Ahriman zu verleihen, allerdings nur für neuntausend Jahre; «danach soll Ohrmasd herrschen, und alles was dieser begehrt, soll ihm gelingen». Ein jeder der beiden Brüder macht sich nun daran, die Welt zu erschaffen: «Und alles, was Ohrmasd schuf, war gut und redlich; und alles was Ahriman schuf, war schlecht und krumm»

Ein anderer zervanistischer Mythos kommt der Atmosphäre in den Erzählungen vom durchtriebenen Demiurgen sehr nahe, jener äußerst komplexen, komischen und zugleich tragischen Gestalt, die häufig am Ende klüger und weiser erscheint als der Schöpfer selbst. Das trifft in diesem Fall auch auf Ahriman zu, der ein Schöpfungsgeheimnis kennt, das Ohrmasd verschlossen ist. Er versteht es, Lichtteilchen herzustellen, um der Welt das Licht zu bringen. Ahriman spricht zu seinen Dämonen und enthüllt ihnen, daß Ohrmasd die Sonne erschaffen könnte durch eine sexuelle Paarung mit seiner Mutter und dem Mond, indem er sich mit seiner Schwester vereinigt (Anspielung auf den Brauch des *xwetwodatih*, avestisch *xvetukdas*, der im Kontext durchaus ehrenhaft ist). Der Dämon Mahmi läuft zu Ohrmasd und erzählt ihm alles.

Ein dritter Mythos schließlich beschreibt einen Eigentumskonflikt zwischen Ohrmasd und Ahriman: Das Wasser insgesamt gehört Ahriman, und gleichwohl saufen die Tiere Ohrmasds (Hund, Schwein, Esel und Ochse) davon. Als Ahriman ihnen verbietet, sein Wasser auch nur anzurühren, weiß Ohrmasd nicht, was tun, doch einer der Dämonen Ahrimans rät ihm, einfach zum bösen Nachbarn zu sagen: «Dann entferne dein Wasser auch gänzlich von meinem Land.» Die List hat nicht den erwünschten Erfolg, denn Ahriman läßt von einem seiner Geschöpfe, der Kröte, das gesamte Wasser auf dem Besitz Ohrmasds aufsaugen. Abermals weiß dieser sich nicht zu helfen, bis ein anderes Geschöpf aus dem Gefolge Ahrimans, eine Fliege, sich der Kröte in die Nase setzt und sie so zwingt, das Wasser wieder herzugeben.

Interpretationen des Zervanismus

Offensichtlich ist es unmöglich, ein einheitliches und zusammenhängendes zervanistisches System zu rekonstruieren, trotz der wiederholten Versuche von H. S. Nyberg, E. Benveniste u. a., die zuletzt alle in die grundlegende Arbeit von R. C. Zaehner einfließen. Es ist unbestritten, daß es den Zervanismus gegeben hat, möglicherweise als einen Komplex von sektiererischen Theologien, die zur Zeit der Sassaniden staatlicherseits anerkannt waren. Was die Existenz dieser Lehren angeht, so bleibt selbst angesichts mehrerer Versionen und vielfältiger Anspielungen auf die zervanistischen Mythen das stärkste Argument doch ein ganz und gar negatives: Man leitet ihn ab von dem in den späten Pehlevischriften beabsichtigten Stillschweigen. Wäre da nicht dieses Verschweigen, hätten wir keinerlei Beweise für die wahre historische Kraft des Zervanismus; nur indem der späte Mazdaismus die Existenz des Zervanismus verneint, erkennt er dessen Macht an. Allerdings taucht nun ein höchst komplexes historisches Problem auf: Bezieht sich die Polemik der manichäischen Texte gegen den Zervanismus auf eine ursprüngliche Feindseligkeit zwischen beiden Religionen? Oder besteht doch Anlaß zu der Annahme, es habe eine enge Verbindung zwischen Manichäismus und Zervanismus zur Zeit Schapur I.

bestanden, was wiederum erklären könnte, wieso der Name Zervan in der manichäischen Kosmologie auftaucht?

Der Mazdaismus der Pehlevi-Literatur

Es ist bedauerlich, daß die einzige zusammenhängende Schrift des Mazdaismus, über die wir verfügen, nämlich die Pehlevi-Literatur, erst so spät niedergeschrieben worden ist. Sobald mythische Motive in diesen Texten auftauchen, die bereits früher in manichäischen oder jüdisch-christlichen Schriften erwähnt werden, sind die damaligen Gelehrten stets bemüht, auf den iranischen Ursprung der letzteren zu schließen. Es ist jedoch viel wahrscheinlicher, daß sie aus dem Manichäismus oder dem jüdischen Christentum stammen. Eine große Zahl von mythischen Themen in den Pehlevischriften läßt sich bis zum Avesta und sogar zu seinen ältesten Teilen zurückverfolgen. Doch die Einzelheiten und zusammenhängenden Berichte über Kosmogonie und Eschatologie finden wir ausschließlich in den Pehlevitexten.

Kosmologie

Die mazdaische Genesis *(Bundehesh)* vollzieht sich in zwei Daseinsformen: im *Menok* oder «geistigen Zustand», der wiederum der Keim des *getig* oder «physischen» Zustands ist. Dieser ist überhaupt nicht negativ, wie dies für die Körper bei Platon oder für die Materie in der späteren platonischen Überlieferung gilt. Er zeichnet sich vielmehr aus durch die «Mischung» *(gumecishn)*, die durch das Wirken von Ahriman, dem bösen Geist, hervorgerufen wird. Dieser tötet den Stier und den Urmenschen (Gaw-i-ew-dad und Gayomard), aus deren Samen jedoch die guten Tiere, aber auch das erste Menschenpaar Mashya und Mashyanag hervorgehen.

Die einzelnen Teile der Welt werden in sechs Etappen erschaffen vom Kristallhimmel bis zum Menschen. Im Mittelpunkt der Erde steht der Berg Hara, und die Erde ihrerseits ist von der Gebirgskette Harburz (av. Hara Berezaiti) umschlossen. Die Menschen bewohnen nur einen der sieben Sektoren *(keshwar)* dieses Kreises, den Khvaniratha, wo sich im Süden Wasserströme vom Berge Hara ergießen und das

Meer Vurukasha bilden. In der Mitte befindet sich ein aus himmlischer Substanz (Kristall) bestehender Berg, auf dem wir den Prototyp aller Bäume schlechthin finden und ebenso den Baum der Unsterblichkeit oder den Weißen Haoma. Aus dem Meer Vurukasha fließen zwei Ströme, die Khvaniratha im Osten und im Westen begrenzen.

Kollektive Eschatologie

Der Zustand *gumecishn* soll eigentlich mit der Trennung *(wisarishn)* der Schöpfung beider Geister enden. Die Geschichte des Kosmos verläuft in drei Etappen: die Vergangenheit, die bestimmt wird von Gayomard und seinem Tod, die Gegenwart, die bestimmt wird von Zarathustra und seiner Botschaft, und die Zukunft, die bestimmt wird von dem Erlöser oder Soshans (av. Saoshyant).

Laut *Bundehesh* umfaßt die Geschichte des Universums vier Zeitalter zu je dreitausend Jahren, also zwölftausend Jahre insgesamt. In den ersten dreitausend Jahren erschafft Ohrmasd die Welt im Zustand *menok,* und Ahriman beginnt sein zerstörerisches Wirken. Die darauffolgenden neuntausend Jahre sind gekennzeichnet durch einen Waffenstillstand zwischen den beiden Göttern und der Mischung aus ihren Schöpfungen im Zustand *getig*. Doch nach dreitausend Jahren greift Ahriman die von Ohrmasd geschaffene Welt an. Daraufhin erschafft dieser die *fravashi* oder «Seele» des Zarathustra. Nach wiederum dreitausend Jahren offenbart sich der Prophet, und die Gute Religion beginnt ihren Triumphzug durch die Welt. Die restlichen dreitausend Jahre stehen unter der Herrschaft der drei Soshans oder der drei Söhne Zarathustras: Ukshyatereta, Ukshyatnemah, Astvatereta. Jeweils am Anfang eines neuen Jahrtausends wird einer von ihnen erscheinen.

Nach den Gathas selbst wird das Ende der Welt gekennzeichnet sein durch die Reinigung im Feuer und durch die Verklärung des Lebens (*Frashokereti*; pehlev. *Frashgird*). Ein Feuerstrom wird die Gerechten von den Bösen trennen. Die Toten werden wieder auferstehen in unzerstörbaren Körpern nach einem Opfer, das der Erlöser dargebracht hat. Aus dem in einem See des Orients aufbewahrten Samen des Zarathustra wird der Erlöser geboren werden.

Individuelle Eschatologie

Das individuelle Seelengericht ist ein sehr altes Motiv, doch die Einzelheiten treten erst in dem jüngeren Avesta und vor allem in den Pehlevitexten deutlich hervor. Drei Tage nach der Loslösung vom Körper erreichen die Seelen die Tschinvatbrücke, wo ihnen die Verwirklichung der guten Religion erscheinen wird in der Gestalt ihrer Daena, einer fünfzehnjährigen Jungfrau für die guten Mazdaisten und einer entsetzlichen Megäre für die Bösen. Nach dem Urteilsspruch der beiden Mithragötter Sraosha und Rashnu gehen die guten Anhänger der Religion über die Brücke, die Bösen dagegen werden in die Hölle hinabgeworfen, und die «Lauen», jene, die weder gut noch böse gewesen sind, kommen ins Fegefeuer Hamestagan. Das Motiv der Brücke, die breiter wird, um die Gerechten durchzulassen, und die sich verengt, um die Gottlosen in die Hölle hinabzustürzen, ist eine spätere Anleihe beim Christentum, wo es bereits im 6. Jahrhundert n. Chr. gang und gäbe war.

Die Seele steigt in drei Etappen zum Himmel empor: Da gibt es die Sterne, die dem «guten Denken» *(humata)* entsprechen, den Mond, der den guten Worten *(Hukhta)* entspricht, und die Sonne, die dem «guten Wirken» *(hvashta)* entspricht, bis die Seele zuletzt in das Königreich des unsterblichen Lichts *(Anagra raosha)* eingeht.

Ritual

Im Anfang war der Zoroastrismus antirituell, doch schließlich führte er das Tieropfer und den *haoma*-Kult wieder ein, die er vorher bekämpft hatte. Die Tempel und die Statuen kennen wir nicht bis zur Zeit von Artaxerxes II., der unter dem Einfluß des Nahen Orients für Anahita Statuen errichten läßt. Die «Häuser des Feuers» dienen dazu, die zahlreichen Riten zu zelebrieren, die dem Feuer gewidmet sind. Der wichtigste Ritus ist das *haoma*-Opfer, das von zwei Priestern, dem *raps* und dem *zot* (av. *zaotar,* vgl. Sanskrit *hotr*) dargebracht wird, die den Text der *Yasnas* aus dem Avesta aufsagen.

Andere Riten sind an den Kalender gebunden, der mit Neujahr *(No Ruz)* beginnt, ein den Seelen *(fravashis)* gewidmetes Fest. Die großen Feiern stehen im Zusammenhang mit den beiden Sonnenwenden und den beiden Tagundnachtgleichen.

Der Mazdaismus nach der islamischen Eroberung

Der Zoroastrismus behauptete sich im Iran bis in die Zeit nach der Eroberung durch die Araber, wie die Pehlevi-Literatur belegt. Nach einigen Versuchen, sich gegen die Muselmanen zu erheben, verließen im 10. Jahrhundert die meisten Anhänger des Zoroastrismus den Iran und begaben sich nach Nordindien (Bombay), wo sie bis zum heutigen Tag eine enge und reiche Parsi-Gemeinschaft bilden. Die Mazdaisten, die im Iran blieben, sind dagegen arm und unterdrückt.

Heutzutage gibt es in der Welt annähernd 130 000 Anhänger des Zoroastrismus (Zählung von 1976), von denen 77 000 in Indien, 25 000 im Iran, 5000 in Pakistan und 23 000 in den Vereinigten Staaten leben.

Literatur

Eliade, GrI 1/100–112; 2/212–217.
Christian Bartholomae, Zarathustras Leben und Lehre, Heidelberg 1924.
Mary Boyce, A History of Zoroastrianism, 2 Bde., Leiden 1975–1982.
Ders., Textual Sources for the Study of Zoroastrianism, Manchester 1984.
Jacques Duchesne-Guillemin, Symbolik des Parsismus, Stuttgart 1961.
Knut Erdmann, Das iranische Feuerheiligtum, Leipzig 1941.
Karl F. Geldner, Die zoroastrische Religion (Das Avesta), Tübingen 1926.
Walter Hinz, Zarathustra, Stuttgart 1961.
Hermann Lommel, Die Religion Zarathustras nach dem Avesta dargestellt, Tübingen 1930.
Giuseppe Messina, Der Ursprung der Magier, Rom 1930.
H. S. Nyberg, Die Religionen des alten Iran, Osnabrück 1966.
Geo Widengren, Die Religionen Irans, Stuttgart 1965.
Fritz Wolf (Übers.), Avesta. Die Heiligen Bücher der Parsen, Berlin 1960.
R. C. Zaehner, Zurvan. A Zoroastrien Dilemma, Oxford 1955.

Dualistische Religionen

Der Begriff des Dualismus

Das Wort Dualismus wurde im Jahre 1700 gebildet, um damit die iranische Lehre von den zwei Geistern zu charakterisieren. Später entdeckten die Gelehrten dann, daß die dualistischen Mythen weltweit verbreitet sind und es unzählige Varianten auf allen kulturellen Ebenen und in einer ganzen Reihe von Religionen gibt, angefangen von denjenigen, die der Ethnologie zugerechnet werden, bis hin zu den «großen Religionen» wie Buddhismus, Christentum, griechische Religion, Hinduismus, Islam, Judentum usw. Die einfachste Definition des Dualismus lautet: *Gegenüberstellung zweier Prinzipien.* Das schließt zugleich ein Werturteil (gut/schlecht) mit ein und die hierarchische Polarisierung der Wirklichkeit auf allen Ebenen: Kosmologie, Anthropologie, Ethik usw.

Traditionsgemäß unterscheiden wir zwei Formen oder Typen des religiösen Dualismus: den *radikalen* Dualismus, der von der Existenz zweier gleichwertiger Prinzipien ausgeht, die für die Erschaffung all dessen verantwortlich sind, was da ist; und den *gemäßigten* oder monarchistischen Dualismus (der die Alleinherrschaft eines höchsten Schöpfers nicht in Frage stellt), wobei das zweite Prinzip erst später wirksam wird und im allgemeinen seinen Ursprung aus einem Fehler in dem System herleitet, das von dem ersten Prinzip in Gang gesetzt worden ist.

Der Trickster

Ugo Bianchi, Verfasser der Monographie *Il dualismo religioso* (1958, 1983), hat festgestellt, daß die Mythen, deren Protagonist ein Trickster ist, oft dualistisch sind. Ein Trickster ist ein durchtriebenes, gerissenes Wesen in Menschen- oder Tiergestalt, das sich verwandeln kann, eine Schelmengestalt, die in den Mythen aller Kontinente anzutreffen ist und sich häufig als eine der Gottheiten oder Halbgottheiten der großen Religionen tarnt wie Seth in der ägyptischen, Prometheus in der griechischen oder Loki in der skandinavischen Religion. Meistens ist der Trickster männlichen Geschlechts, doch es gibt auch echte Mythen, die als Protagonisten eine weibliche Trickstergestalt haben. In einer ganzen Reihe von Mythen ist der Trickster als zweiter Schöpfer der Welt oder eines Teils der Welt tätig und übernimmt vor allem die Rolle dessen, der das Werk der höchsten Gottheit verdirbt, indem er alles Unheil auf Erden einführt, das es heute in der Welt gibt: die Sterblichkeit der Menschen, die Geburt unter Schmerzen usw. Im allgemeinen handelt es sich um mythische Episoden, die zum radikalen Dualismus gehören. Im biblischen Mythos der Genesis erkennen wir die diskrete Anwesenheit eines Tricksters (die Schlange) *ex machina;* er gibt dem ersten Menschenpaar die Sexualität preis und bewirkt damit seine Vertreibung aus dem Paradies, die gekennzeichnet ist durch die Geburt unter Schmerzen, die Herrschaft des Mannes über die Frau, den Fluch der Arbeit und den Tod. Der radikale Dualismus tritt hier in gemäßigter Form auf: die Schlange ist von Gott erschaffen. Doch sobald man anfängt, nach ihrer Intelligenz und Arglist zu fragen, ahnt man schon, daß dieser Mythos sich für zahlreiche Deutungen und Abwandlungen eignet. Überall – in Nord- und Südamerika, in Eurasien, in Afrika und in Ozeanien – kann der Trickster ein «gerissener Weltenschöpfer» sein, Urheber einer Gegenschöpfung mit häufig verhängnisvollen Folgen.

Dualistische Religionen und Strömungen

Neben diesen Mythen mit dualistischem Inhalt kennen wir auch Religionen und dualistische Strömungen, deren Einstellung zur Welt und zum Menschen von einer antikosmischen (die Welt ist schlecht) und antisomatischen Haltung (der Körper ist schlecht) bis zu einer prokosmischen (die Welt ist gut) und prosomatischen Betrachtungsweise (der Körper ist gut) reicht. Der Zoroastrismus ist eine dualistische prokosmische und prosomatische Religion; der Orphismus ist eine dualistische antikosmische und antisomatische religiöse Strömung; der Platonismus, eine Ideenlehre, deren religiöser Einfluß zu allen Zeiten außerordentlich mächtig war, ist stark antisomatisch, doch nicht antikosmisch. Andere Religionen schließlich wie der Gnostizismus, der Manichäismus, der Paulizianismus, der Bogomilismus und die Lehre der Katharer galten von jeher als abseitsstehende Gruppen, da sie historisch gesehen als christliche Häresien ausgelegt wurden. Auf den folgenden Seiten sollen die für sie charakteristischen Merkmale kurz analysiert werden.

Der Gnostizismus

Der Gnostizismus ist eine Religion, die zu Beginn der christlichen Zeitrechnung auftaucht in Form von zahlreichen Einzelströmungen, die manchmal auch untereinander stark abweichen. Für den Gnostizismus ist es typisch, daß er zwei Mythen verwendet, die in den meisten Fällen dem gemäßigten Dualismus zugerechnet werden: den Mythos eines weiblichen Tricksters, der himmlischen Göttin Sophia, die jenes große Unheil oder Mißgeschick auslöst, das dann zur Erschaffung der Welt führt, und den Mythos eines männlichen Tricksters, einer Mißgeburt der Sophia, der die Welt erbaut entweder aus einer unedlen Substanz, «Wasser» genannt (Gen. 1,6), oder aber aus Abfällen oder Träumen, die von oben, vom wahren Gott herabfallen. Der Weltenschöpfer stimmt im allgemeinen mit dem Gott des Alten Testaments überein. Nur in wenigen Zeugnissen ist er wirklich böse; er gilt als unwissend und hoffärtig, als «verrückt» in einer Reihe von Texten in koptischer Sprache, die zur Sammlung gnostischer Papyri zählen, von denen der bedeutendste im Jahre 1945 in Nag Hammadi in Oberägypten gefunden wurde. In den Zeugnissen, die aus der Gnosis von Valentin (40–150) stammen, bereut der unwissende Demiurg, und ihm wird verziehen, die Welt erschaffen zu haben.

Im Rahmen der Ideen und Vorstellungen jener Zeit ist der Gnostizismus revolutionär, insofern er den beiden sowohl durch die Bibel als auch von Platon bestätigten Prinzipien widerspricht: dem Prinzip einer *ökosystemischen Einsicht,* nach dem die Welt durch eine einsichtig und wohlwollend wirkende Ursache geschaffen worden ist, und dem anthropischen Prinzip, das bestätigt, die Welt sei geschaffen worden für die Art von Menschenwesen, die dort leben, und eben jene Menschenwesen wiederum seien für eben diese Welt erschaffen. Im Gegensatz dazu behauptet der Gnostizismus, der Demiurg der Welt sei unwissend und folglich die Welt böse, der Mensch aber sei der Welt übergeordnet und besitze damit einen Funken jenes Geistes, der von dem fernen und gütigen Vater göttlicher Generationen auf ihn gekommen ist. Also ist es das Ziel des Gnostikers, dem Kosmos zu entfliehen.

Der Gnostizismus bedient sich am häufigsten christlicher Stoffe, und meistens heißt der Erlöser Jesus Christus. Ihm fällt die Aufgabe zu, dem Eingeweihten das Vorhandensein des geistigen Funkens zu enthüllen, der in seiner Seele verschlossen ruht, eben die ewige Gnosis, die es ihm ermöglicht, wieder zu seinem überweltlichen Ursprung hinaufzufahren. Jesus Christus hat im allgemeinen keinen physischen Körper (*doketische* Christologie), kann also nicht wirklich am Kreuz leiden und sterben. Die einzelnen Deutungen weichen stark voneinander ab, doch in bestimmten Fällen wird ein anderer gekreuzigt (Simon von Kyrene), und der wahre Erlöser steht lachend im Schatten des Kreuzes. Dieses spöttische Lächeln Christi gegenüber dem Demiurgen und seinen Helfershelfern ist zweifellos nicht auf die Evangelien zurückzuführen.

Der Dualismus des Markion von Sinope

Die meisten Schriften des Neuen Testaments existierten schon in der einen oder anderen Form zur Zeit von Markion von Sinope aus Pontus-Euxinus am Schwarzen Meer (etwa 80–155), dem ersten großen Häresiarchen, der die christliche Kirche gezwungen hat, ihre Haltung dem Kanon der Schriften, ihrer Christologie usw. gegenüber zu definieren. Markion ist kein Gnostiker, sondern lediglich ein rationalistischer Kritiker der Bibel. Der Gott des Alten Testaments entspricht nicht den Kriterien von Allmacht, Allwissenheit und Güte, die ihm zugeschrieben werden. Folglich stellt Markion einen radikalen Dualismus auf zwischen einem guten und unbekannten Gott, der in seiner (immateriellen?) Welt im dritten Himmel lebt, und einem Demiurgen, der nicht gut ist, sondern minderwertig und gerecht, der Gott des Alten Testaments, der Schöpfer dieser vom Teufel aus verderbtem Stoff erschaffenen Welt und des Menschen. Zwischen den beiden Welten gibt es keine Verbindung bis zu dem Augenblick, da der gute Gott dem Weltensystem des gerechten Demiurgen Christum als unentgeltliche Gabe darbringt. Obwohl dessen Körper ein falsches Trugbild ist (Spielart des Doketismus, des sogenannten Phantasiasmus), sind sein Leiden und sein Tod in gewisser Weise doch wirklich; dem entspricht auch das freiwillige und erlösende Martyrium des Anhängers des Markionismus.

Im Gegensatz zum Gnostizismus, der mit seiner Vorstellung von dem seinem Schöpfer überlegenen Menschen einen in der Ideengeschichte einmaligen Optimismus bekundet, ist der Markionismus eine pessimistische Lehre von der Welt, denn er leugnet das Primat einer ökosystemischen Einsicht, nicht ohne jedoch das anthropische Prinzip anzuerkennen: die Welt ist minderwertig (und so gesehen «schlecht»), doch der Mensch wächst keineswegs über sie hinaus. Er verdient die Erlösung auf Grund seiner Verwandtschaft mit dem guten Gott nicht. Die Erlösung ist eine freiwillige und unverdiente Gabe.

Der Markionismus konstituierte sich in einer Kirche, die auf Grund ihrer Berufung auf das Martyrium in der römischen Welt zuletzt einging, wo es eine Zeitlang als Berufung galt, das Martyrium anzubieten. Eine recht große Anzahl von Markionisten, Meister der Askese, haben bis ins 5. Jahrhundert hinein auf dem Land in Syrien überlebt, wo Theodoret von Kyrrhos acht Dörfer zur Orthodoxie bekehrte.

Der Manichäismus

Der Manichäismus ist die einflußreichste gnostische Religion; sie wurde von Mani (216–276) gegründet, dem in einer mesopotamischen Baptistengemeinde geborenen Propheten, der bis zu seinem Martyrium unter Bahram II. in Persien wirkte. Der Manichäismus breitete sich nach Westen hin bis Rom aus, wo er den Verfolgungen bis zum 6. Jahrhundert trotzte, drang im Osten bis nach China (694) vor und wurde im Kaiserreich der nigurischen Türken (763–840) eine Zeitlang als Staatsreligion anerkannt. Genau wie die Markionisten, wenn sie aus den Städten vertrieben wurden, so flüchteten auch die Manichäer aufs

Land, vor allem in Kleinasien. Der Manichäismus, eine universalistische Religion, die auf unmittelbare und schriftlich übermittelte Offenbarungen zurückgreift, übersetzt seine Schriften in sämtliche Sprachen und übernimmt dabei wesentliche Vorstellungen der in diesen Ländern herrschenden Religionen auf wie Zoroastrismus oder Buddhismus. In Wirklichkeit sind seine religiösen Wurzeln keineswegs iranischen Ursprungs, wie oft behauptet worden ist, sondern er entwikkelt von bereits vorhandenen gnostischen Systemen ausgehend eine eigene Lehre. Er zeichnet sich aus durch seinen radikalen Dualismus, seine eigene Vorstellung von der Welt als «Mischung» aus Finsternis und Licht, seinen antikosmischen Optimismus und seine strenge Askese. Hinsichtlich der vorhergehenden gnostischen Systeme (die sich übrigens nicht immer gegen den radikalen Dualismus zugunsten des monarchistischen Dualismus entscheiden) besteht das neue im Manichäismus nur darin, daß er den Schöpfungsakt der Welt einem guten Demiurgen namens Lebender Geist zuweist. Die Tatsache, daß die Materie, aus der die Welt geschaffen wurde, aus den Gerippen der Fürsten der Finsternis besteht, hat dazu geführt, daß der Manichäismus in der Sicht zahlreicher Gelehrter als äußerst pessimistisch bezeichnet worden ist. Dieses Urteil ist ohne Zweifel falsch, denn diese Gerippe sind mit Lichtelementen durchsetzt, die von den Wesen der Finsternis verschlungen worden sind. Das Licht mag in dieser Umklammerung durch die Materie noch so leiden, es strahlt gleichwohl aus jedem Grashalm. Die unmittelbare Welterfahrung eines Manichäers ist keineswegs traumatisch. Ihm mangelt es sicher nicht an Ehrfurcht vor der Schöpfung, die einigen Gnostikern wohl abgeht. Jener Teil der Natur, der ein Epiphaniasfest des Lichtes ist, stellt sich ihm als Geheimnis dar, als Gegenstand unendlichen Staunens. Der Manichäismus begründet eine lange Reihe von Propheten, die Mani selbst beschließt und Jesu eine kosmische Funktion zuschreibt.

Der Paulizianismus

Den Paulizianismus kennen wir nur aus dem späten Bericht eines byzantinischen Schriftstellers aus dem 9. Jahrhundert, Petrus von Sizilien, den Kaiser Basileios I. als Missionar (869) zu den Fürsten eines unzuverlässigen paulizianistischen Staates entsandt hatte, der bald danach schon verschwinden sollte (872). Der Paulizianismus ist eine Art von volkstümlichem Markionismus, der sich ohne schriftliche Überlieferung in einem zunächst jedem Intellektualismus widerstrebenden Milieu entwickelte. Im 9. Jahrhundert wurden die Paulizianer aus dem Euphratgebiet, die zeitgenössische Gelehrte oft mit den adoptianistischen armenischen «Paulinisten» verwechselten, massenweise nach Thrakien (dem heutigen Bulgarien) deportiert. Wie Petrus berichtet, ist die Sekte im 7. Jahrhundert von einem gewissen Konstantinus gegründet worden, der aus Manali gebürtig war, einer Stadt am oberen Euphrat.

Die ethischen Folgen des von den Paulizianern vertretenen radikalen Dualismus betreffen die Ablehnung der Sakramente, wodurch sie vermutlich ihrer Verachtung für die laxen und schlaffen orthodoxen Institutionen Ausdruck verleihen wollten.

Die Bogomilen

Die Bogomilen sind häufig, wenn auch zu Unrecht, mit den Paulizianern in Verbindung gebracht worden auf Grund ihrer bulgarischen Herkunft. Selbst wenn sie mit den Paulizianern die Verachtung der Orthodoxen gemeinsam haben, sind die Bogomilen doch keine Dualisten, denn sie betonen, Satan sei nicht der Schöpfer, sondern der Ordner (der «Architekt») der Welt. Im Bogomilismus treffen wir auf frühe christliche Lehren, die zu ihrer Zeit orthodox gewesen sind, wie den Traduzianismus (eine neue Seele entsteht aus der Vereinigung der Seelen der Eltern), die Empfängnis und Geburt Jesu Christi und anderer durch das Ohr, sowie den doketischen Phantasiasmus, die, ohne orthodox zu sein, sich eines ehrwürdigen Alters erfreuen. Der Bogomilismus ist kein Wiederaufleben der Gnosis. Er ist geschaffen worden von byzantinischen, ultra-konservativen enkratitischen und vegetarischen Mönchen.

Der Bogomilismus, der im 10. Jahrhundert in Bulgarien auftaucht, faßt bald Fuß in Byzanz, von wo aus er sich nach Westen ausbreitet. Vermutlich über Dalmatien und mit Sicherheit über Italien gelangt er zu Beginn des 12. Jahrhunderts nach Frankreich und verschwindet kurz darauf (1167) wieder, als die französischen Bischöfe von einem Sendboten aus Byzanz zu einer neuen Häresie bekehrt werden, die einen radikalen Dualismus verficht. Die bogomilische Lehre der Katharer hält sich in Norditalien bis zum 15. Jahrhundert und setzt sich noch einmal für kurze Zeit im 14. Jahrhundert im Süden fest, wo sie nach der Vernichtung der Albigenser im 13. Jahrhundert auf Mönche trifft, die neu zur provenzalischen Lehre der Katharer übergetreten waren.

Die Katharer

Die Katharer sind also Anhänger zweier verschiedener Lehren, die aus Byzanz kommen. Die eine ist der Bogomilismus, die andere, die der Albigenser aus dem Süden von 1167 bis zum Fall von Montségur im Jahre 1244, ist eine Mischung aus Origenismus und etwas Manichäismus, wie sie zweifellos in den intellektuellen, asketischen byzantinischen Kreisen gepflegt wurde. In Norditalien werden die Unterschiede in den Lehren der beiden Katharerkirchen sichtbar in der Auseinandersetzung der monarchistischen Katharer (Bogomilen) aus Concorezzo in der Lombardei, den sogenannten «Bulgaren», mit den radikalen (origenistischen) Katharern aus Desenzano am Gardasee, den sogenannten «Albanern», vielleicht auch «Albigensern».

Alle Dokumente, die wir über die Lehre der radikalen Katharer besitzen (zu denen sieben originale Abhandlungen in lateinischer Sprache gehören, die unter dem Titel *Liber de duobus principiis* zusammengefaßt sind), stammen aus der italienischen Lehre der Katharer. Der Origenismus, wie er im 4. und 5. Jahrhundert von Asketen und Intellektuellen, vor allem in der ägyptischen Wüste, gelehrt und im 6. Jahrhundert dann verurteilt wurde, stellt für sie den Ursprung ihrer wichtigsten Glaubensinhalte dar, als da sind die Metensomatose (Präexistenz der Seele), die Körperlichkeit der Engel, die doppelte Schöpfung und die Existenz paralleler Welten, die Vorstellung von der Vielfältigkeit der Urteile der Seelen, die Existenz von auferstehenden Körpern, die nicht die physischen Körper sind, und die Verneinung der Allmacht und des freien Willens Gottes.

Im 15. Jahrhundert lehrt eine bosnische häretische Kirche, die schon seit dem 12. Jahrhundert besteht, anscheinend den radikalen Dualismus.

Literatur

Eliade, GrI 2/225–234.
Ioan P. Couliano, Les Gnoses dualiste d'Occident, Paris 1990.
Kurt Rudolf (Hg.), Gnosis und Gnostizismus, Darmstadt 1975.
Ders., Die Gnosis. Wesen und Geschichte einer spätantiken Religion, Göttingen 1980.
Peter Sloterdijk/Thomas H. Macho (Hg.), Die Weltrevolution der Seele. Ein Gnosis-Lesebuch von der Spätantike bis zum New Age, Zürich 1991.

Der Schamanismus

Strenggenommen ist der Schamanismus keine Religion, sondern ein Ganzes von ekstatischen und therapeutischen Methoden, die alle das eine Ziel verfolgen, den Kontakt herzustellen zu jenem anderen parallel existierenden, jedoch unsichtbaren Universum der Geister, um deren Unterstützung für die Besorgung der menschlichen Belange zu erwirken. Obwohl sich der Schamanismus praktisch in den Religionen aller Kontinente und auf sämtlichen kulturellen Ebenen nachweisen läßt, «hat er Zentral- und Nordasien zu seinem auserwählten Land» gemacht (Jean-Paul Roux, Die Religion der Türken und Mongolen). Der Begriff «Schamane» stammt ursprünglich aus der tungusischen Sprache und bedeutet so viel wie «Zauberer». Die im Türkischen übliche Bezeichnung für den Schamanen ist *kam.* Die Jakuten, Kirgisen, Usbeken, Kasaken und Mongolen benutzen wiederum andere Begriffe. Der große Schamane aus der Zeit der mongolischen Invasionen heißt *beki,* woraus vermutlich das türkische Wort *beg* («Herr») und später dann *bey* geworden ist. Die mohammedanischen Historiker schreiben Dschingis-Khan persönlich magische Kräfte zu.

Der asiatische Schamanismus

Die Türken, die Mongolen und die Mandschu-Tungusen gehören zur Altai-Sprachfamilie, die auf die ältere ural-altaische Sprachgruppe folgt, der dann auch die Finnen, die Ungarn, die Esten und mehrere andere asiatische Völker zuzurechnen sind. Viele dieser Völker bekannten sich später zu irgendeiner Religion und schlossen sich im

Laufe der Zeit auch einer der Weltreligionen an (Buddhismus, Christentum, Islam, Judentum, Manichäismus, Zoroastrismus). Die Spuren des Schamanismus sind entweder in der historischen Vergangenheit dieser Völker oder aber in bestimmten Überlieferungen zu suchen, die in jüngster Zeit jedoch wieder angezweifelt werden. Jean-Paul Roux hat einen ausgezeichneten Überblick über die Zeichen und Zeugnisse des türkischen und mongolischen Schamanismus vorgelegt (*Die Religion der Türken und Mongolen*). Zahlreiche Ethnosemiotiker meinen heute, in den sibirischen Felszeichnungen (um 1000 v. Chr.) Ursprünge des Schamanismus zu finden an Hand charakteristischer Merkmale, die diese – wie die Ethnographen bestätigen – mit schamanischen Kleidungsstücken und Ritualen gemeinsam haben. Diese Gegebenheiten werden untermauert durch griechische Quellen vom 6. Jahrhundert v. Chr. an, die ebenfalls darauf schließen lassen, daß ein alteingesessener Schamanentyp noch im 5. Jahrhundert in Griechenland gelebt haben muß. Da ähnliche Beobachtungen auch auf andere Religionen archaischer Völker zutreffen, die schon eine Schrift kannten (Iraner, Chinesen, Tibetaner usw.), und auch auf solche Völker ohne Schrift, deren Geschichte unter den Bedingungen relativer Isolierung verlaufen ist, wie z. B. die der australischen Eingeborenen, kann nicht ausgeschlossen werden, daß die historisch-kulturelle Perspektive für die Erforschung des Schamanismus ergiebiger ist als die nur rein historische. Sollte sich eines Tages die Disziplin der historischen Psychologie durchgesetzt haben, so wird sie uns Schlüsselbegriffe liefern, die bislang für die Erforschung des Schamanismus noch fehlen. Wenn wir feststellen, daß der authentische Schamanismus in Zentral- und Nordasien (türkisch-mongolische, finnisch-ugrische, arktische und Himalaya-Völker) eine Blütezeit erlebt hat, so werden die meisten Wissenschaftler übereinstimmend Korea und Japan, Indochina und die beiden amerikanischen Kontinente mit in das Einflußgebiet des Schamanismus einbeziehen.

Der sibirische Schamanismus

Bei den Jäger- und Fischervölkern Nordsibiriens übt der Schamane eine Funktion aus innerhalb des Stammes (Jukagiren, Ewenken), auf lokaler Ebene (Nganasanis) oder aber ohne jeden sozialen Bezug

(Tschuktschen, Korjaken). Im bäuerlichen Süden (Jakuten, Burjaten, Tuwinen, Khakasen, Ewenken usw.) ist die Institution des Schamanismus komplexer, und die Stellung des Schamanen hängt jeweils von seinen persönlichen Fähigkeiten ab. Der sibirische Schamane, selbst wenn er sein Amt von seinem Vater erbt, muß sich einer individuellen Initiation unterziehen, die teilweise aus traditionellen (Übermittlung von Kenntnissen) und teilweise aus übernatürlichen Elementen (Hilfsbereitschaft seitens der Geister) besteht. Nachdem ihn die Geister heimgesucht haben, ist der Schamane zunächst einer psychischen Krankheit ausgeliefert, die erst wieder verschwindet, wenn er die Einöde des Todes durchquert, zum Leben zurückgefunden und dabei gelernt hat, wie er mit seinen Besuchern umgehen muß, um sich auf ekstatische Reisen begeben zu können, die in den meisten Fällen Heilzwecken dienen. In den Sitzungen bedient sich der Schamane mehrerer Gegenstände, die auf seine besonderen Fähigkeiten hinweisen und ihm helfen, in das Land der Geister aufzubrechen: die Trommel aus dem Holz eines Baumes, der den kosmischen Baum symbolisiert, die Kopfbedekkung, die Kleidung, die ihren Besitzer mit den Geistern verbindet und gleichzeitig an ein Skelett erinnert, an das Symbol des Todes und der Auferstehung während der Initiation. In der Sitzung ruft der Schamane seine hilfsbereiten Geister an und reist im Zustand der Trance (die nicht notwendigerweise mit dem Genuß von Halluzinogenen oder toxischen Substanzen verbunden sein muß) dann ins Land der Geister. In Zentral- und Ostsibirien (Jukagiren, Ewenken, Jakuten, Mandschuren, Nanays, Orotschen) ist der Schamane häufig von den Geistern besessen, die aus ihm heraus sprechen.

Der Schamanismus bei den arktischen Völkern

Das Schamanische ist bei allen arktischen Völkern anzutreffen, die jedoch verschiedenen Sprachgruppen angehören: uralisch, wozu die Saami oder Lappen, die Komi (Syrjänen), die Samojeden (Nenzen-Juraken und Nganasdin-Tawgy) und die beiden ugrischen Völker Chanti (Ostjaken) und Mansi (Wogulen) zählen; tungusisch, wozu die Ewenken und die Ewenen gehören; türkisch, wozu in erster Linie die Jakuten (und die Dolganen, ein tungusischer Stamm) gerechnet werden; jukagirisch (die Jukagiren, die mit den Finno-Ugriern verwandt sind); paleosibirisch, wozu die Tschuktschen, die Korjaken und die Itelmen zählen; und schließlich inuitisch (Eskimos) mit den Aleuten. Die schamanischen Zusammenkünfte bei den arktischen Völkern sind zwar nicht so komplex wie in Südsibirien, dafür jedoch um so intensiver. Bei einigen von ihnen, wie z. B. bei den Algonkin-Indianern Nordamerikas, läßt sich der Schamane in einem geschlossenen Zelt festbinden, das heftig geschüttelt wird *(shaking-tent ceremony)* von den Geistern, die ihm seine Fesseln lösen werden.

Die meisten Inuit leben in Grönland, Kanada und Alaska. Der Erwerb der schamanischen Fähigkeiten ist bei ihnen gekennzeichnet durch die sehr harte Erfahrung des Todes beim Initiationsritus. Sie verstehen sich auf das Heilen von Krankheiten durch Aussaugen und auf die *qilaneq* genannte Technik des Weissagens mittels Gewichtsveränderung an einem Gegenstand, der während der Geisterbefragung in der Hand gehalten wird. *Quamaneq* oder Sichtbarmachen des Skeletts ist eine weit verbreitete Technik, die ein bestimmtes Stadium beim Erwerb schamanischer Fähigkeiten kennzeichnet.

Der Schamanismus im übrigen Asien

In Korea und in Japan wird der Schamanismus allgemein von den Frauen ausgeübt. Blindheit bedeutet auserwählt sein. In Nordkorea wird die Schamanin von den Geistern ausgesucht; in Südkorea erbt sie die Fähigkeit von ihren Eltern. Die Initiationskrankheit bleibt ihr nicht erspart; ein verliebter Geist darf ihr einen Besuch abstatten, doch wird ihr in diesem Fall das Eheleben unerträglich.

Den Schamanismus finden wir ebenso bei den Völkern in den Grenzgebieten zwischen Tibet, China und Indien (Miau, Nakhi, Naga, Luschai-Kuku, Khasi usw.) wie bei den Völkern Indochinas (Hmong, Khmer, Laos usw.), Indonesiens und Ozeaniens.

Der nordamerikanische Schamanismus

Der nordamerikanische Schamanismus kennt genau wie der arktische Schamanismus ursprünglich den Gebrauch halluzinogener Substanzen nicht. Die schamanischen Fähigkeiten lassen sich auf verschiedene Weisen erwerben, von denen Einsamkeit und Schmerz die gebräuchlichsten sind. In mehreren Gebieten pflegen die Schamanen Berufsverbände zu bilden. Die Mitglieder der Gesellschaft der Großen Medizin (*Midewiwin*) bei den Stämmen an den Großen Seen weihen ein neues Mitglied ein, indem sie den Betreffenden «töten» (d.h. ihn mit Kauris oder anderen symbolischen Gegenständen, die angeblich in seinen Körper einzudringen vermögen, «erschießen»), bis sie ihn dann in der Arzthütte «wiedererwecken». Das Austreiben des Geistes der Krankheit durch Aussaugen ist sehr verbreitet.

Der südamerikanische Schamanismus

Der südamerikanische Schamanismus kennt alle in anderen Kulturgebieten vorhandenen Motive: Initiationskrankheit, Sichtbarmachen des Skeletts, Heirat mit einem Geist, Heilung durch Aussaugen usw. Außerdem zeichnet sich der südamerikanische Schamanismus aus durch die Anwendung von Halluzinogenen (*banisteriopsis caapi* oder *yagé* sind dabei die gebräuchlichsten) oder von toxischen Substanzen (wie Tabak) und durch gemeinsame Initiationsfeiern. Um die Geister anzurufen, wird die Kinderrassel häufiger benutzt als die Trommel. Die Geister nehmen oft Vogelgestalt an. Der Schamane kann sich leicht in einen Jaguar verwandeln.

Literatur

Eliade, GrI 3/142–251.
Mircea Eliade, Schamanismus und archaische Ekstasetechnik, Frankfurt 1975.
Elmar Gruber, Traum, Trance und Tod. Aus der geheimnisvollen Welt der Schamanen. Einführung und Erfahrungsbericht, Freiburg 1985.
Evelin Haase, Der Schamanismus der Eskimos, Aachen 1987.
Jean-Paul Roux, Die Religion der Türken und Mongolen, Frankfurt 1989.
Dennis Tedlock/Barbara Tedlock (Hg.), Über den Rand des tiefen Canyon. Lehren indianischer Schamanen, Köln 1989.
G. Tucci, Die Religion Tibets und der Mongolei, Stuttgart 1970.

Das Judentum

Historischer Abriß

Das jüdische Volk taucht erstmals nach 2000 v. Chr. in der Geschichte auf. Zum Teil stammt es von den Amoritern oder den «Okzidentalen» ab, die sich Ende des 3. Jahrtausends in Mesopotamien niedergelassen haben. Vielleicht ist es auch teilweise identisch mit jenen *khabiru,* die in einigen Quellen aus der Mitte des zweiten Jahrtausends erwähnt werden. Laut Bibel kamen die Vorfahren Israels als freie Menschen nach Ägypten, wurden dort jedoch später mehr und mehr versklavt. Nach dem Auftreten des Propheten Moses, dessen Name ägyptischen Ursprungs ist, verließen sie um 1260 v. Chr. zu Tausenden wieder das Land. Sie begaben sich nach Kanaan und bildeten dort zwölf Stämme. Um 1050 wurde Saul von dem *shofet* (Richter) und Seher Samuel zum König von Israel ernannt, um gegen die Philister zu kämpfen. Nach dem Tode Sauls wurde David von dem südlichen Stamm Juda zum König bestimmt. Er befriedete das Land und machte Jerusalem zu einem religiösen Zentrum, wohin er auch die Bundeslade brachte. Auf David folgte sein Sohn Salomon (etwa 961–922), der durch seine Weisheit legendäre König, der den Tempel von Jerusalem erbauen ließ und dort die Lade aufstellte. Nach dem Tode Salomons spaltete sich der Staat in ein nördliches Königreich (Israel) und in ein südliches Königreich (Judäa). Im Jahre 722 v. Chr. wurde Israel von den Assyrern erobert. 587 ließ der babylonische Kaiser Nebukadnezar (Nabuchodonosor) den ersten Tempel von Jerusalem zerstören. Die Bevölkerung von Judäa wurde nach Babylon gebracht und von dem persischen Kaiser Kyros, der 539 Mesopotamien eroberte, aus der babylonischen Gefangenschaft wieder befreit. Die Juden kehrten nach Jerusalem zurück und bauten mit Hilfe von Kyros den Tempel wieder auf. Nach dem Tode Alexanders (323 v. Chr.) gehörte Judäa zum Reich der Ptolemäer, die über Ägypten herrschten von ihrer Hauptstadt Alexandria aus, Sitz einer großen Judengemeinde. Im Jahre 198 fiel Judäa an das Reich der Seleukiden. 167 ließ Antiochus IV. das jüdische Gesetz abschaffen und entweihte den Tempel, indem er befahl, dort eine Statue von Zeus aufzustellen. Dies führte zum Aufstand der Makkabäer. Der Tempel wurde 164 von den Aufrührern besetzt und gereinigt; zum Gedenken an dieses Ereignis wurde das achttägige Chanukka-Fest (*hanukkah*, Tempelweihe) eingeführt. Im Jahre 140 wurde Simon, der letzte der Makkabäerbrüder, zum Hohenpriester und Ethnarchen (Landpfleger) ausgerufen. Das war der Anfang der Hasmonäerdynastie, die noch unter dem römischen Protektorat (60 v. Chr.) eine religiöse Funktion innehatte. Im Jahre 40 v. Chr. wurde Herodes, Sohn von Antipater, der im römischen Auftrag Judäa verwaltete, in Rom zum König der Juden ausgerufen. Vom Jahre 6 n. Chr. an wurde Judäa unmittelbar von einem Präfekten und später von einem römischen Prokurator regiert. Als Antwort auf die Provokationen durch den Prokurator Florus brach im Jahre 66 ein Volksaufstand los, den die Zeloten *(sicarii)* unterstützten, jüdische Patrioten, die auch vor Gewalt gegen die romfreundlichen Juden nicht zurückschreckten. Der Feldherr Vespasian, der im Jahre 69 zum Kaiser proklamiert wurde, überließ es seinem Sohn Titus, den in Judäa begonnenen Feldzug zu beenden. Am 28. August 70 ging der zweite Tempel Jerusalems in Flammen auf, und im September wurde die Stadt von den kaiserlichen Truppen dem Erdboden gleichgemacht. Die letzten Widerstandskämpfer wurden im Jahre 74 in der Festung von Masada ausgerottet. Wenn es auch nicht zutrifft, daß die Römer von diesem Tag an die jüdische Religion nicht mehr anerkannt hätten, so begünstigte die Vernichtung des Tempels doch sicher die Diaspora, ein schon sehr altes Phänomen. Im Jahre 133 brach unter der Führung des Messias Bar Kochba mit Unterstützung des religiösen Ansehens von Rabbi Akiba (etwa 50–135) eine Revolte aus. Die blutige Unterdrückung führte zur Verwüstung und Entvölkerung Judäas, doch blieb das Verbot der jüdischen religiösen Sitten und Gebräuche nur einige Jahre lang in Kraft, und die allgemeinen Lebensbedingungen für die Juden und die lokale Verwaltung, die einem eingeborenen Fürsten – *nasi* – vorbehalten war, besserten sich zu Beginn des 3. Jahrhunderts n. Chr. fühlbar. Erst später, als das Christentum die einzige anerkannte Religion des römischen Reiches war (Ende des 4. Jh.), wurden den Juden die Privilegien entzogen, und der Zugang zu allen öffentlichen Ämtern blieb ihnen verschlossen. Im allgemeinen änderte sich an dieser Situation bis ins 18. Jahrhundert nur noch wenig, und zwar trifft das für alle christlichen Staaten und nach dem Heraufkommen des Islam auch für die muselmanischen Länder zu, bis auf ganz wenige Ausnahmen im muselmanischen Spanien, die aber nur die Regel bestätigen. Die *sephardischen Juden* (Spanien und Portugal), die zunächst von den muselmanischen Fundamentalisten verfolgt und später von den siegreichen Christen 1492 des Landes verwiesen wurden, flohen nach Nordafrika, Kleinasien, Holland, kurz überall dorthin, wo die Behörden sie aufnahmen. Dieser sehr summarische Abriß der Geschichte des jüdischen Volkes war unbedingt notwendig, um die historische Dimension des Judentums besser zu verstehen. Weitere Fakten und Begebenheiten werden wir nach und nach hinzufügen, je mehr wir uns der größten aller Tragödien des jüdischen Volkes nähern, dem Holocaust, der von 1937–1944 sechs Millionen Opfer forderte. Doch von vornherein sei festgestellt, daß wenn das Judentum nach einer Lektüre seiner Geschichte in seinen frühen Entwicklungszeiten tatsächlich auf kanaanitische Jahreszeitenkulte hinzuweisen scheint, es andererseits eine jener Religionen darstellt, die (wie verschiedene Wissenschaftler aufgezeigt haben, z. B. R. J. Zwi Werblowski, Jonathan Z. Smith, Moshe Idel und andere) im Kontakt mit der Geschichte am besten standzuhalten vermag, indem sie ihre zeitlosen Strukturen bewahrt.

Die heiligen Schriften

Dank der jüngsten archäologischen Ausgrabungen konnte das *gemeinsame religiöse Substrat im Land Kanaan* genauer bestimmt werden. Das Heranziehen der Bibel als historische Quelle ist häufig in Frage gestellt worden. Wir können jedoch davon ausgehen, daß wenigstens ein Teil der biblischen Berichte eine historische Grundlage hat.

Die heilige Schrift der Juden ist die *Thora nebi'im we ketuvim* (abgekürzt *Tanakh*), «das Gesetz, die Propheten und die Schriften», und wie schon der Titel sagt, setzt sie sich aus drei Hauptbüchern zusammen:

der Thora im engeren Sinne oder dem Pentateuch (fünf Bücher Moses), den Propheten und den übrigen Texten. Der älteste Teil des Pentateuch stammt aus dem 10. Jahrhundert v. Chr., die späteren Teile der *Ketuvim* datieren erst aus dem 2. Jahrhundert v. Chr.

Das Pentateuch besteht aus der Genesis *(Bereshit)*, dem Exodus *(Shemot)*, dem Leviticus *(Vayikra)*, den Numeri *(Be-Midbar)* und dem Deuteronomium *(Devarim)*. Die Thora gründet auf vier Texten aus unterschiedlichen Epochen: J oder Jahvist, der Gott den Namen JHVH gibt (10. Jh. v. Chr.), E oder Elohist, der Gott durchgängig Elohim (Plural) nennt (8. Jh.), D, der auf einem Teil des Deuteronomiums fußt (622 v. Chr.), und P, der von einer Gruppe von Priestern an Hand des Leviticus und Teilen einiger anderer Schriften verfaßt ist. Die unterschiedlichen Quellen bedingen auch abweichende Vorstellungen von Gott und mehrere Mythen über die Entstehung des Kosmos und die Erschaffung des Menschen. Es leuchtet ein, daß die Gestalt des YHVH, des Himmelsgottes, nicht geeignet ist, den Anforderungen des hellenistischen Rationalismus zu entsprechen. Jedesmal wenn sich das Problem seiner Allmacht, seiner Allwissenheit usw. stellt, stoßen wir auf Widersprüche. Gleichwohl ist seine göttliche Alleinherrschaft unumstritten.

Die Propheten gliedern sich in «alte» und «neue». Die «alten» erscheinen in sechs Büchern mit historischen Berichten: Josua, die Richter, Samuel 1 und 2, Könige (Buch 1 und 2). Im Mittelpunkt steht Josua, der Nachfolger von Moses, Samuel, Saul, David, die Propheten Elias und Elisa und ebenfalls die babylonische Eroberung von 587. Die «neuen» Propheten befassen sich mit den Orakeln und den Visionen Jesaias, Jeremias, Hesekiels und mit den «zwölf» kleinen Propheten (Hosea, Joel, Amos, Jonas, Sacharja usw.). Die *Ketuvim* schließlich sind vermischte Schriften aus unterschiedlichen Epochen wie die *Psalmen* (150 Hymnen und Gebete), die *Sprüche, Hiob,* die fünf *megillot* (das Hohelied der Lieder, Ruth, Klagelieder, Predigerbuch, Esther), *Daniel, Esra, Nehemia, Chronik Buch 1 und 2.*

Die erste vollständige Sammlung der Bibel ist die griechische Übersetzung, die sogenannte Septuaginta oder «Siebzig» (LXX, mythische Zahl von Weisen, die an der Übersetzung mitgewirkt haben), die im 2. Jahrhundert v. Chr. vollendet worden ist. Die Septuaginta enthält Texte («Apokryphen» genannt), die nicht in den hebräischen biblischen Kanon übernommen werden. Dieser Kanon wurde mit großer Geduld von den Masoreten zusammengestellt.

Vom 3. Jahrhundert v. Chr. an übernimmt die jüdische Religion dazu noch zahlreiche apokalyptische Texte, die entweder Himmelfahrten (wie den Zyklus von *Henoch*) oder das Heraufkommen eines neuen Äons (wie *Esra* und *Baruch 2*) oder schließlich eine Verbindung aus Himmelfahrt (vertikal) und eschatologischer Prophezeiung (horizontal) beschreiben. Gegen Ende des 1. Jahrhunderts n. Chr. tauchen zwei verschiedene jüdische Mystizismen auf: Der eine befaßt sich mit Spekulationen rund um das Buch der Genesis *(ma'aseh bereshit)* und der andere (*ma'aseh merkabah* oder «Werk des Thronwagens») bedient sich der Beschreibung des himmlischen Wagens *(merkabah)*, der in der Vision des Propheten Hesekiel den Thron Gottes befördert. Ein Zweig der «Mystik des Thronwagens» oder die «hekhalotische Literatur» schildert die himmlischen Paläste *(hekhalot)*, welche der Mystiker auf seiner Reise zum himmlischen Thron durchquert hat.

Das hellenistische Judentum bringt den großen Philosophen Philo von Alexandrien (etwa 20 v. Chr.–45 n. Chr.) hervor, der sich bemüht, die Bibel mit Platon in Übereinstimmung zu bringen. Das Unterfangen erscheint zunächst gewagt, bis man sich klarmacht, daß der Geist biblischer Schriften wie der Genesis im Grunde eigentlich doch sehr «platonisch» ist. In der Tat verkündet die Bibel, so wie auch Platon selbst, die Welt sei von einem guten Demiurgen erschaffen worden, und diese sei gut, da Gott dies selbst bestätigt (Gen. 1,10,18,25,31 usw.). Was aber den Sturz angeht, so trifft er den Menschen unmittelbar in seinem wesentlichen Teil, noch ehe ihm der «Fellrock» übergezogen wurde (Gen. 3,21), den Philo unschwer als materiellen Körper deuten kann, der die Seele wie in einem Gefängnis (Platon, *Kratylos*, 400 c) einschließt.

Eine asketische jüdische Sekte, die sich zu dualistischen Glaubensvorstellungen bekennt, ist die der Essener, die in der Wüste von Judäa am Toten Meer leben seit etwa 150 v. Chr. bis zu ihrer Ausrottung durch die Armee der Römer im Jahre 68 n. Chr. (vgl. auch unten). Teil ihrer Literatur – die Manuskripte des Toten Meeres – sind 1947 in elf Grotten in Qumran wieder aufgefunden worden.

Doch den weitaus größten Anteil an der jüdischen Literatur stellt die *Mischna* mit den darauffolgenden beiden Talmudfassungen dar (der von Jerusalem und der von Babylon).

Die Mischna ist fast ausschließlich ein Werk der *Halacha,* der gesetzlichen Überlieferung, im Gegensatz zur *Haggada* (Ideologie und Legenden). Sie wurde etwa 200 n. Chr. vollendet und besteht aus 63 Traktaten, die in sechs Ordnungen *(sedarim)* unterteilt sind: *Zeaim* (Aussaat und Landbau), *Moed* (Feste), *Nashim* (Frauen), *Nezikim* (Schäden, Nachteile und Recht), *Kodashim* (Geweihtes und Heiliges), *Teharot* (Reinigungen). Die nicht in der Mischna enthaltenen Überlieferungen (die *beraitot*) sind in einem Ergänzungsband gesammelt worden *(Tosephta).* Die in der Mischna erwähnten Lehrer heißen *tannaim* (Tannaiten), während die fünfmal so zahlreich zeitlich später auftretenden palästinensischen und babylonischen Rabbiner im Talmud erwähnt werden und sich *amoraim* (Amoräer) nennen (*tanna* ebenso wie *amora* bedeutet «Lehrer»).

Der palästinensische Talmud, der älter und dreimal so kurz, aber nicht so geschliffen ist, wird zu Beginn des 5. Jahrhunderts n. Chr. vollendet, der babylonische Talmud um 500. Beide Talmudfassungen sind ein Werk der Amoräer; sie enthalten Mischnatexte mit einem langen Kommentar, dem sogenannten *gemara* (Gemara).

Der halachische Teil des Talmud ist nur ein Teil der Rabbinerliteratur, der andere dagegen besteht aus den Kommentaren in der Art des *Midrasch,* die sowohl halachisch als auch haggadisch sein können. Die halachischen Midraschtexte beziehen sich auf den Exodus *(Mekhilta),* auf das Leviticus *(Sifra),* auf die Numeri und das Deuteronomium *(Sifrei).* Die haggadischen Midraschtexte bestehen aus zahlreichen Sammlungen verschiedener Epochen (bis zum 13. Jh. n. Chr.). Zu den wichtigsten Sammlungen zählen der Midrasch Rabbah (der Große Midrasch) mit dem Kommentar der Genesis *(Bereshit Rabbah),* die *Pesikta de Rav Kahana* (Liturgie- und Predigtliteratur), der Midrasch-Tanhuma (palästinensischer Rabbiner aus dem 4. Jahrhundert) usw.

Ein Vorgang, der ursprünglich von Monolatrie herrührt, sich aber später zum *Monotheismus* wandelt, beeinflußt die Zusammensetzung der Genesis. Gelehrte wie Jon Levenson lesen dort mehrere Schöpfungskonzeptionen heraus, die uns erst verständlich werden, wenn wir sie dialektisch den babylonischen und kanaanitischen Mythen gegenüberstellen, welche die biblischen Schriftsteller inspirieren. Doch andernorts, im Psalm 82 und in mehreren Texten der Propheten, können wir noch Spuren des babylonischen *Enuma Elis* und der ugaritischen Berichte erkennen.

Die Gegenüberstellung mit dem kanaanitischen Kontext ist einer der Schlüssel, die es den Gelehrten stets erlaubt haben, die unbestreitbare Originalität des Judentums zu bestätigen. So hat man versucht, aus dem Judentum eine «Religion der Geschichte» zu machen auf Grund der zweifellos begrenzt zutreffenden Feststellung, daß die Juden die kanaanitischen Feste zwar beibehalten, deren Bedeutung jedoch völlig verändert und sie auf Ereignisse bezogen haben, welche die Bibel als historisch bezeichnet.

Der jüdische Festkalender

Schauen wir uns kurz die jüdischen Feste an, zu deren wichtigsten das Neujahrsfest *(Rosch ha-Schana),* das Versöhnungsfest *(Jom Kippur),* das Laubhüttenfest *(Sukkoth),* das Fest der Tempelweihe *(Chanukka),* das Purimfest, das Osterfest und das Pfingstfest *(Schavu'ot)* zählen.

Das Rosch ha-Schanafest, das am 1. des Herbstmonats Tischri gefeiert wird, ist nur das erste in einer Reihe von Feierlichkeiten, zu denen das Jom Kippur- (am 10. Tischri), das Sukkot- (15.–22. Tischri) und als jüngstes das Thorafest (23. Tischri) am Ende des Erntejahres zählen.

Die Teilnehmer versammeln sich zum Klang des *Schofar,* eines aus einem Widderhorn gefertigten Instruments, das die Dämonen zerstreut. Sie begeben sich ans Wasser und feiern den sogenannten *taschlik*-Ritus («Wer wird werfen»), der die Befreiung von der Sünde bringen soll, die in die Tiefe des Wassers «geworfen» wird. Am Abend essen sie Runkelrüben (*silqa',* «verjagen»), Porree (*karate,* «zerschnitten»), Datteln (*temarim,* «erledigt») usw. und spielen dabei auf den Doppelsinn der Worte an: «Gott gebe, daß unsere Feinde *verjagt, zerschnitten, erledigt* werden.»

Die Zeremonien des Jom Kippur-Festes dagegen sind durch und durch versöhnlich: Sie beginnen mit nächtlichem Fasten und mit Trauerklagen. Zum Abschluß pflegte man früher die Sünden einem Sündenbock aufzuladen, der dann in die Wüste gejagt wurde. Mehrere dieser Bräuche erinnern an das babylonische Neujahrsfest (Akitu).

Ein Beispiel dafür, wie sich ein ursprünglich ländliches Fest in eine Feier zum Gedenken an ein biblisches Ereignis wandelt, liefert das Laubhüttenfest (Sukkoth), an dem ursprünglich Gott für die Ernte gedankt wurde. Das Leviticus 23,43 bezeugt die Verwandlung in ein Fest zum Gedenken an den Auszug aus Ägypten und an die Errichtung der Hütten in der Wüste.

Eine andere Form von Umdeutung erfuhr auch das Purimfest, also das «Los»fest, dessen Name anspielt auf die unter den Völkern des Nahen Orients allgemein gebräuchlichen jährlichen Weissagungen. Es wurde zu Ehren der biblischen Heldin Esther gefeiert, die das Volk am 13. Adar vor einem Blutbad bewahrte (Esther 13,6).

Bis zu einem gewissen Punkt können wir die Umwandlungen der beiden (ursprünglich getrennten) Feste Ostern und Mazzen verfolgen, die zusammengelegt wurden, um des Auszugs aus Ägypten zu gedenken. Das Osterlamm läßt erkennen, daß dieses Fest ursprünglich bei Vollmond im Frühlingsmonat am 14. Nisan als Fest des Neubeginns zelebriert wurde. Sein Symbolgehalt wurde abgewandelt, um an die zehnte den Ägyptern von Gott auferlegte Plage (Exodus 11) und die Rettung der jüdischen Erstgeborenen zu erinnern, die verschont blieben, weil ihre Türen mit dem Blut der geopferten Lämmer gekennzeichnet waren. Der Exodus (Kap. 12) schreibt weiter vor, daß in der Woche nach Ostern der Verzehr von gesäuertem Brot untersagt sein soll, doch wird im selben Kapitel das Fehlen von Sauerteig mit der Eile beim Aufbruch aus Ägypten erklärt. Das alles scheint darauf hinzudeuten, daß der jüdische religiöse Symbolismus gelegentlich das Ergebnis einer besonderen Exegese ist, die meistens auf Geschehnisse zurückgreift, die in den biblischen Schriften erwähnt sind und zur heiligen Geschichte des jüdischen Volkes gehören. Diese Geschichte hat jedoch einen «linearen», nicht aber zyklischen Charakter; sie ereignet sich «am Anfang» und kodifiziert somit die mythische Vergangenheit der Juden. So gesehen fällt es sehr schwer, einen Unterschied zu machen zwischen den «biblischen Religionen» und den anderen Religionen, der darauf hinausliefe, daß die letzteren die Zeit als Wiederholung eines Schöpfungszyklus und als periodische Verjüngung der Welt ansehen, während die ersteren (das Judentum und das Christentum) «Religionen der Geschichte» darstellen würden, also des linearen, nicht wiederholbaren Vergänglichen. In Wahrheit weist der Zyklus der jüdischen

Feste auf eine enge Verbindung hin mit den Ereignissen aus den zugrundeliegenden biblischen Mythen vom Bund *(berit)* Gottes mit dem auserwählten Volk und von der Erneuerung jenes Bündnisses in der frühen Geschichte dieses Volkes. Das gilt gleichermaßen für das Christentum: Daß Jesus Christus «unter Pontius Pilatus» gelebt haben soll, ist nur eine historische Feststellung, die ohne jede Folge für denjenigen bleibt, der seine Wiederauferstehung zelebriert und im übrigen geneigt ist, sie in eine mythische Vergangenheit zu verbannen.

Die jüdische Prophetie

Die jüdische Prophetie ist wahrscheinlich anzusehen als das Produkt aus der Verschmelzung der jüdischen Institution *ro'ehim* («Seher») mit der Institution der palästinensischen *nabiim.* Das Wort *nabi* bezeichnet die «klassischen» biblischen Propheten wie Amos, Hosea, Jesajas, Jeremias, Hesekiel usw., denen Elias und sein Schüler Elisa (9. Jh.) voraufgegangen sind, Thaumaturgen (Wundertäter), welche die Überlegenheit des biblischen YHVH über den kanaanitischen Gott Baal begründen. Die allgemeine Botschaft der Propheten ist moralisch und verurteilt die kanaanitischen Kultbräuche wie Prostitution und Blutopfer. Angesichts der Korruption des Volkes predigen die Propheten Reue und drohen damit, Gott werde widrigenfalls seine ungetreuen Diener mit allem Unheil heimsuchen.

Die apokalyptische Literatur

Die jüdische apokalyptische Literatur ist bis auf das Buch Daniel im allgemeinen eine nichtbiblische. «Apokalypse» bedeutet «Offenbarung». In der Tat handelt es sich um Berichte über Offenbarungen, zu denen verschiedene Wege führen. Nach J. J. Collins zählen zu den wichtigsten die Reise ins Jenseits, die Vision, das Zwiegespräch und das «himmlische» Buch. Die Apokalypsen haben eine historische, «horizontale» Dimension, die das Ende aller Zeiten betrifft, und eine visionäre, vertikale Dimension, die sich auf die Struktur des Universums und auf die Wohnstatt Gottes bezieht. Die ältesten jüdischen apokalyptischen Schriften, von denen Fragmente unter den Manuskripten des Toten Meeres (Qumran) wieder aufgefunden worden sind, bestehen aus den

Kapiteln 1–36 und 72–82 des Henoch (*1 Henoch;* die äthiopische Ausgabe ist die einzige vollständige). Das *Buch der Jubeljahre* (2. Jh.) ist stark davon beeinflußt. Das *Buch Daniel* besteht aus mehreren Berichten, die in dem im 2. Jahrhundert zur Zeit der Makkabäerrevolte gebräuchlichen erzählerischen Stil niedergeschrieben sind. Die *sibyllinischen Sprüche* enthalten jüdische und christliche Schriften aus verschiedenen Epochen. Unter den anderen apokalyptischen Schriften sind nur zu erwähnen die *Testamente der zwölf Patriarchen* (2. Jh. v. Chr.), *Das Leben von Adam und Eva,* die *Apokalypse Abrahams,* das *Testament Abrahams, 2 Henoch* oder der Slavische Henoch, *4 Esdrabücher, 2 Baruch* oder der syrische Baruch, die alle zwischen 70 und 135 n. Chr. entstanden sind. Die meisten dieser Berichte teilen den im hellenistischen Judentum geltenden Glauben an zwei «Äonen»: den historischen Äon und den eschatologischen Äon; der eine weist auf das wechselvolle Geschick des irdischen Jerusalem hin, das unablässig von Sünde und Feinden bedroht ist; der zweite dagegen auf das Kommen des himmlischen Jerusalem, wo die Gerechten ihre Kronen, ihren Thron und die Gewänder ihrer Herrlichkeit vorfinden werden, die seit der Erschaffung der Welt für sie dort bereitliegen.

Die *Mystik des Throns* oder des himmlischen Thronwagens *(merkabah)* in der Vision des Propheten Hesekiel (1. Kap.) stellt eine besondere Form visionärer Literatur dar, deren wesentliche Bestandteile schon gegen Ende des 2. Jahrhunderts v. Chr. sichtbar werden. Im allgemeinen wird die *merkabah* am Ende einer Reise durch sieben von himmlischen Wesen bewohnte Paläste *(hekhalot)* geschildert. Hier begegnen wir dann auch manchmal dem berühmten Engel Metatron, der kein anderer ist als die biblische in den Rang eines Engels erhobene Gestalt von Henoch (Gen. 5,18–14); Henoch besitzt jedoch noch einige menschliche Attribute wie zum Beispiel Gelenke (Engel haben keine). So heißt es dann im babylonischen Talmud (*Hagigah* 15 a), Henoch habe den Ekstatiker Elisha ben Abuya in die Irre geführt, weil er sich nicht von seinem Thron erhoben hatte. Elisha hatte ihn für Gott selbst gehalten und wurde so zum Häretiker. Das ist einer der Gründe, die ihm den Beinamen *Aher,* «der Andere» eingebracht haben. Ein typisches Werk der hekhalotischen Literatur ist der hebräische Henoch *(3 Henoch),* der in der zweiten Hälfte des 3. Jahrhunderts n. Chr. oder später verfaßt worden ist.

Die Schriftrollen von Qumran und die Essener

Die Schriftrollen von Qumran, die von 1947–1977 in elf Grotten am Toten Meer aufgefunden wurden, gehen wahrscheinlich zurück auf die asketische Sekte der Essener, obgleich mehrere Wissenschaftler (wie Norman Golb) vor kurzem diese zunächst einstimmig erfolgte Zuschreibung bestritten haben. Die Gemeinde der Essener hatte sich im 2. Jahrhundert v. Chr. in der Wüste von Judäa niedergelassen und dort bis zu ihrer Vernichtung durch die römische Armee vermutlich im Jahre 68 n. Chr. behauptet. Zwei Kategorien von Dokumenten sind dort wieder aufgetaucht: mehr oder weniger wichtige Fragmente biblischer oder parabiblischer Schriften (wie *1 Henoch*) und Dokumente, welche die Sekte selbst betreffen, wozu auch das Anfang dieses Jahrhunderts in Kairo aufgefundene *Dokument von Damas* zu rechnen ist. Die wichtigsten Fragmente der zweiten Gruppe sind die *Gesetze der Mönchsgemeinde (1 Q Serek),* die *pesharim* oder biblischen Kommentare, unter denen wiederum der Kommentar des Propheten Habakuk und die *Kriegsrolle (1 Q Milhama)* die bekanntesten sind. Eine Gestalt beherrscht die Lehre der Essener: der Herr der Gerechtigkeit, dessen Existenz ebenso wie die seines Gegenspielers, des frevelnden Priesters, historisch zu sein scheinen. Die Gelehrten sind sich jedoch nicht einig darüber, in welcher Epoche er gelebt hat.

Nach den wieder aufgefundenen Dokumenten zu urteilen, waren die Essener Dualisten, d. h. sie glaubten an die Existenz zweier Geister, eines guten und eines bösen, die sich die Generationen der Lebenden aufgeteilt hatten. Sie glaubten an den erlösenden Sieg des Guten über das Böse nach einem Kampf zwischen den «Söhnen des Lichts» und den «Söhnen der Finsternis». Da dieser Kampf in der Vergangenheit noch nicht stattgefunden zu haben scheint, könnte dies die Überzeugung erklären, die geistige Macht der unbewaffneten Essener werde sich gegen die schwerbewaffneten Römer durchsetzen. Wenn dem so ist, muß die Enttäuschung für sie nur um so grausamer gewesen sein, als die Ordensgemeinde von der Armee Vespasians überfallen und vernichtet wurde.

Nach 70 n. Chr. entwickelte sich das rabbinische Judentum; es geht aus von der Bewegung der Pharisäer (den traditionellen Gegnern der konservativen Partei der Sadduzäer) und insbesondere von der Schule des berühmten Rabbi Hillel, der sich gegen die legalistischere Schule von Schammaj durchsetzen konnte. Hillel hatte das Judentum in der Tat auf eine *goldene Regel* festgelegt: «Tue deinem Nächsten nichts, was Du nicht willst, daß er es dir tut.» Nach dem Jahre 70 schufen der Rabbi (Titel des Nasi oder des Oberhauptes der Versammlung) Yohannan b. Zakhai und nach ihm der Rabbi Gamaliel II. den Sanhedrin oder den Hohen Rat der Rabbiner von Yavneh in Judäa. Diese Generation bringt berühmte Lehrer *(tannaim)* hervor: Elier ben Hyrcanus, Elesar b. Asaria, Josua b. Hanania, Ismael b. Elisha, Akiva b. Joseph usw. Nach der Unterdrückung des Aufstands von Bar Kochba und dem Märtyrer Akiba wurde der Sanhedrin nach Galiläa verlegt. Diese Periode brachte wiederum ihre großen Lehrer hervor wie Simeon bar Yohai und Meïr. Die Mischna wurde unter dem Rabbi Judas ha-Nasi verfaßt. Später werden die jüdischen Zentren des rabbinischen Judentums dann die Akademien, die Lehrhäuser (*yeshivot*) von Sura und Pumbeditha in Mesopotamien, wo sich eine bedeutende jüdische Gemeinde unter der Leitung von Antonita, einem Exilpriester, unter persischer Herrschaft behaupten konnte. Nach der muselmanischen Eroberung wurden die Juden «Untertanen» (*dhimmis*) der neuen Machthaber, was die Entrichtung einer Religionssteuer und die Anerkennung der islamischen Staatsgewalt mit sich brachte. Gemäß der im sogenannten «Omar-Pakt» (etwa 800) niedergelegten Gesetze waren die Juden (und die Christen) von der Verwaltung ausgeschlossen und hatten nicht das Recht, Andersgläubige zu ihrer Religion zu bekehren, neue Synagogen (oder Kirchen) zu bauen usw. Im 10. Jahrhundert wurden die babylonischen *yeshivot,* deren Präsident Gaon genannt wurde, endgültig nach Bagdad verlegt, der Hauptstadt des Kalifats der Abbasiden. Der einflußreichste Gaon einer der irakischen *yeshivot* war Saadja b. Joseph (882–942), ein Streiter gegen die fundamentalistischen Puritaner, die sogenannten Karaiten (Karäer). Als die Araber im Jahre 711 Spanien eroberten, fanden sie in den sephardischen Juden wertvolle Verbündete, die als Belohnung eine geringere Steuer zahlen mußten als die mozarabischen Christen. In Spanien blieb jedoch der Omar-Pakt in Kraft. Unter dem Omajjaden-Kalifat von Cordoba (756–1031) wird die andalusische Hauptstadt zum geistigen Zentrum der Juden, wenn auch die *yeshiva* von Lucena an Glanz und Pracht die von Bagdad, Jerusalem oder Kairo nicht zu übertreffen vermochte. Selbst wenn seine Verdienste den zeitgenössischen Juden fremd blieben, so ist der große abendländische Philosoph von Cordoba doch der Platoniker Salomon ibn Gabirol (etwa 1020–1057), der Verfasser des Werkes *Mekor Hayyim* («Der Lebensquell»), von dem uns nur eine lateinische Übersetzung *(fons vitae)* überliefert ist. Ibn Gabirol, der wie alle großen jüdischen Denker seiner Zeit meistens arabisch schrieb, übte sich auch als Verfasser von Versen auf hebräisch mit stark kabbalistischem Anklang, *Keter malkhut* («Die Königskrone»). Ein anderer herausragender Platoniker ist Bahia ibn Paquda (11. Jh.). Abraham ibn Daud (etwa 1111–1180) dagegen ist Aristoteliker und Juda Halevy (etwa 1075–1144) Anti-Aristoteliker. Die almoravidische Eroberung Spaniens (1086–1147) und vor allem die harte und schwere almohadische Besetzung (etwa 1150–1250) führten zum völligen Verfall der Lebensbedingungen der spanischen Juden (und Christen), die in gastfreundlicheren Ländern Zuflucht suchen mußten. So erging es auch dem größten jüdischen Geist dieser Zeit, Moses b. Maimon (Maimonides, 1135–1204), geboren in Cordoba, der sich in Kairo niederließ. Maimonides, aristotelischer Philosoph, Verfasser von *More nebohim* («Leitfaden der Verirrten») und eines Gesetzbuches, das die Entwicklung der halachischen Auslegung entscheidend beeinflussen sollte, verdiente seinen Lebensunterhalt als Arzt am Hofe der letzten ägyptischen Fatimiden. Den bedeutendsten jüdischen Intellektuellen begegnen wir in christlichen Ländern: Levi b. Gerson (Gersonides, 1288–1344) in der Provence, Chasdai Crescas (etwa 1340–1412) in Saragossa. Überall sehen sich die Juden immer neuen Verfolgungen ausgesetzt, und im Jahre 1492 werden sie aus dem christlichen Spanien, im Jahre 1497 aus Portugal vertrieben. Eine große Anzahl von Emigranten lassen sich im ottomanischen Reich nieder, in Kleinasien, auf dem Balkan (wie Joseph Caro, 1488–1575, ein großer halachischer Schriftsteller) oder in Safed in Palästina, einem Ort, der sich in der zweiten Hälfte des 16. Jahrhunderts zum geistigen Mittelpunkt der Juden entwickelte und wo der sephardische Kabbalist Moses Cordovero (1522–1570) und die Schule des askenasischen Kabbalisten Isaak Luria (1534–1572) angesiedelt waren. Im ottomanischen Reich entstand auch noch die messianische Bewegung von Sabbathai Zewi (1626–1676), deren Prophet der Kabbalist Nathan von Gaza wurde. Der Sabbathianismus faßte Fuß in Polen durch das Wirken von Jacob Frank (1726–1791). Von jetzt an wandern die jüdischen Zentren von Süden nach Norden, nach Wilna in die *yeshiva* des Gaon Salomon Zalman (1720–1779), nach Podolien (in die polnische Ukraine), wo Baal Shem Tov («Lehrer des Guten Namens [Gottes]»), Israel b. Elieser (1700–1760), die mächtige Bewegung des Chassidismus gründet, und nach Zentralpolen, wo sich diese Bewegung dann ansiedelt.

Die Juden, die von den jeweils regierenden Machthabern willkürlich und gewaltsam verfolgt und vertrieben wurden, fanden zur Zeit der Aufklärung gleichwohl zahlreiche Verteidiger, die für sie eintraten. Am Ende des 18. Jahrhunderts wurde die Assimilation von Juden in Deutschland (1781–1787) und in Frankreich (1790) möglich, doch blieb deren Lage auch weiterhin prekär in Rußland und in russischen Einflußgebieten bis zum Ende des 19. Jahrhunderts, einer Zeit, als Benjamin Disraeli Premierminister in Großbritannien war. Die Aufklärung übte einen großen Einfluß auf das orthodoxe Judentum selbst aus. Moses Mendelssohn (1729–1786) ist der Vater der *maskilim* (Singular *maskil),* was so viel bedeutet wie Anhänger der Aufklärung, und des unter dem Namen *Haskalah* bekannten Phänomens der Modernisierung der jüdischen Literatur. Wie alle Völker im Westen entdecken auch die Juden zu Beginn des 19. Jahrhunderts den tieferen Gehalt ihrer eigenen Überlieferungen aufs neue (Samuel David Luzzato, 1800–1865) und entwickeln eine Geschichtsphilosophie, in welcher der Monotheismus zum Wahrzeichen Israels wird (Nachman Krochmal, 1785–1840). Das reformierte Judentum und das konservative Judentum stehen sich nun gegenüber.

Das Ende des 19. Jahrhunderts erlebt eine stärkere Zunahme des Antisemitismus in allen europäischen Ländern und ganz besonders in Rußland, doch gleichzeitig auch das Heraufkommen der zionistischen Bewegung, die von Leon Pinkster (1821–1891) und von Theodor Herzl (1860–1904) gegründet wurde. Doch vor der Kolonisierung Palästinas und vor der Gründung des Staates Israel als Folge des Zweiten Weltkriegs und vor der erbarmungslosen Massenausrottung der Juden in den nationalsozialistischen Konzentrationslagern werden die Vereinigten Staaten von Amerika, wo Millionen europäischer Juden Zuflucht gefunden hatten, das Zentrum des Judentums und der Auseinandersetzung zwischen den Anhängern der Reform, den neo-orthodoxen Juden und den Konservativen wie Salomon Schlechter (1848–1915), dem Direktor des Jüdischen Theologischen Seminars von New York.

Die Kabbala

Die Kabbala ist eine Form des jüdischen Mystizismus, dessen Wurzeln einerseits zurückreichen bis in jene frühen grammatologischen und numerologischen Spekulationen, die den *Sefer Yetsirah* oder «das Schöpfungsbuch» (4. Jh. n. Chr.?) hervorgebracht haben, und andererseits bis in die Literatur der Hekhalot. Moshe Idel unterscheidet in der Kabbala zwischen einer «theosophisch-theurgischen» und einer «ekstatischen» Form.

Der *Sefer Yetsirah* entwickelt schon jenes kosmologische Schema, das für die Kabbala charakteristisch ist: die 10 *sefirot*, die wahrscheinlich den zehn Geboten entsprechen, und die 22 Pfade, die sie miteinander verbinden und die wiederum den 22 Buchstaben des hebräischen Alphabets entsprechen. Von diesen 32 Urelementen aus findet also die Schöpfung statt. Der *Sefer Yetsirah* und die hekhalotische Literatur bilden den Mittelpunkt des Denkens im «Pietismus der deutschen Juden» *(Hasidei Ashkenaz)*, unter denen sich die Vertreter der Familie Kalonymus hervortun: Samuel ben Kalonymus aus Speyer (12. Jh.), sein Sohn Judas ben Samuel (etwa 1150–1217) und dessen Schüler Eleysar aus Worms (1165–1230). Indessen entwickelt sich die Kabbala nicht bei den Aschkenasim, sondern bei den Sephardim in der Provence, den Verfassern des *Sefer ha-Bahir* («Buch der Klarheit»), in dem die *sefirot* zum ersten Mal göttliche Attribute auf sich nehmen. Der erste provenzalische jüdische Mystiker, der den *Bahir* gekannt hat, war Isaak der Blinde (etwa 1160–1235), Sohn des Rabbiners Abraham ben David aus Posquières (etwa 1120–1198). Von der Provence aus verbreitet sich die Kabbala in Katalonien, wo sie eine Blütezeit erlebte im Kreis von Gerona, vertreten durch die Rabbiner Esra ben Solomon, Azriel und – der berühmteste unter ihnen – Moses ben Nachman (oder Nachmanides,

1195–1270). Die unmittelbaren Vorgänger des Verfassers von *Zohar* in Kastilien waren die Brüder Jakob und Isaak Cohen. Die Kabbalisten dieser Zeit legen die Techniken für die Umstellung und Kombination von Buchstaben des Alphabets und für die mystische Zahlenlehre (*temurah, gematria* und *notarikon*) fest, deren Prototypen hellenistisch zu sein scheinen.

Abraham ben Samuel Abulafia, der große sephardische Mystiker des 13. Jahrhunderts, ist der hervorstechendste Vertreter der ekstatischen Kabbala, deren Ziel der *devekut* oder die *unio mystica* in Gott ist. Zu seiner Generation gehören zwei andere wichtige Vertreter der klassischen Kabbala: Joseph ben Abraham Gikatilla (1248–1305) und Moses von Leon (1250–1305), der Verfasser der pseudo-epigraphischen Schrift *Sefer ha-Zohar (Buch der Herrlichkeit)*, das dem tannaitischen Lehrer und Meister Simeon bar Yohai (2. Jh.) zugeschrieben ist.

Die klassische Kabbala integriert die hekhalotische Kosmologie in eine der vier geistigen Welten, die sich jedoch von oben nach unten nacheinander fortsetzen: *atsilut, beriyah, yezirah* und *asiyah*. Das atsilut-Universum (Emanation) besteht aus zehn *sefirot (Keter, Hokmah, Binah, Gedullah/Hesed, Geburah/Din, Tifferet/Rahamin, Netsah, Hod, Yesod/ Tsaddik, Malkhut/Shekhinah)*, die Adam/Kadmon, den ersten Menschen erschaffen. Das Beriyah-Universum (Schöpfung) umfaßt die sieben *hekhalot* und die *merkabah*. Das Yezira-Universum (Entstehung und Erzeugung) umfaßt die Engelsarmeen. Das Asiyah-Universum (Herstellung) ist der Urtyp der sichtbaren Welt. Dort manifestiert sich das Vorhandensein der zehn Sefirot (Sphären) im Regenbogen, in den Wellen des Meeres, in der Morgenröte, im Gras und in den Bäumen. Doch der Kabbalist entwickelt zahlreiche andere mystische Verfahren (wie beispielsweise die Visualisierung von Farben usw.), um zur *atsilut*-Welt zu gelangen. Der Zugang dorthin ist schwierig, weil dort im *asiyah* das Böse haust – *sitra ahra* genannt, «die andere Seite». Unbedingt wichtig ist es jedoch zu verstehen, daß die Kabbala nicht systematisch den platonischen Dualismus Seele/Körper und die Verachtung der physischen Welt übernimmt. Folglich ist die Sexualität gut, soweit sie einen Reintegrationsprozeß von Wesenheiten darstellt, die beim Hinabsteigen der Seelen in die Körper getrennt worden sind. Alles Tun des Kabbalisten verfolgt eines der drei Ziele, die es anstrebt: *tikkun* oder die Wiederherstellung einer ursprünglichen Harmonie und Einheit in der Person des Ausübenden und in der Welt; *kavvanah* oder kontemplative Meditation; und schließlich *devekut* oder ekstatische Vereinigung mit den Wesenheiten.

Gelehrte wie Moshe Idel glauben an den stetigen, unwiderruflichen Charakter der zentralen Lehren der Kabbala. Doch die Synthese von Isaak Luria, *Ari ha-Kadosh* (der «Heilige Löwe von Safed»; *Ari*, Löwe, ist das Akronym [Individualwort] von «Ashkenazi Rabbi Ishaq»), und seiner Schüler, unter denen Hayyim Vital (1543–1620) der bedeutendste ist, gilt insofern als revolutionär, als sie in der Schöpfung einen Kontraktionsvorgang *(tsimtsum)* Gottes in sich selbst sieht und das Böse als aktive Anwesenheit von Rückständen («Verschalungen» oder *gelippots)* geistiger Abfälle, Keliphot, darstellt, die entstanden sind durch das «Aufreißen des Schlamms» *(shevirat hakelim)*, in dem sie enthalten gewesen sein sollen. Dieses kosmische Drama erinnert an das bekannte Ereignis wie der «Sturz Sophias» im Gnostizismus der ersten christlichen Jahrhunderte und beweist, daß Luria denselben geistigen Weg durchlaufen hat wie die Gnostiker. Wie bestimmte gnostische Gruppen bejaht auch er die Metensomatose (die Wiederverkörperung der Seele), die es dem Weisen erlaubt, eine Anzahl zusätzlicher berühmter Seelen (oder Seelenfunken) für sich selbst zu erwerben.

Der Sabbathianismus

Die Identifizierung des Sabbathai Zewi (1626–1676) mit dem erwarteten Messias ist zu einem großen Teil das Werk des lurianischen Kabbalisten Nathan von Gaza (Abraham Nathan b. Elisha Hayyim Ashkenazi, 1643/44–1680), der in dem Mystiker aus Smyrna alle Zeichen des Auserwähltseins zu erkennen glaubte bis hin zu den durch die *Keliphot* bedingten Schwächen und Versuchungen. In seiner gelehrten Denkschrift (*Zabbathai Zewi: The Mystical Messiah,* 1973) hat Gershom Scholem sorgfältig und genau die Geschichte des Sabbathianismus nachgezeichnet. Seit 1665 ist der Messias verkündet worden, und Nathan legt ein völlig widersprüchliches Verhalten an den Tag, sagt die Trauerfeierlichkeiten ab und ersetzt sie durch Freudenfeste zu Ehren von Sabbathai. Darüber hinaus verkündet er, der Messias werde sich auch die Krone des Sultans aneignen. Als er jedoch im Februar 1666 in Istanbul ankommt, läßt ihn der Sultan gefangennehmen, und am

16. September sieht er sich vor die Wahl gestellt, entweder dem Judentum abzuschwören und zum Islam überzutreten oder zu sterben. Er entscheidet sich für die erste Alternative und verliert dadurch viele Anhänger. Nathan und mehrere Gemeinden im türkischen Reich blieben ihm treu. Es kam zu Verrat und Pro-forma-Übertritten zum Islam, und die antinomistischen Bräuche lebten weiter fort. Der radikale Sabbathianist Jakob Frank (1726–1791), der sich für die Wiederverkörperung von Sabbathai selbst hielt, predigte in Polen die messianische Ablehnung der Thora.

Der polnische Chassidismus

Der polnische Chassidismus stellt eine der jüngsten und reichsten Synthesen des jüdischen Mystizismus dar, die Elemente aus sämtlichen historischen Strömungen übernommen hat. Der Stifter des Chassidismus ist der Thaumaturge Israel b. Elieser mit Beinamen Baal Schem Tov (Initialwort Bescht), dem der *maggid* oder Wanderprophet Dov Baer (Bär von Mesritsch, 1710–1772) folgt. Der Bewegung schließt sich sehr schnell eine große Zahl von Anhängern an, sehr zum Bedauern der jüdischen Behörden (der *kehillah*), welche die Gegenbewegung *mitnagdim* gründen. Nach einem hundert Jahre währenden Kampf zwischen den beiden Parteien verwischen sich die Gegensätze: Die Chassiden büßen viel von ihrem revolutionären Schwung ein, und die *mitnagdim* übernehmen ihre ethische Lehre. Im Gegensatz zur traditionellen Frömmigkeit der Aschkenasim, die strenge Askese fordern, verkündet der Chassidismus von Bescht und seiner Anhänger, die zuletzt ganze Dynastien bilden, ihre Freude über die Allgegenwart Gottes und verlieren sich im *devekut,* dem Aufsteigen der Seele *(aliyat haneshamah)* zum göttlichen Licht. Die Chassiden erkennen die Gegenwart Gottes in den niedrigsten Tätigkeiten ihres Körpers an und praktizieren die «physische Anbetung» *(avodah ba-gashmiyut),* d. h. die Lobpreisungen Gottes nicht nur im Gebet oder in den heiligen Kulten, sondern inmitten der profansten Handlungen wie sexuelle Paarung, Mahlzeit und Schlaf. Was zählt, ist allein die Absicht, und wenn man während des Tuns den *devekut* im Sinn hat, so entsteht daraus die Ekstase. Tänze, Lieder und auch Umdrehungen wie die der tanzenden Derwische entwickeln sich in diesem Sinne. Der vollkommene Chasside steigt herab von den Höhen beschaulichen Selbstbesinnens, um die Gemeinde aufzurichten, indem er die *yeridah le-tsorekh aliyah,* «das Hinabsteigen mit dem Ziel des Hinaufsteigens», praktiziert. Von den Chassiden sind zahlreiche Legenden auf uns gekommen, die eine tiefgründige Botschaft übermitteln.

Literatur

Eliade, GrI 1/53–60; 113–121; 2/196–204; 3/284–292.

Allgemein

Chanoch Albeck, Einführung in die Mischna, Berlin 1971.

Yehoschua Amir, Die hellenistische Gestalt des Judentums bei Philon von Alexandrien, Neukirchen-Vluyn 1983.

Schalom Ben-Chorin, Betendes Judentum. Die Liturgie der Synagoge, Tübingen 1980.

Dieter Berg/Horst Steur, Juden im Mittelalter, Göttingen 1976.

Werner Daum, Ursemitische Religion, Stuttgart 1985.

Ernst L. Ehrlich, Kultsymbolik im Alten Testament und im nachbiblischen Judentum, Stuttgart 1959.

Ulrich Fischer, Eschatologie und Jenseitserwartung im hellenistischen Diasporajudentum, Berlin 1978.

Georg Fohrer, Geschichte der israelitischen Religion, Berlin 1969.

Roland Gradwohl, Bibelauslegungen aus Jüdischen Quellen, 4 Bde., Stuttgart 1986–1989.

Ernst Haag (Hg.), Gott der einzige. Zur Entstehung des Monotheismus in Israel, Freiburg 1985.

Martin Hengel, Judentum und Hellenismus. Studien zu ihrer Begegnung unter besonderer Berücksichtigung Palästinas bis zur Mitte des 2. Jahrhunderts vor Christus, Tübingen 1988.

Jüdisches Lexikon. Ein enzyklopädisches Handbuch des jüdischen Wissens, 4 Bde., Frankfurt 1987.

Max Küchler, Frühjüdische Weisheitstraditionen. Zum Fortgang weisheitlichen Denkens im Bereich des frühjüdischen Jahwehglaubens, Göttingen 1979.

P. N. Levinson, Einführung in die rabbinische Theologie, Darmstadt 1987.

Hermann Lichtenberger, Studien zum Menschenbild in Texten der Qumrangemeinde, Göttingen 1980.

Johann Maier, Das Judentum. Von der biblischen Zeit bis zur Moderne, Bindlach 1988.

Ders. (Übers.), Die Tempolrolle vom Toten Meer, München 1978.

Johann Maier/Josef Schreiner (Hg.), Literatur und Religion des Frühjudentums, Würzburg 1972.

Rudolf Meyer u. a. (Hg.), Die Mischna. Text, Übersetzung und ausführliche Erklärung, Berlin 1960–1966.

Jakob Petuchowski, Feiertage des Herrn. Die Welt der jüdischen Feste und Bräuche, Freiburg 1987.

Leo Prijs, Begegnung mit dem Judentum. Eine Einführung in seine Religion, Freiburg 1985.

Helmer Ringgren, Israelitische Religion, Stuttgart 1982.

Dieter Sänger, Antikes Judentum und die Mysterien. Religionsgeschichtliche Untersuchungen zu Joseph und Aseneth, Tübingen 1980.
Wolfgang Schluchter (Hg.), Max Webers Studie über das antike Judentum. Interpretation und Kritik, Frankfurt 1981.
Gershom Scholem, Über einige Grundbegriffe des Judentums, Frankfurt 1970.
Günter Stemberger, Das klassische Judentum. Kultur und Geschichte der rabbinischen Zeit (70 n. Chr. bis 1040 n. Chr.), München 1979.
Ders., Epochen der jüdischen Literatur. An ausgewählten Texten erläutert, 1982.
Ders., Der Talmud. Einführung, Texte, Erläuterungen, München 1987.
Herman L. Strack/Günter Stemberger, Einleitung in Talmud und Midrasch, München 1982.
Leo Trepp, Die Juden. Volk, Geschichte, Religion, Reinbek 1987.
Dietrich Walter, David, Saul und die Propheten. Das Verhältnis von Religion und Politik nach den prophetischen Überlieferungen vom frühesten Königtum in Israel, Stuttgart 1987.

Kabbala und Mystik

Simon Dubnow, Geschichte des Chassidismus, 2 Bde., Frankfurt 1982.
Ernst Müller (Hg.), Der Sohar. Das Heilige Buch der Kabbala, München 1986.
Gershom Scholem, Zur Kabbala und ihrer Symbolik, Frankfurt 1973.
Ders., Von der mystischen Gestalt der Gottheit. Studien zu Grundbegriffen der Frankfurt 1977.
Ders., Die jüdische Mystik in ihren Hauptströmungen, Frankfurt 1980.
Ders. (Hg.), Das Buch Bahir. Ein Schriftdenkmal aus der Frühzeit der Kabbala, Darmstadt 1989.

Das Christentum

Kanon

Der Entstehungsprozeß des christlichen Kanons hat etwa vier Jahrhunderte gedauert. Der Kanon besteht aus den 27 Schriften des Neuen Testaments (im Gegensatz zur judaischen Tanakh oder zum Alten Testament): vier Evangelien (Matthäus, Markus, Lukas, Johannes), die Apostelgeschichte (dem Verfasser des Lukas-Evangeliums zugeschrieben, der ein Jünger des Apostels Paulus gewesen sein soll), die Apostelbriefe, von denen vierzehn Paulus, einer Jakobus, zwei Petrus, drei Johannes und einer Judas zugeschrieben sind, und schließlich die Apokalypse (Offenbarung), als deren Autor Johannes betrachtet wird. In diesem ganzen Schrifttum wird das Alte Testament häufig in allegorischer Weise ausgelegt als Prophezeiung der Ankunft des Messias Jesus Christus. Allerdings stößt die Aufnahme in den christlichen Kanon schon früh auf den Widerstand des Theologen Markion aus Sinope (ca. 80–155 n. Chr.; zu ihm vgl. unten). Das Problem wird später von Martin Luther (1527 und 1537) und von der deutschen evangelischen Theologie bis zum Beginn des 20. Jahrhunderts (Adolf von Harnack) immer wieder neu aufgegriffen.

Die Echtheit der Schriften des Neuen Testaments ist Gegenstand eines Streits, der seit fünfhundert Jahren andauert. Die Paulus-Briefe – soweit sie authentisch sind – gehören zu den frühesten Texten des Kanons (ca. 50–60 n. Chr.). Im Gegensatz dazu sind mehrere der anderen kanonischen Episteln kaum vor der ersten Hälfte des 2. Jahrhunderts niedergeschrieben worden, als deren angebliche Verfasser schon nicht mehr lebten.

Die Evangelien dagegen sind ebenfalls erst später entstanden und stützen sich auf mehrere Überlieferungen. Die drei ersten (Matthäus, Markus, Lukas) werden gern als *synoptisch* bezeichnet auf Grund der zwischen ihnen bestehenden Übereinstimmungen, die es möglich machen, alle drei parallel nebeneinander zu vergleichen. Das Markus-Evangelium, um 70 verfaßt, ist das älteste. Die beiden anderen (um 80) stützen sich auf Markus und auf eine zweite, *Q* genannte Quelle. Das kurz vor dem Jahr 100 geschriebene sogenannte Johannes-Evangelium ist esoterischer und übernimmt unverkennbar platonische Elemente, vor allem was die Gleichstellung von Christus mit dem Logos Gottes betrifft, die der göttliche Plan der Weltarchitektur vorsieht. Andererseits ist die Haltung des Johannes-Evangeliums der sozialen Welt gegenüber (kurz «diese Welt» genannt) sehr negativ; dort herrscht der Teufel, der eher ein Gegner als ein Diener Gottes zu sein scheint. Diese Vorstellungen sind zu häufig mit dem Gnostizismus und der Essener Literatur von Qumran verglichen worden, wiederum lediglich ein Beweis dafür, daß bestimmte Schriften des Neuen Testaments ziemlich vage gehalten sind und so die verschiedenartigsten Theorien zulassen. Richtig ist, daß auf jeden Fall die Essener und vielleicht auch schon die Gnostiker vom intellektuellen Geist ihrer Zeit geprägt waren.

Jesus Christus

Jesus Christus, jüdischer Prophet aus Nazareth in Galiläa, geboren um das Jahr 1 der christlichen Zeitrechnung und, wie überliefert, im Frühjahr des Jahres 33 gekreuzigt, steht im Mittelpunkt der christlichen Religion. Die Evangelien schildern sein Leben und sein kurzes Wirken als Messias. In den historischen Quellen jener Zeit finden sich so gut wie keinerlei Hinweise auf Jesum, so daß eine radikale mythologische Strömung große Zweifel an seiner Existenz aufkommen lassen konnte. Wenn die Existenz Jesu heute auch ganz allgemein anerkannt ist, so wirft sie doch immer wieder zahlreiche historische Probleme auf.

Der Jesus der Evangelien ist der Sohn von Maria, der Ehefrau des Zimmermanns Joseph. Nach seiner Taufe durch Johannes den Täufer, einen später von dem Marionettenkönig Herodes hingerichteten Propheten, beginnt Jesus zu predigen und Wunder zu tun. Es ist nicht möglich, seine ursprüngliche Botschaft zu rekonstruieren. Obwohl das Christentum als Religion des Friedens angesehen wird, gilt es doch als wahrscheinlich, daß Jesus verdächtige Beziehungen zu den Zeloten unterhielt, die als fundamentalistische jüdische Kämpfer das Ziel verfolgten, der Besetzung Palästinas durch die Römer ein Ende zu bereiten. S. G. F. Brandon nimmt sogar an, diese Beziehungen könnten sehr eng gewesen sein. Wie auch immer, die Haltung Jesu war nicht geeignet, ihm die Sympathien der jüdischen religiösen Behörden einzutragen, die ihn verhaften ließen und der römischen Justiz übergaben. Die Anklage ist keineswegs klar; was für die einen Gotteslästerung zu sein schien, galt anderen als Aufruhr. Nach einer knappen Gerichtsentscheidung, in der Pilatus (wenn es nicht gar die vorsichtigen Verfasser der Evangelien selbst waren, welche die römischen Behörden nicht vor den Kopf stoßen wollten) beschließt, den Urteilsspruch in die Hände des jüdischen Volkes zu legen, wird Jesus wahrscheinlich für schuldig befunden, sich als falscher Messias ausgegeben zu haben, und von den römischen Soldaten gekreuzigt. Er stirbt und wird noch am selben Tag begraben.

Eines der heikelsten Probleme, das die moderne Forschung (übrigens ohne Erfolg) aufgreifen mußte, ist die Frage, wie sich Jesus wohl selbst gesehen haben könnte. Hielt er sich für Gottes Sohn? Für den Messias (und für welchen Messias)? Für einen Propheten? Wie dem auch sei, der Jesus der Evangelien handelte wie der Gesandte einer noch über der Thora stehenden großen Macht, dessen Ziel es ist, die Sünder zu Gott zurückzuführen und die Ankunft des Reiches Gottes zu verkünden. Es ist nicht zu leugnen, daß Jesus Gott mit dem vertrauten Namen Abba («lieber Vater») angeredet hat, doch darf bezweifelt werden, ob sein Gefühl als Kind und Sohn demjenigen entsprach, das ihm die nachfolgenden Generationen zugeschrieben haben unter dem Einfluß einer platonischen Lehre, der die Vorstellung nicht widerstrebte, die Welt der Urbilder könne sich in einem Menschenwesen verkörpert haben. Die synoptischen Evangelien bezeichnen Jesum oft genug als Menschensohn (so der Prophet Daniel), doch ist die genaue Bedeutung dieses Wortes aus dem Kontext nicht klar zu erkennen (auf Armenisch heißt es nur «Mensch»). Seine Jünger nannten ihn *masiah,* Messias (Gesalbter), d. h. Geheiligter, auf Griechisch *christos.* Wenn er unter der Inschrift «Jesus von Nazareth, König der Juden» gekreuzigt worden ist, so besagt dies, daß man ihn wahrscheinlich zum königlichen Stamm Davids rechnete. Er scheint sich jedoch selbst niemals öffentlich als

Messias ausgegeben zu haben. Als rätselhafte Persönlichkeit stirbt er, und seine Anhänger verkünden, er sei nach drei Tagen wieder auferstanden und habe noch vierzig Tage unter ihnen geweilt (Apostelgeschichte 1, 3; die apokryphen Überlieferungen der Gnostiker nennen eine weitaus höhere Zahl). Doch zu der Zeit, als das Christentum lediglich eine jüdische Sekte war, hielten andere Sekten wie z. B. die der Ebjoniten Jesum für einen einfachen Propheten und glaubten nicht an seine Auferstehung. Erst Paulus rückt die Auferstehung in den Mittelpunkt der christlichen Botschaft.

Paulus von Tarsos

In Paulus von Tarsos, dem genialen Ideologen des Christentums, begegnen wir einer vielfältigen Persönlichkeit. Eigentlich heißt er Saul und entstammt einer jüdischen Familie aus der Diaspora, die reich genug ist, ihm eine klassische Bildung neben einer soliden Unterweisung in der Thora zu erlauben. Er ist römischer Bürger und Pharisäer. Zunächst verfolgt er die Christen, konvertiert dann aber nach einer Vision des wiederauferstandenen Christus auf der Straße von Damaskus. Kurz darauf tritt er als Missionar auf unter den Heiden, um das Christentum außerhalb der jüdischen Religion zu verbreiten. Nach einem zweijährigen Aufenthalt in Kleinasien um das Jahr 48 schiffen sich Paulus und seine Mitstreiter nach Europa ein. Sie gründen die Kirchen von Philippi, Tessaloniki und Korinth. Während die jüdische Partei von Jerusalem das Christentum immer noch für einen Ableger des Judentums hält und die Beschneidung sowie die Einhaltung der maßgebenden Gesetze der Thora verlangt, unternimmt Paulus den kühnen Versuch, das Christentum vom Judentum zu emanzipieren, indem er der Herrschaft des Gesetzes die Freiheit entgegenhält, deren sich der Christ unter der segensreichen Herrschaft des Glaubens erfreut. Von dieser Phase der Krise und der Spannung zwischen Paulus und der Mutterkirche in Jerusalem, die von Jakobus, dem Bruder Jesu, und von Petrus geleitet wird, handelt der Paulusbrief an die Galater in Kleinasien (um 53). Das Wirken von Paulus in Ephesus endet mit seiner Gefangennahme. Später treffen wir ihn in Korinth an, wo er seine Mission in Rom und Spanien vorbereitet. Um das Jahr 57 besucht er Jerusalem und plant seine Reise nach Rom. Er verweilt in Caesarea, wo er zwei Jahre gefangengehalten wird. Unter Berufung auf seine römische Staatsbürgerschaft fordert er, vom Kaiser persönlich verhört zu werden. So gelangt er um das Jahr 60 nach Rom. Zwei Jahre später läßt Nero ihn hinrichten.

Die Rechtgläubigkeit

Die christliche Orthodoxie, d. h. Rechtgläubigkeit, ist das Ergebnis einer sich über dreieinhalb Jahrhunderte erstreckenden Entwicklung, die ein System von vielfältigen und gegenseitig voneinander abhängigen Untereinheiten herausbildet; es funktioniert entweder auf Grund eines internen Spaltungsmechanismus der beiden großen Strömungen innerhalb der christlichen Theologie (der jüdischen und der platonischen Strömung) oder aber durch Wechselwirkung zwischen einem zentralen Untersystem und anderen Untersystemen, die um das Christentum kreisen (seine «Ketzerlehren»), ohne im strengen Sinn christlich zu sein.

Markion von Sinope

Markion von Sinope (etwa 80–155) ist der erste Intellektuelle, der der Orthodoxie hilft, sich gegenüber ihren Widersachern zu definieren. Er ist ein reicher Reeder aus Pontus am Schwarzen Meer, dessen Lehre und Gaben die Kirche von Rom zurückweist. Justin der Märtyrer (etwa 100–165), der erste christliche Apologet, erklärt ihn 150–155 zum Feind Nummer eins der Religion und zum Schüler der Gnostiker. Als erster Biblizist in der Geschichte der Theologie kommt Markion zum Schluß, daß das Neue und das Alte Testament gar nicht den gleichen Gott verkünden können. Damit vertieft er nur die von Paulus geschlagene Bresche zwischen Judentum und Christentum. Doch die Niederlage Markions und der markionistischen Kirche macht deutlich, daß die Orthodoxie nicht bereit ist, auf das biblische Erbe zu verzichten, das als Präfiguration der durch das Opfer Jesu Christi erwirkten Erlösung, aber auch als Legitimation der Erscheinung und der historischen Mission Jesu dient. Laßt das Alte Testament weg, und der Mensch Jesus verschwindet, scheint die Kirche sagen zu wollen.

Chronologisch gesehen ist der Gnostizismus (vgl. den entsprechenden Abschnitt im Kapitel «Dualistische Religionen») der zweite, wenn nicht der erste große Gegner der Hauptströmung des Christentums. Der erste Häresiologe, der ihn heftig bekämpft hat, ist Irenäus von Lyon (etwa 130–200), und ihm folgt Hippolyt von Rom (gest. 235). Wir kennen eine ganze Reihe von gnostischen Positionen betreffend das Verhältnis zum Judentum und zum Christentum (siehe Couliano, *Les Gnoses dualistes d'Occident,* Paris 1990); wir können jedoch behaupten, daß der Gnostizismus die Minderwertigkeit der Welt und ihres Schöpfers stärker betont, als dies der gemeinsamen platonischen Herkunft der Gnosis und des Christentums entspricht. Aus diesem Grund ist es einigen Kirchenvätern, die im übrigen die Jungfräulichkeit preisen und gelegentlich auch die Zeugung und die Heirat verdammen, nicht so leicht möglich zuzugeben, daß die Welt schlecht sei. Einige von ihnen wie Tertullian von Karthago (etwa 160–220) nehmen einen doppelbödigen Standpunkt ein, indem sie die gnostischen Gegner genau dessen bezichtigen, was sie selbst gelehrt haben. Andere wie Clemens von Alexandrien (gest. um 215) verkündigen die grundsätzliche Überlegenheit der mosaischen Offenbarung gegenüber der griechischen Philosophie, doch erkennen sie auch das Vorhandensein einer «gnostischen» christlichen Elite an, die zur Erkenntnis einer den einfachen Gläubigen nicht erreichbaren Wahrheit gelangt. Zuletzt wird jedoch eine unüberwindbare Hürde zwischen Christentum und Gnostizismus aufgebaut: Das erstere anerkennt die Wahrheit der biblischen Genesis und macht sich den Gott der Thora zu eigen, während der Gnostizismus den Gott des Alten Testaments in einen Demiurg *dieser* Welt verwandelt, im Gegensatz zum wahren, ersten und einzigen Gott, der in seiner Transzendenz fast unerreichbar und entrückt bleibt. Nach den Worten der Genesis halten die Christen die Welt für gut; doch sie kommen dem Standpunkt der Gnostiker in der Lehre vom Sündenfall des ersten Menschenpaares wieder näher, vor allem in der Deutung, die ihr der konvertierte Manichäer Augustinus, Bischof von Hippo, gegeben hat (siehe unten).

Origenes

Vor dem Konzil von Nicaea (325) ist Origenes (etwa 185–254) zweifellos der wichtigste und einflußreichste, vielleicht auch der schwierigste Kirchenvater. Als Christ und Sohn eines christlichen Märtyrers (203) studiert er vermutlich Philosophie mit Ammonius Sakkas und bekämpft wie Plotin (205–276) als Platoniker jene verirrten Brüder, eben die Gnostiker, und steht doch gleichwohl unter ihrem Einfluß. Um 215 beginnt er zu schreiben, um seinen reichen Freund Ambrosius von Alexandrien, der sich von den Subtilitäten der valentinischen Gnosis in Versuchung hatte führen lassen, in den Schoß der Kirche zurückzuholen. Mitten in diesen deprimierenden kirchlichen Auseinandersetzungen, die nach der Anerkennung des Christentums als Staatsreligion nur noch heftiger werde sollten, erhält Origenes in Caesarea die Priesterweihe, wird jedoch von dem Bischof von Ägypten gedrängt, den geistlichen Stand zu verlassen. Das muß die Legende von seiner Exkommunikation ausgelöst haben. Der im 5. und 6. Jahrhundert verdammte Origenismus trifft auf ihn selbst nicht mehr unmittelbar zu, auch wenn er seinen Namen trägt.

Origenes schreibt noch vor den großen trinitarischen und christologischen Konflikten des 4. Jahrhunderts. Seine Theologie ist also nicht bemüht, explizit eindeutig zu sein, wodurch sie wiederum leichter zu verteidigen oder aber auch zu verurteilen ist, je nachdem. In seiner allegorischen Exegese der Bibel geht er nicht weiter als Ambrosius und Augustinus später auch. Als Platoniker glaubt Origenes an die Präexistenz der Seelen, ohne jedoch etwas von der platonischen oder hinduistischen Metensomatose zu übernehmen. Wir haben es mit einer Epoche zu tun, in welcher der Traduzianismus eines Tertullian noch überwiegt, der da glaubt, eine neue Seele entstehe durch die psychische Vereinigung der Eltern. Noch spricht nichts gegen die Absicht von Origenes; das Fehlen der Metensomatose in der Bibel muß wohl entscheidend gewesen sein.

Judaisierende und platonische Strömungen

Die Bedeutung, die der Dialektik der beiden Hauptströmungen in der frühen christlichen Theologie, der judaisierenden und der platonischen Strömung, zukommt, hat R. M. Grant herausgestellt, ausgehend von den christologischen Debatten in Antiochien, wo sich eine «arme» Christologie mit einer «reichen» Christologie platonischer Herkunft mißt, wie sie in erster Linie Origenes von Alexandrien entwickelt hat. Die «arme» Christologie scheint auf Petrus selbst zurückzugehen (Apostelgeschichte 2, 22. 36; 10, 38); sie schließt die Ebjoniten mit ein, die sich der Theologie von Paulus entziehen. Sie wird dargestellt in den drei Büchern *An Autolykos* des Bischofs Theophilos von Antiocheia und schafft die Grundlage für das, was später als Adoptianismus bezeichnet wird: Jesus Christus ist als Mensch geboren und wird erst bei seiner Taufe im Jordan als Gottes Sohn angenommen. Im Gegensatz dazu unterstreicht die «reiche» platonische Christologie, vertreten durch Ignatius und seinen Schüler Tatian, vor allem die Göttlichkeit Christi. Diese Christologie, die an die alexandrinische Philosophie des Logos anknüpft, setzt sich gegen den Adoptianismus durch, der (264–268) in der Person des Häresiarchen Paulus von Samosate, des Bischofs von Antiocheia, verdammt wird. Doch die Kontroversen verschärfen sich nur um so mehr, als das zunächst geduldete (313), später dann geförderte Christentum, zu dem sich Kaiser Konstantin der Große (gest. 337) auf seinem Totenbett noch bekennt, im Jahre 391 als Staatsreligion anerkannt wird, und zwar unter Ausschluß der heidnischen Kulte.

Die Kirchenväter von Kappadokien

Wesentlich für die Entwicklung der Orthodoxie ist im 4. Jahrhundert der grundlegende Beitrag der Kirchenväter von Kappadokien, des Basileios von Caesarea (etwa 329–379), seines Freundes Gregorios von Nazianz (etwa 329–391) und seines Bruders Gregorios von Nyssa (etwa 335–395), die das *Dogma der Dreieinigkeit* untermauern und festigen, das dann auf dem Konzil von Konstantinopel im Jahre 381 seine endgültige Fassung erhält. Die Kappadokier sind Origenisten und Neuplatoniker.

Der erste christlich geborene Kirchenvater im Westen ist Ambrosius von Mailand (etwa 339–397), der aus einer Familie der kaiserlichen Aristokratie stammt. Seine Theologie folgt den Lehren von Origenes und Philon von Alexandrien, die stark geprägt sind durch die Schriften anderer lateinischer Verfasser.

Augustinus

In der zweiten Hälfte des 4. Jahrhunderts, jener glanzvollen Epoche der christlichen Theologie, die leider durch innere Kämpfe gekennzeichnet ist, in denen die Person des Hieronymus (etwa 347–420), des lateinischen Übersetzers der Bibel, der sogenannten Vulgata, äußerst aggressiv erscheint, nimmt ein anderer lateinischer Kirchenvater, Augustinus (354–430), Bischof von Hippo, eine ganz besondere Stellung ein. Der junge strebsame afrikanische Redner, der neun Jahre lang Manichäer war, läßt sich im Jahre 384 in Mailand nieder und erkennt bald, daß die Zukunft dem Christentum gehört. Er sagt sich von den Manichäern los und läßt sich 387 von Ambrosius taufen. 391 wird er in Hippo (Hippo Regius, heute Annaba in Algerien) zum Priester und 395 zum Bischof geweiht. Zwei Jahre später schreibt er seine *Confessiones* und wendet sich an alle jene, die unbefriedigt sind vom weltlichen Leben. Gleichwohl muß das weltliche Treiben in der Laufbahn unseres Büßers keine unwesentliche Rolle gespielt haben, denn er wendet sich gegen die manichäische Ablehnung der Welt und gegen die in Nordafrika herrschende Kirche, nämlich die der Donatisten, die von ihren Priestern moralische Reinheit fordern. Tatsächlich wird in der christlichen Häresiologie als Donatismus (wozu auch z. B. die Waldenser zählen) eine Strömung bezeichnet, welche die Gültigkeit des Opfers *ex opere operato,* d. h. einzig und allein kraft der Handlung des Priesters, ablehnt; es ist vielmehr das moralische Wesen des letzteren, das Einfluß nimmt auf das Ergebnis der Oblation, die somit *ex opere operantis* stattfindet. Verstrickt in eine unerbittliche autoritäre Lehre ist Augustinus jedes Mittel recht, den Sieg über seine Gegner davonzutragen, und indem er skrupellos die Macht des Staates gegen sie einsetzt, vernichtet er sie tatsächlich. Doch der Manichäismus wirkt in ihm fort und durch ihn hindurch, bis er zuletzt gewissermaßen die offizielle Lehre der Kirche ist. Alles beginnt mit der Gnadenlehre des Mönchs Pelagius (gest. 418), der fest an den freien Willen glaubt. Zusammen mit zahlreichen Theologen seiner Zeit behauptet er, die Natur des Menschen sei von Grund auf gut und könne Gutes auch ohne die Hilfe der Gnade bewirken. Das Halbdunkel der augustinischen Welterfahrung bis hin zum nachdrücklichen Leugnen einer lustvollen und frivolen Vergangenheit, an die der Bischof wohl manches Mal nostalgisch zurückgedacht haben mag, entspricht nicht der unerbittlichen Klarheit der Haltung eines Pelagius. Nicht für eine Kirche von Heiligen, sondern von Sündern wie er selbst, so formuliert Augustinus seine gegen Pelagius gerichtete Lehre, in der er darlegt, daß jeder Mensch die Erbsünde in sich trage und infolgedessen allein die Gnade ihm die Fähigkeiten zurückzugeben vermöge, selbst eine Wahl zu treffen, eben jene Freiheit, die – falsch gehandhabt – zum Sündenfall der ersten Menschen auf Erden geführt hatte. Damit ist gesagt, daß allein Adam und Eva frei gewesen sind und daß sie das Böse gewählt haben. Die Ursünde ist erblich; ein jeder von uns, der auf die Welt kommt, hat nur die Freiheit, das Böse zu wählen, erst die Hilfe der Gnade ermöglicht ihm die Wahl des Guten. Die Gnade wird jedoch nicht jedem Beliebigen zuteil, auch nicht aus offenkundigen (und einleuchtenden) Gründen. Nur einigen Prädestinierten *(praedestinati)* wird sie gewährt nach einem geheimnisvollen Plan Gottes. Darüber hinaus bleibt die Zahl der Prädestinierten auf die der gefallenen Engel begrenzt, deren Plätze im Himmel frei sind. Die anderen Menschen gehören zur Masse der Verlorenen *(massa perditionis)*, die der Erlösung nicht teilhaftig werden. Angesichts des Verfalls des römischen Reiches begründet Augustinus in seinem *Gottesstaat* (*De civitate Dei*, 413–427) die völlige Unabhängigkeit der Kirche im Verhältnis zu jedem politischen System. Dieselbe Haltung nimmt sein Anhänger Orosius (418) ein: Das Reich wird vergehen, doch unter seinen Eroberern bleibt die Kirche bestehen.

Kirche und Reich im Westen

In der Tat sind die Tage des westlichen Reiches gezählt. Wenn am Ende des 4. Jahrhunderts die Mönche aus Ägypten, die sich – schmutzig und bärtig, wie sie waren – bis nach Rom vorwagten, dort von der Volksmenge noch gesteinigt wurden, so ändert sich die Situation von Grund auf, als nach dem Fall des Reiches (476) die Mauern der Klöster zu letzten möglichen Schutzwällen gegen die Anarchie werden. Benedikt von Nursia (etwa 480–543) gründet damals den Mönchsorden der Benediktiner und das Kloster Montecassino (etwa 529). Der Held der Wüste hatte als einsamer Asket gelebt, genau wie Antonius (um 300) auch, doch dieses Ideal ließ sich nur allzu schwer verwirklichen, und es gab zu viele Möglichkeiten des Scheiterns. Die von Pachom in Ägypten gegründete klösterliche Bewegung bietet eine Alternative, die der Orient rasch aufgreift und verbreitet: die kollektive Einsamkeit. Benedikt überträgt sie auf den Westen, indem er verhältnismäßig abgelegene, geschützte Zentren schafft mit dem fernen Ziel, dort eine intellektuelle Elite heranzubilden, wie der scharfsinnige Mönch Cassiodor (gest. 575) richtig erkannt hatte, um sie später unter günstigeren äußeren Umständen tätig werden zu lassen. Doch erst nach der Gründung des Karolingerreiches bietet sich eine solche Gelegenheit. Karl der Große (768–814) ruft die gelehrten Mönche und Laien aus dem ganzen Okzident an seinen Hof, so Alkuin von York (etwa 730–804), der 796 Abt in Saint-Denis wird, den Historiker Paulus Diaconus (etwa 720–799) usw. Diese geistige Bewegung läßt in Europa die Lehre der Sieben freien Künste, der *artes liberales* (*trivium* und *quadrivium*) wieder aufleben und verwandelt die Klöster in Zentren, deren Aufgabe es ist, die Kultur zu pflegen und zu verbreiten. Als das Papsttum, dessen solide Fundamente Papst Gregor der Große (590–604) gelegt hatte, im Jahre 800 das Reich neu erstehen läßt, um so über ein weltliches Schwert gegen die Bedrohung von außen zu verfügen (die Araber und die muselmanischen Berber waren 711 in Spanien eingefallen), schafft es sich damit gleichzeitig seinen größten Widersacher. Und das Leben im Mittelalter steht fortan, auch noch nach dem Ghibelliner (Anhänger des Reiches) Dante, im Zeichen der unerquicklichen Dialektik Reich –Kirche. Der Reformpapst Gregor VII. (1073–85) stellt die geistliche Macht über jede weltliche Autorität und spricht dem Reich, das von nun an deutsch ist, jedes Recht ab, die kirchliche Investitur zu erteilen, d. h. Bischöfe und Äbte einzusetzen. Kaiser Heinrich IV. setzt 1076 den Papst ab, der daraufhin seinerseits den Kaiser entthront und exkommuniziert; Heinrich IV. wird von seinen Fürsten gezwungen, die Vergebung des Papstes in Canossa (1077) zu erflehen. Doch der Streit entbrennt aufs neue nur um so heftiger und kann nur durch die Waffen entschieden werden: Heinrich IV. ernennt seinen eigenen Papst

(Clemens III.), besetzt Rom (1083) und läßt sich von diesem krönen (1084). Die Machtkämpfe um die Oberhoheit in Europa dauern noch Jahrhunderte an in einem zunehmend komplexer werdenden politischen Klima. In jedem beliebigen Geschichtsbuch kann man die Wechselfälle dieses unlösbaren Streits zwischen der geistlichen und der staatlichen höchsten Gewalt nachlesen. Er gehört nur am Rande zur Geschichte der *Religion* im Westen, die vom 12. Jahrhundert an eine einmalige Blütezeit erlebt.

Die «Renaissance des 12. Jahrhunderts»

Was die Renaissance des 12. Jahrhunderts (diese Formulierung stammt von Charles Homer Haskins) genannt worden ist, beruht zum großen Teil auf der Auswirkung von Ereignissen aus dem vorangegangenen Jahrhundert: Im Jahre 1085 besiegen die Königreiche von Kastilien und León gemeinsam die Muselmanen und erobern Toledo, die ehemalige Hauptstadt des Westgotenreiches; 1099 besiegen die Kreuzfahrer im Heiligen Land die seldschukischen Türken, erobern Jerusalem und proklamieren im Jahre 1100 das Königreich Jerusalem unter Balduin I. Schließlich beeinflußte die Persönlichkeit eines Bernhard von Clairvaux (1091–1153) nachhaltig die Geschichte seiner Zeit und erfüllte sie mit neuen religiösen Idealen, was auf die Reformbewegung des Mönchtums wie auf das geistliche Suchen und Fragen der Laien zutrifft.

Die Folgen der Einnahme von Toledo sind unermeßlich. Von überall strömen Mönche dorthin, die sich vornehmlich von der exotischen, fortschrittlichen und geheimnisvollen Aura der arabischen Zivilisation angezogen fühlen – und nicht so sehr von dem klar umrissenen Plan des Übersetzerkollegs, das Erzbischof Raimund von Toledo kurz nach 1130 gegründet hat: nämlich die falschen Grundsätze der muselmanischen Religion zu widerlegen. Theologen wie Petrus Venerabilis, Abt von Cluny, und Rodrigo Jimenez de Rada zahlen den Preis dafür, auch wenn sie selbst ihr Interesse, das sie der arabischen Kultur entgegenbringen, nur schlecht zu verbergen wissen; doch es geschieht, um den Übersetzern unter Leitung des Archidiakons Dominicus Gundissalinus ihre langwierige und großartige Arbeit zu ermöglichen, nämlich die Übertragung der arabischen Kultur und durch sie der griechisch-römischen Antike ins Lateinische. Der größte unter ihnen ist Gerhard von Cremona (1114–1187), dem heute die lateinische Übersetzung von mehr als siebzig medizinischen, naturwissenschaftlichen und philosophischen Werken aus dem Arabischen zugeschrieben wird. Durch das Wirken der Übersetzer entdeckt und übernimmt dann das christliche Europa die Philosophie von Aristoteles, welche die Grundlage der neuen scholastischen Philosophie bildet, wie sie vor allem von Albertus Magnus (1193–1280) und Thomas von Aquin (1225–1274) gelehrt wird. Ihre Vorläufer waren Denker wie Anselm von Canterbury (1033–1109; aus Aosta stammend), Petrus Lombardus (gest. 1160), der Verfasser der berühmten *Sentenzen,* und Petrus Abaelard (1079–1142), dessen erstaunliche Vorstellungen von der Überlegenheit der Frau dem Manne gegenüber auf die höfische Minne hinzuweisen scheinen.

Doch das neue Zeitalter ist auch gekennzeichnet durch eine besondere Verehrung der Jungfrau Maria, der Mutter Gottes, wodurch diese (wenn auch nicht de iure, so doch de facto) den Personen der Dreieinigkeit gleichgestellt wird als echte *regina coeli,* als hilfreicher Stern, der sich für die Menschen einsetzt. Die Kathedralen, im allgemeinen Unserer Lieben Frau gewidmet, die um 1150 in Nordfrankreich entstehen, sind das sichtbare Symbol der neuen Geistlichkeit. Langsam wandeln sich die Schulen, die innerhalb dieser Kathedralen wirken, in autonome Universitäten. Im Okzitanien der Troubadoure ist das Gegenstück zur Anbetung der Jungfrau die Hingebung an eine Dame. Dieses höfische Minne genannte Phänomen, dessen Vorhandensein zahlreiche Historiker verneinen mit der Begründung, sie sei nie ausgeübt worden, beschreibt die intellektuelle Spannung des Liebenden, der die Sehnsucht nach seiner Dame verstärkt, ohne sie zu befriedigen, und damit eine Erfahrung ganz besonderer Art macht, die ohne weiteres einer mystischen Erfahrung vergleichbar ist. In Italien bringt die höfische Minne eine poetische Gattung hervor, genannt *dolce stil nuovo,* dem sich der ins Exil verbannte Florentiner Dante Alighieri (1265–1321), der Verfasser der Göttlichen Komödie *(Divina Comedia),* verschreibt. Wenn es auch noch so viele Gelegenheiten für einen Fall oder gar Rückfall gegeben haben mag, so besteht doch kein Zweifel daran, daß die anhaltende Spannung ungestillter Sehnsucht auch der Schlüssel für diese erotisch sublimierte Strömung ist, deren Ideal genau der zeitgenössischen Medizin widerspricht, welche die unbefriedigte Liebe für ein gefährliches, ja womöglich tödliches Syndrom hält. Ebenso steht fest, daß die Romane der Arthusrunde, deren Ideologie von einem kirchlichen geistigen Zentrum im Norden Frankreichs (vermutlich den Zisterziensern) ausgegangen sein muß, die Hingabe an die Dame als konstanten Beweis für die innere Qualität eines Ritters werten. Selbstverständlich handelt es sich um eine mystische Qualität, denn die Tafelrunde König Arthurs verficht die Vorstellung, der Kampf gegen die Untreuen und die Tugend reichten aus, um der Heiligkeit teilhaftig zu werden. Es kann auch nicht an einem engen Zusammenhang zwischen der Bildung militärischer religiöser Orden und der Tafelrunde von König Arthur gezweifelt werden, für die moralische Reinheit und Minnedienst heilige Pflichten sind.

Die Idee, den Templerorden zu gründen, kommt Hugo von Payens in Jerusalem und muß etwas zu tun haben mit dem Orden der Assassinen oder ismaelitischen Nizaris, der von Hasan-i Sabbah am Elburzgebirge im Iran gegründet wurde. Unter dem Namen *muhamars* tragen «die Roten», die *fedawas* des ismaelitischen Kalifats, eine rote Mütze, ein rotes Ordensband sowie rote Stiefel zum weißen Gewand. Die Templer wiederum tragen ein rotes Kreuz auf einem weißen Mantel, und die Ritter des Johanniterordens aus Jerusalem (von 1530 bis 1798 Malteser Ritter), die häufig die Symbole der Templer umkehren, wählen als Emblem schließlich ein weißes Kreuz auf rotem Grund. Mit Hilfe des jungen Bernard von Clairvaux, der die strenge Regel des heiligen Benedikt den Bedingungen des militärischen Lebens anpaßt, werden die Templer im Jahre 1118 offiziell anerkannt und sind fortan berechtigt, zum Schutz der Pilger im Heiligen Land Waffen zu tragen. Praktisch sind sie dadurch allein für die Verteidigung Jerusalems zuständig. Nachdem der Papst ihnen (wie auch den Johannitern) das Privileg eingeräumt hatte, unmittelbar dem päpstlichen Amtssitz unterstellt zu sein, ohne den Dienstweg der kirchlichen Bürokratie einhalten zu müssen, waren die Templer und ihre Mitstreiter, die Johanniter, die wahren Herren des Heiligen Landes. Die verwegenen, ja oft waghalsigen Kämpfer dieser christlichen Elitetruppen verstehen es, sich in der westlichen Welt eine Stellung von außergewöhnlicher Bedeutung zu schaffen. Zunächst sichern die Templer den Geldtransport der Pilger ins Heilige Land. Als sie dann über ein von Schottland bis nach Spanien reichendes Netz von Festungen verfügen, transportieren sie das Geld quer durch Europa und stellen zuletzt auch Wechsel aus. Nun sind sie die Bankiers der Könige und als solche niemandem mehr Rechenschaft schuldig außer dem Papst. Durch ihren Reichtum und ihre Unabhängigkeit beeinträchtigen die Templer schließlich auch die Macht des Staates, der im Begriff ist, sich zu konsolidieren.

Der Verlust Jerusalems im Jahre 1187 stellt die Daseinsberechtigung der Templer noch nicht in Frage, im Gegenteil. 1198 entsteht in Deutschland ein neuer militärischer Orden, der Deutsche Ritterorden, der beschließt, dem exkommunizierten Kaiser Friedrich II. (1120–1250) weiter treu zu dienen. Damit werden schon die ersten Zeichen jenes deutschen Partikularismus erkennbar, der später im 16. Jahrhundert wirksam wird. 1291 fallen die letzten christlichen Bollwerke im Heiligen Land unter dem Druck der mameluckischen Türken. In dem Bestreben, der Finanzmacht der Templer ein Ende zu bereiten, läßt Philipp der Schöne 1307 alle Templer Frankreichs verhaften und übt jeden nur denkbaren Druck auf den Papst (Clemens V.) aus, der in der Verbannung in Poitiers, später in Avignon residiert (also außerhalb der französischen Gerichtsbarkeit, doch gleichwohl in gefährlicher Nähe des königlichen Territoriums), damit er sich von den Templern lossage. 1312 wird der Templerorden aufgelöst, sein Großmeister Jacques de Molay fällt im Jahre 1314 als Letzter dem Plan Philipps des Schönen und seines Großsiegelbewahrers Guillaume de Nogaret zum Opfer.

Wenn die Bildung von militärischen Orden und das Phänomen der höfischen Liebe sich in den Ritteridealen begegnen, wie dies die Romane von Chrétien de Troyes im 12. Jahrhundert schildern, so scheint es ungleich schwieriger, genau darzulegen, auf welche Weise die Katharer in das Bild der «Renaissance des 12. Jahrhunderts» einzuordnen sind. Man hat geglaubt, Beziehungen zur höfischen Liebe herstellen zu können, doch sind die Beweise dafür allzu schwach. Die Katharer gehören zwei verschiedenen Religionen an, die aus jenem byzantinischen Reich stammen, dessen Kirche seit 1054 («Schisma des Orients») keine Beziehungen mehr zur westlichen Kirche unterhält. Die eine ist der Bogomilismus; er tritt in Bulgarien auf und erobert Anfang des 11. Jahrhunderts Konstantinopel. Er gilt als Häresie und wird mit Feuer und Schwert verfolgt, doch stehen seine Dogmen in Wahrheit der Orthodoxie ziemlich nahe. Darin finden sich alte doketische Lehren, die behaupten, der physische Körper des Erlösers (und wahrscheinlich auch Marias) sei eine trügerische Wahnvorstellung. Die Bogomilen sind antijudaistisch; für sie ist Jahwe Satan.

Die zweite Lehre der Katharer, die nach 1167 in Okzitanien (Südfrankreich) die der Bogomilen ablöst, geht zurück auf das Katharerkonzil von Saint-Félix-de-Lauragais, an dem der byzantinische Bischof Niketas teilgenommen hat; sie ist eigentlich die «Neubelebung» einer alten Häresie, nämlich des Origenismus der Patres in der nitrischen Wüste aus dem 4. Jahrhundert. Die Lehre der origenistischen Katharer (genau genommen der Albigenser), die im Unterschied zu den «gemäßigten» Bogomilen als «radikal» bezeichnet wird (wobei «radikal» und «gemäßigt» auf Formen des Dualismus hinweisen, den sie verkünden), ist besser ausgearbeitet, und es mangelt ihr nicht an Größe, die sich vor allem im weithin unbekannten Denken des Giovanni di Lugio (vielleicht von Lugano), des lombardischen Häresiarchen von Bergamo um 1250, niederschlägt.

Den Kreuzzug gegen die Albigenser im Jahre 1209 führt zunächst ein Berufssoldat an, Simon von Montfort, der ganze Städte und Dörfer dem Erdboden gleichmachen läßt, ohne zu fragen, ob es sich um ketzerische oder gute katholische handelt. Später wird der Kreuzzug dann gemäßigter und endet zuletzt in einem Eroberungsfeldzug Frankreichs gegen den Süden. Der erbitterte Kampf zwischen der Krone Frankreichs und den freien Herren Okzitaniens bleibt nicht ohne Rückschläge und dauert bis zur Einnahme der katharischen Hauptfestung Montségur im März 1244. Die Katharerführer scheinen immerhin Zeit genug gefunden zu haben, sich in der Lombardei bzw. im Piemont in Sicherheit zu bringen, wo wenig später die berühmten Bankiers und die lombardischen Kaufleute auftauchen. In der Tat waren die Albigenser die Bankiers Südfrankreichs gewesen, und möglicherweise haben sie – wie Jean Duvernoy annimmt – ihr Vermögen mitgenommen.

Das Instrument der päpstlichen Inquisition wird im Albigenserkreuzzug 1231 geschaffen und dem Orden der Predigermönche anvertraut, der bekannter ist unter dem Namen Dominikanerorden nach seinem Gründer Dominicus Guzmán (1216). Dem *Ordo Praedicatorum* (OP) folgt wenig später (1223) dann der Franziskanerorden (Orden der Minderbrüder), eine religiöse Organisation, die sich zu strenger Askese bekennt; sie wurde von Franz von Assisi (1182–1226) geschaffen, der in seiner Jugend die französischen Ritterromane verschlungen hatte und der moralischen Vollkommenheit Parzivals und Galahads nacheiferte, ohne jedoch zu den Waffen zu greifen wie sie. Als Ritter Christi und der Dame Armut entledigt er sich aller irdischen Güter und stellt sich in den Dienst der wahrhaft Benachteiligten dieser Erde, als da sind die Armen, die Kranken, die Unglücklichen. Durch die beiden Bettelorden wird die christliche Botschaft bis in die Herzen der breiten Massen getragen, häufig mit negativem Erfolg, denn die Flamme der millenaristischen und apokalyptischen Predigten schwelt zuweilen nur noch als trübe Inbrunst. Insbesondere verkünden die «spiritualen» Franziskaner (*Fraticelli*) die millenaristischen Ideen des kalabrischen Abtes Joachim von Fiore (um 1135–1202), dessen Werk das Heraufkommen eines neuen Weltzeitalters prophezeit und im Jahre 1254 von einem Franziskaner zum «ewigen Evangelium» erklärt wird.

Der Nominalismus

Das Gebäude der Scholastik, das auf dem wissenschaftlichen und philosophischen System des Aristoteles basiert, schien für alle Probleme sämtlicher Welten eine Lösung gefunden zu haben, als sich eine ganze Gruppe von ausgezeichneten Denkern daran machte, systematisch die allzu engen Voraussetzungen anzugreifen. Der Anführer der neuen Strömung ist der Franziskaner Johannes Duns Scotus (gest. 1308); ihm folgt Wilhelm von Ockham (etwa 1285–1349), unter dem die «moderne Richtung» (*via moderna*) den Namen «Nominalismus» erhält und die Universität von Paris erobert, wo sie von berühmten Professoren wie Johannes Buridanus (gest. 1358) und Nikolaus von Oresme (gest. 1382) gelehrt wird. Das außergewöhnliche Verdienst des Nominalismus besteht darin, die theologischen Prämissen der Scholastik erschüttert und nicht zugelassen zu haben, daß die Welt im Sinne von Aristoteles und Ptolemäus begrenzt blieb. In den nominalistischen Kreisen, die häufig verfolgt wurden, bildet sich die Lehre von der Unendlichkeit des Universums und von der Vielzahl der Welten ebenso wie die Lehre von der willkürlichen (also nicht zentralen) Stellung der Erde innerhalb des Universums heraus. Diese beiden Lehren werden etwas später von dem deutschen Nominalisten Kardinal Nikolaus von Kues, genannt Cusanus (1401–1464), dargelegt und erläutert.

Die Anfänge des Humanismus

Die Scholastik ist nicht das einzige Produkt des 13. Jahrhunderts, das die Intellektuellen im 14. Jahrhundert nicht mehr zufriedenstellt. Sie entdecken, daß sich im Grunde hinter dem Wissen der Araber nur die griechisch-römische Antike verbirgt, und möchten unmittelbar bis zu den Quellen vordringen, ohne sich weiterhin der oft problematischen Übersetzungen bedienen zu müssen. Da sie sich dem Ideal des 13. Jahrhunderts weniger verbunden fühlen, entdecken sie für sich bald die Sinnlichkeit, der sie zu einer in der Geschichte einmaligen Offenheit verhelfen. Francesco Petrarca (1304–1374) und Giovanni Boccaccio (1315–1375) sind Vorläufer der Humanisten des 15. Jahrhunderts, die dann den Begriff «Mittelalter» prägen für das fanatische und dunkle Zeitalter zwischen den neuen Zeiten und der griechisch-lateinischen Antike, der Epoche, die sich nicht nur durch geistigen Glanz, sondern auch durch wissenschaftliche *Wahrheit* auszeichnet. Der Humanismus glaubt in der Tat, die Zukunft in der Vergangenheit entdecken zu können, und zwar durch Erlernen der lateinischen und der griechischen Sprache.

Der platonische Synkretismus

So wie schon Aristoteles entdeckt worden ist und zur Entstehung und Schaffung der Scholastik beigetragen hat, die von der neuen Zeit teilweise widerrufen werden sollte, so herrscht in Florenz vielfach die Meinung, allein die platonische Offenbarung könne zur endgültigen Wahrheit führen. Aus diesem Grund beschließt der Bankier und Industrielle Cosimo Medici (gest. 1464), Marsilio Ficino (1433–1499) mit der Übersetzung der Werke Platons und danach mit der Übertragung der *Enneaden* von Plotin und zahlreicher anderer Werke der neuplatonischen Philosophen zu beauftragen. Diese allgemein als «Italienische Renaissance» bekannte Epoche zeichnet sich aus durch das, was in Ermangelung eines besseren Begriffs «platonischer Synkretismus» genannt wird, d.h. also die schon von Augustin vertretene Lehre einer

«Uroffenbarung» Gottes vor den ersten Menschen auf Erden, einer Offenbarung also, deren Spuren in sämtlichen frühen Religionen zu finden sind und die mit platonischen Begriffen zu deuten ist. Für Ficino und seinen Anhänger Giovanni Pico della Mirandola (1463–1494) läuft das mit anderen Worten darauf hinaus, daß Hermes Trismegistos, Zoroaster, Moses und Orpheus gleichberechtigte Verwahrer ein und derselben okkulten Wahrheit gewesen sind. Diese Wahrheit wird deutlich in der neuplatonischen und arabischen Magie ebenso wie in der jüdischen Kabbala, die von Giovanni Pico entdeckt worden ist; aus seinem über das Griechische hinausreichenden Interesse hat er etwas Hebräisch, etwas Aramäisch und vielleicht auch etwas Arabisch gelernt. Der Grundsatz der modernen Bildung, die über das Griechische und Lateinische führt, ebenso wie die Methodik des direkten Quellenstudiums, das uns erlaubt, den «Spezialisten» vom «Dilettanten» zu unterscheiden, sind Errungenschaften des Humanismus im 15. Jahrhundert und der italienischen Renaissance. In der im 19. Jahrhundert durch den Pädagogen Wilhelm von Humboldt (1767–1835) weiter entwickelten Form wirken sie bis heute fort, jedoch ohne alle jene Grundlagen, die sie im 15. Jahrhundert so reizvoll erscheinen ließen: die Vorstellung, die glanzvolle Zukunft sei an der Vergangenheit abzulesen, und die Kenntnis anderer Kulturen diene dazu, die verborgenen, für das Wohl der Menschheit bedeutsamen Wahrheiten zu entdecken.

Reformatorische Bewegungen

Die ersten organisierten Reformbewegungen, die sich vornehmen, zur ursprünglichen Armut der Kirche zurückzukehren, entstehen im 12. Jahrhundert. Die Waldenser von Lyon (1173) zählen zu den bekanntesten unter ihnen. Wenn die Franziskaner es verstehen, einen Teil der berechtigten Klagen der Bevölkerung aufzugreifen, so tragen sie damit auch zur Schaffung von pauperistischen und millenaristischen Bewegungen bei. John Wyclif (gest. 1384), Professor in Oxford, ist der Initiator der Bewegung der Lollarden, welche die Eucharistie, das Zölibat der Priester und die kirchliche Hierarchie ablehnen. Trotz seiner Beteuerungen wurde der Prager Prediger Johannes Hus in Konstanz im Jahre 1415 verbrannt, weil er als Anhänger Wyclifs galt. Er steht am Anfang einer Volksbewegung, die nicht so sehr ein Religionskrieg ist, sondern ganz einfach eine Unabhängigkeitsbewegung der Böhmen gegen die Deutschen. Die ökumenischen Versuche dieser Epoche scheinen zunächst zur Verständigung zwischen der westlichen und der östlichen Kirche zu führen, doch findet die Idylle nach dem Fall von Konstantinopel ein rasches Ende. Die Konflikte zwischen Rom und Konstantinopel, auch wenn sie sich hinter einem absurden Streit der Lehrmeinungen über den Begriff *filioque* verbergen, ein von den spanischen Christen unerlaubterweise in das nikänisch-konstantinopolitanische Glaubensbekenntnis eingeführter Begriff, waren in Wirklichkeit Machtkämpfe. Das griechische Patriarchat annuliert den 1439 in Florenz von dem byzantinischen Kaiser Johannes VIII. Palaiologos unterzeichneten Unionsvertrag.

Zu Beginn des 16. Jahrhunderts spaltet ein viel dramatischeres religiöses Schisma den Norden Deutschlands und das übrige Europa. Das ist das Werk des Augustinermönchs Martin Luther (1483–1546), Professor der Theologie an der Universität Wittenberg, den seine Betrachtungen über Paulus und Augustinus zu dem Schluß kommen lassen, daß jede Fürbitte der Kirche nutzlos ist, die Sakramente unwirksam sind, die Menschheit sich im Zustand der Sünde befindet, was wiederum das Zölibat unmöglich und die Heirat verwerflich, aber gleichwohl notwendig macht, daß die Prädestination jedes einzelnen durch menschliches Handeln in keiner Weise verändert werden kann und daß schließlich die Gerechtigkeit allein durch den Glauben besteht, ohne daß gute Werke notwendig wären. Nachdem Luther am 31. Oktober 1517 seine 95 Thesen an das Portal der Schloßkirche zu Wittenberg angeschlagen hat, verteidigt er seine Ideen mutig gegen den Kardinal und Legaten Cajetan. Unter dem Einfluß seines humanistischen Freundes Philipp Melanchthon (1497–1560) gibt Luther schließlich in zahlreichen Punkten seiner Lehre und seiner Religionsausübung nach, während sein französischer Schüler Jean Calvin (1509–1569), der von 1541 an in Genf herrscht, für einen sehr viel strengeren dogmatischen und eher düsteren Protestantismus eintritt. Die protestantische Bewegung breitet sich in den partikularistischen Fürstentümern Deutschlands und in der Schweiz rasch aus, und sie tut sich schwer, die Autorität des Papstes ohne weiteres anzuerkennen. Die Idee der Säkularisierung der Klöster wird von bewaffneten Ritterbanden ebenso freudig aufgegriffen wie von den Bauern, die, von dem radikalen Protestanten

Thomas Münzer angestachelt, einen von Luther mißbilligten und von der Liga der reformierten Fürsten hart bekämpften Krieg beginnen. Die protestantische Bewegung ist in sich nicht geschlossen: im Grunde fundamentalistisch, weist sie gleichwohl eine wichtige libertinistische Strömung auf (Anabaptisten, Schwärmer, Mennoniten usw.). Die Situation verschärft sich auch noch dadurch, daß Luther seine Jugendideen widerruft, die jedoch von seinen alten Schülern und Mitstreitern bis zuletzt aufrecht erhalten werden, unter ihnen seine radikalsten Anhänger Ulrich Zwingli (1484–1531) und Jean Calvin.

Die katholische Kirche baut ihrerseits eine eigene Reformbewegung auf, die fälschlicherweise «Gegenreformation» genannt wird, so als handle es sich um eine Gegenbewegung zur Reformation. In Wirklichkeit aber geht die katholische Kirche in sich und übernimmt dabei einen Teil der protestantischen Kritik. Die wichtigsten Vorkämpfer dieser Reform sind die Jesuiten bzw. die Gesellschaft Jesu (*Societas Jesu*), ein im Jahre 1534 von Ignatius von Loyola (1491–1556) gegründeter Orden, dessen Grundsätze und Regeln auf dem sich über lange Zeit erstreckenden Konzil von Trient (1545–1563) genau festgelegt werden. Wie die protestantische so ist auch die katholische Reformbewegung fundamentalistisch, und ihre strenge Moral sowie zahlreiche strikte Verbote (wie z. B. das Verbot, die im *Index librorum prohibitorum* aufgeführten Werke zu lesen) kündigen das Herannahen der Neuzeit an. Im Jahre 1534 löst sich eine weitere nationale Kirche von Rom, und zwar die Kirche von England. Die religiösen Konflikte und die Machtübernahme durch die puritanischen Calvinisten führen schließlich zur Englischen Revolution (1642).

Die Expansion des Christentums

Es ist nicht möglich, hier die gesamte Geschichte der Ausbreitung des Christentums umfassend darzustellen. Die Germanen werden von Bonifatius (672/673–754) zum Christentum bekehrt und entsenden ihrerseits Missionare zu den slawisierten Bulgaren, doch ihr Khan Boris entscheidet sich für die griechisch-orthodoxe Taufe (860). Die byzantinische Mission der Brüder Kyrillos (etwa 826–869) und Methodios (etwa 815–885) unter den Mähren hat keinerlei Erfolg, doch das von ihnen entwickelte sogenannte «kyrillische» Alphabet wird von den Slawen übernommen. Im Jahre 988 bekennt sich der skandinavische Fürst Wladimir von Kiew zum Christentum der Ostkirche, die in ganz Rußland immer weiter vordringt.

Die territoriale Expansion Europas führt dem Christentum zahlreiche Völker zu. Durch das Konkordat zwischen dem Papst und den Königen von Spanien und Portugal faßt das Christentum festen Fuß in Südamerika in Verbindung mit den Eroberungen von Cortés (Mexiko) und Pizarro (Peru). Neben den Dominikanern und den Franziskanern widmen sich die Jesuiten mit ihrer ganzen Kraft der Missionstätigkeit. Als neuer und dynamischer Orden bemühen sie sich, das europäische Modell auf die Gemeinschaften der Einheimischen zu übertragen, indem sie eine lokale Bildungselite heranziehen. Die breiten Massen der Bevölkerung vor allem in Brasilien werden von den Jesuiten zwar vor dem sicheren Tod bewahrt, der in den Plantagen und in den anderen europäischen Unternehmen auf die Arbeiter lauert, jedoch christianisiert und in Reservaten (Jesuitenstaat in Paraguay) in ein unerbittliches kommunistisch-religiöses Regime gepreßt. Vom Standpunkt der Kolonisatoren und ihrer Interessen aus gesehen ging dieser Versuch der Jesuiten zu weit. 1767 wird der Orden in Lateinamerika des Landes verwiesen. Kurz darauf (1808), mit der Befreiung der Staaten von der europäischen Bevormundung, stellt auch die Kolonialkirche ihre Tätigkeit ein.

In Afrika entfalten sich die protestantischen ebenso wie die katholischen Missionen mit erheblichem Erfolg, doch nicht vor der ersten Hälfte des 19. Jahrhunderts. Das Vordringen des Christentums in Asien erweist sich als weitaus schwieriger.

Zu wiederholten Malen (635, 1294, um 1600) treffen in China Missionare ein, doch erst nach den Opiumkriegen (1840–1842) gelingt es ihnen, festen Fuß zu fassen. Die Mission von François Xavier in Japan (1549) ist dagegen erfolgreicher, und gegen Ende des 16. Jahrhunderts werden dort schon dreihunderttausend Christen gezählt. Danach setzt eine Zeit der Christenverfolgungen ein, die bis 1858 andauern, als man auf die Existenz geheimer Christengemeinden stößt, Gemeinschaften, die ihren christlichen Glauben geheim gehalten und auch praktiziert hatten.

In Südostasien hat der Katholizismus mit der spanischen Eroberung (1538) auf den Philippinen Fuß gefaßt. In den buddhistischen Ländern ist die Ausbreitung des Christentums großem Widerstand begegnet.

Obwohl an der Westküste Indiens die ersten christlichen Kirchen schon verhältnismäßig früh gegründet worden sind, bleibt das Christentum auf dem indischen Subkontinent ein Fremdkörper. Nur in der kleinen portugiesischen Kolonie Goa (1510) verfügte es über eine Mehrheit. Nach der Eroberung Indiens durch Großbritannien (1858) entfalteten die verschiedensten Missionen dort eine lebhafte Tätigkeit, ohne daß es ihnen gelungen wäre, mehr als 3% der Bevölkerung für das Christentum zu gewinnen (1980). Im 19. Jahrhundert breiteten sich in Australien und Neuseeland die Anglikaner (1788), die Katholiken (1838) und die Protestanten (1840) aus.

Die Konzilien

Die großen Probleme der Kirche, sowohl in bezug auf die Lehren als auch auf die praktische Ausübung, werden auf ihren Konzilien beraten.

Das erste ökumenische Konzil wird von Kaiser Konstantin in Nicaea (Kleinasien) vom 19. Juni bis 25. August 325 abgehalten. 318 Bischöfe nehmen daran teil und verurteilen den Arianismus. Das Glaubensbekenntnis von Nicaea verkündet die vollkommene Göttlichkeit Christi. Die ausführliche, auf dem Konzil von Chalkedon (451) ratifizierte Fassung ist bis auf den heutigen Tag das Glaubensbekenntnis der Christen.

Das zweite ökumenische Konzil wird von Theodosius I. im Jahre 381 nach Konstantinopel einberufen. Es befaßt sich mit den «Pneumatomachen», die glaubten, der Heilige Geist sei dem Vater und dem Sohn untergeordnet.

Das dritte ökumenische Konzil wird von Theodosius II. nach Ephesus (Kleinasien) im Jahre 431 einberufen, um dem christologischen Streit ein Ende zu bereiten, den sich Nestorius, Patriarch von Konstantinopel, und Kyrill, Bischof von Alexandrien in Ägypten, lieferten. Die beiden Parteien exkommunizierten sich gegenseitig, doch Kyrill erreichte 433, daß die gemäßigten Nestorianer dem Titel *Theotokos* (Muttergottes), den er der Jungfrau zugedacht hatte, und ebenso seinen Ansichten über die Verschmelzung der beiden Naturen Christi zustimmen.

Das Konzil von Chalkedon (451) nimmt dann die entschiedenste christologische Haltung ein, indem es die Theorie von den beiden Naturen Christi ausdrücklich bestätigt. Doch der Streit ist noch nicht beendet, was Justinian I. zwingt, das zweite Konzil von Konstantinopel einzuberufen (553), um die Entschließung von Chalkedon neu so zu formulieren, daß die Göttlichkeit Christi systematischer herausgestellt wird. Auf diesem Konzil wird der Origenismus ausdrücklich verdammt.

Im 8. Jahrhundert steht die Frage des Bildersturms (Ikonoklasmus) auf der Tagesordnung. Das Schicksal der religiösen Bilder, die mal verehrt, mal abgelehnt werden, spielt auf den Synoden von 754 und 787 und auf dem siebten ökumenischen Konzil von Konstantinopel (869–870) eine wichtige Rolle. Zu diesen Auseinandersetzungen äußern sich die Vertreter der Westkirche zu wiederholten Malen. Die Spannung zwischen Orient und Okzident wird unerträglich, als der Westen sich weigert, den Anti-Ikonoklasten Photios als Patriarchen von Konstantinopel (863) anzuerkennen. Nun verbieten die Byzantiner ihrerseits die Verwendung des Begriffs *filioque* im Glaubensbekenntnis (867). Photios wird 877 als Patriarch seines Amtes enthoben, doch mit der Zustimmung des Papstes wieder eingesetzt (879–80). Das Orient-Schisma (1054) kündigt den beginnenden Verfall von Byzanz an, den die osmanische Eroberung dann vollendet (1453). Von nun an genügt sich die Westkirche selbst. Die Lateransynoden (1123, 1139, 1179, 1215) erheben den Anspruch, ökumenische Konzile zu sein. Vor allem das letzte ist bekannt dadurch, daß es den Begriff der *Transsubstantiation* eingeführt hat. Ein nach Lyon 1274 einberufenes Konzil versucht, die Einheit der beiden Kirchen wiederherzustellen, doch werden die erzielten Ergebnisse durch eine Synode von Konstantinopel (1283) wieder zunichte gemacht.

Das Konzil von Vienne (1311–12) greift mehrere heikle Fragen auf, so die Tätigkeit des Templerordens und die Auslegung der von den Franziskanern nachdrücklich geforderten Armut Christi. Die Auseinandersetzungen auf dem Konzil von Konstanz, das einberufen wird, um das Große Schisma (1378–1417) zu beenden – mit anderen Worten, um jener historischen Situation ein Ende zu bereiten, in der sich mehrere Päpste um die allgemeine Anerkennung der Kirche stritten – dauern von 1414 bis 1418 an.

Ein neuer Versuch, die Einheit der beiden Kirchen wiederherzustellen, steht im Mittelpunkt des ökumenischen Konzils, das von 1430–1442 an verschiedenen Orten tagt. Im Jahre 1439 unterzeichnen die römische und die griechische Kirche in Florenz ein Abkommen, dem noch weitere Vereinbarungen mit der armenischen Kirche (1439) sowie der koptischen und der äthiopischen Kirche folgen sollten. Nach der Besetzung von Byzanz durch die Türken verwirft 1484 eine Synode das Abkommen von 1439 wieder.

Im 16. Jahrhundert antwortet das sogenannte Tridentinum, das katholische Konzil von Trient (13. Dezember 1545–4. Dezember 1563), mit einer Reihe von Reformen auf das von protestantischer Seite geschaffene Klima moralischer Strenge.

Im 19. Jahrhundert verkündet das Erste Vatikanische Konzil (1865–69) den Primat sowie die Unfehlbarkeit des Papstes und unterstreicht damit die Unterschiede, welche die römische Kirche von den anderen christlichen Konfessionen, aber auch von den Laienständen trennt, die sich mehr und mehr von den Werten der Religion lossagen.

Das letzte katholische Konzil (Vaticanum II, 11. Oktober 1962–8. Dezember 1965) steht unter dem Zeichen der Versöhnung und der ökumenischen Einheit. Es wird von Papst Johannes XXIII. einberufen; 2000 Bischöfe und Ordensgeneräle nehmen daran teil, schwächen den päpstlichen Zentralismus ab, ersetzen die lateinische Liturgie durch eine Liturgie in der jeweiligen Landessprache und erkennen den Wert und die Bedeutung der historischen Forschungsmethoden in der Religionswissenschaft an.

Die christliche Theologie

Die christliche Theologie stellt ein System dar, das sich mit völlig synchronen Begriffen beschreiben läßt. Ihre Geschichte bildet ihrerseits ein anderes System, das zum ersten höchst komplexe Wechselbeziehungen unterhält. Nachdem wir in großen Zügen die Geschichte des Christentums umrissen haben, wollen wir uns jetzt auf das synchrone System der Möglichkeiten christlichen Denkens konzentrieren.

Die Dreieinigkeit

Eine Besonderheit des Christentums besteht darin, daß es auf dem komplexen gegenseitigen Verhältnis zwischen drei Personen innerhalb einer sonderbaren Dreierbeziehung (Vater, Sohn und Heiliger Geist) und eben dieser Dreieinigkeit männlicher Dominanz zu einer weiblichen Person (Jungfrau Maria) beruht, die nun ihrerseits zu jeder Person innerhalb dieser Dreieinigkeit eine nicht ganz leicht zu umschreibende Beziehung unterhält.

Andererseits werden die Personen der Dreieinigkeit innerhalb verschiedener Dimensionen wirksam und schaffen damit zahlreiche wechselseitige oder ganz auf sich selbst bezogene Verbindungen, die jeweils jeder einzelnen Dimension entsprechen. Die Gestalt Christi zum Beispiel läßt sich in seine Göttlichkeit, seine Menschlichkeit, in die Beschaffenheit des Jesus Christus genannten Aggregats, in sein Wesen, seine Substanz, seine hierarchische Stellung usw. aufteilen. Wir können sagen, daß Jesus Christus sich im Zentrum eines multidimensionalen Fraktals befindet, das nach Regeln arbeitet und sich entfaltet, die mit binären Begriffen zu beschreiben sind. So gesehen können wir von einem Christus sprechen, der nur göttlich ist, von einem nur menschlichen Christus, von einem sowohl göttlichen als auch menschlichen Christus oder auch von einem Christus, dem eine dritte Natur eigen ist. Die doppelte Natur Christi wiederum kann beschrieben werden als vermischt oder deutlich getrennt, je nachdem ob der Akzent auf die klar zu unterscheidende oder auf die nicht zu unterscheidende Beschaffenheit der Mischung gelegt wird. Schließlich kann die Mischung auch mehr göttliche als menschliche Natur enthalten und umgekehrt.

Vom hierarchischen Standpunkt aus gesehen sind die Personen der Dreieinigkeit als gleichberechtigt oder als nicht gleichberechtigt zu beschreiben, und auch die Unterscheidungen selbst können wiederum vielfältig bestimmt werden.

Dies alles offenbart nur einen Teil des christologischen Fraktals, den wir hier noch gründlicher erforschen wollen.

Die «arme» Christologie

Die großen christologischen Konflikte gehen teilweise zurück auf das Vorhandensein zweier Strömungen, einer theologisch gesehen «armen» Strömung jüdischer Herkunft und einer theologisch gesehen «reichen» platonischen Strömung. Die «arme» Christologie betont die Menschlichkeit Christi. Ihre ältesten Anhänger sind die Ebjoniten (die «Armen»), eine jüdisch-christliche Sekte aus der Zeit, als das Christentum selbst nur eine jüdische Sekte war. Die Ebjoniten bekennen sich zur Thora, führen die Beschneidung durch, halten den Sabbath sowie die jüdischen Feste ein und lehnen Paulus ab, weil er gegen das ‹Gesetz› ist. Sie sehen in Jesu einen einfachen Propheten, einen Menschen, der nichts Göttliches in sich trägt. Die Geschichte von der unbefleckten Empfängnis und der jungfräulichen Geburt Jesu ist für sie ohne Sinn.

Die «arme» Christologie weist auch Züge des Adoptianismus auf, den wir weiter oben schon kurz beschrieben haben. Arius (etwa 250-336) wird im Jahre 318 von dem Bischof Alexander von Alexandrien exkommuniziert, weil er verkündet, Christus sei in der Hierarchie dem Vater untergeordnet. Gegen diesen arianischen Subordinatianismus wird im Jahre 325 das erste ökumenische Konzil von Nicaea einberufen. Um das Verhältnis Vater/Sohn genauer zu bestimmen, übernimmt dieses Konzil den Begriff *homoousios,* den schon Origenes benutzt hatte, um damit auszudrücken, daß der Sohn «wesensgleich» mit dem Vater ist.

Eine weiter entwickelte Version der «armen» Christologie finden wir im Nestorianismus wieder, dem Bekenntnis der östlichsten Kirche im byzantinischen Reich. Der Nestorianismus hat seine Wurzeln in der antiochenischen Theologie von Diodor von Tarsus und Theodor von Mopsuestia. Nestorios, der im Jahre 428 Patriarch von Konstantinopel wird, verkündet die völlige Trennung der beiden Naturen Christi, der göttlichen und der menschlichen. Auf dem Konzil von Ephesus (431) wird er verdammt. Nach der muselmanischen Eroberung des Irak genießen die Nestorianer den Schutz der Abbasidenkalifen (750–1258), und ihr Oberhaupt *(catholicos)* läßt sich 762 in Bagdad nieder. Nach der mongolischen Eroberung (1258) wird der Sitz des Patriarchen in den Norden des Irak verlegt. Von da an werden die nestorianischen Missionen im Fernen Osten eingestellt, und auf Zypern und in Indien treten später mehrere Nestorianer zum Katholizismus über, während die irakische Kirche das ständige Ziel von Angriffen der Kurden und der osmanischen Türken ist. Die *catholicoi* der sogenannten «assyrischen» Kirche Nordiraks leben seit 1933 in den Vereinigten Staaten im Exil.

Die Trennung der beiden Naturen Jesu Christi veranlaßt die Nestorianer, eine Chronologie antiochenischen Musters (Gott steigt hinab in den Menschen Christus, so wie er in die Propheten hinabsteigt) und eine «arme» Mariologie zu entwickeln, denn sie glauben, Maria habe nur den Menschen Jesum geboren, nicht aber Gott. Infolgedessen geben sie ihr nicht den Namen *Theotokos (Dei genitrix,* jene, die Gott geboren hat*),* sondern nennen sie nur *Christotokos* (jene, die Christus geboren hat).

Die «reiche» Christologie

Die «reiche» Christologie wird im allgemeinen mit den alexandrinischen Theologen und insbesondere mit dem Patriarchen Kyrill von Alexandrien (gest. 444) in Verbindung gebracht. Sie kennt verschiedene Auslegungen wie die von Apollinarios aus Laodicea (etwa 310–390), der nicht an die vollkommene «Menschlichkeit» Christi glaubt und dessen Ansichten auf dem Konzil von Konstantinopel (381) heftig bekämpft werden. Apollinarios schafft eine Christologie nach der Dimension des menschlichen Aggregats Christus, das wenigstens einen Körper und eine Seele enthalten muß. So verneint er, daß Christus eine menschliche Seele hat: der göttliche Logos ist an ihre Stelle getreten. Das Konzil dagegen erklärt, Jesus habe eine menschliche Seele besessen.

Später behauptet Eutyches von Konstantinopel (etwa 378–454), die göttliche Natur Christi habe seine Menschlichkeit verschlungen. Seine Ansichten werden von dem Konzil von Chalkedon (451) wieder verworfen, das festlegt, Christus trage zwei Naturen in sich: eine göttliche und eine menschliche Natur. Auch nach diesem Konzil hält Nestorios an der Trennung der beiden Naturen fest und schafft damit eine adoptianistische Christologie und eine «arme» Mariologie. Die Gegenströmung des Nestorianismus wird im allgemeinen Monophysitismus genannt («eine einzige Natur»), obwohl er der chalkedonischen Theorie von der doppelten Natur zustimmt. Auf einer subtileren

Ebene widerspricht er dann der orthodoxen Vorstellung und behauptet, die beiden Naturen Christi seien ineinander «verwoben» und folglich sei «Gott in Christus» ein völlig neues Wesen, weder göttlich noch menschlich.

Das Glaubensbekenntnis von Nicaea (325) erklärt Christus für wesensgleich mit dem Vater. Wenn das zutrifft, so stellen die Monophysiten fest, kann er nicht länger wesensgleich mit dem Menschen sein.

Nach 451 geben die christlichen Länder Ägypten und Syrien der «reichen» Christologie den Vorzug. Kaiser Heraklios (610–641) sucht nach einem Kompromiß zwischen ihnen und den Orthodoxen in den Lehren des Monoenergetismus und des Monotheletismus, nach denen der Sohn in der Tat zwei Naturen besitzt, aber nur eine Energie und nur einen Willen, die vom Vater stammen. Gegen diese Ansicht entscheidet das Konzil von Konstantinopel (680), daß Jesus zwei Willen hat. Nach der Eroberung Ägyptens und Syriens durch die Araber sind die Monophysiten froh, sich der Kontrolle Konstantinopels entziehen zu können. Der Monophysitismus, zu dem sich die Kopten bekennen, übernimmt einige doketische Vorstellungen und schafft so eine neue Variante in Syrien, den Jakobinismus. Dabei dürfen wir nicht übersehen, daß dieser dem Nestorianismus (zwei getrennte Naturen) ebenso widerspricht wie der orthodoxen Anschauung (zwei nicht getrennte, jedoch voneinander unterschiedene Naturen). Der Monophysitismus bekennt sich zu einer «reichen» Mariologie, die als orthodox bezeichnet wird. Gegen die Nestorianer, deren Christologie letzten Endes adoptianistisch ist, verkündet der Patriarch Kyrill von Alexandrien, daß Maria *Theotokos (Dei genitrix)* sei, eine Anschauung, die von der Kirche noch überboten wird, indem sie Maria zur *Mater Dei,* zur Muttergottes, macht.

Einige mariologische Erläuterungen sind hier unerläßlich. Die Anschauung, die sich zuletzt durchsetzt, ist schon im 2. Jahrhundert niedergelegt im Protoevangelium des Jakobus: Maria bleibt immer Jungfrau (*virgo in partu* und *post partum,* d. h. *semper virgo*). Von allen Persönlichkeiten aus der frühchristlichen Welt wächst ihr zuletzt eine zunehmend übernatürliche Rolle zu. So weist ihr das zweite Konzil von Nicaea (787) eine Stelle über den Heiligen zu, für die lediglich eine Verneinung, eine einfache Reverenz *(douleia)* vorgeschrieben ist, während Maria die «tiefste Verneigung» (Superreverenz, *hyperdouleia)* gebührt.

Unmerklich wird sie ein Glied der göttlichen Familie, die Gottesmutter. Aus der *dormitio virginis* wird die *Maria in coelis adsumpta;* die Franziskaner sprechen Maria von der Erbsünde frei, sie wird *Mater ecclesiae, mediatrix* und *intercessor* der Menschheit bei Gott. Auf diese Weise schafft sich das Christentum zuletzt im Himmel das Vorbild für eine Familie, die nicht so streng und unerbittlich ist wie das einsame Patriarchat des biblischen Gottes.

Wenn wir uns noch einmal diesen kurzen Abriß der Christologie genau anschauen, so erkennen wir auf Anhieb, daß er für eine synchrone Interpretation geeignet ist und in dem System selbst von Anfang an alle Möglichkeiten bereits vorhanden sind:

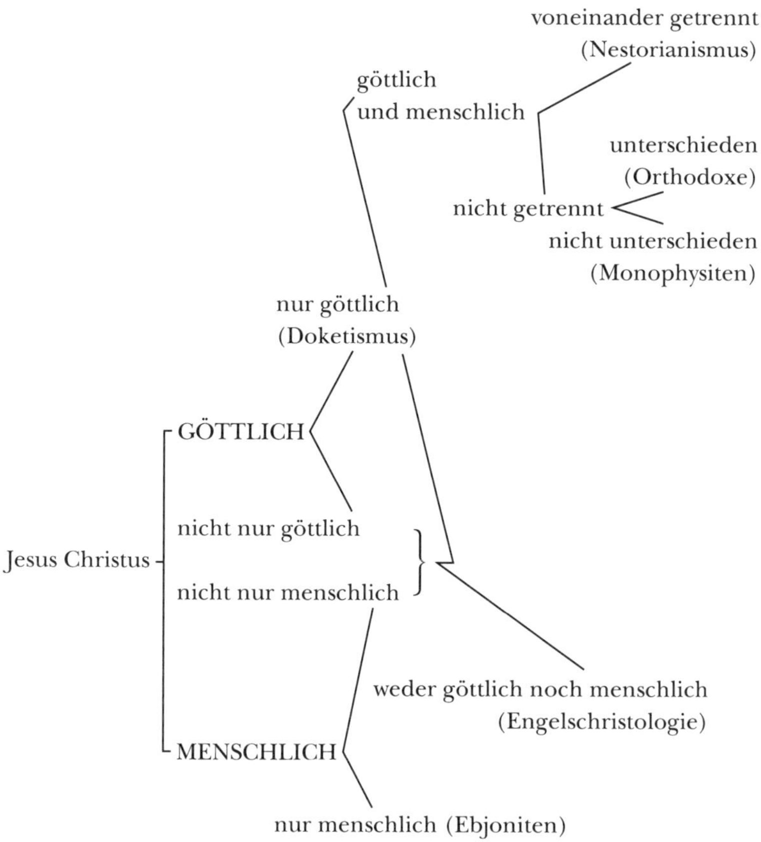

Die Hierarchie der Beziehungen innerhalb der Dreieinigkeit

Eine andere christologische Dimension entsteht durch die hierarchischen Beziehungen innerhalb der Dreieinigkeit. Die orthodoxe Lehre erklärt, daß der Vater, der Sohn und der Heilige Geist drei Hypostasen sind, die sich ein und dieselbe Substanz *(ousia)* und ein und dieselbe Energie *(energeia)* teilen. Zu den Lehrmeinungen, die ausgeschlossen bleiben, gehören der Subordinatianismus, der behauptet, Christus sei dem Vater untergeordnet; der Pneumatomachismus, eine von Basileios dem Großen im 4. Jahrhundert bekämpfte Strömung, die lehrt, der Heilige Geist sei dem Vater und dem Sohn untergeordnet; der Modalismus, nach dem der Vater, der Sohn und der Heilige Geist ein einziges Wesen sind mit drei verschiedenen Namen. Aus dem Modalismus entwickelt sich der Patripassianismus, der festlegt, daß wenn Christus Gott ist, sein Vater mit ihm gelitten hat und am Kreuz mit ihm gestorben ist. Unschwer können wir erkennen, daß die Hierarchie der Dreieinigkeit aus einer systemischen, synchronen Perspektive zu deuten ist, und zwar je nach Dimension: identisch/nicht identisch, übergeordnet/untergeordnet.

Die animologischen Kontroversen

Die großen animologischen Kontroversen sind nicht weniger synchron, entwickeln sie sich doch nach folgendem Schema:

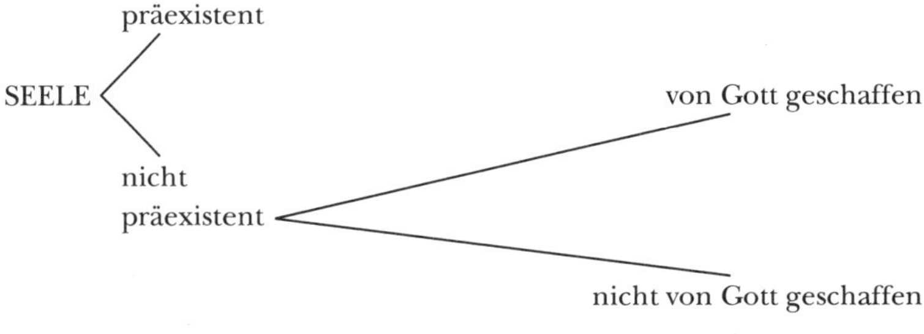

Die Vorstellung von der Präexistenz der Seele geht zurück entweder auf die klassische platonische Metensomatose oder aber auf den Origenismus, der sich als eine eher trügerische Lehre erweist, die davon ausgeht, daß die Seele auf der Leiter der subtilen Lebewesen jeweils unterschiedlichen Sprossen zugeteilt wird, je nach ihren Verdiensten oder Nichtverdiensten.

Wenn die Seele nicht präexistent ist, wird sie entweder von Gott neu geschaffen (eine Vorstellung, die zuletzt orthodox wird), oder sie entsteht aus der Multiplikation der Seelen der Eltern (Traduzianismus, eine von Tertullian vertretene Lehrmeinung, die zunächst Vorrang hat vor dem Kreatianismus).

Die Kontroversen über die Willensfreiheit

Schließlich lassen sich auch die großen Kontroversen über die Willensfreiheit synchron darstellen, sowohl zur Zeit Augustins als auch zu der Luthers.

Augustinus widerspricht Pelagius, der behauptet, die Erbsünde sei außerstande, den freien Willen zu behindern. Augustinus erklärt dagegen, Gott habe den Menschen erschaffen und ihn mit dem freien Willen begabt, zwischen dem Guten und dem Bösen zu wählen, doch da er das Böse gewählt hat, geht er der Gabe verlustig, sich voll und ganz dem göttlichen Willen zu fügen. Aus eben diesem Grund ist die Gnade für ihn unerläßlich, auf daß er erlöst werden kann. Ebenso hält Luther Erasmus entgegen, der Mensch sei unter diesen Bedingungen wohl eher mit einem *servum arbitrium* (Unfreiheit des Willens) als mit einem *liberum arbitrium* (Freiheit des Willens) ausgestattet.

Außerdem, so erklärt Augustinus, hat Gott für alle Ewigkeit entschieden, wer erlöst wird und wer nicht, und er gewährt seine Gnade nach einem ewigen Entschluß. Die Zahl der Prädestinierten *(numerus praedestinatorum)* steht fest und entspricht genau der Zahl der im Himmel durch den Fall der Engel frei gewordenen Plätze; die übrigen Menschen sind negativ prädestiniert und gehören also zur *massa perditionis,* zur Masse der Verderbnis. Das Konzil von Orange (529) erklärt die augustinische Vorstellung für orthodox, doch das Konzil von Quiercy (853) verwirft die Idee einer doppelten Prädestination (positiv und negativ), denn die *massa perditionis* ist nicht von Gott vorherbestimmt, sondern nur auf Grund ihrer schlechten Wahl der ewigen Strafe ausgeliefert.

Die Reformation belebt die Debatte über die Prädestination aufs neue, der in den von Luther aufgeworfenen Fragen der Lehrmeinungen eine zentrale Bedeutung zukommt. Unter dem Druck von Melanchthon verzichtet die orthodoxe evangelische Lehre dann auf die Diskussion über die Prädestination, die der Calvinismus jedoch wieder aufgreift. Die Synode von Dort (Niederlande, 13. November 1618–9. Mai 1619), die von Vertretern der reformierten Konfession abgehalten wird, bestätigt dann wiederum den doppelten Charakter der Prädestination (positiv und negativ).

Die gleiche systemische Perspektive, die wir hier auf einige Probleme angewandt haben, läßt sich auch für das Studium der christlichen Theologie insgesamt benutzen.

Das christgemäße Leben

Das christliche Leben hat mehrere Dimensionen. In bestimmten Konfessionen spielt das liturgische Jahr eine große Rolle; im Mittelpunkt stehen die Geburt Christi, die laut Überlieferung am 6. Januar gefeiert und später dann auf den 25. Dezember, das Mithrafest *Sol invictus,* verschoben wird, und Ostern mit einer ehemals sehr strengen vierzigtägigen Fastenzeit vor der darauffolgenden Wiederauferstehungsfeier. Die Eucharistie, also das Spenden der geweihten Hostie und des geweihten Weins, betrachten die Katholiken und die Orthodoxen als eines der Sakramente, von Jesus Christus persönlich gestifteten Riten (bei den Katholiken: Taufe, Firmung, Eucharistie, letzte Ölung, Ehe, Weihe, Buße). In den einzelnen Epochen wird sie unterschiedlich oft gefeiert. Bei den Katholiken nimmt die Häufigkeit ständig zu, bis sie zuletzt nach dem Zweiten Vatikanischen Konzil zur täglichen Übung wird. In allen Konfessionen ist das moralische Leben des Christen von besonderer Bedeutung. Man ist fast geneigt zu sagen, das Interesse für die Moralität überwiege immer stärker in den protestantisch-reformierten Kirchen wie beispielsweise der calvinistischen, doch das hieße, die Rolle verkennen, die sie anderswo spielt.

Obwohl die christlichen Kirchen herkömmlicherweise die patriarchalischen Werte zu untermauern pflegen, haben sie gleichwohl in den Orden eine Zuflucht für viele Frauen geschaffen, die auf diese Weise Zugang zur Kultur und eine gewisse Unabhängigkeit gewannen, die andernorts nicht möglich gewesen wäre. Zahlreiche Forscher wie Ida Magli, Rudolph Bell, Dagmar Lorenz haben festgestellt, daß in der Gesellschaft des Mittelalters und der Renaissance Religion und Prostitution die einzigen Möglichkeiten für eine Frau waren, unabhängig zu sein. Folglich hat die Gründung von Nonnenklöstern eine neue, sehr positive Interpretation erfahren. Die Schließung der Nonnenklöster und der Zwang zur Ehe im Luthertum des 16. Jahrhunderts dagegen werden heute verantwortlich gemacht für die entwürdigende Dichotomie, nach der in bestimmten Gesellschaften noch immer verheiratete und unverheiratete Frauen unterschiedlich beurteilt werden. Während der großen Hexenverfolgungen und auch später noch war in Deutschland das weibliche Zölibat einem Verdacht ausgesetzt, der sich leicht in Repressionen verkehren konnte, auf das männliche Zölibat jedoch nicht zutraf. Wie Prudence Allen nachweist, verallgemeinert der Triumph der aristotelischen Lehre im 13. Jahrhundert die christliche Abwertung der Frau. Aristoteles ist in der Tat der Vater einer Theorie, die eine ihrer letzten Abwandlungen in der Freudschen These vom «Verlust des Penis» (Penisneid) enthält: die Frau ist ein unvollkommener defekter Mensch, sofern ihre weiblichen Organe nicht zur Entstehung eines neuen Lebewesens beitragen. Zusammen mit den üblichen unbegründeten und nicht stichhaltigen Vorurteilen wie etwa der weiblichen sexuellen Unersättlichkeit, die den Mann ins Verderben stürzt, oder der «Irrationalität» der Frau, die beide ihre privilegierten Beziehungen zum Teufel erklären sollen, hat diese These zu jener Verfolgung der Weiblichkeit geführt, wie sie in Deutschland durch die päpstliche Bulle *Summis desiderantes affectibus* (1494) und durch den *Malleus maleficarum* (Hexenhammer, 1496) von den Inquisitoren Institoris und Sprenger ausgelöst worden ist; ein Jahrhundert später artet sie dann in eine wahre Hexenjagd aus, die nach den Untersuchungen J. B. Russels in den vom Protestantismus geprägten Ländern ungleich viel grausamer ist.

Die stärkste christliche Hoffnung ist stets das Fortleben nach dem Tode gewesen und die himmlische Belohnung für die im Leben angehäuften Verdienste. Gleichermaßen fand das Verschulden seine Bestrafung in der Hölle. Das Jüngste Gericht sollte die Kasteiungen und die vergänglichen Gnadenbeweise verewigen. Die Vorstellung eines Purgatoriums zur Sühne läßlicher Sünden tauchte – wie Jacques Le Goff in *Die Geburt des Fegefeuers* (1984) glänzend schildert – erst zwischen 1024 und 1254 auf, in einer Zeit also, die ungefähr zusammenfällt mit der außergewöhnlich raschen Zunahme der Apokalypsen, die einen Besuch im Paradies und in der Hölle beschreiben. Die älteste ist eine *Visio Beati Esdrae*, vermutlich aus dem 10. Jahrhundert; darauf folgen die irische Vision von Adhamhnán (11. Jahrhundert), die Vision Alberichs von Montecassino (1111–1127), die Vision des Tundalus (1149), der Traktat über das Fegefeuer des heiligen Patrick (1189) usw. Aus dieser Tradition stammt zuletzt auch die *Divina Commedia* (Göttliche Komödie) des Florentiners Dante Alighieri, die nichts zu tun hat mit den islamischen Schilderungen des *mi'raj* des Propheten.

Die christliche Mystik

Wir können diese Seiten unmöglich abschließen, ohne vorher einen Überblick über die reiche mystische christliche Tradition zu geben, die sich als eine Art kontemplativer platonischer Askese darstellt und Hand in Hand geht mit Andachts- und zuweilen auch Liturgieübungen. Der christliche Mystizismus in seinem historischen Reichtum umfaßt sozusagen die gesamte vorstellbare mystische Phänomenologie, wobei jedoch die Ekstase stärker hervortritt als die Selbstbetrachtung. Das mystische Erlebnis sucht die Vereinigung mit Gott im vollkommenen Vergessen des Körpers und der Welt. Als erster umreißt und erklärt Origenes das Wesen einer solchen Erfahrung, die zuletzt jedoch neuplatonische Vorstellungen übernimmt, ohne aber darüber die charakteristische Dimension der *Liebe* zu verlieren, die sie vom Neuplatonismus unterscheidet. Der unbekannte Verfasser, Schüler des neuplatonischen Atheners Proklos (410/412–485), der unter dem Namen Dionysius Areopagita, Jünger des Apostel Paulus, schreibt, führt eine Form von Mystizismus ein, der durch die Betonung des unerkennbaren Wesens Gottes (negative oder apophatische Theologie) den Weg für eine ganze Tradition ebnet, die zwar stets «ekstatisch» bleibt, jedoch ebenso der Mystik des Leeren gleicht, wie sie im Buddhismus lebendig ist. Der Zustand von *fana* im Sufismus, der Gott von Meister Eckhart (1260–1327), von Jan van Ruusbroc (1293–1381) und von Johannes Tauler (1300–1361), die *noche oscura* des Karmeliters Jean de la Croix (1542–1591), Schüler der berühmten ekstatischen Mystikerin Theresa von Avila (1515–1582), die Verwirrung des schlesischen Protestanten Jakob Böhme (1575–1624) angesichts des unergründlichen (und folglich fast diabolischen) Wesens von Gott-Vater – dies alles geht zurück auf die negative theologische Denkweise, die übrigens meisterhaft in der Spekulation der großen Nominalisten des 12.–15. Jahrhunderts ausgebildet ist. Aber wie Michel Meslin (*L'Expérience humaine du divin*, 1988) sehr gut darlegt, ist es unmöglich, den Mystizismus der Liebe vom Mystizismus des Leeren zu trennen, der zuweilen nur eine Etappe (die Wüste, die Macht) auf dem mystischen Weg zu sein scheint. Hier greift der spekulative Mystizismus ein, der die einzelnen Stadien der mystischen Erfahrung aufzählt. Sein Vorbild ist eben jener Dionysius Areopagita; seine Tradition verbreitet sich im Osten und im Westen und reicht von Johannes Klimakos (gest. etwa 650), dem Verfasser der *Scala (klimax) Paradisi* (Himmelsleiter), der eine Hierarchie mystischer Erfahrung in dreißig Stufen vorschlägt, bis hin zu dem heiligen Franziskaner Bonaventura aus Bagnoregio (1221–1247), dem Verfasser des *Itinerarium mentis in Deum*.

Wenn jede Mystik der Liebe nach dem berühmten Ausspruch von Thomas a Kempis (1379/80–1471) eine Nachfolge Christi bedeutet, so muß hier noch unbedingt auf eine durch und durch weibliche Form der mystischen Erfahrung eingegangen werden, die man als Mystik der Eucharistie bezeichnen könnte. Es handelt sich dabei nicht um eine einfache Variante des weiblichen Mystizismus der Liebe, der hervorragend dargestellt wird von der Benediktinerin Juliana von Norwich (1342 bis etwa 1416), von Theresa von Avila, von Theresa von Lisieux (1873–1897) und noch von vielen anderen. Außerdem wäre es viel zu eng gesehen, wollte man alle mystischen Frauen einfach unter die Rubrik des Mystizismus der Liebe einordnen; eine Visionärin wie Hildegard von Bingen (1098–1179) erforscht alle Erscheinungsformen des Mystizismus.

Der Historiker Rudolph Bell hat geglaubt, Symptome nervöser Appetitlosigkeit bei zahlreichen italienischen Mystikerinnen vom 13. bis zum 17. Jahrhundert feststellen zu können, so bei Klara von Assisi (etwa 1194–1253), die mystische Gefährtin von Franz von Assisi (1181–1226), Umiliana de' Cerchi (1219–1246), Margareta von Cortona (1247–1297), Katharina von Siena (1347–1380), Benvenuta Bojani (geb. 1255), Angela von Foligno (gest. 1309), Francesca Bussa (geb. 1384), Eustachia von Messina (gest. 1485), Colomba von Rieti (geb. 1466) und Orsola Veronica Giulliani (1660–1727). Caroline Bynum Walker hat noch weitere Fälle aus anderen Teilen Europas zusammengetragen, die eine suggestive Deutung des Phänomens nahelegen. Bynum verwirft die Analogie mit der von Bell herausgestellten nervösen Appetitlosigkeit. Ihrer Ansicht nach gehen das Fasten und die anderen zuweilen ungewöhnlichen Kasteiungen, denen sich diese mystischen Frauen unterziehen, in Wirklichkeit zurück auf ein positives Verständnis ihrer Rolle in der Welt. Für sie wird die Eucharistie, in der Christus sich in nahrhaftes Brot verwandelt, zum Symbol ihrer eigenen Verwandlung: Indem diese Mystikerinnen auf jede Nahrung verzichten, *verwandeln sie sich selbst in Nahrung.* Diese revolutionäre Interpretation von Bynum widerlegt die hermeneutische Tradition, in jeder Kasteiung ein Beispiel von Dualismus zu suchen.

Während sich im Okzident der Mystizismus in vier Strömungen entwickelt, die sich wechselseitig ohne strenge Abgrenzung durchdringen (negative Theologie, Liebe, spekulative und eucharistische Mystik), schlägt er im Orient mit dem von Gregorios Palamas (1298–1359) gegründeten Hesychasmus eine mehr technische Richtung ein, die mit ihren Visualisations-, Atmungs- und Meditationsübungen («Gebet des Herzens») eher an Yoga und bestimmte Methoden des Sufismus erinnert. Der Hesychasmus wird von den Mönchen des Klosters Athos praktiziert und in der gesamten orthodoxen Welt, insbesondere in Rußland, verbreitet, und zwar durch die Ende des 18. Jahrhunderts unter dem Titel *Philokalia* gesammelten Schriften. Die typisch russische Institution des *Starez,* des orthodoxen Gurus und Marabuts zugleich, ist eine lokale Interpretation des Hesychasmus. Eine andere Form des russischen Hesychasmus, die dem Original näherkommt und für die Massen in den Einrichtungen des Starezismus geschaffen wurde, ist das «ewige Gebet», das darin besteht, den Namen von Jesus Christus wie einen *mantra,* einen heiligen Spruch, im Geist ständig zu wiederholen.

Literatur

Eliade, GrI 2/219–240; 3/252–258; 266–271; 293–311.

Allgemein

Karl Andresen (Hg.), Handbuch der Dogmen- und Theologiegeschichte, 3 Bde., Göttingen 1980.

Wolfgang Beinert/Gerfried Hunold/Karl-Heinz Weger (Hg.), Texte zur Theologie, Graz/Wien/Köln 1989ff.

Karlmann Beyschlag, Grundriss der Dogmengeschichte, Darmstadt 1982.

Alois Dempf, Religionssoziologie der Christenheit. Zur Typologie christlicher Gemeinschaftsbildung, München 1972.

Georg Denzler, Die verbotenen Lust. 2000 Jahre christliche Sexualmoral, München 1988.

Peter Eicher (Hg.), Neue Summe Theologie, 3 Bde., Freiburg 1990.

August Franzen, Kleine Kirchengeschichte, Freiburg 1989.

Hubert Jedin (Hg.), Handbuch der Kirchengeschichte, 7 Bde., Freiburg 1985.

Friedrich W. Kantzenbach, Christentum in der Gesellschaft. Kleine Sozialgeschichte des Christentums, 2 Bde., Saarbrücken 1988.

Oskar Köhler, Kleine Glaubensgeschichte. Christsein im Wandel der Weltzeit, Freiburg 1982.

Bernd Moeller, Geschichte des Christentums in Grundzügen, Stuttgart 1987.

Heiko Oberman/Adolf Ritter/Hans Krumweide (Hg.), Kirchen- und Theologiegeschichte in Quellen, 4 Bde., Neukirchen-Vluyn 1977–1981.

Wolfgang Schnabel, Grundwissen zur Theologie- und Kirchengeschichte. Eine Quellenkunde, Gütersloh 1989.

Frühkirche und Antike

Berthold Altaner/Alfred Stuiber, Patrologie. Leben, Schriften und Lehre der Kirchenväter, Freiburg 1980.

Norbert Brox, Kirchengeschichte des Altertums, Düsseldorf 1986.

Ders., Schriften der Kirchenväter, 10 Bde., München 1983.

Hans von Campenhausen, Griechische Kirchenväter, Stuttgart 1986.

Ders., Lateinische Kirchenväter, Stuttgart 1986.

Ioan P. Couliano, Les Gnoses dualistes d'Occident, Paris 1990.

Kurt Rudolf, Die Gnosis. Wesen und Geschichte einer spätantike Religion, Göttingen 1980.

Ders. (Hg.), Gnosis und Gnostizismus, Darmstadt 1975.

Mittelalter

Arnold Angenengt, Das Frühmittelalter. Geschichte des abendländischen Christentums von der Völkerwanderung bis zum Reich Karls des Grossen, Stuttgart 1989.

Dieter Bauer/Peter Dinzelbacher (Hg.), Volksreligion im hohen und späten Mittelalter, Paderborn 1988.

Dieter Berg/Horst Steur (Hg.), Juden im Mittelalter, Göttingen 1976.

Ioan P. Couliano, Expériences de l'extase, Paris 1984.

Karl S. Frank, Frühes Mönchtum im Abendland, 2 Bde., München 1975.

Jacques Le Goff, Die Geburt des Fegefeuers. Vom Wandel des Weltbildes im Mittelalter, Stuttgart 1984.

Martin Grabmann, Mittelalterliches Geistesleben, 3 Bde., Hildesheim 1985.
Herbert Grundmann, Ketzergeschichte des Mittelalters, Göttingen 1978.
Alois M. Haas, Gottleiden – Gottlieben. Zur volkssprachlichen Mystik im Mittelalter, Frankfurt 1989.
Wolfhart Heinz, Die Welt der Ritterorden, Wien 1978.
Lambert Malcolm, Ketzerei im Mittelalter, München 1981.
Michel Meslin, L'expérience humaine du divin, Paris 1988.
Friedrich Prinz, Askese und Kultur. Vor- und frühbenediktinisches Mönchtum an der Wiege Europas, München 1980.
J. B. Russell, Dissent and Reform in the early Middle Ages, Berkeley/Los Angeles 1965.
Richard W. Southern, Kirche und Gesellschaft im Abendland des Mittelalters, Berlin 1976.
Walter Ullmann, Kurze Geschichte des Papstums im Mittelalter, Berlin 1978.

Reformation und Neuzeit

Kurt Aland, Die Reformatoren. Luther, Melanchthon, Zwingli, Calvin mit einem Nachwort zur Reformationsgeschichte, Gütersloh 1986.
Barbara Becker-Cantarino (Hg.), Die Frau von der Reformation zur Romantik, Bonn 1987.
Heinrich Bornkamm, Das Jahrhundert der Reformation. Gestalten und Kräfte, Frankfurt 1983.
Ioan P. Couliano, Eros et Magie à la Renaissance, Paris 1984.
Richard van Dülmen, Religion und Gesellschaft. Beiträge zu einer Religionsgeschichte der Neuzeit, Frankfurt 1989.
Friedrich Heya, Die katholische Kirche von 1648 bis 1870, Göttingen 1963.
Hubert Jedin, Kleine Konziliengeschichte mit einem Bericht über das zweite Vatikanische Konzil, Freiburg 1986.
Heiko Oberman, Die Reformation. Von Wittenburg nach Genf, Göttingen 1986.
Edgar Wind, Heidnische Mysterien in der Renaissance, Frankfurt 1987.
Rainer Wohlfeil, Einführung in die Geschichte der deutschen Reformation, München 1982.
Ernst W. Zeeder, Konfessionsbildung. Studien zur Reformation, Gegenreformation und katholischen Reform, Stuttgart 1985.

Der Islam

Das Wort *islam* kommt von der vierten Verbalform der Wurzel *slm: aslama,* «sich hingeben», was soviel bedeutet wie «Hingabe (an Gott)». *muslim,* Muselman, ist das dazugehörige Partizip im Aktiv: «derjenige, der sich (Gott) hingibt».

Der Islam, eine der bedeutendsten Religionen der Menschheit, ist heute auf allen Kontinenten anzutreffen: Er herrscht im Mittleren Orient, in Kleinasien, im Kaukasusgebiet, im Norden des indischen Subkontinents, in Südasien und Indonesien, in Nord- und Ostafrika.

Arabien vor dem Islam, das ist das Territorium des semitischen Polytheismus, des arabisierenden Judentums und des byzantinischen Christentums. Die Gebiete im Norden und im Osten, durch welche die großen Handelsstraßen führten, waren stark beeinflußt vom Hellenismus und von den Römern. Zur Zeit Mohammeds hatte der Kult der Stammesgötter die frühere Astralreligion der Sonne, des Mondes und der Venus weit zurückgedrängt. Als oberste Stammesgottheit wurde ein Stein, vielleicht ein Meteorit, ein Baum oder ein Holz verehrt. Für sie wurden Heiligtümer errichtet, Opfergaben dargebracht und Tiere geschlachtet. Die Existenz allgegenwärtiger Geister, die gelegentlich auch boshaft sein konnten, *Dschinn* genannt, waren vor und auch nach dem Heraufkommen des Islam noch allgemein anerkannt. Al-lah, «Gott», wurde neben den großen arabischen Göttinnen verehrt. Die Feste, die Fastenzeiten und die Wallfahrten zählten zu den wichtigsten religiösen Bräuchen. Der Henotheismus und der Monotheismus des al-Rahman-Kultes waren ebenfalls bekannt. Große und mächtige jüdische Stämme siedelten sich in den Stadtzentren an, wie in der Oase von

Yathrib, die später dann Medina (*Madina*, «die Stadt») heißen sollte. Die christlichen Missionen können einige Neubekehrte (Proselyten) gewinnen (von denen einer zur Familie der ersten Frau Mohammeds gehörte). Im 6. Jahrhundert n. Chr. war Mekka *(Makha)* mit seinem Heiligtum der Kaaba, rund um den berühmten schwarzen Meteoriten erbaut, schon das religiöse Zentrum Zentralasiens und eine der wichtigsten Handelsstädte. Sein ganzes Leben hat Mohammed die dort vorherrschenden Sozialstrukturen, die derben Umgangsformen ihrer Bewohner, die ökonomischen Ungleichheiten und ihre dekadente Moral beklagt.

Mohammed

Mohammed wurde in Mekka als Sohn einer Kaufmannsfamilie (aus der Sippe der Haschemiten vom Stamm der Koraischiten) um das Jahr 570 geboren. Beim Tode seiner Eltern und seines Großvaters war er ein armer Mann und stürzte sich in das Geschäftsleben. Mit fünfundzwanzig Jahren heiratete er seine Arbeitgeberin, eine reiche vierzigjährige Witwe namens Khadija. Um 610 bei einer seiner einsamen Meditationen, die er in regelmäßigen Abständen in den Grotten bei Mekka abzuhalten pflegte, erlebte er seine ersten Visionen und hörte Offenbarungen. Laut Überlieferung erschien ihm der Erzengel Gabriel, zeigte ihm ein Buch und befahl ihm ausdrücklich, darin zu lesen (*Igra'!* «Lies!»). Mohammed entschuldigte sich mehrmals, er könne nicht lesen, doch der Engel ließ nicht von ihm ab, und der Prophet oder Apostel Gottes *(rasul)* konnte ohne Schwierigkeiten lesen. Gott offenbarte ihm, genau wie den Propheten Israels, die unvergleichliche göttliche Größe und die Erbärmlichkeit der Sterblichen im allgemeinen und der Mekkaner im besonderen. Eine Zeitlang sprach Mohammed nur im engsten Kreis über diese Offenbarungen und seine prophetische Mission, doch die Zahl seiner Getreuen wuchs ständig, und die Zusammenkünfte wurden immer häufiger. Nach drei Jahren begann Mohammed dann, seine monotheistische Botschaft zu verkünden, und er stieß auf große Ablehnung und wenig Zustimmung, so daß die Angehörigen seines Klans zuletzt für seinen Schutz sorgen mußten.

In den darauffolgenden Jahren empfing er noch zahlreiche weitere Offenbarungen, von denen mehrere in die Theologie des Koran eingehen sollten. Eine dieser Offenbarungen, die später widerrufen und Satan zugeschrieben wurde, sieht für drei sehr beliebte lokale Göttinnen eine Fürbitterinnenrolle bei Allah vor. Je mehr Anhänger sich um Mohammed scharten, um so heftiger wurde der Widerstand gegen seine Botschaft. Er wurde der Lüge bezichtigt, er wurde aufgefordert, Wunder zu tun und seine Eigenschaft als Prophet zu beweisen, kurz: sein Leben war in Gefahr. So suchte er also für seine Bewegung neue Wirkungsstätten, die ihm mehrere Klans in Medina anboten, einer 400 km nördlich von Mekka gelegenen Stadt, in der zahlreiche Juden lebten. Die Anhänger Mohammeds begannen, sich dort niederzulassen, und im Jahre 622 machten sich auch Mohammed selbst und sein Berater Abu Bakr heimlich auf den Weg nach Medina. Diese Begebenheit, *Hedschra* «Auswanderung» genannt, ist der Beginn der islamischen Ära. Doch die Umrechnung nach Jahren unserer Zeitrechnung ist nicht einfach durch Addition von 622 bis zum Jahre der Hedschra möglich, denn der religiöse islamische Kalender ist ein Mondkalender von nur dreihundertvierundfünfzig Tagen.

In den zehn Jahren, die er in Medina im Exil zubrachte, empfing Mohammed weitere Offenbarungen. Sie wurden niedergeschrieben und bildeten zusammen mit seinen Worten und Taten, den *hadith,* die ebenfalls ein Teil der Überlieferung sind, die Gesamtheit der muslimischen Lebensregeln. Während dieser Zeit befaßte sich Mohammed ständig mit dem religiösen Leben seiner Anhänger; außerdem unternahm er zahlreiche Strafexpeditionen gegen seine Feinde aus Medina, besonders aber aus Mekka, deren Karawanen er überfiel und im Sturm einnahm. Diese Unternehmungen mündeten zuletzt in einen Krieg zwischen den beiden Städten, in dessen Verlauf auch Unterhandlungen geführt wurden mit dem Ziel, die Mekkaner zu bekehren. Zuletzt belagerte und besetzte Mohammed mit seiner Armee Mekka, eben die Stadt, nach der sich die Gläubigen wenden zum Gebet *(qiblah)* und die der Wallfahrtsort *(Hadj)* aller Muselmanen geworden ist. Nachdem Mohammed den Islam zu einer gefürchteten Macht entwickelt hatte, starb er im Jahre 632 in Medina, ohne einen männlichen Erben zu hinterlassen.

Der Koran

Das Wort *Qur'an* (Koran) von *qara'a* «lesen, rezitieren» ist für die Mohammedaner das Wort Gottes, das von Gabriel dem Propheten Mohammed, dem letzten aus der Reihe der biblischen Propheten, überbracht worden ist. Es handelt sich, wenn man so will, um ein neues «Neues Testament», das der Bibel der Juden und Christen nicht widerspricht, sondern sie bestätigt und über sie hinausweist. Doch dem Koran fällt genau wie Jesu Christo in der platonischen Deutung des Johannes-Evangeliums und der Apostelgeschichte die Funktion des *Logos* zu, des ewigen Wortes des Schöpfergottes. Mohammed dagegen nimmt diese Funktion nicht auf sich: er läßt nicht gelten, daß sie von einem Menschenwesen ausgeübt werden kann, denn er, Mohammed selbst, auch wenn er auserwählt und ohne Fehl ist, bleibt gleichwohl ganz und gar Mensch. Mohammed und mehrere seiner Schreiber haben die meisten seiner Offenbarungen niedergeschrieben. Nach seinem Tode waren zahlreiche Schriftstücke vorhanden, und sehr viele Zeugen entsannen sich seiner Worte. Der vollständige Text des Koran wurde unter den ersten Kalifen festgelegt, alle Varianten wurden beseitigt. Der Koran besteht aus 114 Kapiteln, den sogenannten Suren, die sich aus einer unterschiedlichen Anzahl von Versen *(ayats)* zusammensetzen. Die Kapitel sind nicht chronologisch oder nach ihrem Inhalt geordnet, sondern im umgekehrten Verhältnis zu ihrer Länge, so daß sich die meisten frühen poetischen Offenbarungen aus Mekka am Ende der Sammlung befinden, während die längsten Suren am Anfang stehen. Jede Sure, bis auf eine, beginnt mit dem sogenannten *Basmallah*-Vers: «Im Namen Gottes, des Gütigen, des Barmherzigen» *(Basm-allah al rahman al-rahim).* Einige sind mit symbolischen Lettern versehen, womit vielleicht die Sammlung gemeint ist, in der sie erschienen sind. Das Buch ist in gereimter Prosa geschrieben, in schöner und machtvoller Bildersprache.

Das Erscheinen des Koran verwirklichte Mohammeds ursprüngliche Absicht, den Arabern den Zugang zur Gemeinschaft der «Völker des Buches», «der Schriftenbesitzer» zu öffnen, die wie die Juden und die Christen die Thora und die Evangelien empfangen hatten. Die beiden großen Themen des Koran sind der Monotheismus und die Macht Gottes sowie die Natur und das Geschick der Menschen in ihrem Verhältnis zu Gott. Gott ist der *eine* Schöpfer des Universums, der Menschen und der Geister; er ist wohlwollend und gerecht. Die Namen, die ihm beigegeben werden, umschreiben seine Eigenschaften: der Allwissende, der Allmächtige. Die Menschen sind bevorzugte Knechte des Herrn und in die Lage versetzt, die Befehle Gottes zu ignorieren, da diese häufig auch eine Versuchung des gefallenen Engels Iblis (Satan) darstellen können, der des Himmels verwiesen wurde, weil er sich weigerte, Adam zu verehren (2,31–33; diese Episode findet sich auch bereits in der Apokryphe *Das Leben von Adam und Eva*). Am Tag des Jüngsten Gerichts werden alle Menschen wieder auferstehen; sie werden gewogen und fahren für alle Ewigkeit zur Hölle oder ins Paradies. Der Koran greift mehrere biblische Berichte neu auf (Adam und Eva, die Abenteuer von Joseph, den Monotheismus Abrahams und Ismaels) sowie zahlreiche moralische Ermahnungen, die zusammen mit dem uns überlieferten Lebenslauf des Propheten die Grundlage bilden für das islamische Gesetz *(Scharia)*. Großzügigkeit und Wahrhaftigkeit werden gefordert, während der Egoismus der Kaufleute von Mekka unwiderruflich verdammt ist. Die fundamentalen Pflichten im religiösen Leben des Muselmanen sind die täglichen Gebete *(salat)*, das Almosen oder die Armensteuer, das Fasten im Monat Ramadan und die Wallfahrt nach Mekka. Die Form des öffentlichen muselmanischen Kults wird Ende des 7. Jahrhunderts endgültig festgelegt. Jeder Muselmane ist verpflichtet, die fünf täglichen Gebete zu sprechen, die der Muezzin hoch oben auf dem Turm des Minaretts *(manarah)* durch den *adhan* (Zusammenrufung) anstimmt. Der Muselmane muß sich nicht in der Moschee einfinden. Wo immer er gerade ist, muß er zuerst die rituellen Reinigungen *(wudu')* vollziehen, sich nach Mekka wenden *(qiblah)*, die koranischen Sprüche rezitieren wie die *schahadah* (das muselmanische Glaubensbekenntnis) und den *takbir* (*Allahu akbar,* «Gott ist groß») und sich zwei oder mehrere Male tief verneigen *(raka'at)*. In der Moschee ist für die *qiblah* die sogenannte *mihrab*-Nische vorgesehen. Die gemeinsamen Gebete finden auch unter der Leitung eines Imam statt. Jeden Freitag *(yawm al-jum'ah)* hält der *khatib* (ein Vertreter des Kalifen oder seines Statthalters) in der Hauptmoschee von einer Kanzel *(minbar)* herab eine Predigt *(khutbah)* vor den versammelten Gläubigen. In den Moscheen ist kein Altar, denn sie sind keine Opfertempel wie einige christliche Kirchen, und auch keine Stätten, wo die heiligen Rollen der schriftlich niedergelegten Offenbarung aufbewahrt werden wie in den jüdischen Synagogen. Die Moschee *(masjid)* ist jedoch ein heiliger Ort; dort kann sich das Grab eines Heiligen oder eine Reliquie des Propheten befinden.

Soziale und gesetzliche Reformen folgten auf die religiöse Reform Mohammeds. So erklärt sich, daß die muselmanische Überlieferung die Grundlage der zivilen Rechtsordnung bildet, die Verhaltensregel der Ehegatten unter sich, der Eltern und Kinder, der Sklavenbesitzer, der Muselmanen gegenüber Nichtmuselmanen regelt. Wucher ist verboten, die Ernährungsweise ist vorgeschrieben. Die Situation der Frauen bessert sich langsam; sie erhalten heute die Hälfte des Erbes, das einem Mann zusteht. Die koranische Kasuistik setzt die Zahl der erlaubten Ehefrauen auf vier fest, empfiehlt jedoch, sich nur eine Frau zu nehmen. Die Urteile, welche die Gelehrten in dieser Frage gefällt haben, sind widersprüchlich.

Nachfolge und Spaltung

Als beim Tode Mohammeds (632 n. Chr.) sein Vetter und Schwiegersohn Ali ibn Abi Talib und sein Onkel Ibn Abbas voller Andacht am leblosen Körper wachten, versammelten sich nebenan die anderen Anhänger, um einen Nachfolger oder Kalifen (*khalifah,* von *khlf* «folgen») zu wählen. Von nun an bedeutet dieser Titel, daß der Kalif zwei Funktionen auf sich vereint, die bei allen anderen Menschen getrennt bleiben sollten: die militärische Funktion eines Befehlshabers aller Gläubigen *(amir almu'minin)* und die religiöse Funktion des Imamen der Muselmanen *(imam al-muslimin).* Nach langen Beratungen ernannte die Versammlung bei Tagesanbruch zum ersten Nachfolger Abu Bakr, den Schwiegervater des Propheten und Berater des Hedschra in Medina, den Mohammed dorthin entsandt hatte, damit er an seiner Stelle die Leitung der gemeinsamen Gebete übernahm. In den zwei Jahren seines Kalifats festigte Abu Bakr endgültig die muselmanische Vorherrschaft in Arabien und führte Feldzüge gegen die aufrührerischen Beduinen und das byzantinische Syrien. Nachfolger von Abu Bakr und zweiter Kalif in der sunnitischen Nachfolge war Omar (634–644), der Syrien und einen großen Teil Ägyptens sowie Mesopotamiens eroberte. Mit dem Tode Omars setzten die großen religiösen Spaltungen ein, die am Ende zu einer hohen Zahl von Sekten führen, die traditionsgemäß mit 272 angegeben wird. In der Tat rechnen die Anhänger von Ali, dem Vetter und Schwiegersohn des Propheten, nachdem er dessen Tochter Fatima geheiratet hatte, fest damit, daß Ali jetzt die Kalifenwürde übertragen werde, doch der Aristokrat Othman (644–656) aus der Familie der Omajjaden aus Mekka, ehemaliger Gegner Mohammeds, wurde statt seiner gewählt. Die Ideologie der schiitischen *rawafids* (jene, welche die ersten Kalifen verstoßen; «Anhänger» von shi at Ali, «Partei Alis») fordert, die Nachfolge solle auf den engsten Familienkreis begrenzt werden. Nach ihrer Vorstellung muß der Kalif nicht nur Quraischite, sondern auch Haschemite und Fatimide sein, was so viel heißt wie, er dürfe nicht allein aus dem Stamm des Propheten, sondern müsse auch aus seiner Familie kommen und das legitime Kind aus der Ehe Fatimas mit Ali ibn Abi Talib sein. Mit anderen Worten, die Schia will eine Alidendynastie gründen, doch das Los fällt auf die Omajjadendynastie.

Von einer Gruppe der Ali-Anhänger ermordet wird im Jahre 665 der Omajjade Othman, welcher die Mörder nicht verrät. Ali wird zum Kalifen gewählt, der vierte in der Nachfolge der Sunniten, und sieht sich einem gefürchteten Paar gegenüber, das ihn der Komplizenschaft in dem Mordfall anklagt: der mächtige omajjadische Gouverneur von Syrien Moawija und sein durchtriebener listiger General Amr ibn al-As, dem Eroberer von Ägypten. Als Ali gerade im Begriff war, die Schlacht von Siffin am oberen Euphrat gegen Moawija zu gewinnen (657), ließ Amr ibn al-As Seiten aus dem Koran an die Lanzen seiner Männer binden, und die Armee von Ali wich zurück. Eben dieser 'Amr ibn al-As schlug dann einen Schiedsspruch zwischen Ali und Moawija vor und zeichnete ein so geschicktes Bild des letzteren, daß sich die Schiiten geschlagen gaben. Eine neue Komplikation tauchte auf, die Ali noch tiefer in Selbstzweifel verstrickte: Ein beträchtlicher Teil seiner Armee, die Charidschiten *(kharijiten)* oder «Schismatiker» par excellence (von *khrj* «austreten, weggehen»), erkannte den Schiedsspruch nicht an mit der Begründung, «es kann kein anderes Urteil geben als das Gottes» *(la hukmatu illa Allah)*. Die Charidschiten, die Puritaner des Islam, kümmerte die Festlegung der dynastischen Nachfolgereihe wenig. Nach ihnen sollte die Kalifenwürde durch Wahl verliehen werden und dem gottesfürchtigsten und frömmsten Muselmanen ohne Ansehen des Stammes oder der Rasse zuerkannt werden. Wenn ein äthiopischer Sklave sie verdiene, so habe er größere Rechte als ein Quraischite, das Amt des Kalifen zu übernehmen. Auch noch andere Teile ihrer Lehre mißfielen den meisten Muselmanen, für die der Verlust der Mitgliedschaft in der Gemeinschaft der Gläubigen *(ummah)* ebenso schwer, wenn nicht gar noch schwerer wog als eine Exkommunikation in der mittelalterlichen Christenheit. Doch im Gegensatz zu den späteren Puritanern im Christentum verfochten die puritanischen Muselmanen die Meinung, der Glaube allein genüge nicht, es bedürfe auch der Taten, damit die Ernsthaftigkeit eines Gläubigen überzeugen könne. Folglich gehört ein Muselmane, der sündigt, nicht länger der Gemeinschaft der Gläubigen an. Dieses aufrichtige Bemühen um die moralische Reinheit ging bei den Charidschiten Hand in Hand mit dem Bestreben, auch die historische Wahrheit wiederherzustellen; sie verkündeten also, nicht der gesamte Koran sei «offenbart». Statt Moawija zu bekämpfen, wandte sich Ali gegen die Charidschiten, die sich nun ihrerseits von Moawija abkehrten und Ali im Jahre 661 durch ein Attentat beseitigten. Das Kalifat fiel wieder an Moawija, den Begründer der Omajjadendynastie von Damaskus (661–750).

Territoriale Ausbreitung

Die vier ersten Kalifen (632–661) hatten den Vorderen Orient vom Iran bis nach Ägypten erobert. Im Jahre 635 fiel Damaskus, um 638 ergaben sich dann Jerusalem, Antiochia und Basra. Weitere Eroberungen folgten rasch aufeinander: Persien (637–650), Ägypten (639–642). Von 661–750 setzten die Omajjaden aus Damaskus die territoriale Ausdehnung des Kalifats nach Osten (Afghanistan) und nach Westen (Nordafrika und Spanien) fort. Geschickt wußten sie den Partikularismus der Berber zu nutzen, die sich jedoch der Eroberung zu widersetzen vermochten, indem sie das Instrument der Spaltung (besonders bei den Charidschiten) einsetzten; im Jahre 711 durchquerte dann die muselmanische Armee Ifriqiya (den Norden Afrikas) und erreichte *Maghrib al-aqsa* im äußersten Westen, die Meerenge von Gibraltar. Vermutlich mit Hilfe des byzantinischen Gouverneurs von Ceuta und den aus den Stadtzentren vertriebenen Juden konnten sie dann Andalusien, al-Andalus (Etymologie unbekannt, vielleicht *Vandalicia*), das

Westgotenreich auf der iberischen Halbinsel erobern, zu dem das heutige Spanien und Portugal gehörten. Nach dem Fall der Hauptstadt Toledo waren die Araber die unumschränkten Herrscher bis zu den Pyrenäen. Ihr Vormarsch kam dann in den Bergen zum Stehen, vor allem als Karl Martell in Poitiers 732 ihrem Vordringen in Frankreich Einhalt gebot. Nach der Absetzung im Jahre 750 durch die Abbassiden von Bagdad fanden die letzten Omajjaden Zuflucht in al-Andalus. Das prunkvolle Kalifat von Cordoba hielt sich von 750 bis zur anarchistischen Periode der Kleinkönigreiche (*reyes de taifas:* von 1031 bis 1090), als die christlichen Staaten Nordspaniens nach entscheidenden Durchbrüchen im Jahre 1085 Toledo einnahmen. Spanien, das nacheinander von den berberischen Dynastien der Almoraviden (1090–1145) und der Almohaden (1157–1223) beherrscht wurde, sollte nach und nach von den Muselmanen geräumt werden, die sich jedoch noch bis 1492 auf einem schmalen Gebietsstreifen an der Mittelmeerküste in Granada im Emirat der Nasriden halten konnten. Im Jahre 827 brachen die Aghlabiden auf Ifriqiya auf zur Eroberung Siziliens und Süditaliens, wo sie von den Byzantinern zurückgetrieben wurden. Die Insel wurde 902 besetzt, 909 dann fatimidisch und war 948 fast unabhängig. 1091 wurde sie von den Normannen erobert.

Vom 11. Jahrhundert an sind die Türken die starken Männer des Islam. Im 10. Jahrhundert waren sie islamisiert worden, unter ihnen besonders die Seldschuken, die sich im Jahre 1058 des Abbassidenthrones bemächtigten. 1258 wurden sie von den Mongolen (um 1300 islamisiert) wieder gestürzt, die den Irak besetzten, dort dann aber endgültig von den türkischen Mamluken aufgehalten wurden, die bis zur ottomanischen Besetzung im Jahre 1517 Ägypten kontrollierten. Vom 14. bis zum 19. Jahrhundert ist das mächtige, 1301 in Kleinasien gegründete osmanische Reich der wichtigste Sitz des Islam. 1453 nehmen die Osmanen Konstantinopel ein, das sie zu ihrer Hauptstadt (Istanbul) machen. Im Osten errichten die Mamlukentürken ihr Sultanat in Delhi (1206–1526). Von 1526 bis 1658 wird der Norden Indiens dem islamischen Reich der Großmoguln, Nachfolger der Mongolen, unterworfen. Indonesien und Malaysia werden über die sie mit den muselmanischen Ländern verbindenden Handelsstraßen bekehrt. Dasselbe gilt für bestimmte Gebiete der südlichen Sahara in Afrika.

Schismen

Die Schismen des Islam haben stets drei unentwirrbare Dimensionen: eine genealogische, eine theologische und eine politische. Trotz unterschiedlicher Standpunkte stellen die großen Religionsgruppen die Zugehörigkeit ihrer Widersacher zum Islam nicht in Frage, lediglich ihre Strenggläubigkeit. Der Islam grenzt tatsächlich nur bestimmte Sekten der *ghulats* oder «Extremisten» aus, welche die Göttlichkeit der Imamen und den Glauben an die Metensomatose der Seelen *(tanasukh al-arwah)* verkünden.

Fatima hatte von Ali zwei Söhne: Hasan und Husain. Beim Tode Alis ermutigten die Schiiten aus dem Zentrum Kufa im Irak Hasan, er solle das Kalifat für sich beanspruchen; doch Hasan verzichtete öffentlich für einen sehr hohen Preis und beendete seine Tage in Medina, 670 oder 678. Beim Tode Moawijas im Jahre 680 wollten Husain und sein Gefolge zu ihren Anhängern in Kufa stoßen, wurden jedoch von Reitern abgefangen, die Yazid, der Sohn und Nachfolger Moawijas, ausgesandt hatte. Am 10. Muharram (Oktober) 680 wurde Husain in einem Scharmützel in Karbala getötet. Bis zum heutigen Tag ist *Ashura,* der «zehnte» Tag im Oktober, ein Trauertag der Schiiten. Nach dem Tode Husains konzentrierten sich die Hoffnungen der Schiiten in Kufa auf einen natürlichen Sohn von Ali, Muhammad ibn al-Hanafiya (Sohn der Hanafite), der ohne sein Wissen zum unmittelbar von Gott *(Mahdi)* bestimmten Kalifen ausgerufen wurde durch den Edlen al-Mukhtar mit Unterstützung der «Klienten» *(mawali),* der einheimischen zum Islam bekehrten Bevölkerung. Doch Muhammad ibn al-Hanafiya sagte sich vollkommen los von al-Mukhtar und lebte weiter friedlich in Medina noch lange nach dessen blutigem Ende. Ein Anhänger von al-Mukhtar, Kaisan, verfaßte die erste schiitische Lehre, nach der allein Ali, Hasan, Husain und Muhammad rechtmäßige Kalifen gewesen sind. Einige weigerten sich, an den Tod Muhammads zu glauben, und der Titel Mahdi meinte bald den im Berg verborgenen Kalifen, dessen Wiederkehr eschatologische Zeichen ankündigen werden.

Die einflußreichste der schiitischen Lehren zählte zu den Kalifen die Nachfolger aus der Reihe des Märtyrers von Karbala', der einen Sohn und einen Enkelsohn hatte, denen beiden die Hoffnungen der Schia völlig fremd waren: Ali mit Beinamen Zain al-Abidin und sein Sohn Muhammad al Baqir. Zaid ibn Ali, der Halbbruder von Muhammad al Baqir, der sich mehr für den antiomajjadischen Streit interessierte, zeigt sich den beiden ersten Kalifen gegenüber versöhnlich, doch sprach er den Omajjaden jedes Recht ab zu regieren, denn er glaubte, das Kalifat müsse haschemitisch sein und nicht erblich. Als Zaid im Jahre 740 starb, hatte sein Kampf gerade erst begonnen.

Kurz darauf beanspruchte die Familie des Haschemiten Ibn Abbas, des Onkels des Propheten, mit Unterstützung der Schiiten die Kalifenwürde. Im Jahre 740 lösten die schwarzen Fahnen der Abbassiden in Kufa die weißen Fahnen der Omajjaden ab. Die Abbassiden, die sich in der neuen Hauptstadt Bagdad niederließen, brachen alle Beziehungen zu den Schiiten ab, die sie praktisch an die Macht gebracht hatten, doch nicht ohne die Nachkommen Alis genau im Auge zu behalten.

In der Geschichte der beiden schiitischen Strömungen ist ohne Zweifel Dschafar al-Sadiq (der Gerechte) die hervorragendste Persönlichkeit; klar und deutlich distanzierte er sich von denen, die ihm das Kalifat antrugen, und von den Extremisten, die ihn vergöttlichten. Dschafar hatte drei Söhne, Abdallah al-Afrah, Ismail und Musa al-Kazim. Ismail (755) starb vor seinem Vater; einige Monate später folgte ihm Abdallah (766). Die sogenannten *Ithna ashariya* oder «Zwölferschiiten» (die zwölf Kalifen anerkennen), die bis zum heutigen Tage zahlenmäßig stärksten und mächtigsten Schiiten in Persien, übertrugen das Kalifat von Dschafar auf Musa, mit Beinamen al-Kazim (Gefangener in Bagdad des Abbassiden Harun al-Raschid), und auf seine Nachkommen: Ali al-Rida, der als Nachfolger von al-Mamun im Jahre 817 auserwählt wurde, Muhammad al-Jawad Ali al-Hadi und Hasan al-Askari, der 873 ohne männlichen Nachkommen verstarb. Der Tod des elften Imamen stiftete Verwirrung *(al-haira)* in der schiitischen Gemeinschaft. Die Zwölferschiiten verkünden, Hasan habe einen verborgenen Sohn gehabt, Muhammad, den verborgenen Kalifen *(samit)*, der als Mahdi wiederkehren und der Herr des Weltenreiches *(Sahib al-za-*

man) sein werde. Der Zwölferschiismus oder «Imamismus» stand unter dem Schutz der Dynastie der Buyiden (945–1055). Der größte Gottesgelehrte imamitischer Überlieferung war Muhammad ibn Ali Baboye al-Qummi (918–991).

Die ghulats

Die *ghulats* oder «Extremisten» verbinden im allgemeinen die Göttlichkeit eines Kalifen mit der Lehre der Metensomatose. Einige Gelehrte haben diese Verbindung als «gnostisch» bezeichnet, was in keiner Weise zutrifft. Der erste Extremist scheint ein gewisser Abdallah ibn Saba von Kufa gewesen zu sein, der Ali als Gott verehrt hat. Nur zwei Gruppen von *ghulats* bestehen heute noch: die Kurden *Ali-ilahi* («Jene, die Ali vergöttlichen») und sich selbst *Ahli Haqq* («wahre Richter») nennen, und die Nusairier, deren Lehre auf den Offenbarungen fußen soll, die der elfte Kalif Hasan al-Askari seinem Schüler Ibn Nusair weitergegeben hat. Die meisten Nusairier (600 000) leben heute in Syrien, einem Land, in dem sie 1970 die Macht übernommen haben.

Die Ismaeliten

Die Ismaeliten oder Siebenerschiiten, deren Strömung über die Aga Khans bis heute fortbesteht, tragen einen Namen, der sich von Ismail, dem zweiten Sohn von Dschafar al-Sadiq ableitet, der vor seinem Vater im Jahre 755 gestorben ist. In der Siebenerreihe, die mit Hasan beginnt, ist Ismail der sechste Kalif und sein Sohn Muhammad der siebte, der ursprünglich verborgene *(samit)* Kalif, dessen Wiederkehr *(qiyam)* als Mahdi oder Qaim al-Zaman erwartet wurde. Doch im 9. Jahrhundert verbreitet ein gewisser Abdallah, der vorgibt, ein Nachkomme von Ali zu sein, eine «Mission» *(dawa)*, die das Kommen Mahdis verkündet. Er wird verfolgt und zieht sich nach Salamya in Syrien zurück. Unter den ersten Missionaren *(duat,* Singular *dai)* finden wir einen gewissen Hamdan Qarmat, nach dem die irakischen oder qarmatischen Ismaeliten benannt werden. Im Iran und insbesondere in Rey gewinnen die Ismaeliten viele Imamiten für sich nach der «Verwirrung», die der Tod ihres elften Kalifen ausgelöst hatte. Die Missionen im Jemen und in Algerien sind ebenfalls sehr erfolgreich. Die qarmatische Lehre zur Zeit der «Verfinsterung» sieht eine doppelte Reihe von Propheten vor, einen, der da spricht *(natiq)* und den allgemeinverständlichen exoterischen Aspekt *(zahir)* der Religion enthüllt, und den anderen, der sein «Erbe» *(wasi)* ist und die esoterischen *(batin)* Aspekte der Religion offenbart. Ein jedes dieser Prophetenpaare übernimmt die Unterweisung eines «Zeitalters» *(daur)* der Welt. Die ersten Propheten sind die Personen des Alten und des Neuen Testaments. Mohammed und sein *wasi Ali* sind die letzten in dieser Reihe. Ihnen folgen sechs Imame. Der siebte, Muhammad ibn Ismail ibn Dschafar ist der erwartete Mahdi, dessen Zeitalter gekennzeichnet sein wird durch die Abschaffung der Gesetze *(raf al-sharai)* und die Rückkehr zum paradiesischen Zustand Adams vor dem Fall. Der vierte *hujja* («Bürge») von Salamya gibt sich selbst als Mahdi aus (899/286). Mit der Unterstützung des mächtigen Berberstammes der Kutamas brechen die Missionare in seinem Namen zur Eroberung Nordafrikas auf. Der Mahdi setzt sich selbst in dem 910/297 eroberten Gebiet als Kalif ein und eröffnet so die Dynastie der Fatimiden, die bis 1171 dauert. Sein Nachfolger al-Muizz etabliert als Hauptstadt die neue Stadt Kairo, *al-Qahira* (die Siegreiche; Name des Planeten Mars). Der dritte Kalif al-Hakim wird von einer *Ghulat*-Sekte, den Drusen, vergöttlicht. Beim Tode des vierten fatimidischen Kalifen al-Mustansir (1094) ergreift der iranische *dai* Hasan-i Sabbah die Partei eines Nachkommen von Nizar, dem ermordeten Sohn von al-Mustansir, den er in der uneinnehmbaren Festung Alamut im Elbrusgebirge unterbringt. Das ist der Ursprung der ismaelitischen Nizaris oder Assassinen, der Vorfahren Aga Khans. Im Jahre 1164 kündigt der Imam Nizari Hasan II. die Ankunft der *qiyama* oder die Abschaffung der Gesetze an und ernennt sich selbst zum Kalifen. Nach dem Fall von Alamut im Jahre 1256 finden die Nizaris in den verschiedenen Provinzen keine Unterstützung mehr und verschwinden mit Ausnahme der Hojas Nordwestindiens, die seit 1866 die Aga Khans als Imame anerkennen. Im Jahre 1978 belief sich die Zahl der Hojas auf ungefähr zwanzig Millionen.

Bei seinem Tode hinterließ der sechste fatimidische Kalif al-Amir (Opfer der Assassinen im Jahre 1130) einen achtzehn Monate alten männlichen Nachfolger al-Tayyib. Bei dessen Verschwinden verkündete der *dai* des Jemen ihn als den verborgenen Imam. Das ist dann der Ursprung der Tayyibiten des Jemen und Indiens (der Bohoras), die es heute noch gibt.

Die Scharia

Die Scharia ist das göttliche Gesetz des Islam, und die Auslegung des Gesetzes ist der *figh* oder die Jurisprudenz. Mohammed hat nicht unterschieden zwischen dem religiösen und dem weltlichen Gesetz. In jedem muselmanischen Land hängt die Anwendung des Gesetzes ab vom Grad der Säkularisierung des Staates selbst. Die Scharia gilt für alle Bereiche des Lebens, einschließlich der Familienordnung, des Nachfolgerechts, der Steuern (*zakat* v. 2,5% für die Armen), der Waschungen, des Gebets usw. Die *fuqaha'* regeln alle menschlichen Tätigkeiten nach einer Skala von «vorgeschrieben» bis «verboten» mit sämtlichen dazwischenliegenden Abstufungen. Die vier von den Fachleuten des Gesetzes anerkannten Quellen sind der Koran, die *sunnah* (Überlieferung des Propheten), die *ijma* (der Konsens) und die Analogie *(qiyas)*. Die schiitische Rechtsprechung ist insofern recht eigen, als sie auf den Überlieferungen der Imame, auf einer klaren Vorstellung des Konsens und auf einer unabhängigen Beweisführung besteht.

Im islamischen Recht unterscheiden wir vier klassische Schulen: die hanafitische, die malikitische, die shafiitische und die hanbalitische. Eine jede von ihnen bemüht sich, einen Weg aus diesem Dilemma zu finden: Inwieweit ist ein Jurist berechtigt, auf das «unabhängige Urteil» zurückzugreifen, wenn es für die zu lösende Streitfrage keinen Präzedenzfall im Leben von Mohammed persönlich gibt? Abu Hanifah (gest. 767), Kaufmann aus Kufa, hat eine Rechtssynthese geschaffen, die sich im Irak durchgesetzt hat. Malik ibn Anas (gest. 795), Gerichtsmediziner, gründete seine Urteile auf die minuziöse Wiederherstellung der Gebräuche und Gewohnheiten, indem er die kollektive Harmonie voranstellt, die sich aus der Rücksicht auf die persönlichen Verpflichtungen ergibt. Seine bis zur buchstäblichen Übereinstimmung strenge Schule herrschte in Nordafrika und Spanien vor. Die Gesetzeslehre von Muhammad ibn Idris al-Shafii (gest. 820) gründet sich auf den Koran und eine Auswahl der *hadith*. Dabei räumt er die Beweisführung durch Analogie und vor allem der kollektiven Meinung eine bestimmte Rolle ein auf Grund des *hadith*, der bestätigt, daß die Gemeinschaft Mohammeds niemals einen Irrtum gutgeheißen hätte. Was Ahmad ibn Hanbal (gest. 855) anbetrifft, so vertritt er die Meinung, das Wort des Propheten sei wichtiger als die Beweisführung der Juristen.

Kalam bedeutet «Wort». Der Koran ist *kalam Allah,* «Gottes Wort». Der *ilm al-kalam* ist die dialektische Theologie des Islam, deren Anfänge in der apologetischen und häresiologischen Überlieferung zu suchen sind. Sein Ziel war es, eine Orthodoxie zu schaffen. Sie hat Elemente der griechischen Logik und des Rationalismus übernommen.

Der Dialog mit den Christen aus Damaskus und aus Bagdad, in deren Augen der Islam (den sie Hagarismus oder Ismaelismus nannten) eine Häresie war, stellte die muselmanischen Theologen vor neue Probleme und konfrontierte sie mit den aristotelischen und platonischen Überlieferungen ihrer Gesprächspartner. Für die Christen war Jesus Christus der göttliche *logos;* für die Muselmanen ist es der Koran, dem diese Position zukommt. Für die Christen ist Christus eng und vertraut mit dem Vater verbunden; bei den Muselmanen wird diese Haltung als *shirk* eingestuft, als Polytheismus. Andere Kontroversen beziehen sich auf die Wirklichkeit der Attribute Gottes, ihre Veränderlichkeit oder ihre Dauerhaftigkeit. Der byzantinische Theologe Johannes Damaskenos (gest. um 750) schildert eine Polemik über den Ursprung des Bösen: Die Christen bringen es in Verbindung mit dem freien Willen, um das Attribut der Gerechtigkeit Gottes bewahren zu können, während für die Muselmanen Gott der Schöpfer des Guten und des Bösen ist, um so seine Allmacht zu bewahren. Kontroversen über die Rolle der Prädestination sind im Islam sehr früh aufgetaucht. Insbesondere haben die Kadariten und die Mutaziliten den freien Willen betont, trotz offenbar entgegengesetzter Auffassungen im Koran.

Von 827 bis 848, der sogenannten *Mihna* (Inquisitions)-Periode, hat das Abbassidenkalifat mit allen Mitteln versucht, die rationalistischen Lehrmeinungen der Mutaziliten durchzusetzen, die unerbittlich jedes anthropomorphe Attribut für Gott ablehnen und damit seine Einheit und seine Gerechtigkeit unterstreichen und mit den charidschitischen Puritanern die Vorstellung teilen, der Glaube allein genüge nicht, um den Gläubigen zu rechtfertigen, denn die Sünde bringe seine Gläubigkeit in Verfall. Dieser Periode folgte eine umgekehrte Reaktion. Die Theologie des Vermittlers zwischen beiden Positionen Abul-Hasan al-Ashari (874–935) obsiegte und wurde die sunnitische Orthodoxie. Gegen die Mutaziliten stimmte er der Prädestination zu, der Ewigkeit des Korans, der göttlichen Vergebung der Sünden, der Realität und Unfaßbarkeit der Attribute Gottes.

Die Orthodoxie und ihre Verfechter, die *fuqaha* und die *Mutakellimuns,* widersprachen ständig den liberalen Philosophenschulen und den klassischen Wissenschaften, die auf dem Wege über arabische Übersetzungen syrischer, wiederum aus dem Griechischen (8.–9. Jh.) übertragener Texte in den Islam Eingang gefunden hatten. Trotz der orthodoxen Opposition nahmen die großartigen Denker jener Zeit wie der politische Philosoph al-Farabi (870–950 n. Chr.) und der aristotelische und neuplatonische Arzt und Philosoph Ibn Sina (Avicenna, 980–1037) Elemente der griechischen Logik und Kosmologie in die islamische Weltsicht mit hinein.

Der religiöse Kalender

Der islamische religiöse Kalender ist ein Mondkalender von dreihundertvierundfünfzig Tagen. Die Feste wandern also quer durch alle Jahreszeiten. Der Monat Ramadan ist besonders wichtig. Bei Tage wird gefastet, und man widmet sich religiösen Werken. Gegen Ende des Ramadan findet die Erinnerungsfeier an die Nacht der Macht, *Laylat al-Qadr,* statt, in der Mohammed seine erste Offenbarung zuteil wurde. In dieser Nacht öffnen sich die Grenzen zwischen der Welt der Engel und dieser Welt. Der *id al-Fitr* beendet die Fastenzeit.

Dhu al-Hijjah ist der Monat der Wallfahrt nach Mekka. Im Zustand physischer und ritueller Reinheit *(ihram)* schreiten die Pilger um die Kaaba, besuchen die Gräber von Hagar und Ismael und den Brunnen von Zamzam, sie wandern zu den beiden Grabhügeln zum Gedenken an Hagar auf der Suche nach Wasser, sie stehen einen ganzen Nachmittag lang in der Ebene von Arafat und werfen Steine gegen die Säule von Aqaba in Mina, die Satan darstellt, als er Abraham in Versuchung führt und ihm einflößt, er solle seinen Sohn Ismael nicht als Opfer darbringen. Das große Opferfest, die Verteilung des Fleisches im Gedenken an das Opfer Abrahams (id al-Adha), beendet dann den *Hadjdj* (Haddsch). Dieses Fest wird in der gesamten islamischen Welt begangen.

Der schiitische Islam feiert seine eigenen Feste, unter denen die Ashura (der 10. Muharram), der Gedenktag an das Martyrium von Husain, wohl das wichtigste ist. Die Trauertage für Husain werden mit Gesängen, Rezitationen, dramatischen Aufführungen der Machtkämpfe, die in Scharmützel ausarten können, und mit Prozessionen von Geißelbrüdern begangen, die Holzsärge durch die Straßen tragen. Die Schiiten feiern die Geburtstage der Imame, auch den von Ali. Alle Muselmane begehen den Tag Mohammeds (Mawlid al-Nabi, der 12. Rabi'al-Awwal) zum Gedenken an seine Geburt und die Nacht des miraj im Monat Rajab.

Der Sufismus

Der Sufismus, das innere oder mythische Gesicht des Islam, ist eine Lebensform, welche Einheit und Gegenwart Gottes durch die Liebe zu verwirklichen sucht und die auf Erfahrung gegründete Erkenntnis, die Askese und die ekstatische Vereinigung mit dem geliebten Schöpfer anstrebt.

Anfänge

Die sufistischen Texte selbst enthüllen, daß die Askese und die Frömmigkeits- und Versenkungsübungen der christlichen Mönche ebenso wie die Verbreitung neuplatonischer und hermetischer Ideen in bestimmten Geschichtsepochen des Sufismus eine wichtige Rolle gespielt haben; doch sind die eigentlichen Ansätze der Bewegung im Islam selbst zu suchen, insbesondere im Koran, in den *hadith* sowie in den devotionalen und asketischen Strömungen. Wie S. H. Nasr feststellt, läßt sich die Suche nach Gott nicht mit historischen Anleihen erklären.

Die Begriffe «Sufi» *(sufi)* und «Sufismus» *(tasawwuf)* gehen wahrscheinlich zurück auf die von den muselmanischen Asketen getragenen grobwollenen Büßergewänder (*suf*), eine von «arm» (Fakir oder Derwisch) abgeleitete Bezeichnung.

Der Sufismus beginnt mit Mohammed, denn kraft seiner engen Bindung an Gott, seiner Offenbarung, seiner Himmelfahrt *(miraj)* quer durch alle Himmel hindurch und auf Grund seines hohen Ranges unter den Lebewesen halten die Sufis ihn für einen der ihren. Die Beweise für seinen Sufismus werden in den *hadith* und im Koran selbst gesucht, eine unerschöpfliche Quelle mystischer Erbauung, denn er legt unmittelbar Zeugnis ab von der Nachkommenschaft Adams und Evas, indem er Gott für alle Ewigkeit als ihren Herrn anerkennt und somit ein Bündnis besiegelt, das beide Teile bindet (Sure 7,172). Eine andere unter den Sufis sehr beliebte Sure (50,16) schildert Gott als das Wesen, das «dem Menschen nähersteht als seine Halsschlagader». Und schließlich ist da noch eine andere Vorstellung, welche die Sufis gern aus dem Koran herauslesen, nämlich das Gebot, sich dem *dhikr* hinzugeben, der Meditation oder Anrufung Gottes (13,28; 33,14). In den Bräuchen und Übungen der Sufis können neben dem *dhikr* gleichzeitig auch Rosenkränze benutzt werden, Atemübungen, Musik und ekstatische Tänze stattfinden wie die der Mawlawiyas oder der tanzenden Derwische in der Überlieferung von Dschalal al-Din Rumi (1207–1273), dem großen mystischen Dichter von Konya (Türkei).

In den Überlieferungen, welche die Gemeinschaft Mohammeds betreffen, werden auch einige besonders unerbittliche und konservative Gläubige erwähnt, die für das antiweltliche Element in der neu entstehenden Glaubenslehre eintreten. Zur Zeit der ersten Kalifen und der Eroberung werden Stimmen laut, die sich gegen den Wandel der Sitten und Bräuche wenden. Es erhebt sich aber noch eine andere Frage, nämlich die, ob der Weg der rituellen strengen Observanz und der unerbittlichen Gesetzlichkeit beschritten werden soll oder der des inneren Glaubens und der Liebe. Ist Gott ein ferner, fremder und völlig anderer Herrscher, oder ist er zugänglich und voller Liebe? Als das Kalifat in Damaskus, fern der rauhen Halbinsel Arabien, auf die Omajjaden übergeht, verstärkt sich die Spannung zwischen der Säkularisierung der Sitten und den Fundamentalisten, die diese beklagen. Hasan al-Basri (gest. 728), einer der ersten muselmanischen Asketen, die stets das Urteil Gottes vor Augen haben und den Materialismus in der Welt bekämpfen, findet eine Rechtfertigung für ihren strengen Ernst in den *hadith* des Propheten: «Wüßtet ihr, was ich weiß, ihr würdet wenig lachen und viel weinen.»

Übungen und Bräuche

Eine wichtige Erscheinung in der Entwicklung des Sufismus ist Rabiah al-Adawiyah (8. Jh.), eine Frau, deren Paradoxa und leidenschaftliche

Mystik der asketischen Tradition, der sie zuzurechnen ist, neue Dimensionen zuweist. Zahlreiche Anekdoten aus ihrem Leben schildern die großen Taten Rabiahs und zeigen den weitreichenden Einfluß des Sufismus auf. Ihre Liebe zu Gott war so absolut und unbedingt, daß sie alles andere ausschloß, selbst die Angst vor der Hölle, die Sehnsucht nach dem Paradies und den Haß auf Satan. Die Frömmigkeit der Sufis scheint sich in der Tat ausschließlich auf Gott zu konzentrieren, sehr auf Kosten der Liebe zu seinen Kreaturen. Freundschaft, Familie, Haus, Ernährung, ja nicht einmal die Schönheiten der Natur finden Gnade vor den Augen der Sufis, denn sie verstoßen gegen das Ideal der völligen Entsagung und Entäußerung (*faqr,* die Eigenschaft des Fakirs).

Im Mittelpunkt der sufistischen Lehre steht die Beziehung zwischen Lehrer und Schüler. Ein Meister und Lehrer *(shaykh* oder *pir)* hat absolute Macht über seinen Schüler. Am Ende kann ein großer Lehrmeister auch als Heiliger angesehen werden (*wali allah,* «Freund Gottes»); in diesem Fall wird sein wohltätiger Einfluß über seinen Tod hinaus wirken und sein Grab ein Wallfahrtsort sein. Gegen Ende des 8. Jahrhunderts begannen Gruppen von Schülern, sich um die großen Lehrer zu scharen, und ihre gemeinsamen Wohnstätten verwandelten sich in Klöster. Geschah dies zunächst mehr sporadisch und unregelmäßig, so entwickelten sich im 12. Jahrhundert die Klöster (*ribats* oder *khanqahs*) mit ihrer Hierarchie, ihren Mönchsregeln und ihrer eigenen Initiationstradition, die einigen berühmten Mystikern der Vergangenheit zugeschrieben wurde, zu reichen und mächtigen Einrichtungen. Vom 12. Jahrhundert an bilden die Sufis Orden und Bruderschaften, die sich auf die Lehre der großen Meister berufen: die Bektashiyahs (14. Jh.), die Suhrawardiyahs (um 1200, besonders einflußreich in Indien), die Rifaiyahs oder Heulenden Derwische (12. Jh.), die Shadhiliyahs aus Ägypten, die Qadiriyahs und die Naqshbandiyahs. An den Grenzen des Islam vermochten die religiösen Orden viele Menschen zum Islam zu bekehren, doch verkamen auch lokale Pirs (Ordensvorsteher) zu kleinen Kriegsherren. Die indischen Pirs ihrerseits befolgten das Beispiel der hinduistischen charismatischen Gurus. Häufig erbten sie ihre Stellung von ihren Vätern.

Der imamitische Schiismus und der Sufismus haben bestimmte gemeinsame Züge wie den Status des *wali* (des Heiligen), die *aqtab* (Sg.

qutb, «Brennpunkt, Pol, den großen geistigen Lehrmeister jeder Epoche), die Nachfolge der Propheten und die Stufen des geistigen Fortschreitens. Ebenso wie der Schiismus entwickelt auch der Sufismus die esoterische Dimension, *batin,* des Islam.

Die sufistischen Lehren und Bräuche machen die Orthodoxen oft lächerlich. Diese verdammen ihrerseits den Pantheismus der Sufis, ihre Leichtfertigkeit, ihren Antinomismus, ihre Nachlässigkeit hinsichtlich des Betens, des Fastens und der Pilgerfahrt. In einigen Ländern werden sie ausgestoßen und verfolgt. Die sufistischen Bettler wurden manchmal verdächtigt, Scharlatane oder Ketzer zu sein. Der große Sufi Husain ibn Mansur al-Hallaj (857–922) wurde in Bagdad gefoltert und hingerichtet, und zwar sowohl wegen seines religiösen Extremismus als auch wegen seiner politischen Sympathien. Bis heute ist er berühmt dafür, daß er Iblis (den Namen Satans im Koran) dafür lobte, daß er sich geweigert hatte, Adam zu verehren, wie Gott allen Kreaturen dies befohlen hatte (Sure 2, 28–34). In den Augen Hallajs ist die Haltung von Iblis nicht so sehr als Ungehorsam anzusehen, sondern vielmehr als ein Beweis der Treue dem Monotheismus gegenüber. Al-Hallaj ist ebenso bekannt durch seinen gewagten Ausspruch über die ekstatische Vereinigung mit Gott: *Ana'l-Haqq,* «Ich bin die Wahrheit (= Gott)». Für den Orthodoxen kommt diese Behauptung der schlimmsten Gotteslästerung gleich, doch auch für die Sufis war das ein Irrtum, denn wenn dieser Ausspruch auch zutraf, so verstieß er dennoch gegen den Grundsatz des Schweigens in Gegenwart von Nicht-Eingeweihten. Die indiskreten mystischen Äußerungen von al-Hallaj sind jenen Erklärungen von al-Bistami (gest. 874) vergleichbar: «Mir allein gebührt aller Ruhm! Wie groß ist doch meine Herrlichkeit!» oder «Ich habe die Kaaba geschaut, die mich umschritt.»

Abu Hamid Muhammad ibn Muhammad al-Ghazali (1058–1111) war ein Lehrer der Jurisprudenz, *kalam* (der dialektischen Theologie), und der Philosophie, doch nach einer Krise in der Mitte seines Lebens wurde er Sufi. In die Geschichte ist er eingegangen als Meister der Erkenntnis kraft unmittelbarer Erfahrung und Offenbarung, doch nicht durch philosophisches Denken. Sein berühmtes Werk *Tahafut al-Falasifah* («Inkohärenz der Philosophen») ebenso wie seine Autobiographie und sein *Ihya ulum al-din* (Neubelebung der religiösen Wissenschaft) sind ein überzeugendes Plädoyer für die Rechtgläubigkeit, die Gesetzlichkeit und die Notwendigkeit des Mystizismus.

Die mystische Dichtung wie der *mathnavi* von Mawlana Dschalal al-Din Rumi und der *Mantiq al-tayr* («Konferenz der Vögel») von Farid al-Din Attar kamen beim großen Publikum besser an als die Lehrbücher des Sufismus. Diese bis ins technische Detail äußerst genauen Leitfäden sind gleichzeitig sehr abstrakt und nur schwer zugänglich. Die Stufen des geistigen Weges werden auf verschiedene Weise kodifiziert, je nach sufistischer Schule und Orden. Die Anzahl der *maqamats* oder Stadien der Askese und der *ahwals* oder mystischen Zustände wechseln. Der *Kitab al-luma,* die Einführung in den Sufismus von Abu Nasr al-Sarraj (gest. 988), zählt sieben Stadien auf:

1)	tawbah	bereuen
2)	wara	Enthaltsamkeit
3)	zuhd	Askese
4)	faqr	Armut
5)	sabr	Geduld
6)	tawakkul	Gottvertrauen
7)	rida	Befriedigung

Andere häufig erwähnte Stadien (weit mehr als 100 an der Zahl) umfassen die Bekehrung *(inabah),* die Anrufung *(dhikr),* die Hingabe *(taslim),* die Anbetung *(ibadah),* die Erkenntnis *(marifah),* die Enthüllung *(kashf),* die Vernichtung *(fana),* das Fortbestehen in Gott *(baqa).*

Die mystischen Stufen sind persönlicher und undeutlicher als die Stadien. Al Sarray zählt zehn von ihnen auf:

1)	muraqabah	ständige Achtsamkeit
2)	qurb	Nähe
3)	mahabbah	Liebe
4)	khawf	Angst
5)	raja	Hoffnung
6)	shawq	Begehren
7)	uns	Vertrautsein
8)	imi nan	Ruhe
9)	mushadhdah	Versenkung
10)	yaqin	Gewißheit

Das Eingreifen der Gnade, ein guter geistiger Lehrer, die Initiation, die innere Reinigung, die Eingebung der göttlichen Gegenwart (*dhawq* oder «Geschmack») können zum Erlangen des *tawhid*, der absoluten Vereinigung mit Gott, führen.

Die Lehre des Iraners Shihab al-Din Yahya Suhrawardi (1153–1191 n. Chr.), die aus seinem *Hikmat al-ishraq* («Weisheit der Erleuchtung») hervorgegangen ist, beschreibt das Wesen Gottes als das überall in seiner Schöpfung verstreute Licht.

Zwei Hauptlehren des Sufismus sind enthalten in den Schriften des außergewöhnlichen Mystikers Abu Bakr Muhammad ibn al-Arabi von Murcia (1165–1240), genannt Muhyi al-Din («der die Religion neu belebte»), und al-Shaykh al-Akbar («Großer Meister»), der *quib* oder «Pol» des Sufismus seiner Zeit. Dieser Dichter, Pilger und andalusische Seelenlehrer war zugleich ein vielschreibender Autor, dessen Werke häufig Ausdruck einer plötzlichen Inspiration oder Offenbarung sind. Zu seinen berühmtesten Arbeiten zählen der *Tarjuman al-ashwaq* («Der Deuter der Begierden»), der *Fusus al-hikam* («Die Ringsteine der Weisheit») und der gigantische *al-Futuhat al Makkiya* («Die Mekkanischen Offenbarungen»). Außerdem hat er noch zwei Abhandlungen geschrieben mit den Biographien von 61 andalusischen Sufis: *Ruh al-quds* («Der Geist der Heiligkeit») und *Dhurrat al-fakhirah* («Die kostbare Perle»).

Die Lehre von der «Einheit des Seins» *(wahdat al-wujud)* liegt dem System von Ibn Arabi zugrunde. Gott ist der einzige, der wirklich existiert in seiner unauslöschlichen Transzendenz. Er braucht die Schöpfung, damit sie ihm als Spiegel diene, auf daß er sich erkennen kann. Wir sind die Attribute Gottes. Diese Lehre ist weder pantheistisch noch rein monistisch.

Eine zweite Lehre von Ibn Arabi befaßt sich mit dem vollkommenen Menschen *(al-insan al-kamil)*, dem Gipfel der göttlichen Schöpfung. Dieses Sein hat mehrere Dimensionen: Es kann eine kosmologische Hypostase, ein Grundstein der Schöpfung sein; es kann ein geistiger Pol *(quib)* sein, der seiner Epoche vorangeht; es kann eine Wesenheit der Propheten sein von Adam bis Mohammed. Der Mensch ist der Mikrokosmos, das Universum ist der Makrokosmos. Diese Spiegelbeziehung kann genutzt werden für die vollkommene Wandlung des Mystischen. Als Gipfel der Schöpfung ist der Mensch im Spiegel der Schöpfung das wahrhaft klare Abbild des Göttlichen, das den trügerischen Schleier zu durchdringen vermag, der die Schöpfung ebenso wirklich erscheinen läßt wie ihren Schöpfer selbst.

Literatur

Eliade, GrI 3/259–265; 272–283.

Allgemein

M. D. Ahmed/F. C. Büggel u. a., Der Islam III. Islamische Kultur. Zeitgenössische Strömungen. Volksfrömmigkeit, Stuttgart 1990.

Johan Bouman, Gott und Mensch im Koran. Eine Strukturform religiöser Anthropologie anhand des Beispiels Allah und Muhammed, Darmstadt 1989.

The Encyclopedia of Islam, Leiden 1954.

Werner Ende/Udo Steinbach (Hg.), Der Islam in der Gegenwart, München 1984.

Majhid Fakhry, A History of Islamic Philosophy, London 1983.

Helmut Gätje, Koran und Koranexegese, Zürich 1971.

Abu-Hamid Muhammad al-Ghazali, Die Nische der Lichter = Miskat al-anwar, Hamburg 1987.

Ders., Der Erretter aus dem Irrtum = al-Munquid min ad-dalal, Hamburg 1988.

Ernest Gellner, Leben im Islam. Religion als Gesellschaftsordnung, Stuttgart 1985.

Herbert Gottschalk, Weltbewegende Macht Islam. Wesen und Wirken einer revolutionären Glaubensmacht, München 1980.

Heinz Halm, Kosmologie und Heilslehre der frühen Ism'iliya, Wiesbaden 1978.

Ders., Die islamische Gnosis, München 1982.

Ders., Die Schia, Darmstadt 1988.

Ibn Ishaq, Das Leben des Propheten, Stuttgart 1986.

Adel Th. Khoury, Einführung in die Grundlagen des Islams, Graz 1978.

Ders. (Hg. und Übers.), So sprach der Prohpet. Worte aus der islamische Überlieferung, Gütersloh 1988.

Charles Le Gai Eaton, Der Islam und die Bestimmung des Menschen. Annäherung an eine Lebensform, München 1987.

Bernard Lewis, Die Assassinen. Zur Tradition des religiösen Mordes im radikalen Islam, Nördlingen 1989 (engl. 1967).

S. A. Maudoodi, Weltanschauung und Leben im Islam, Freiburg 1971.

Tilman Nagel, Staat und Glaubensgemeinschaft im Islam. Geschichte der politischen Ordnungsvorstellungen der Muslime, 2 Bde., Zürich 1981.

Rudi Paret (Hg. und Übers.), Der Koran, Stuttgart 1979.

Ders., Der Koran. Kommentar und Konkordanz, Stuttgart 1980.

Ders., Symoblik des Islams, Stuttgart 1958.

Ders., Mohammed und der Koran. Geschichte und Verkündigung des arabischen Propheten, Stuttgart 1966.

Annemarie Schimmel, Der Islam im indischen Subkontinent, Darmstadt 1983.

William M. Watt, Der Einfluss des Islam auf das europäische Mittelalter, Berlin 1988.

William M. Watt/Alford T. Welch, Der Islam I. Mohammed und die Frühzeit. Islamisches Recht. Religiöses Leben, Stuttgart 1980.

William M. Watt/M. Marmura, Der Islam II. Politische Entwicklungen und theologische Konzepte, Stuttgart 1985.

Sufismus und Mystik

Tor Andrae, Islamische Mystik, Stuttgart 1980.
Laleh Bakhtiar, Sufi. Ausdrucksformen mystischer Suche, München 1987.
Galal-ad-Din Rumi, Von Allem und vom Einen = Fihi ma fihi, München 1988.
Annemarie Schimmel, Mystische Dimensionen des Islam. Die Geschichte des Sufismus, Köln 1985.
Dies., Liebe zu dem Einen. Texte der mystischen Tradition des indischen Islam, Köln 1986.
Idries Shah, Die Sufis, Köln 1976.

Der Buddhismus

Schriften

Die umfangreiche Literatur des Buddhismus ist nach der traditionellen Einteilung des *tripitaka* zu gliedern, d. h. nach dem «Dreikorb» der sutras (Korb der *logias*, der *Lehrreden* von Buddha persönlich), des *vinaya* (Korb der Ordensdisziplin) und des *abhidharma* (Korb der reinen Lehre). Dazu kommen noch zahlreiche *sastras*, systematische Abhandlungen bekannter Verfasser, *jatakas* oder Lebensbeschreibungen des Buddha usw.

Heute gibt es noch drei *tripitakas:* den fragmentarischen der Theravadamönche aus Südostasien, in Palisprache geschrieben; denjenigen der Sarvastivada und den der Mahasanghika in chinesischen Übersetzungen; schließlich die tibetanischen Sammlungen (Kandschur und Tandschur), die zu den vollständigsten noch vorhandenen Texten zählen. Ebenso sind uns zahlreiche Schriften in Sanskrit überliefert.

Buddha hat seinen Schülern nahegelegt, sich stets des heimatlichen Dialekts zu bedienen; Pali, die Sprache des Theravada-Kanons, war einer dieser Dialekte (in der Provinz Avanti), nicht aber die ursprüngliche Sprache der Predigten Buddhas. Daher scheint der Gebrauch von Begriffen aus der Palisprache wissenschaftlich nicht immer gerechtfertigter zu sein als die Benutzung von Begriffen aus dem buddhistischen Sanskrit, einer Form von Sanskrit, in der wir zahlreiche Prakrit-Ausdrücke finden.

Buddha, d. h. in der Pali- und in der Sanskritsprache der «Erleuchtete», war aller Wahrscheinlichkeit nach zunächst eine historische Persönlichkeit. In seinen Lebensbeschreibungen oder *jatakas* überwiegen jedoch die mythologischen Gegebenheiten so stark, daß Buddha nach indischer Tradition zum Prototyp des «göttlichen Menschen» geworden ist (vgl. Jainismus), der zu einem auch in anderen geographischen Breiten nachweisbaren System gehört. Dieses System weist Bestandteile auf, die mit den *theioi andres* der Griechen und mit den späteren mythischen Biographien anderer Religionsstifter wie Jesus, Mani usw. übereinstimmen. Wenn es auch unmöglich ist, die rein historischen Elemente herauszuschälen, so müssen doch mehrere Tatbestände festgehalten werden, nach denen der künftige Buddha der Sohn eines Duodezfürsten des Sakyaclans in Nordwestindien gewesen sein soll. Die Angaben über das Datum seiner Geburt schwanken von 624 bis 448 v. Chr. Seine Mutter stirbt wenige Tage nach der Niederkunft, nicht ohne aus den Vorahnungen Nutzen gezogen zu haben, die ihr offenbart hatten, sie werde ein Wunderwesen gebären. Nach den verschiedenen doketischen Darstellungen der Geburt Buddhas waren Empfängnis und Austragung unbefleckt und seine Geburt jungfräulich. Alle Merkmale seines Körpers sollen einen König der Welt verkündet haben.

Im Alter von sechzehn Jahren heiratet er, Siddharta, zwei Prinzessinnen und führt ein sorgloses Leben im väterlichen Palast. Doch dreimal verläßt er den Palast und begegnet draußen den drei unausweichlichen Übeln, welche das menschliche Dasein heimsuchen: Alter, Leiden und Tod. Er geht ein viertes Mal hinaus und meint, das Heilmittel gefunden zu haben, als er den Frieden und die Heiterkeit eines bettelnden Asketen beobachtet. Mitten in der Nacht erwacht er, und die schlaffen Körper seiner schlafenden Konkubinen enthüllen ihm abermals die Vergänglichkeit der Welt. Rasch verläßt er den Palast, gibt sich der Askese hin und nennt sich fortan Gautama. Nachdem er zwei Lehrer verlassen hat, die ihn jeweils Philosophie und Yogatechniken lehrten, unterzieht er sich zusammen mit fünf seiner Schüler einer äußerst harten Selbstkasteiung. Doch als er die Sinnlosigkeit einer solchen Askese erkennt, nimmt er eine Opfergabe Reis an und verzehrt diese.

Empört über einen solchen Beweis von Schwäche verlassen ihn seine Schüler. Sakyamuni (der Asket aus den Clan der Sakyas) setzt sich unter einen Feigenbaum und beschließt, sich erst dann wieder zu erheben, wenn ihm die Erleuchtung zuteil geworden ist. Er wird von Mara heimgesucht, der in sich den Tod und das Böse vereint. Bei Tagesanbruch besiegt er ihn und wird der Buddha, der im Besitz der Vier Wahrheiten ist; in Benares lehrt er sie seinen Schülern, die ihn verlassen hatten. Die erste Wahrheit besagt: alles ist Leiden *(sarvam duhkham):* «Die Geburt ist Leiden, das Alter ist Leiden, die Krankheit ist Leiden», alles Vergängliche *(anitya)* ist Leiden *(duhkha).* Die zweite Wahrheit besagt, daß der Anfang des Leidens das Begehren *(trsna)* ist. Die dritte Wahrheit besagt, daß die Vernichtung des Begehrens das Verlöschen des Leidens bringt. Die vierte Wahrheit zeigt den heiligen achtfachen Pfad *(astapada)* oder den Weg der Mitte auf, der zum Auslöschen des Leidens führt: die rechte Anschauung *(drsti),* die rechte Gesinnung *(samkalpa),* rechtes Reden *(vak),* rechtes Handeln *(karmanta),* rechter Lebensunterhalt *(ajiva),* rechtes Streben *(vyayama),* rechte Achtsamkeit *(smrti),* rechtes Sichversenken *(samadhi).* Das rechte Sichversenken scheint der ursprünglichen Botschaft Buddhas am nächsten zu kommen.

Nach dieser ersten Predigt von Benares wächst die Möchsgemeinde *(samgha)* bekehrter Brahmanen, Könige und Asketen ungeheuer an – zu stark in den Augen des Erleuchteten, der sich gezwungen sieht, den Nonnen den Weg ins Kloster zu öffnen. Bei dieser Gelegenheit sagt er den Verfall des Weltgesetzes *(dharma)* voraus. Eifersucht unter den Rivalen und törichte Streitereien unter den Mönchen bleiben Buddha nicht erspart. Sein Vetter Devadatta, so jedenfalls besagen einige Quellen, soll versucht haben, ihn zu töten und seine Nachfolge anzutreten. Im Alter von achtzig Jahren soll Buddha nach Verdauungsstörungen verschieden sein. Wie die Gelehrten meinen, sind solche Details für die Religion zu peinlich, als daß sie hätten erfunden werden können. Also treffen sie wahrscheinlich zu.

Nach seiner Beisetzung *(parinirvana)* fällt die Nachfolge Buddhas an der Spitze der Ordensgemeinde *samgha* an Mahakasyapa und nicht an Ananda, seinen getreuen Schüler, der fünfundzwanzig Jahre lang der vertraute Diener des Erleuchteten gewesen war und also niemals Zeit und Muße gefunden hatte, die Techniken der Meditation zu erlernen und somit ein *arhat,* ein Heiliger, zu werden, d. h. ein Wesen, welches in das *nirvana* eingeht und niemals in den Kreislauf der Wiederverkörperungen zurückkehren wird. Als Mahakasyapa die *arhats* zum Konzil von Rajagrha zusammenruft, ist Ananda nicht unter den Geladenen. Er zieht sich in die Einsamkeit zurück, beherrscht schon bald die Yogatechniken und wird selbst ein *arhat.* Als Mahakasyapa ihn befragt, rezitiert Anada die *sutras,* während sein Schüler Upali die Ordensregeln *(vinaya)* vorträgt.

Die ursprüngliche buddhistische Lehre

Wie mag nach diesen ehrwürdigen Dokumenten Buddha ursprünglich gepredigt haben?

Was immer zahlreiche Gelehrte gesagt haben mögen, der Buddhismus kann nicht als «pessimistisch» bezeichnet werden. Ursprünglich handelt es sich hier um eine insgesamt sehr charakteristische Lehre der Weltreligionen, die zwar nicht bejahend, sondern vorwiegend *negativ* ist. Der Weg des Buddhismus ist der Weg der Auslöschung des Selbst und damit der Welt der Sinneswahrnehmungen. Die Gewißheiten, die Buddha gewährt, sind angesichts seines ausgeprägten Mißtrauens gegenüber jeder Art von metaphysischer Darlegung negativ bestimmt; aus diesem Grund haben jene, die logische Strenge vorziehen, auch gemeint, eine gewisse Ähnlichkeit zwischen der Methode Buddhas und der Methode bestimmter Neopositivisten, insbesondere Wittgensteins, feststellen zu können.

So gesehen, ist das Beispiel des Mönches Malunkyaputta (*Majjhima Nikaya,* sutta 63) besonders bezeichnend, den die Tatsache verwirrte, daß Buddha zur gleichen Zeit predigte: «Die Welt ist ewig, die Welt ist nicht ewig; die Welt ist endlich, die Welt ist unendlich; die Seele und der Leib sind identisch, sie sind nicht identisch; der Arhat lebt nach dem Tode fort, der Arhat lebt nach dem Tode nicht fort, er lebt fort, er lebt nicht fort nach dem Tode, weder lebt er, noch lebt er nicht ...» Also machte er sich auf den Weg zu Buddha, auf daß dieser ihn unterweise, und erhielt die folgende Antwort: «Es ist genauso, wie wenn ein Mann von einem vergifteten Pfeil getroffen wäre und seine Familie und seine Freunde sich bemühten, schnell einen Arzt herbeizurufen, dieser Mann aber spräche: ‹Ich will mir diesen Pfeil nicht entfernen lassen, ehe ich nicht weiß, ob der Mann, der mich verwundet hat, ein Krieger oder ein Brahmane, ein *vais'ya* oder ein *sudra* (ein Bürger oder ein Knecht) ist. Wie er heißt und welchem Clan er angehört, ob er von großer, mittlerer oder keiner Gestalt ist, ob er schwarz, braun oder gelb ist ...› »

Als der Wanderasket Vaccha sich aufmacht, Buddha zu befragen und ihm alle diese soeben erwähnten Thesen und Antithesen vorzulegen, um sich so eine Idee von der Lehre des Buddha zu machen, leugnet dieser wiederum sowohl die Thesen als auch die Antithesen und bezeichnet sich als «frei von jeder Theorie». Angesichts der Bestürzung Vacchas, der mit einer vereinfachenden Logik argumentiert (wenn A nicht stimmt, dann stimmt Nicht-A), fragt ihn Buddha, ob er folgende Frage beantworten könne: «In welche Richtung ist ein verloschenes Feuer gezogen, nach Osten, nach Westen, nach Süden, nach Norden?» Sein Gesprächspartner muß eingestehen, das nicht zu wissen, was Buddha erlaubt, den Arhat mit einem verloschenen Feuer zu vergleichen: jede Bestätigung seiner Existenz wäre reine Mutmaßung (*Majjhima Nikaya,* sutta 72).

Aus demselben Grund, der ihn dazu bestimmt, jede Theorie abzulehnen, verneint Buddha die brahmanische Lehre des Selbst *(atman)* als unveränderlichen Bestandteils des menschlichen Aggregats, ohne jedoch das Gegenteil zu bestätigen – insbesondere daß der Tod die völlige Auslöschung der Arhat herbeiführe (vgl. *Samyutta Nikaya* 22, 85), und zwar mit der einfachen Begründung, die Bezeichnung «Arhat» stelle wie alles andere auch nur eine rein sprachliche Übereinkunft dar (vgl. *Milindapanha* 25), der keinerlei wirkliche Existenz zuzuerkennen sei. Deshalb sind die einzigen Akteure in der Welt das Leiden und die Auslöschung:

> Es gibt nur das Leiden, doch keinen, der leidet.
> Es gibt keinen Täter, es gibt nur die Tat.
> Es gibt das Nirwana, doch niemand, der es sucht.
> Es gibt wohl den Pfad, doch niemand, der ihn beschreitet.
> (*Visuddhi Magga,* 16)

Um sich nicht in ausweglose Betrachtungen treiben zu lassen, befaßt sich Buddha in seinen Predigten vorwiegend mit der Erlösung. In dem von ihm aufgestellten Gesetz der «bedingten Verursachung» (*pratitya samutpada; Samyutta Nikaya* 22, 90) führt Buddha jeden kosmischen Vorgang auf das Nichtwissen *(avidya)* zurück und alle Erlösung auf die Aufhebung des Nichtwissens: «Das Nichtwissen *(avidya)* bedingt die inneren Triebkräfte *(samkara);* die inneren Triebkräfte bedingen das Bewußtsein *(vijnana);* das Bewußtsein bedingt das Geistige und das Körperliche *(namarupa);* das Geistige und das Körperliche bedingen die sechs Organe der Sinneswahrnehmung *(sadatyayana);* die sechs Organe der Sinneswahrnehmung bedingen die Berührung, den Kontakt *(sparsa);* der Kontakt bedingt das Gefühl *(vedana);* das Gefühl bedingt das Begehren *(trsna);* das Begehren bedingt den Hang zum Leben *(upadana);* der Hang zum Leben bedingt das Dasein *(bhava);* das Dasein bedingt die Geburt *(jati);* die Geburt bedingt das Alter und das Sterben *(jaramarana).*» Das Heilmittel gegen das Alter und das Sterben ist also die Aufhebung des Nichtwissens, und das wiederum bedeutet die Anerkennung Buddhas, seines Gesetzes *(dharma)* und seiner Mönchsgemeinde *(samgha).*

Die Entwicklung der buddhistischen Gemeinde und Lehre

Nach einem zweiten Konzil, das in Waischali abgehalten wurde, spaltet sich die Mönchsgemeinde *(samgha)* und macht damit den Weg frei für ein System buddhistischer Sekten, die uns später noch beschäftigen werden.

Kaiser Aschoka (274/268–236/234), der Enkel von Tschandragupta (etwa 320–296), der Begründer der Maurya-Dynastie, trat zum Buddhismus über und entsandte Missionen nach Baktrien, Sogdiana und Sri Lanka (Ceylon). Die letztere war außerordentlich erfolgreich, sind doch die Singhalesen bis auf den heutigen Tag Buddhisten. Von Bengalen und Sri Lanka aus erobert der Buddhismus die Länder Indochinas und der indonesischen Inseln (1. Jahrhundert n. Chr.). Über Kaschmir und den östlichen Iran stößt er bis nach Zentralasien und China vor (1. Jahrhundert n. Chr.), von China nach Korea (372 n. Chr.), von Korea nach Japan (552 oder 538 n. Chr.). Im 8. Jahrhundert n. Chr. faßt er Fuß in Tibet.

Von 100–250 n. Chr. an entwickelt sich eine neue Form des Buddhismus, der im Hinblick auf die Lehren der Vergangenheit bewußt größere Freiheit zu erlangen sucht. Aus diesem Grund nennt er sich selbst *Mahayana,* «Großes Fahrzeug», im Gegensatz zum früheren Buddhismus, der den Namen *Hinayana* oder «Kleines Fahrzeug» erhält. Hatte der Begriff am Anfang noch einen leicht verächtlichen Beigeschmack, so spielt er heute in der chronologischen und systematischen Einordnung des Buddhismus eine wichtige Rolle, sofern er ohne jede abschätzende Wertung angewandt wird. Wie sich der Mahayana im einzelnen herausgebildet hat, ist uns nicht restlos bekannt, doch besitzen wir wichtige Dokumente aus einer Übergangszeit (um 100 v. Chr.). Etwa im 7. Jahrhundert n. Chr. verliert der Mahayana an Vitalität. An seine Stelle tritt der tantrische Buddhismus, der als Variante den *Vajrayana* oder das «Diamantfahrzeug» einführt. Ziemlich früh (716 n. Chr.) dringt der Tantrismus bis nach China vor.

Der Mahayana und der Vajrayana werden in den indischen Universitätszentren gelehrt, unter denen Nalanda und Vikramasila zu den bedeutendsten zählen. Als diese 1197 und 1203 von den türkischen Eroberern zerstört werden, verschwindet der Buddhismus praktisch in Indien. Sein Zurückweichen vor dem Islam läßt sich nicht erklären, zumal sich der Hinduismus und der Jainismus behauptet haben. Doch ebenso wie der Buddhismus hinduistische Züge angenommen hat, so eignet sich auch der Hinduismus zahlreiche buddhistische Vorstellungen und Bräuche an. Wir werden das Schicksal des Buddhismus in Asien und im Okzident noch näher untersuchen.

Der Hinayana-Buddhismus

Vom systemischen Standpunkt aus stellt der Hinayana-Buddhismus eine äußerst interessante Lehre dar, die durchaus vergleichbar ist mit anderen sich vielfach verzweigenden oder Sekten bildenden Systemen wie Jainismus, Christentum und Islam. Natürlich ist der Streit um die Lehrmeinung eine wesentliche Dimension des Systems, und es sollte keineswegs der Versuch gemacht werden, den Schlüssel dazu in ökonomischen oder sozialpolitischen Gegebenheiten finden zu wollen. Welches auch immer das auslösende Moment sein mag, auf jeden Fall geht das religiöse «Programm» stets dem «Spiel der Kräfte», d. h. der Verwirklichung in der Menschheitsgeschichte, voraus und besteht in religiösen Begriffen fort; seine Auswirkungen auf andere untergeordnete Systeme, die in der Geschichte wirksam werden, sind unberechenbar und meist unerwartet.

Das Sektensystem des Hinayana-Buddhismus ist kompliziert, und es fehlen uns mehrere Zwischenglieder, um es rekonstruieren zu können. Doch haben wir es hier mit einer grundlegenden Zweiteilung (Dichotomie) zu tun, genau wie in den anderen oben erwähnten Religionen auch, und zwar mit einer «armen» und einer «reichen» Tradition, mit einer *auf den Menschen bezogenen* und einer *transzendentalen Richtung*. Die erstere betont die menschliche Dimension des Stifters, die zweite seine göttliche.

Zur ersten größeren Spaltung des Buddhismus kommt es in Pataliputra nach dem zweiten Konzil von Waischali und noch vor der Regierungszeit Aschokas. Im Streit um die Eigenschaft des Arhat, des Heiligen, geht es darum, ob er von jeder Befleckung befreit bleibt oder ihr doch noch ausgeliefert ist. In den fünf kontroversen Punkten verteidigt die «reiche» Tradition den fehlbaren Charakter des Arhat, während nach der «armen», eher konservativen Tradition der Arhat vollkommen sein soll. Es wird die Frage gestellt, ob der Arhat im Traum noch Versuchungen ausgesetzt ist, ob er noch Überreste von Nichtwissen in sich trägt, ob er Zweifel hegt am Glauben, ob er bei der Suche nach Wissen Hilfe in Anspruch nehmen darf und ob er zur höchsten Wahrheit gelangen kann durch denn Ausruf «Aho!». Beide Parteien finden im Hinblick auf die fünf strittigen Fragen nur einen einzigen Kompromiß, doch die unlösbare Frage nach der nächtlichen Entweihung des Heiligen führt letztlich zur endgültigen Spaltung der Mönchsgemeinde, da die Mehrheit des Samgha *(Mahasamghika)* die Meinung verficht, der Arhat könne im Traum von Göttinnen verführt werden, während die Anhänger der «alten» Lehre (*Sthaviras,* also die *Sthaviravadins*) dieser Vorstellung widersprechen. Künftig vertreten die Sthaviravadins die auf den Menschen bezogene Richtung, die Mahasamghikas hingegen die transzendentale Strömung innerhalb des Buddhismus.

Die Sthaviravadins spalten sich noch einmal wegen der Auslegung des Begriffs «Seelenwesen» *(pudgala).* Wie verhält sich dieses zu den fünf *skandhas,* aus denen sich das menschliche Wesen zusammensetzt: *rupa* (Körper, vergleichbar den aristotelischen Formen), *vedana* (Empfindungen), *saminja* (Vorstellungen), *samskara* (Wollen und gestaltende Kräfte) und *vijnana* (Bewußtsein und Erkennen)? Für die orthodoxen Sthaviravadins ist *pudgala* einfach eine linguistische Übereinkunft, die jeder Realität entbehrt, während die Anhänger der Vatsiputra (die Vatsiputriyas) versichern, *pudgala* stimme zwar nicht mit den fünf *skandhas* überein, unterscheide sich aber dennoch nicht von ihnen, befinde sich weder mitten unter ihnen noch außerhalb von diesen. Und gleichwohl ist *pudgala* der Kern, das Wesentliche, das von Körper zu Körper hinüberwandert; das eben ist der entscheidende Punkt für die Gegner der Vatsiputriyas, die den Vorwurf erheben, hier werde heimlich und verstohlen die alte brahmanische Vorstellung des *atman* (der Seele) wieder eingeführt, von der sich Buddha losgesagt hatte.

Fünfzig Jahre später entwickeln sich zwei neue Schulen aus dem Stamm des Mahasanghika: die Ekavyavaharikas, die da glauben, der Intellekt sei von Natur aus über jede Befleckung erhaben, und die Gokulikas (mehrere Varianten dieses Namens sind bekannt), für die es die fünf *skandhas* gar nicht gibt.

Vermutlich weist das letzte Edikt von Kaiser Aschoka Maurya (237 v. Chr.), dessen Sympathien den Sthaviravadins galten, darauf hin, daß aus der Gemeinde der Alten einige Mönche vertrieben worden sind, die dann den Kern einer der bedeutsamsten Sekten des Hinayana bilden sollten: die Sarvastivadins (von *sarvam asti,* d. h. «alles ist»). In der Sarvastivada-Lehre haben alle *dharmas* oder Erscheinungsformen in Vergangenheit und Zukunft eine wirkliche Existenz. Die orthodoxen Sthaviravadins versichern hingegen, daß weder die Vergangenheit noch die Zukunft existieren, während eine andere Sekte aus demselben Stamm, die Kasyapiyas oder Survasakas, glaubten, daß nur die Taten der Vergangenheit fortbestehen, die noch keine Auswirkung gezeitigt haben.

Die rasche Zunahme sich widersprechender *abhidharmas* (Kommentare zu den *Sutras*) läßt vier neue Schulen entstehen, die von den Vatsiputriyas abstammen: die Dharmottariyas, die Bhadrayaniyas, die Sammitiyas und die Sannagarika. Nur das *abhidharma* der Sammitiyas ist uns überliefert; darin ist *pudgala* lediglich einfach ein Begriff.

Und wiederum führt die Polemik über das *abhidharma* zur Spaltung der Gokulikas und zum Auftreten der Bahusrutiyas, die auch schon die im Mahayana wichtige Unterscheidung treffen zwischen den «irdischen» und den «transzendentalen» Lehren des Buddha, und schließlich der Prajnaptivadins (von *prajnapti,* «Begriff»), für die jedes Dasein nur rein begrifflicher Natur ist.

Die Lokottaras (die Transzendenten), die dem Mahayana noch näher stehen, lösen sich ebenfalls vom Stamm des Mahasanghika. Da für sie Buddha als Gesamterscheinung transzendent *(lokottara)* ist, bekennen sie sich zu einer Form von Doketismus. Bemerkenswert ist übrigens, daß dieses System des buddhistischen Doketismus (abgesehen von den Mythologien) fast deckungsgleich mit dem späteren im christlichen (oder parachristlichen) Raum entwickelten System ist.

Es erübrigt sich, hier alle Hinayanasekten aufzuführen. Erwähnt sei jedoch, daß die Theravadins, die sich in der Mitte des 3. Jahrhunderts v. Chr. in Sri Lanka niederlassen und deren Name nur die Paliform der Sanskritbezeichnung Sthaviravadins ist, sich von den Vibhajyavadins abgezweigt haben. Es ist unmöglich, das gesamte System der verschiedenen Schulen vollständig zu rekonstruieren: unsere Informationen darüber sind zu spärlich und zu widersprüchlich, und es fehlen uns zahlreiche Zwischenglieder. Gleichwohl kann man sich gut vorstellen, daß die historische Darstellung der Sekten sich deckt mit einem Teil der logischen Erforschung all dieser «vielfältig verwobenen Zusammenhänge», die in der Geschichte des Buddha, der ersten Mönchsgemeinde und der frühen aus seiner Lehre hervorgehenden Theologie enthalten sind. So erklärt sich wohl, daß andere bekannte Sekten die Gegensätze Buddha/*samgha*, *sutra*/*abhidharma*, Transmigration/Nicht-Transmigration der *skandas* usw. wieder aufgreifen.

Trotz der vielfältigen und komplexen Verzweigungen des Systems ist es jedoch möglich, die Logik der beiden Denkrichtungen zu verfolgen, der auf den Menschen bezogenen und der transzendentalen Richtung. Wenn die Sthaviravadins erklären, der Arhat sei über jede Befleckung erhaben, scheinen sie sich auf den ersten Blick zur zweiten Tendenz zu bekennen. Doch in Wahrheit sind es die Mahasanghikas, die die Menschlichkeit Buddhas in Klammern setzen wenn sie die Fehlbarkeit des Arhat anerkennen: es ist nicht entscheidend, mit menschlichen Mitteln Vollkommenheit zu erlangen, sondern es geht vielmehr darum, schon jetzt vollkommen zu sein. Im Zug dieser Tendenz entstehen mehrere Schulen des Mahasanghika, in denen sich die meisten Vorstellungen entwickeln, aus denen später der Mahayana hervorgeht.

Der Mahayana-Buddhismus

Die Vielfalt des Mahayana-Buddhismus legt von vornherein einen systemischen Zugang nahe; doch es ist zu schwierig und zu delikat, die einzelnen Zwischenstationen aufzuzeigen, als daß wir dies hier zu verwirklichen vermöchten.

Der Lehre des Mahayana begegnen wir zuerst in der Sutraliteratur der «Transzendentalen Gnosis» *(prajnaparamita),* deren Anfänge etwa bis in das Jahr 100 n. Chr. zurückreichen. Ein *Wandel des Vollkommenheitsideals* kennzeichnet den Übergang vom Hinayana zum Mahayana. Während der Anhänger des Hinayana-Buddhismus danach strebt, ein Arhat, ein Heiliger, zu werden, d. h. ein Wesen, das den Zustand des *Nirwana* nie mehr verläßt und in den verhaßten *samsara* oder Kreislauf der Reinkarnationen nicht zurückkehren wird, trachtet der Anhänger des Mahayana danach, ein *Bodhisattva* zu sein, also ein Wesen, das zwar der Erleuchtung teilhaftig geworden ist, sein eigenes Wohlbefinden jedoch dem der gesamten Menschheit unterordnet und sich lieber in der Welt einsetzt, als sich in das *Nirwana* zurückzuziehen. Der Bodhisattva wird kein *Pratyeka Buddha,* kein schweigsamer Buddha, sondern ein Erleuchteter, der redet, der handelt und den Unglücklichen zu Hilfe eilt: eine neue Perspektive, die vermutlich von den hinduistischen Bewegungen der Hingabe an Gott *(bhakti)* beeinflußt ist.

Wenn also das Erbarmen mit der von Nichtwissen heimgesuchten Menschheit das Ideal des Bodhisattva zu kennzeichnen scheint, so übernimmt das Mahayana die schwierigere Aufgabe, eine Logik zu entwickeln, die es ermöglicht, ohne Widerspruch mit widersprüchlichen Begriffen umzugehen. Zuweilen wird dies als «negative Logik» bezeichnet, doch in Wahrheit handelt es sich um eine nicht-aristotelische Logik, die sowohl über die Bejahung als auch über die Verneinung hinausweist, ohne das Prinzip des «nicht-möglichen Dritten» anzuerkennen. Man kann gut verstehen, weshalb einige Naturwissenschaftler, die es nach Religion dürstet, unlängst festgestellt haben, daß der Mahayana für sie ein wertvolles Modell zum besseren Verständnis der Paradoxa in der modernen Physik sein kann, die künftig mit nicht-euklidischen Geometriesystemen und vielfachen Raumdimensionen zu tun hat. In Wirklichkeit wird nur offenbar, daß die beiden Systeme letztlich deckungsgleich sind: Im Fall des Buddhismus führt die Ablehnung der einfachen Alternative (wenn A nicht stimmt, dann stimmt Nicht-A) zu kühnen Spekulationen, während die Physik ihre phantastischen Topologien einerseits auf das Aufgeben des euklidischen Parallelenaxioms zurückführt und andererseits auf Phantasten der Vierten Dimension wie Charles Howard Hinton (1853–1907).

Die buddhistische Logik des «möglichen Dritten» gelangt zu vielfältigen Erklärungen, und zwar schon in einem so frühen Mahayana-Text wie dem *Saddharmapundarika* (Lotus-Sutra), in dem Buddha als ewigem Wesen keine Erleuchtung zuteil geworden ist. Er war in der Tat nicht nur von je her ein Erleuchteter, sondern es gibt auch nichts zu «Erleuchtendes», denn das *Nirwana* ist nicht wesenhaft. Nach der Lehre der Yogakara-Schule kann sich das transzendente Wesen eines Buddha zum Wohle des Menschen ins Unendliche vervielfätligen, und zwar zu verschiedenen Zeiten oder aber in ein- und derselben Epoche. Neben dem «absoluten Körper» *(dharmakaya)* schreibt ihm der Mahayana in der Tat auch einen «ätherischen Körper» *(sambhogakaya)*, einen «Körper der Freude» zu, in dem sich Buddha seiner eigenen religiösen Verdienste im Paradies, im sog. Reinen Land, «erfreut», und schließlich noch einen «magischen Körper» *(nirmanakaya)*, in dem sich Buddha verkörpert, um die Menschen zu erlösen.

Die bereits in den vormahayanischen und in den frühen Mahayana-Texten enthaltenen Paradoxa finden ihre endgültige Bestätigung in dem Werk des fast mythischen Autors Nagarjuna (etwa 150 n. Chr.), der das «System der Mitte», die Madhyamika-Sutra schrieb. Zunächst unterzieht Nagarjuna die herrschenden philosophischen Lehrmeinungen *(drsti)* einer scharfen skeptischen Kritik und führt sie ad absurdum *(prasanga)*. Durch diese Methode widerlegt er die Seinslehre brahmanischen Ursprungs und verkündet, alle Dinge entbehrten eines eigenen Wesens, und folglich sei auch alles, was ist, leer *(sunja)*. Diese höchste Wahrheit, die der offenbaren und logisch vorgegebenen Wahrheit des Alltags zu widersprechen scheint, schließt gleichermaßen innerhalb dieser Leere *(sunjata)* die Identität des Nirwana und des *samsara* mit ein und ebenso die der einzigartigen Daseinsform, wie sie die karmischen Zyklen und ihre Beendigung auslösen.

Um 450 n. Chr. spaltet sich die Schule des Madhyamika in eine Strömung, die Skeptiker oder Prasangika, die lediglich die negative Lehre von Nagurjana übernimmt, und in eine zweite Strömung, die sich den bejahenden Thesen seiner Lehre zuwendet, die sog. Svatantrikas. Der Madhyamika-Buddhismus dringt nach China und Japan vor und verschwindet dort im 10. Jahrhundert, nicht ohne Wesentliches zur Entwicklung des Tschan-Buddhismus (japanisch Zen) beigetragen zu haben.

Die andere große Schule des Mahayana, die Yogakara, entwickelt sich auf der Grundlage von Zwischentexten wie der *Lankavatara-Sutra* und anderen, die behaupten, das All sei eine rein mentale Konstruktion, entbehre infolgedessen jeder Realität, auch wenn diese nur illusorisch ist. Ein gewisser Maitreya, eine historische oder mythische Persönlichkeit (Meitreya ist in der Tat der Name des künftigen eschatologischen Buddha), trägt entscheidend zum Heraufkommen des Yogakara bei. Doch die Verbreitung seiner Lehren ist dann das Werk der Brüder Asanga und Vasubandhu, welche die Idee des *citra matra* («alles ist nur Bewußtsein») verkünden und ihr in der *alayavijnana* (wörtlich «esoterisches Bewußtsein») eine psychokosmische Basis geben und so ein Sammelbecken schaffen, in dem sich alle Erfahrungen in Form von karmischen Schlacken anhäufen und die aufeinanderfolgenden Existenzen genau bestimmt werden. Im Okzident war dies von den Anfängen des Gnostizismus an die vorherrschende Theorie, eine radikale platonische Strömung, der die meisten Neuplatoniker nach Plotin zustimmten. Im Orient wie im Okzident stellt sich das Problem, wie diese Schlacken, die uns an den Kosmos fesseln, «verbrannt» werden können, ohne Spuren zu hinterlassen.

Der tantrische Buddhismus

Unter dem Einfluß des Hinduismus und breiter Schichten des Volkes gewinnt der tantrische Buddhismus langsam an Boden gegenüber dem Mahayana (8. Jh.), dessen Stelle er zuletzt einnimmt. Wir kennen heute mehrere Schulen des indischen tantrischen Buddhismus. Die wichtigste unter ihnen ist die Vajrayana oder «das Diamantfahrzeug». Schon der Name (vajra = Phallus) weist auf ein sexuelles Symbol hin und kennzeichnet die signifikante Struktur des Tantrismus und seine auf verschiedene Ebenen bezogene «Geheimsprache». In der Tat zeichnen sich die tantrischen Begriffe durch eben jene Eigenschaft aus, die auch der mythischen, sich in den Schwanz beißenden Schlange zugeschrieben wird, sich nämlich unablässig von einem ins andere verwandeln zu können, dergestalt daß jeder Text stets doppelsinnig ist. Zum Beispiel ist *bodhicitta*, «Gedanke der Erleuchtung», im sexuellen Bereich zugleich die geheime Bezeichnung für Sperma, und die «Weib-Gnosis» *(prajna)* meint auch die konkrete oder erdachte Partnerin eines rituellen Sexualaktes und ferner die zentrale Leitung der Rückenmarknerven. Demnach enthält jeder tantrische Text zwei mögliche Lesarten: eine, die sich auf ein geheimes Ritual bezieht, das im allgemeinen in einer sexuellen Vereinigung endet mit dem Ziel, der Erleuchtung teilhaftig zu werden, und eine zweite, die einen rein metaphysischen Bezug hat.

Der Buddhismus in Südostasien

Der Buddhismus, der in Südostasien und in Indonesien (wo er später durch den Islam ersetzt wird) Fuß faßt, ist der Theravada, eine Variante des Sthaviravada, den die Missionen von Kaiser Aschoka verbreitet hatten. Der indonesische Buddhismus bleibt jedoch eklektisch bis ins 15. Jahrhundert n. Chr., als die aus Sri Lanka (Ceylon) kommende orthodoxe Theravada-Lehre sich in den Staaten Indochinas durchsetzt. Der singhalesische Buddhismus erreicht seine Blütezeit im 11. Jahrhundert n. Chr. Interessant ist, daß in Burma, Thailand, Laos, Kambodscha und in Vietnam Buddha nicht als der Prediger der Weltentsagung angesehen wird, sondern als der *cakravartin*, als derjenige, der das Rad des Dharma in Bewegung setzt, als der Herrscher schlechthin; von daher erklärt sich die Symbiose zwischen Buddhismus und politischer Macht. Dies wiederum führt zur Errichtung von lehrreichen Monumenten, in Stein gehauenen Enzyklopädien und Meditationen zugleich, welche die Lehre wie den Initiationsweg zur Erleuchtung zusammenfassen.

Angesichts des westlichen Kolonialismus hat der Buddhismus den Völkern Indochinas ein festes unveränderliches Bewußtsein ihrer eigenen Identität vermittelt, doch sich gleichzeitig der unvermeidlichen Modernisierung ihres Landes widersetzt. Diese schleichende Erosion des Buddhismus hat sich verstärkt nach den kommunistischen Revolutionen, die einige dieser Länder erschüttert haben. Wir müssen also feststellen, daß der Buddhismus in Südostasien zum gegenwärtigen Zeitpunkt eine kritische Phase durchläuft.

Um das Jahr 130 läßt sich der Buddhismus bereits in Chang-an (heute Xian), der Hauptstadt des Kaiserreiches Han (206 v. Chr.–220 n. Chr.) nachweisen, wo damals ein strenger und scholastischer Konfuzianismus vorherrschte. Am Anfang wurde der Buddhismus als fremde taoistische Sekte angesehen, insbesondere auf Grund der Tatsache, daß die ersten korrekten Übersetzungen indischer und chinesischer Texte nicht vor dem Ende des 3. Jahrhunderts n. Chr. erschienen und diese sich zudem der entsprechenden taoistischen Ausdrücke bedienten, um die Begriffe der neuen Religion zu übermitteln.

Nach der Eroberung des Nordens durch die Hunnen behauptet sich der Buddhismus im nur dünn besiedelten Süden unter den Aristokraten und den Gebildeten wie Hui-yüan (334–416), dem Begründer des Amidismus (Kult des Buddha Amitabha) oder der Schule des «Reinen Landes». Im 6. Jahrhundert tritt Kaiser Wu Liang zum Buddhismus über, den er auf Kosten des Taoismus fördert. Doch schon vor dieser Zeit waren zunächst der volkstümliche Buddhismus und danach der Amidismus trotz des hartnäckigen Widerstands des Konfuzianismus wieder in den Norden zurückgekehrt. Ebenfalls im Norden läßt sich dann im 5. Jahrhundert der berühmte Übersetzer Kumarajiva nieder.

Unter den Sui- und Tang-Dynastien im wiedervereinigten China erlebt der Buddhismus in allen Gesellschaftsschichten eine neue Blüte. Seine systematische und lückenlose Verbreitung wird sichergestellt durch die Tschan-Schule (Zen auf Japanisch; aus dem Sanskrit *dhyana*, «Meditation»); sie lehrt die Allgegenwart des Buddha und besondere Meditationstechniken, um so eine sofortige Erleuchtung zu erlangen. Der Zen-Buddhismus beruft sich auf Bodhidharma, der nach Buddha selbst der achtundzwanzigste Patriarch des indischen Buddhismus gewesen sein soll.

Eine andere sehr einflußreiche Schule ist der T'ien-t'ai (japanisch Tendai), der auf dem gleichnamigen Berg in Chekiang von Chih-i (531–597) gegründet worden ist.

Die außergewöhnliche Kraft und das Gedeihen des Buddhismus beschwören unglücklicherweise die Eifersucht des Hofes herauf, die von 842–845 zu grausamen Verfolgungen führt: Die Religion wird unterdrückt, ihre Heiligtümer werden zerstört und die Mönche gezwungen, in den Laienstand zurückzukehren. Das führt zum Verfall des chinesischen Buddhismus, der nunmehr (14. Jh.) von der neuen geltenden Staatslehre zurückgedrängt wird.

Herausragende Spezialisten des chinesischen Buddhismus wie Anthony C. Yu haben wiederholt betont, daß eine ganz bestimmte Sinologie, die auf die Ideologie der Aufklärung zurückgreift, es noch immer vorzieht, den fundamentalen Beitrag des Buddhismus zur chinesischen Kultur zu ignorieren. Die Vitalität des Buddhismus, die weit über die Verfolgungen und den Verlust der Macht an den Konfuzianismus hinausreicht, schildert der Roman *Hsi-Yu chi* (*Die Reise in den Westen*), der häufig dem Beamten Wu Ch'eng-en (16. Jh.) zugeschrieben wird. Von der Schilderung des Tempels Borobudur auf der indonesischen Insel Java ausgehend hat Paul Mus eine Geschichte des südasiatischen Buddhismus vorgelegt; ebenso zeigt uns Anthony Yu in seiner meisterhaften ungekürzten Übersetzung des *Hsi-yu chi* im Grunde die gesamte Geschichte des chinesischen Buddhismus, seines indischen und hochkultivierten Usprungs, aber auch seiner ungewöhnlichen Entwicklung und Verbreitung auf. Der Roman erzählt die Heldentaten des Mönches Hsüan-tsang, der im Jahre 627 nach Indien aufbricht, um die authentischen buddhistischen Schriften nach China zurückzuholen. Doch Hsüan-tsang, den der Verfasser häufig mit sanfter Ironie bedenkt, ist nicht der eigentliche Held des Berichts. Vielmehr zieht ein Affe, der halbgöttliche Ahne und Besitzer großer magischer Kräfte, die ganze Aufmerksamkeit des Lesers auf sich. Als ebenso würdevolle wie lächerliche Persönlichkeit verkörpert er die beiden widersprüchlichen Aspekte einer mythischen Vergangenheit: geistige Kraft und fast komische Einfalt.

Der Buddhismus in Korea und Japan

Schon seit dem 4. Jahrhundert n. Chr. dringt der Buddhismus von China kommend bis nach Korea vor, wo im Jahre 376 das erste buddhistische Kloster, das «Königreich der Eremiten», gegründet wird. In der Folgezeit hat der koreanische Buddhismus alle Entwicklungen des chinesischen Buddhismus aufmerksam beobachtet und auch übernommen. Wie in China erleben die buddhistischen Kirchen bis zum

10. Jahrhundert eine unbeschränkte Blüte, die Hand in Hand geht mit dem allmählichen Abbau ihrer geistigen Botschaft. Aus Verzweiflung über die strenge scholastische Lehre schließen sich die Anhänger des Shon-Buddhismus (chinesisch Ch'an, japanisch Zen) zu einer unabhängigen Gemeinschaft zusammen. Doch diese nationale Spaltung führt nicht zum Verfall des Buddhismus, wie wir ihn im 9. Jahrhundert in China zu verzeichnen haben. Erst später, in der Yi-Dynastie (1392–1910), setzt sich der Konfuzianismus als offizielle Staatsreligion durch. Ohne daß der Buddhismus ausdrücklich unterdrückt wird, sieht er sich gleichwohl von 1400–1450 strengen Vorschriften unterworfen und ist offiziell nur noch in zwei Kirchen organisiert, in der Meditationskirche Shon und der Lehrkirche Kyo. In der Neuzeit hat sich der koreanische Buddhismus dann in Übereinstimmung mit dem japanischen Buddhismus weiterentwickelt.

Der intellektuell kreativste Buddhismus ist gegenwärtig zweifellos der japanische. In der zweiten Hälfte des 6. Jahrhunderts dringt er von Korea aus nach Japan vor, und zwar zunächst ohne jeden Erfolg. Der Glaubenswechsel der Kaiserin Suiko (592–628), die als Nonne ins Kloster geht, und ihres Neffen, des Prinzregenten Shotoku (573–621), leiten eine Blütezeit des Buddhismus ein, die in der 710 gegründeten Hauptstadt Nara (in der sog. «Sechs-Sekten»-Epoche) weiter andauert. Als später die Hauptstadt nach Heian (Kyoto, 794–868) verlegt wird, muß sich der Buddhismus einer strengen staatlichen Kontrolle unterwerfen. Während des Schogunats der Kamakura (1185–1333) breitet sich der Buddhismus in der Bevölkerung stark aus durch den Amidismus oder die Lehre vom Reinen Land (Jodo), dem westlichen Paradies des Buddha Amitabha, dessen Name *(nembutsu)* eine einfache und wirksame Meditationsformel darstellt. Die Tokugawa-Schogunen (1600–1868), die ihre Hauptstadt nach Edo (Tokio) verlegen, sind selbst Anhänger des Jodo, den sie begünstigen. Doch die Erlasse der Tokugawa (1610–1615) setzen den Buddhismus dem offiziellen Shinto gleich und unterstellen ihn der strengen Kontrolle seitens der Regierung.

In der Epoche der Meiji (1868–1912) findet das friedliche Zusammenleben von Buddhismus und Shintoismus ein jähes und brutales Ende, und zwar dadurch, daß der Buddhismus für illegal erklärt und die *haibutsu-kishaku*-Bewegung («Tötet die Buddhisten und wendet

Euch ab von ihren Schriften») ins Leben gerufen wird. Dieser Appell sollte nicht ungehört verhallen: Viele Mönche und Nonnen kommen um oder kehren in den Laienstand zurück, zahlreiche heilige Stätten werden zerstört oder in Shintotempel umgewandelt.

Doch wenn wir soeben von der intellektuellen Kreativität des zeitgenössischen japanischen Buddhismus gesprochen haben, so sei noch festgestellt, daß diese nicht zurückzuführen ist auf den Erfolg einer blühenden Ordensorganisation, vergleichbar etwa den nicht auf Gewinn bedachten religiösen Verbänden in den Vereinigten Staaten. In der Tat haben seit 1945 mehrere Reformen ebenso wie die radikale Modernisierung des Landes die buddhistischen Kirchen weitgehend um ihre traditionelle ökonomische Basis gebracht.

Die rasche Zunahme buddhistischer Lehren in Japan, soweit sie ganz allgemein der Entfaltung des chinesischen Buddhismus folgt, entbehrt nicht einer gewissen Originalität. Wie wir noch sehen werden, werfen bestimmte erstaunliche Überlagerungen der christlichen und der buddhistischen Lehre gemeinsame Probleme auf, die zuweilen von den Reformern beider Religionen auf analoge Weise in Angriff genommen werden.

Die frühen «Sechs Sekten» können wir in den Streitgesprächen über die Lehre wiedererkennen, welche die Schulen des indischen Buddhismus hervorgebracht haben. Die Sekten Jojitsu, Kusha und Ritsu sind dem Hinayana zuzurechnen; die Sekten Sanron, Hosso und Kegon dagegen dem Mahayana-Buddhismus.

Der Tendai (chinesisch T'ien-T'ai, nach dem gleichnamigen Berg), der durch den Mönch Dengyo Daishi (767–822) im Jahre 806 in Japan eingeführt wurde, gewinnt die Gunst des kaiserlichen Hofes in Heian. Der dieser Schule zugrundeliegende Text ist der *Saddharmapundarika* in der Übersetzung von Kumarajiva (406 n. Chr.); seine These lautet, daß alle Wesen die Natur des Buddha in sich tragen und an seinem *dharmakaya* teilhaben.

Der Shingon (chinesisch Chen-yen, aus dem Sanskrit *mantra*) ist eine Form des Tantrismus «der rechen Hand», also nicht sexuell bestimmt; er wurde in ein System gebracht von dem Mönch Kukai (774–835), der nach China reiste (804–806) und von einem indischen Lehrer aus Kaschmir unterwiesen wurde. Die Ikonographie des Shingon spielt in der japanischen Kunst eine besonders wichtige Rolle.

Eine dritte Schule, der Amidismus oder die Jodo-Sekte, wird von dem Priester Honen (oder Genku, 1133–1212) gegründet.

Der Zen-Buddhismus (chinesisch Ch'an, aus dem Sanskrit *dhyana*) schließlich, der bereits in China verschiedene Schulen ins Leben gerufen hat, gelangt in zwei verschiedenen Varianten nach Japan: der Rinzai-Zen, der zahlreiche Anhänger unter den Samurai findet und von dem Priester Eisoi (1141–1215) eingeführt wird, und der meditativere und populärere Soto-Zen, den der Priester Dogen (1200–1253) verbreitet. Die soziale Zusammensetzung der Anhänger beider Schulen spiegelt sich wider in dem Satz: *rinzai shogun, soto domin* («der Rinzai den Aristokraten, der Soto den Bauern»).

Diese vier großen Sekten des japanischen Buddhismus nehmen unterschiedliche Standpunkte ein in bezug auf ein- und dasselbe Problem, nämlich das der Gnade, das im Westen die Kontroverse zwischen Pelagius und Augustin und später den Streit zwischen Protestanten und Katholiken auslöste. Der Tendai und der Jodo vertreten dem Zen und dem Shingon gegenüber eine eher quietistische Haltung. In der Tat bejaht der Tendai, daß die Erleuchtung schon von Geburt an in uns ruht; wir müssen sie nur wieder auffinden. Wie Augustin in seiner Polemik gegen Pelagius, so behauptet auch die Jodo-Sekte, niemand könne aus eigener Kraft *(jiriki)* zur Erleuchtung gelangen, alles Heil komme vielmehr aus der Gnade Buddhas *(tariki)*. Mit demselben Problem konfrontiert, findet Shinran (1173–1262), Schüler von Honen und Gründer des Jodo-Shinshu oder der «Wahren Sekte des Reinen Landes», eine Lösung, die fast lutherisch genannt werden könnte, würde ihr nicht ein Begriff fehlen, der im Denken Luthers Augustin betreffend eine wesentliche Rolle spielt: nämlich der Begriff der Prädestination. Da für den Shinran das Heil in der Tat demokratisch ist, kann man eher Analogien zwischen ihm und einigen Anabaptisten feststellen, denn er verkündet, ein jeder sei *schon* gerettet und folglich sei es auch nicht notwendig, den Weg der Askese zu beschreiten, und ebenso dürfe man heiraten.

Shingon hält dieser Lehre das Prinzip des *sokushin jobutsu* entgegen: Man kann sofort und unmittelbar ein Buddha *werden* durch Ausübung bestimmter tantrischer Rituale.

Ebenso versichert der Zen-Buddhismus, man könne aus eigener Kraft zur Erleuchtung gelangen; doch während der Rinzai eher einfache aber unmittelbar wirksame Techniken empfiehlt wie den *Koan*, ein paradoxer, häufig von unerwarteten Gesten begleiteter heiliger Spruch, kennt der Sotoismus nur eine einzige Regel: Meditation im Sitzen *(zazen)*.

In Japan gibt es auch eine nationale Schule des Buddhismus, und zwar die Sekte von Nichiren (1222–1282), der zunächst ein Anhänger des Tendai war, bis dieser ihm für seine Reformbestrebungen zu eng wurde. Mit ungewöhnlicher origineller Hartnäckigkeit greift er den Buddhismus seiner Zeit auf das heftigste an, den er der Dekadenz anklagt; außerdem maßt er sich ein unmittelbares geistliches Recht an, Kritik zu üben, denn er ist fest davon überzeugt, ein Bodhisattva zu sein, ja sogar mehrere gleichzeitig. Obwohl er wiederholt des Landes verwiesen, zum Tode verurteilt und dann wieder begnadigt wurde, ließ er niemals ab von seinem Kreuzzug gegen die Mönche, die Regierung, die erbärmlichen und verkommenen Zeitläufe, die er hat heraufkommen sehen. Seine Botschaften, die er auf der Schwelle zum Tode aussendet, sind allzu verworren, als daß sie sich einer großen Popularität erfreuen könnten: «Ich, Nichiren», erklärt er im *Kaimokusho* («Die Erleuchtung der Wahrheit», 1272), «bin enthauptet worden zwischen der Stunde der Ratte und der des Ochsen, am zwölften Tag des neunten Monats im vergangenen Jahr, und damals starb in mir der Idiot. Als Geist bin ich nach Sado gekommen und schreibe nun im zweiten Monat des zweiten Jahres diese Abhandlung nieder, um sie meinen Anhängern zu übersenden. Da sie von einem Geist verfaßt wurde, mag sie Euch wohl erschrecken.»

Die Zahl der buddhistischen Schulen übersteigt heute diejenige anderer Religionsgemeinschaften in Japan. Im Jahre 1970 waren es 162.

Der tibetanische Buddhismus

Der indische Mönchsbuddhismus, die Schule *(vinaya)* der Mulasarvastivadins, faßt gegen Ende des 8. Jahrhunderts in Tibet Fuß; doch bereits in der Mitte des 9. Jahrhunderts werden alle möglichen Einflüsse erkennbar, die insbesondere aus China, aber auch aus dem indischen Tantrismus stammen. Im 11. Jahrhundert erlebt der tibetanische Buddhismus nach Rückbesinnung auf indische Quellen eine Art Renaissance; der Mönch Atisa, der Guru (*lama*) schlechthin, wird nach Tibet eingeladen (1042–1054), wo einer seiner Schüler später den Mönchsorden Bkagdams-pa gründet; und Marpa der Übersetzer (1012–1096) reist nach Indien, von wo er eine Form des asketischen Tantrismus nach Tibet zurückbringt, den ihn sein Guru Naropa (936–1040) gelehrt hat und den er nun seinerseits dem berühmten Milarepa, dem Guru von Sgam-po-pa, dem Stifter des Ordens Bka-brgyud-pa, übermittelt. Als ein Schüler von Sgam-po-pa den Orden Karma-pa («Schwarze Mönchsmützen») stiftet, entsteht hier auf Grund esoterischer Gegebenheiten eine lange Nachkommenschaft der Großen Lama. Später wird das Verfahren von anderen Orden übernommen, insbesondere von den Dge-lugs-pa oder «Gelben Mönchsmützen» (14. Jh.), deren Oberhaupt, Dalai Lama genannt, dann im 17. Jahrhundert die Ausübung der zivilen Macht in Tibet übertragen wird, während die geistliche Autorität in der Hand eines anderen Großen Gelben Lama liegt, der im Kloster Tashilumpo residiert.

Die unterschiedlichen Lehrmeinungen dieser «orthodoxen» Orden und ihrer vielfachen Verzweigungen aufzeigen zu wollen wäre im Rahmen dieses Werkes ein zu ehrgeiziges Unterfangen. Neben ihnen konstituieren sich als Orden die Anhänger der vorbuddhistischen Religion Bon (Bon-po) und die «Alten» Buddhisten (Rnin-ma-pa), deren erster Guru Padmasambhava (8. Jh.) war und deren Bräuche und Lehren in den meisten Fällen die Renaissance des 11. Jahrhunderts vorwegnahmen.

Die Bon-po sind unverhohlen heterodox, im Verband der von den «Gelben Mönchsmützen» beherrschten buddhistischen Orden nicht zugelassen. Wenn sie gleichwohl bemüht waren, aufgenommen zu werden, so deshalb, weil ihre Lehren sich beim ersten Vordringen des Buddhismus in Tibet dialektisch zu ihm herausgebildet haben. Die Bon-po berufen sich auf ihre frühere Entstehung, auf einen heiligen Ursprung in den Nebeln eines westlichen mythischen Landes Sambhala (Tazig) und auf einen eigenen Buddha, der nicht der Lügner Sakyamuni ist. Ihre schamanischen und magischen Bräuche haben die «Alten» (Rnin-ma-pa oder «Rote Mönchsmützen», einer der beiden Orden, die sich zu dieser Farbe bekennen) stark geprägt, und zur Zeit der Reform der «Gelben Mönchsmützen», die Tsong-ka-pa (1357–1419) gegründet hat, sind sie dann dem Laxismus und magischem Aberglauben völlig preisgegeben. Auf Grund des Widerstands gegen die «Roten Mönchsmützen», der die Gründung des stärksten buddhistischen lamaischen Ordens in Tibet kennzeichnet, überrascht es nicht, daß die «Gelben Mönche» nicht bereit sind, die Echtheit der Lehren der «Roten Mönche» anzuerkennen, während sich andere Orden ihnen gegenüber toleranter zeigen. Die Situation wird zudem noch kompliziert durch den bei den «Alten», aber auch bei den Bon-po üblichen Brauch, auf das Vorhandensein «vergrabener Schätze» *(gter-ma)* hinzuweisen, auf Apokryphen, die Padmasambhava selbst oder anderen ehrwürdigen Meistern zugeschrieben und «wiedergefunden» werden an verborgenen Orten oder aber ganz einfach in den unergründlichen Tiefen im Hirn irgendeines Individuums. Die Schulen des tibetanischen Buddhismus lassen sich nach ihren beiden Extremen klassifizieren: die Gelben Mönche und die Roten Mönche.

Der lamaische Buddhismus wurde in einem anderen Land als Staatsreligion anerkannt, und zwar in der Mongolei, wo er sich im 13. und im 16. Jahrhundert in zwei Wellen ausbreitete.

Literatur

Allgemein und Textübersetzungen

Eliade, GrI 2/147–154; 185–190.

H. Beckh, Der Heimgang des Vollendeten (Parinibbanasutta), Stuttgart 1960.

Edward Conze, Der Buddhismus. Wesen und Entwicklung, Stuttgart 1962.

Ders., Eine kurze Geschichte des Buddhismus, Frankfurt 1984.

Ders., Buddhistisches Denken, Frankfurt 1988.

P. Dahlke, Buddha. Die Lehre des Erhabenen, Stuttgart 1960.

E. Frauwallner, Die Philosophie des Buddhismus, Berlin (Ost) 1958.

R. A. Gard (Hg.), Der Buddhismus, Genf 1972.

H. von Glasenapp, Die Weisheit des Buddha, Baden-Baden 1946.

Ders., Der Pfad zur Erleuchtung. Grundtexte der buddhistischen Heilslehre, Düsseldorf 1956.

Lama Angarika Govinda, Die psychologische Haltung der frühbuddhistischen Philosophie, Zürich 1962.

I.-L. Gunsser, Reden des Buddha aus dem Pâli-Kanon, Stuttgart 1957.

Nyanaponika Mahathera, Geistestraining durch Achtsamkeit. Die buddhistische Satipatthana-Methode, Konstanz 1970.

Ders., Die Fragen des Königs Milinda. Zwiegespräch zwischen einem Griechenkönig und einem buddhistischen Mönch, Interlaken 1985.

Erhard Meier, Kleine Einführung in den Buddhismus, Freiburg 1985.

G. Mensching, Buddhistische Geisteswelt. Vom historischen Buddha zum Lamaismus, Baden-Baden 1955.

K. E. Neumann, Die Reden Gotama Buddos. Aus der Mittleren Sammlung Majjhimanikayo des Pali-Kanons, 3 Bde., München 1922.

Ders., Die Reden Gotama Buddhos. Aus der Längeren Sammlung Dighanikayo des Pali-Kanons, Zürich/Wien 1957.
W. Réhula, Was der Buddha lehrt, Zürich 1963.
Bhikshu Sangharakshita, Die Drei Kleinode. Eine Einführung in den Buddhismus, München 1971.
C. Schlingloff, Die Religion des Buddhismus, 2 Bde., Berlin 1962/63.
K. Schmidt, Buddhas Reden. Die Sammlung der mittleren Texte des buddhistischen Pâli-Kanons, Reinbek 1961.
Ulrich Schneider, Einführung in den Buddhismus, Darmstadt 1987.
Hans W. Schumann, Buddhismus. Stifter, Schulen und Systeme, Olten/Freiburg 1976.
D. Seckel, Buddhistische Kunst Ostasiens, Stuttgart 1957.

Leben des Buddha

H. Beckh, Buddha und seine Lehre, Stuttgart 1980.
H. Hecker, Das Leben des Buddha. Der innere und äussere Lebensgang des Erwachten, Hamburg 1973.
Hans-Joachim Klimkeit, Der Buddha. Leben und Lehre, Stuttgart 1990.
J. Naudou, Buddha, Gütersloh 1973.
H. Oldenberg, Buddha. Sein Leben, seine Lehre, seine Gemeinde, Stuttgart 1959.
Hans W. Schumann, Der historische Buddha, Köln 1982.
E. Waldschmidt, Die Legende vom Leben des Buddha, Graz 1982.

Buddhismus in Indien

A. Bareau, Der indische Buddhismus, in: A. Bareau/W. Schubring/Ch. von Fürer-Haimendorf, Die Religionen Indiens III. Buddhismus, Jinismus, Primitivvölker, Stuttgart 1964.
E. Frauwallner, Geschichte der indischen Philosophie, Bd. I, Salzburg 1953.
C. Regamey, Der Buddhismus Indiens, Aschaffenburg 1964.

Hinayana

Herbert Günther, Der Buddha und seine Lehre. Nach der Überlieferung der Theravâdins, Zürich 1956.
K. Mylius (Hg.), Die vier edeln Wahrheiten. Texte des ursprünglichen Buddhismus, Leipzig 1983.
M. Winternitz, Der ältere Buddhismus nach Texten des Tipitaka, Tübingen 1929.

Mahayana

R. von Muralt (Hg.), Tripitaka. Meditations-Sûtras des Mahâyâna-Buddhismus, Zürich 1973.
F. J. Streng, Emptiness. A Study in Religious Meaning, New York 1967.
M. Schott, Sein als Bewusstsein. Ein Beitrag zur Mahâyâna-Philosophie, Heidelberg 1935.
Hans W. Schumann, Mahâyâna-Buddhismus. Die zweite Drehung des Dharma-Rades, München 1990.
M. Winternitz, Der Mahayana-Buddhismus, Tübingen 1930.
E. Wolff, Zur Lehre vom Bewusstsein (Vijñânavâda) bei den späteren Buddhisten, Heidelberg 1930.

Buddhismus in China und Korea

René Grousset, Die Reise nach Westen. Oder wie Hsüan Tsang den Buddhismus nach China holte, Köln 1986.
Daisaku Ikeda, Der Chinesische Buddhismus, München 1987.
E. Rouselle, Vom Sinn der buddhistischen Bildwerke in China, Darmstadt 1958.
Helwig Schmidt-Glintzen, Das Hung-ming und die Aufnahme des Buddhismus in China, Wiesbaden 1976.
Fritz Vos, Die Religionen Koreas, Stuttgart 1977.

Zen

Heinrich Dumoulin, Geschichte des Zen-Buddhismus, 2 Bde., Bern/München 1985–86.
Hoseki Hisamatsu, Fülle des Nichts. Eine Zen-Buddhistische Definition der Wirklichkeit, Pfullingen 1984.
Philip Kapleau, Die drei Pfeiler des Zen. Lehre – Übung – Erleuchtung, München 1979.
Zenkei Shibayama, Ein Blume lehrt ohne Worte. Zen in Gleichnis und Bild, München 1989.
Sotetsu, Ein befreiendes Lachen. Zen Weg = Buddha Weg, Wien 1983.
Daisetz T. Suzuki, Die grosse Befreiung. Einführung in den Zen-Buddhismus, München 1979.
Ders., Koan. Der Sprung ins Grenzenlose. Das Koan als Mittel der meditativen Schulung im Zen, München 1988.
Ders., Karuna. Zen und der Weg der tätigen Liebe. Der Bodhisattva-Pfad im Buddhismus und im Zen, München 1989.

Buddhismus in Tibet

John Blofeld, Der Weg zur Macht. Praktischer Führer zur tantrischen Mystik Tibets, Bern 1970.
A. Govinda, Grundlagen tibetischer Mystik, Zürich 1966.
Chîgyam Trungpa, Feuer trinken, Erde atmen. Die Magie des Tantra, Reinbek 1989.
Giuseppe Tucci/W. Heissig, Die Religionen Tibets und der Mongolei, Stuttgart 1970.
G. Tucci, Geheimnis des Mandala. Theorie und Praxis, Bern 1972.

Die Religion Tibets

Die frühe Religion

In der Interpretation der frühen Religion Tibets, die von den Wissenschaftlern bislang mit der *Bon*-Religion identifiziert wurde, hat sich erst kürzlich ein Wandel vollzogen. Tatsächlich ging die autochthone Religion, die sogenannte «Religion der Menschen» *(mi-chos),* der Bon-Religion und dem Heraufkommen des Buddhismus vorauf, die als «Religion der Götter» *(cha-chos)* bezeichnet wurden. Die Quellen zur Erforschung der *mi-chos* sind recht dürftig: Fragmente von Mythen, Ritualen und Weissagungstechniken, Inschriften, Widerlegungen der frühen Religion, wie sie von den Buddhisten und in den chinesischen Chroniken der Tang-Dynastie (618–907) niedergelegt worden sind. Frühe Bräuche hat der Buddhismus von der Bon-Religion übernommen, doch ist es äußerst schwierig, diese aus den neuen Strukturen herauszulösen, in die sie eingeführt worden sind.

Das sakrale Königtum

Die Hauptinstitution der frühen Religion war das sakrale Königtum. Der erste König soll vom Himmel herabgestiegen sein mit Hilfe eines Berges, eines Seils und einer Leiter. Die archaischen Könige sollen körperlich in den Himmel zurückgekehrt sein wie die taoistischen Unsterblichen, ohne ihren Leichnam zurückzulassen. Der siebte König wurde jedoch getötet, und anläßlich seines Todes wurden dann die ersten Bestattungsriten eingeführt; sie sahen das Opfer von mehreren Tieren vor, die dem Toten als Führer auf dem Weg in die andere Welt dienen sollten. Im Zeitalter der unsterblichen Könige wurden die himmlischen Prototypen von Pflanzen und Tieren auf die Erde gebracht, der Menschenrasse zum Nutzen. Doch die Menschheit unterliegt dem ständigen Zwang, eine Wahl treffen zu müssen zwischen den Befehlen der Himmelsgötter und der Heimsuchung durch Höllendämonen *(klus)*, die bereits den Verfall der Welt verursacht haben. Nach der Zerstörung einer Welt findet ein neuer Zyklus statt, der wieder bei Null anfängt.

Es ist nicht möglich, das Alter dieser Glaubensvorstellungen genau festzulegen; einige Wissenschaftler meinen, es habe sie nicht vor dem 6. oder 7. Jahrhundert gegeben und sie seien eine Rechtfertigung des von China übernommenen Kaiserkultes.

Bon-po

Obwohl die frühe Religion gemeinhin als *Bon* bezeichnet wurde, bleibt dieser Begriff heute übereinstimmend der *Bon-po*-Religion vorbehalten, die sich erst im 11. Jahrhundert als Religion herausbildet, jedoch einige vorbuddhistische Elemente aufweist. Der Stifter der Bon-po-Religion ist wohl Shenrab ni-bo gewesen, der aus einem Zhang-shung oder Tazig genannten westlichen Land gekommen sein soll. Seine Geburt und sein Lebenslauf sind voller Wunder. Als sich Shenrab ins Nirwana zurückzieht, hinterläßt er seinen Sohn, der drei Jahre lang die Lehre verkündet. Die Shenrab zugeschriebenen und angeblich aus der Zhang-shung-Sprache übersetzten Texte sind im 15. Jahrhundert in eindeutig vom Buddhismus beeinflußter Form dem *Kanjur* und dem *Tanjur* eingefügt worden.

Literatur

Eliade, GrI 3/312–318.

Matthias Hermanns, Mythen und Mysterien der Tibeter. Die Magie und Religion Tibets unter geschichtlichen und völkerkundlichen Aspekten, Essen 1983.

Christina Klaus, Schutz vor den Naturgefahren. Tibetische Ritualtexte aus dem Rin chen gter mdzod ediert, übersetzt und kommentiert, Wiesbaden 1985.

Peter H. Lehmann/Jey Ullai, Tibet. Das stille Drama auf dem Dach der Erde, Hamburg 1981.

Giuseppe Tucci/Walther Heissig, Die Religionen Tibets und der Mongolei, Stuttgart 1970.

Der Hinduismus

Etwa zur Zeit der Kulturen des «fruchtbaren Halbmonds» erlebt das Indus-Tal, das Gebiet Pakistans im Nordwesten des heutigen Indiens, auch die Blüte einer hochentwickelten Stadtkultur, deren Zentren Mohenjo-Daro und Harappa gewesen sein müssen. Von 1600 v. Chr. an, also noch *vor* der Eroberung durch die Arier, setzt der Verfall dieser Kultur ein. Ihre Kultstätten, die keine Tempel aufweisen, könnten auch die Bäder- und Reinigungsbecken gewesen sein; in der Tat verfügten diese Städte über ein erstaunliches Wasserversorgungs- und Kanalisationssystem. Kleinstatuen, die eine weibliche Gottheit darstellen, scheinen den privaten Kult beherrscht zu haben, während der öffentliche Kult höchstwahrscheinlich dem Schutz männlicher Tiergottheiten anvertraut war. Ein ithyphallischer, von Tieren umgebener Gott konnte als Proto-Shiva-Pashupati identifiziert werden, als der Hindugott, der vermutlich aus vorarischer Zeit stammt.

Um 1500 v. Chr. treffen die Arier, ein indoeuropäisches Hirtenvolk, mit ihrer kriegerischen Lebensweise auf die seßhaften Ackerbauer aus dem Indus-Tal. Die Literatur der Arier zeichnet ein nicht gerade schmeichelhaftes Bild von den Eingeborenen: mal werden sie als schwarzhäutige Dämonen, mal als *dasas* («Sklaven»), als primitive Phallusanbeter geschildert. Die Arier sind Fleischesser und bringen Tieropfer dar. Später bekennen sich dann die vedischen Priester zur vegetarischen Kost.

Die vedische Überlieferung

Die ursprünglich mündliche *(shruti) vedische Überlieferung* umfaßt mehrere Kategorien von Schriften, deren Entstehung in die Zeit zwischen 1400 und 400 v. Chr. fällt.

Die vier Sammlungen *(sanhitas)* der Veden, die ungefähr aus der Zeit um 1000 v. Chr. stammen, bestehen aus dem Rig-, dem Sama-, dem Yajur- und dem Atharva-Veda. Der Rigveda enthält Hymnen, die von dem Priester *hotr* gesungen werden, während er die Opferhandlungen und die Ausrufung der Götter leitet. Die anderen Sammlungen sind ursprünglich Kultlehrbücher für die Assistenten: für den *udgatar,* den Spezialisten für Hymnen, der ihren Inhalt in den *Samaveda* überträgt; für den *adhvaryu,* den auf die im *Yajurveda* gesammelten Opferformeln spezialisierten Zeremonienmeister, und schließlich für den Brahmanen, der die Tätigkeit der drei ersten Priester überwacht und leise die Verse aus dem *Atharvaveda* rezitiert. Die vier vedischen Priester mit ihren Assistenten haben die Aufgabe, peinlich genau und fehlerlos das Ritual zu vollziehen, das mit dem zeremoniellen Entzünden der drei Feuer auf dem Altar, dem Symbol des Kosmos, beginnt und mit der Darbringung des Opfers *(yajna)* schließt. Im *agnihotra,* dem Opfer an das Feuer, begnügen sich der Adhvaryu und der Empfänger damit, dem Agni (Feuer) Milch darzubringen. Das ist das einfachste Opfer in einer ganzen Reihe pflanzlicher und tierischer Gaben, unter denen das Opfer des berauschenden Safts der *soma*-Pflanze eines der wichtigsten Rituale ist. Neben solchen Riten, welche die Anwesenheit fachkundiger Priester erforderlich machen, bringt der Familienvater auf dem Hausaltar andere Jahreszeiten-, Monats-, Votiv-, Versöhnungs- oder Sühneopfer dar.

Eine besondere Art von Riten sind die *samskaras,* die «Weihen» anläßlich der Geburt, des Noviziats (*upanayana,* der Einführung des Knaben bei seinem brahmanischen *guru*), der Heirat und des Todes.

Die vedische Mythologie ist sehr vielfältig und kann hier nicht in allen Einzelheiten dargelegt werden. Da in den Hymnen des Rigveda die gleichen Eigenschaften solchen Göttern zugeschrieben werden, die ansonsten ganz andere Aufgaben zu erfüllen haben, ist es manchmal schwierig, ihr ursprüngliches Wesen herauszuarbeiten. Surya, Savitar und Vishnu sind Sonnengottheiten, Vayu wird dem Wind, Usas der

Morgenröte, Agni dem Feuer, Soma dem gleichnamigen Getränk zugeordnet. Varuna und Mitra sind verantwortlich für die kosmische Ordnung, zu der auch die soziale und die moralische Ordnung gehören. Rudra-Shiva ist ein beunruhigender Gott, der Furcht einflößt, selbst wenn er die Krankheiten heilt. Indra schließlich ist ein Kriegsgott, dem zahlreiche Eigenschaften zugeschrieben werden, die in anderen Religionen dem Trickster vorbehalten sind, einer übernatürlichen, durchtriebenen, gierigen und komischen, zuweilen aber auch tragischen Erscheinung mit stark ausgebildeten Geschlechtssymbolen.

Die Entwicklung der *asuras* und *devas* in Indien entspricht derjenigen der *ahuras* und *daivas* im Iran, jedoch mit umgekehrten Vorzeichen: während die devas Wohltäter sind (wie die iranischen ahuras), sind die asuras Dämonen (wie die iranischen daivas).

Wenn die vedische Mythologie vielfältig ist, so gilt dies für die im Rigveda entwickelten Kosmogonien nicht weniger, vor allem auf Grund ihrer widersprüchlichen Aussagen angesichts der zahlreichen unterschiedlichen Vorstellungen, welche die Verfasser der Hymnen im Verlauf von mehreren Jahrhunderten festgehalten haben. Außer der Schöpfung durch das Opfer des *anthropos,* des Urmenschen Purusha (*Purushasukta* X,90), gibt es noch weitere Konzeptionen, die abstrakter sind und wohl eher die Idee eines ursprünglichen *big bang* (Urknalls) aufnehmen (X,129).

Brahmana, Aranyakas, Upanishaden

Die Brahmana, Sammlungen der von den vedischen Priestern von 1000 bis 800 v. Chr. aufgezeichneten Rituale, übermitteln uns die Kosmogonie des *Purushasukta* in biologischen Begriffen. Prajapati ist der äquivalente brahmanische Ausdruck für den Urmenschen Purusha (*Sathapatha brahmana* VI,1,1,5), der durch die glühende Askese *(tapas)* und die Emanation *(visri)* hindurchwirkt. Jedes Einzelopfer führt zur Urschöpfung zurück und gewährleistet so das Fortbestehen der Welt durch die Wiederholung des Schöpfungsaktes. Die Bedeutungen des brahmanischen Opfers sind vielfältig: es besitzt kosmogonische Wirkungskraft, hat eine eschatologische Funktion und setzt ebenfalls den Reinkarnationsprozeß *(samdha, samskri)* von Pradshapati, dem Herrn der Geschöpfe, in Gang, den der Opferpriester in seinen Gesang mit aufnimmt und auf seine eigene Person überträgt, wodurch er zum wesenseigenen Selbst *(atman)* gelangt.

Nachdem dieser Interiorisationsprozeß erst einmal in Gang gesetzt ist, wird er von den sogenannten Aranyakas (den «Waldbüchern») und vor allem von den Upanishaden, den Geheimlehren der Meister, fortgeführt. Es gibt dreizehn Upanishaden, die als *shrutis* (als «Offenbarte») gelten und von denen die ersten – die *Brhadaranyaka* (Upanishade des Schwarzen Waldes) und die *Chandogya* – zwischen 700 und 500 v. Chr. aufgezeichnet worden sind. In den Upanishaden wird das «äußere» vedische Opfer vollkommen abgewertet: es ist eine «Tat» *(karman)*, und jede Tat, auch eine rituelle, trägt ihre «Früchte», die sich als negativ erweisen, denn sie bewirken, daß der Mensch in den Zyklen der Metensomatose, im Kreislauf der Existenzen von Geburt und Tod und neuer Geburt *(samsara)*, versinkt. Wie in der platonischen Lehre wird die Metensomatose als ein durch und durch schlechter Prozeß verstanden. Sie ist das Ergebnis des Nichtwissens *(avidya)*, welches die Strukturen des Kosmos und die Dynamik des Daseins schafft. Das Gegenteil des Nichtwissens aber ist die Gnosis *(jnana)*, die befreit, indem sie die verwickelte Geschichte unseres Lebens entwirrt. Hier haben wir es mit einer Situation zu tun, in welcher der ontologische Verlust verantwortlich ist für eine trügerische Schöpfung, der ontologische Überfluß (die Gnosis) aber von dieser Täuschung befreit, indem er die Schöpfung zerstört. Die Vorstellung der Welt in den Upanishaden taucht in den gnostischen Texten des ersten Jahrhunderts n. Chr. wieder auf. In beiden Fällen handelt es sich um akosmische Lehren, welche die menschliche Identität in unergründlichen Tiefen suchen, weit entfernt von der verunreinigten Sphäre der Natur, ein Zeichen dafür, daß die psycho-mentale Aktivität genau wie die äußere Aktivität jedes göttliche Ansehen eingebüßt hat.

Die hinduistische Synthese

Die hinduistische Synthese oder die Aufstellung fundamentaler Konzepte, die bis heute noch Geltung haben, ist nach dem Abschluß der Upanishadenperiode von 500 v. Chr. bis zum 5. Jahrhundert n. Chr. erfolgt. In dieser Epoche bilden sich die sechs *darshanas* («Lehrmeinungen») oder traditionellen philosophischen Schulen, das System der Kasten *(varnas)* sowie der sechs Lebensstufen *(ashramas)*, das überlieferte Gesetz *(dharma)* sowie der Unterschied zwischen Offenbarung *(shruti)* und Überlieferung *(smriti)* usw. heraus.

Schon vor der Abfassung der *Gesetze von Manu* (*Manavadharmashastra* vom 2. Jahrhundert v. Chr. bis zum 1. Jahrhundert n. Chr.) ist das Gesamtwerk der *shruti*-Literatur abgeschlossen (*shruti* meint wörtlich die «gehörte», also die «mündliche», technisch jedoch die heilige oder die den Weisen und den Heiligen «offenbarte» Literatur *(rshis)* von einst). Wenn die *shruti* alle alten hinduistischen Texte umfaßt, von den *Vedasamhitas* bis zu den dreizehn als offenbart anerkannten Upanishaden, so fällt alles, was danach kommt, unter den Begriff *smriti* «Überlieferung». Dazu gehören die sechs «Glieder des Veda» *(Vedangas)* (Phonetik, Grammatik, Metrik, Etymologie, Astronomie und Ritual), die legalistischen Texte wie der *Manavadharmashastra* usw.

Die sechs darshanas

Die sechs *darshanas*, überlieferte philosophische Lehren, bestehen eigentlich aus drei Paaren: *mimamsa/vedanta, nyaya/vaisheshika, sankhya/yoga.* Der Nyaya befaßt sich mit Logik, das Vaisheshika entwickelt eine atomistische Kosmologie; die beiden Schulen werden jedoch nicht mit in den Corpus der vedischen Überlieferung *(smarta)* hineingenommen. Das Sankhya und der Yoga stehen dem Smarta näher. Das erste, dessen Entstehung sich nicht genau datieren läßt, ist eine «emanationistische» Philosophie, deren 24 Prinzipien *(tattvas)* eine vertikale Hierarchie vom Urpaar Purusha/Prakrit, Seele/Materie, bis hin zu den fünf materiellen Ursubstanzen *(tanmatras)* und den gefürchteten Geistern *(bhutas)* bilden. Das Sankhya-System ist eine hinduistische Variante dessen, was die Gelehrten «das alexandrinische Schema» genannt haben, das in der gnostischen und neuplatonischen Philosophie seinen Höhepunkt erreichen sollte: die sichtbare Welt, die teilweise eine Scheinwelt ist, leitet sich her von absteigenden Prinzipien, die sich mehr und mehr von den sich in den oberen Sphären befindlichen Substanzen entfernen. Die fünf Organe der Sinne *(jnanendriyas)* gehören zu den fünf Organen des Tuns und Wirkens *(karmendriyas)* und zu den materiellen Substanzen *(tanmatras)*, aus denen die Welt entsteht. Das Innere in uns ist vor dem Äußeren geschaffen worden, das wiederum von jenem abhängig ist.

Durch die Prinzipien hindurch zirkulieren drei «Urzustände» *(gunas)* aller Dinge: der *sattva* (Klarheit, Leichtigkeit, der *rajas* (Emotion, Tat) und der *tamas* (Dunkel, Reglosigkeit).

Der Yoga ist ein ganzes Bündel von Techniken, die irgendwann (Yogasutra, vom 2. Jh. v. Chr. bis zum 5. Jh. n. Chr.) zum ersten Mal von Patanjali aufgezeichnet worden sind und es dem Ausübenden ermöglichen, die Leiter der absteigenden Prinzipien wieder hinaufzugehen. Der Yoga kennt acht «Glieder» *(ashtangas)* oder Stufen: Zucht und Enthaltsamkeit *(yama)*, Selbstzucht *(niyama)*, sitzende Körperhaltungen *(asanas)*, Atemtechniken *(pranayamas)*, innere Sammlung *(pratyahara)*, Konzentration, Festlegung des Denkens *(dharana)*, Meditation *(dhyana)* und vollkommene Versenkung *(samadhi)*. Die körperlichen Techniken des Yoga dienen dazu, die Energien *(pranas)* richtig zu lenken, damit sie in einem festen Rhythmus durch die Hauptkanäle *(nadis)* des subtilen Organismus fließen und so den gewaltigen schlangenförmigen Energiestrom *(kundalini)*, der sich am Grund *(muladhara)* des Zentrums (*cakra*, «Rad») ansammelt, freizusetzen und ihn über andere *cakras* bis zum «Lotus der tausend Blütenblätter» *(sahasrara)* in den Schädel hinaufsteigen zu lassen.

Von den sechs *darshanas* sind allein der Mimamsa und der Vedanta («Ende der Veda») *smartas*, denn sie gehen aus den Veden hervor. Insbesondere der Vedanta knüpft an die Weisheit der Upanishaden an. Sein Stifter ist Badarayana (etwa 300 bis 100 v. Chr.), der Verfasser des *Brahma* oder *Vedantasutra*.

Das Kastenwesen

Die Theorie der Kasten *(varnas)* ist im Gesetzeswerk des *smarta* niedergelegt. In der hinduistischen Gesellschaft gibt es vier voneinander getrennte Ebenen: die Brahmanen, die Krieger *(ksatriyas)*, die Gewerbetreibenden und Bankiers *(vaishas)* und die Leibeigenen *(shudras)*. Die Angehörigen der drei ersten Kasten sind *dvijas*, «zweimal Geborene», denn sie haben die Initiation *upanayana* erhalten. Ihnen ist es möglich, die vier Stufen der hinduistischen Existenz zu durchlaufen, doch für gewöhnlich hören sie bei der zweiten auf: *brahmacarya* (Wissen, Erkenntnis), *grhastha* (Hausvater), *vanaprastha* (Waldeinsiedler), *sannyasa* (Weltentsagung). Eine andere vierstufige Reihe legt genau die Ziele *(arthas)* fest, die im Leben erstrebenswert sind. Die drei ersten *(trivarga)* sind menschliche Ziele *(arthas)* oder die materiellen Güter, *kama* oder Eros, Liebe und *dharma* das Gesetz; das vierte ist dann die Befreiung *(moksa)* von allen diesen. Der *trivarga* verhält sich zum *moksa* wie die drei ersten *ashramas* zum *sannyasa* und wie die drei Kasten der «zweimal Geborenen» zu den *shudras*.

Die epische Literatur

Die epische Literatur entsteht in einer Epoche, in der die verschiedenen Strömungen des Hinduismus – der Vaishnavismus, der Saivismus und der Kult der Göttin – sich klar herauszubilden beginnen. Die Entstehung der Heldengedichte *Mahabharata* (5. Jh. v. Chr.–4. Jh. n. Chr.) und *Ramayana* (4.–3. Jh. v. Chr.) überschneidet sich zeitlich teilweise mit der Schaffung anderer Texte wie dem *Harivamsha* (Genealogie des Krishna, 4. Jh. n. Chr.) und den Puranas (300–1200 n. Chr.).

Der *Ramayana* (Die Taten des Rama) von Valmiki geht wahrscheinlich zurück auf eine Zeit, in der Rama noch nicht als Verkörperung oder *avatara* Vishnus galt. Es ist jedoch unmöglich, die einzelnen aufeinanderfolgenden Schichten des uns überlieferten Textes genau abzugrenzen. Das älteste Manuskript ist nicht vor dem Jahr 1020 n. Chr. zu datieren. Der Bericht schildert die tausendundein Abenteuer Ramas, der mit Hilfe des Affengottes Hanuman seine Frau Sira aus Lanka befreit, dem Königreich ihres Entführers, des Dämons Ravana.

Der *Mahabharata (yuddha)* oder «Der Große (Kampf) der Bharatas» (die Nachkommen von Bharata, dem Vorfahren der Fürsten im Norden Indiens) ist ein Heldenepos aus hunderttausend *shlokas* (Strophen aus zwei oder vier Versen), achtmal so lang wie die Ilias und die Odyssee zusammen. Es berichtet von dem entsetzlichen Kampf, der zwischen den fünf Brüdern Pandavas und ihren Vettern, den hundert Kauravas, um das Königreich von Bharata entbrannt ist. Krishna, die irdische Gestalt des Gottes Vishnu, ergreift Partei für die Pandavas und erteilt einem von ihnen, Arjuna, eine Lehrstunde in Philosophie, die zu den wichtigsten religiösen Texten der Menschheit zählt: «Der Gesang des Glückseligen», *Bhagavadgita,* Gedicht aus dem 2. Jahrhundert n. Chr., das in das Werk des Mahabharata (VI 25–42) eingefügt worden ist. Der indische Hamlet Arjuna will nicht gegen die Angehörigen seiner Familie in den Kampf ziehen. Um seinen Widerstand zu besiegen, erläutert ihm Krishna die drei Wege des Yoga: den Yoga des Handelns *(karmayoga)*, den Yoga der Erkenntnis *(jnanayoga)* und den Yoga der Gottesergebenheit *(bhaktiyoga)*. Der Weg des Karmayoga, d. h. das freie losgelöste Handeln, das nicht mehr Einsamkeit und Verzicht (sannyasa) voraussetzt, hat im Westen großen Eindruck gemacht, der bis dahin nur die protestantische innerweltliche, genauer gesagt, die kalvinistische Aszetik kannte.

Die Theorie von den Verwandlungen Vishnus ist dargelegt in den Heldengedichten, den achtzehn Großen und achtzehn Kleinen Puranas, enzyklopädischen zwischen 300 und 1200 n. Chr. verfaßten Schriften, und im *Harivamsha* oder «Genealogie Vishnus» (4. Jh. n. Chr.). Die zehn allgemein anerkannten Verkörperungen oder Verwandlungen sind Matsya (Fisch), Kurma (Schildkröte), Varaha (Eber), Narasimha (Mann-Löwe), Vamana (Zwerg), Parashurama (Rama mit dem Beil), Rama, Krishna, Buddha und Kalki, der Vishnu, der am Ende aller Zeiten wiederkehrt. In den Puranas und vielen anderen philosophischen Sammlungen wie dem Yogavasistha (10.–12. Jh. n. Chr.) bilden sich vielfältige Theorien über die kosmischen Zyklen heraus. Wendy Doniger hat die erstaunlichen verwickelten Beziehungen und Widersprüche in ihren schönen Büchern *Dreams, Illusions and other Realities* (1985) und *Other Peoples' Myths* (1988) näher untersucht. Herkömmlicherweise umfaßt ein kosmischer Zyklus *(mahayuga)* vier aufeinanderfolgende Zeitalter *(caturyugas)*: den *krta-*, den *treta-*, den *dvapara-* und den *kaliyuga*, die mehr oder weniger dem «Goldenen Zeitalter» und den darauffolgenden Zeitaltern entsprechen bis hin zur «Eisenzeit», in der wir heute leben. Tausend *mahayugas* bilden eine kosmische Periode *(kalpa)*, «einen Tageslauf von Brahma» genannt. Der Gott Brahma seinerseits lebt hundert Jahre, die aus dreihundertsechzig kosmischen Tagen und Nächten bestehen, also aus mehr als dreihundert Milliarden irdischen Jahren (ein *mahakalpa*), und sein Leben dauert nicht länger als ein Augenzwinkern des Obersten Gottes Vishnu. Das Lebensende eines Brahma kennzeichnet die Auflösung des Universums *(mahapralaya)*.

Weiterentwicklungen

Dank dem Genie von Shankara (8. Jh. n. Chr.), dem Kommentator des *Brahmasutra* von Badarayana, von neun Upanishaden und der *Bhagavadgita* verjüngt sich der Vedanta bei der Berührung mit dem *Samkhya*-System. Diese Philosophie von Shankara gilt als «nicht dualistisch» *atvaitavada,* denn sie schließt den absoluten Monismus des unpersönlichen *Brahman*-Prinzips und des Scheincharakter *(maya)* der Welt mit ein, der durch transzendentales Nichtwissen *(avidya)* geschaffen wurde.

Ein anderer Verfechter des Nicht-Dualismus ist Ramanuja (gest. 1137), der sich zur Gottergebenheit, zur devotionalen *(bhakti)* Vaishnava-Strömung bekennt. Im Gegensatz zu Shankara, der die fundamentale Einfachheit des *Brahman* betont, glaubt Ramanuja an die innere Vielfalt *(vishista)* dieses Prinzips. Ramanuja kommt zu einer vollständigeren Integration des Sankhya in den Vedanta.

Madhva (1199–1278), der aus der Schule Shankaras hervorgegangen ist, hält dem schon früh seine eigene dualistische *(dvaita)* Weltsicht entgegen. Madhva nutzt die Lücke in dem von Ramanuja umrissenen Monismus (den er übrigens nicht zu kennen scheint) und verneint die Einheit des Menschen, des Kosmos und der Göttlichkeit.

Der devotionale Hinduismus

Die Wurzeln des devotionalen *(bhakti)* Hinduismus reichen sehr weit zurück. Ob die Verehrung nun Vishnu, Shiva oder der Göttin gilt, sie schafft jedesmal ihren eigenen Kult *puja,* der an die Stelle des vedischen Opfers *(yajna)* tritt und seine eigenen Texte wie die *agamas* und die *tantras* hervorbringt.

Die Bhagavadgita

Schon in der *Bhagavadgita* wird der *bhakti-yoga* als einer der drei Wege zur Erlösung geschildert; er steht im Mittelpunkt der gewaltigen Vaishnaschrift aus 18 000 *shlokas,* der *Bhagavata purana,* nach der Vishnu-Krishna «nur die reine wahre *bhakti* liebt, da alles andere vergeblich *(anyad vidambanam)* ist» (VII 7.52). Einer der grundlegenden Berichte über die Vaishna-Devotion (Gottergebenheit) handelt von der Liebe, die der junge Krishna den *gopis* (den «cow-girls», den Kuhhirtenmädchen, die für die Herde sorgen), einflößt und von der *rasa-lila,* dem Liebestanz, den er mit ihnen tanzt, indem er sich in der Weise vervielfacht, daß eine jede *gopi* mit ihm tanzt und ihren eigenen Krishna liebkosen kann. Auf diese symbolische Episode aus der *Bhagavata purana* geht das wichtigste große Vaishnava-Fest zurück.

Die Verehrung Vishnus hat ihre Helden und ihre Heiligen. Dem Dichter Kabir, laut Überlieferung im 15. Jahrhundert in Benares geboren im Hause eines Muselmanen aus bescheidenen Verhältnissen, wird von Hindus und Muselmanen Verehrung entgegengebracht. Wenn Kabir beabsichtigt, die Einheit der Religion herbeizuführen, so tut er das, indem er sowohl den Hinduismus als auch den Islam ablehnt und die Unterweisungen sowohl der Pandits als auch der Mullahs verwirft. Kabir ist weder ein Sufi (Anhänger des Sufismus) noch ein Yogin (Anhänger des Yoga) und bedient sich der zugleich persönlichen und zeitlosen Sprache der großen Mystiker.

Caitanya, geboren als Visvambhara Mistra im muselmanischen Bengalen (1486–1533), überfällt im Alter von zweiundzwanzig Jahren der Drang zur Gottesergebenheit (Devotion); er wird von dem Weisen Keshava Bharati initiiert und läßt sich dann in Puri (Orissa) nieder, wo er häufig in verzückte Ekstase verfällt und seine Schüler die Pläne Krishnas für das *kaliyuga* lehrt. In der Tat ist die Gnosis nicht mehr notwendig, um die Erlösung vom Nichtwissen *(avidya)* zu erlangen, die Liebe genügt. Caitanya empfiehlt, ein jeder solle eine Persönlichkeit aus der Krishnalegende wählen und an sich selbst die spezifische Form von Liebe erfahren, die eben diese Persönlichkeit für Krishna empfindet. Er selbst fühlt für Krishna die gleiche Liebe wie dessen Geliebte Radha. Seine Schüler sehen in ihm eine Verkörperung der beiden göttlichen Ehegatten zugleich. Caitanya hat wenig geschrieben, doch hat er andere zum Schreiben angeregt. Sein Einfluß in Bengalen war ungewöhnlich groß. Im 20. Jahrhundert stand der Krishna-Caitanya-Kult im Mittelpunkt einer «revival»-Bewegung, die unter dem Namen *Krishna-Consciousness* (1966) international verbreitet war.

Der Dichter Tulshidas (etwa 1532–1623), ein Anbeter von Rama, schreibt den *Ramayana* in ein *bhakti*-Gedicht um, das sich sehr großer Beliebtheit erfreut.

Der Shiva-Pashupata-Kult

Dieser wird schon im *Mahabharata* bezeugt. Er ist von Lakulisa (2. Jh. n. Chr.) gegründet worden und hat vor allem in Südindien im 7. Jahrhundert eine beträchtliche Bedeutung genossen. Es gibt zahlreiche Shivasekten; mehrere von ihnen praktizieren Lehren und Bräuche aus dem Yoga und dem Tantrismus. Die Kalamukhas und die Kapalikas zeichneten sich durch antinomistische Askese aus. Vom 7. Jahrhundert an entwickelte sich eine Shiva-Literatur, die achtundzwanzig orthodoxe *agamas* und an die zweihundert zusätzliche Texte *(upagamas)* anerkennt. Außerhalb der Shiva-Lehre gibt es einen devotionalen und poetischen Shivismus, der vor allem in der Nachfolgereihe der dreiundsechzig Nayanmars, den Mystikern des Tamilnadu, entwickelt worden ist.

Shakti

Eine dritte Gottheit, der Devotion entgegengebracht wird, ist die Göttin *(devi)*, häufig Große Göttin *(mahadevi)* oder *Shakti* genannt. Die Göttinnen Durga und Kali, die seit dem 6. Jahrhundert n. Chr. nachweisbar sind, sehen entsetzlich aus und werden manchmal in blutigen Kulten verehrt. Die Shakti nimmt eine zentrale Stellung im Tantrismus ein.

Tantrismus

Der hinduistische Tantrismus ist wahrscheinlich früher zu datieren als der buddhistische; er ist im 7. Jahrhundert n. Chr. in Indien fest verwurzelt und erlebt in der darauffolgenden Periode vom 9. bis zum 14. Jahrhundert eine Blütezeit. Seine Gottheiten hat der Volkshinduismus übernommen.

Auch wenn es einen Vishnu-Tantrismus gibt, so sind Shiva und seine Shakti (die weibliche Energie) oder einfach eine Shakti die Hauptgötter des Tantrismus. Die verschiedenen Lehren der heiligen tantrischen Schriften, die sogenannten *agamas, tantras* oder *samhitas,* sind nicht ursprünglich. Sie entlehnen viele Elemente dem Sankhya-Yoga. Die tantrischen Bräuche sind in hohem Maße verfeinert worden und fußen auf einer subtilen Physiologie, die mehr oder weniger eng der des Yoga angeglichen ist, sich jedoch stets einer «doppelsinnigen Sprache» mit sexuellen Anspielungen bedient. Die Betonung liegt dabei vor allem auf der Meditation an Hand von *mantras,* die dem Schüler bei seiner Initiation *(diksha)* übermittelt werden, auf Körperhaltungen *(mudras)* und auf symbolischen Bildern (*mandatas,* unter denen der *yantra* eines der einfachsten und verbreitetsten ist), auf vielfältigen Zeremonien *(pujas)* und schließlich auf sexuellen Techniken, die übrigens nicht immer die rituelle Paarung und auch nicht die Samenverhaltung voraussetzen.

Die Sikhs

Das Wort *sikh* kommt aus der Palisprache, *sikkha* (Sanskrit *shisya*) «Schüler». Der Sikhismus ist eine Form von Bhakti-Mystik.

Baba Nanak und seine Doktrin

Baba Nanak (1469–1538), der Stifter des Sikhismus, Sohn von Ksatriyas aus Lahore (Pandschab, heute Pakistan), bekundet schon früh eine religiöse Berufung. Er beschließt, den Hinduismus und den Islam in Einklang zu bringen, und predigt singend, von einem muselmanischen Musiker auf einer *rubab* (einem arabischen Saiteninstrument) begleitet. Nach einem mystischen Erlebnis im Alter von neunundzwanzig Jahren erklärt Nanak: «Es gibt keine Hindus; es gibt keine Muselmanen.»

Seine Lehre kann als Reform des Hinduismus angesehen werden, insbesondere in bezug auf den Polytheismus, das strenge Kastenwesen und die Aszetik als unverzichtbare Voraussetzung jedes religiösen Lebens. Zu seinen Schülern gehörten sowohl Hindus als auch Muselmanen.

Im Gegensatz zum Polytheismus schlägt Nanak einen kompromißlosen Monotheismus vor, der ausdrücklich die Inkarnation Gottes für unmöglich erklärt und verneint und demnach also islamische Züge trägt. Doch die ekstatische Vereinigung mit Gott ist möglich, und die Gurus der Sikhs haben sie erlangt. Vom Hinduismus übernehmen die Sikhs die Lehren der *maya* (schöpferische Zauberkraft), der Wiederverkörperung und des Nirwana als Beendigung des mühseligen Zyklus der Seelenwanderungen. Brahma, Vishnu und Shiva bilden die durch die *maya* geschaffene göttliche Dreieinigkeit. Um zur Erlösung zu gelangen, ist es unerläßlich, einen Guru zu haben, im Geist ständig den göttlichen Namen zu wiederholen, die Hymnen zu singen, sich heiligen Männern anzuschließen. Gleichberechtigt mit den Männern nehmen auch die Frauen an den Unterweisungen der Gurus teil; und selbst wenn unter bestimmten Gurus Polygamie üblich ist, so stellt dies doch nicht die Regel dar. Die Aszetik und die Kasteiungen widersprechen dem Geist des Sikhismus. Vor Gott sind alle gleich, die Kasten sind unnötig.

Die Nachfolger Nanaks

Dem Guru Nanak folgten nacheinander in direkter Linie neun Gurus als Oberhäupter der Religion, ein Rang, der vom zweiten an erblich ist: Angad (1538–1552), Amar Das (1552–1574), Ram Das (1574–1581), Arjuna (1581–1606), Har Gobind (1606–1644), Har Rai (1644–1661), Har Krishan (1661–1664), Teg Bahadur (1664–1675), Gobind Singh (1675–1708). Angard schuf das heilige Alphabet der Sikhs auf der Grundlage der Pandshabbuchstaben. Arjuna begann mit dem Bau des Har Mandar, des Goldenen Tempels mitten im See von Amritsar, und schuf den *Granth Sahib* oder das *Heilige Buch der Sikhs* (später *Adi Granth* oder das *Ursprüngliche Buch*), die heilige Schrift mit den Hymnen Arjunas, mit der Japji oder dem von Nanak verfaßten heiligen Gebet, mit den Gesängen der ersten Gurus und ihrer fünfzehn Vorgänger, der hinduistischen oder muselmanischen Mystiker, zu denen auch Kabir (1380–1460) zählt, der Heilige von Benares, der als unmittelbarer Vorläufer von Nanak gelten kann. Arjuna wurde von den mongolischen muselmanischen Herrschern, die den Norden Indiens erobert hatten (den Mughals, 1526–1658), verfolgt und drängte seinen Sohn Har Gobind, zu den Waffen zu greifen. Die Sikhs, die alkoholische Getränke, Tabak und körperliche Kasteiungen ablehnten, begannen daraufhin, sich in jenen militärischen Tugenden zu üben, die ihnen dann große bewaffnete Macht verleihen sollten, insbesondere nach der Hinrichtung des Guru Teg Bahadur im Jahre 1675. Sein Sohn Gobind Rai, Singh (Löwe) genannt, schuf nach seiner Kriegertaufe den Kuanda-di-Pahul oder die Taufe des Schwertes, aus der die bis in den Tod getreuen Löwen hervorgingen. Von ihm stammen auch die Regeln der Gemeinschaft der Sikhs, welche die fünf K bei sich tragen müssen: *kes* (lange Haare), *kangha* (Kamm), *kripan* (Schwert), *kach* (kurze Hosen), *kara* (stählernes Armband). Gobind Singh beseitigt alle Kastenunterschiede und wird der Führer einer mächtigen Armee von Parias, die «Löwen» geworden sind. Vor seinem Tode schafft er die Institution der Gurus ab. Zu seinen Ehren wurde ein neuer *Granth* geschaffen, der unter dem Namen *Granth des Zehnten Guru* bekannt ist und der Japji von Gobind Singh, den «Lobgesang des Schöpfers» *(Akal Ustat)*, die dem Heiligen Schwert, dem Symbol der wohltätigen Macht Gottes gewidmeten Hymnen und das «Wunderbare Drama», eine Geschichte der zehn Gurus in Versen, enthält.

Der Neohinduismus

Der Neohinduismus ist eine indische Nationalbewegung, die sich bemüht, westliche Werte zu integrieren und die indische Weisheit dem Westen zugänglich zu machen. Der bengalische Reformator Rammohan Roy (1774–1833) ist Anhänger der Verwestlichung Indiens und gründet zu diesem Zweck im Jahre 1828 den Brahmo Samaj. Die Ideale des Brahmo Samaj verfechten dann die beiden Führer Devendranath Tagore (1817–1905) und Keshab Candra Sen (1838–1884). Im Jahre 1875 gründet Swami Dayananda (1824–1838) den Arya Samaj, eine Organisation, die das Ziel verfolgt, die religiösen Traditionen Indiens zu bewahren, sie jedoch gleichzeitig in der ganzen Welt zu verbreiten.

Aus der grundlegenden Begegnung zwischen Keshab Candra Sen und dem bengalischen Mystiker Ramakrishna (1836–1886) entsteht die neuvedantische Synthese, die das Antlitz des traditionellen Indiens im Westen prägt, so wie es von Vivekananda (1863–1902), dem Schüler Ramakrishnas, von 1893 an gepredigt worden ist, als dieser das Parlament der Religionen in Chicago besuchte.

Dieses religiöse Klima prägte den politischen Führer Mahatma Gandhi (1869–1948) ebenso wie den Mystiker und Yogi Aurobindo Ghosh (1872–1950) aus Pondichéry.

Der populäre Hinduismus

Der Volkshinduismus kennt zahlreiche Feste, welche die Jahreszeiten oder die Hauptereignisse des Lebens zelebrieren. Die wichtigsten Götterfeste sind Indra (Rakhi-Bandhana), Krishna (Krishna-Jayante), Ganesha (Ganesha Caturthi), der Göttin (Navaratra), Shiva (Mahashiva ratri) usw. gewidmet. Zu den mehr oder weniger allgemein üblichen religiösen Bräuchen zählen die Pilgerzüge zu den heiligen Stätten *(Tirthas)*, als da sind die Quellen der großen Flüsse, heilige Städte wie Varanasi, Vrndavan oder Allahabad, die großen religiösen Feste wie das von Jagannath in Puri usw.

Der häusliche religiöse Kult sieht je nach Kaste, Ort und Glaubensvorstellungen anders aus. Im allgemeinen muß ein Brahmane den Sonnenaufgang begrüßen, indem er den *gayatri mantra* aufsagt, die morgendliche Opfergabe und den Göttern sowie den Ahnen das Trankopfer reicht und den *devapujana* oder die Anbetung der göttlichen Bildnisse vollzieht, die in einem besonderen Raum, dem istadevata («vor allem der Lieblingsgott») aufgestellt sind.

Die wichtigsten Ereignisse im Leben sind gekennzeichnet durch besondere Zeremonien *(samskara)*: die *saisava samskaras* bei der Geburt, der *upanayana* bei der religiösen Initiation des Knaben, der *vivaha* bei der Hochzeit und der *shraddha* bei der Bestattung.

Literatur

Eliade, GrI 1/61–82; 2/135–146; 191–195.

Allgemeine Literatur

Erich Frauwallner, Geschichte der indischen Philosophie, 2 Bde., Salzburg 1953–1956.
Jan Gonda, Die Religionen Indiens, 2 Bde., Stuttgart 1963.
Claus Hansmann, Hinduismus. Bilderkanon und Deutung, München 1986.
Anneliese Keilhauer/Peter Keilhauer, Bildsprache des Hinduismus. Die Götterwelt und ihre Symbolik, Köln 1983.
Hans J. Klimkeit, Der politische Hinduismus. Indischer Denker zwischen religiöser Reform und politischem Erwachen, Wiesbaden 1981.

Georg Michell, Der Hindu-Tempel. Bauform und Bedeutung, Köln 1979.
Louis Renou, Der Hinduismus, Genf 1972.
Louis Renou/Jean Filliozat, L'Inde classique, 2 Bde., Paris 1947–1953.
Eckard Schleberger, Die indische Götterwelt. Gestalt, Ausdruck und Sinnbild. Ein Handbuch der hinduistischen Ikonographie, München 1986.
Ulrich Schneider, Einführung in den Hinduismus, Darmstadt 1989.
Peter Schreiner, Begegnung mit dem Hinduismus. Eine Einführung, Freiburg 1984.
Walter Schubring, Die Jainas, Tübingen 1927.
Ralph M. Steinmann, Guru-sisya-sambandha. Das Meister–Schüler-Verhältnis im traditionellen und modernen Hinduismus, Wiesbaden 1986.
Moritz Winternitz, Geschichte der indischen Litteratur, 3 Bde., Leipzig 1908–1923.
R. C. Zaehner, Der Hinduismus. Seine Geschichte und seine Lehre, München 1987.
Heinrich Zimmer, Indische Mythen und Symbole, München 1986.
Ders., Philosophie und Religion Indiens, Frankfurt 1976.

Vedische Religion

Karl F. Geldner, Vedismus und Brahmanismus, Tübingen 1928.
Alfred Hillebrandt, Vedische Mythologie, 2 Bde., Hildesheim 1965.
Sylvain Lévi, La doctrine du sacrifice dans les Brahmanas, Paris 1966.
Klaus Mylius, Älteste indische Dichtung und Prosa. Vedische Hymnen, Legenden, Zauberlieder, philosophische und ritualistische Lehren, Leipzig 1978.
Raimundo Panikkar, The Vedic Experience. Mantramanjari. An Anthology of the Vedas, London 1977.
Der Rigveda, 3 Bde., übers. K. F. Geldner, Cambridge 1951–1957.

Upanishaden und die Schulen

Bettina Bäumer (Hg.), Befreiung zum Sein. Auswahl aus den Upanishaden, Zürich 1986.
Paul Deussen, Sechzig Upanishad's des Veda, Darmstadt 1963.
Mircea Eliade, Yoga. Unsterblichkeit und Freiheit, Frankfurt 1977.
Alfred Hillebrandt, Upanishaden. Die Geheimlehre der Inder, München 1977.
Gerhard Oberhammer, Wahrheit und Transzendenz. Ein Beitrag zur Spiritualität des Nyaya, Wien 1984.
Pantanjali, Die Wurzeln des Yoga. Die Yoga-Sutren des Patanjali mit einem Kommentar von P. Y. Deshpande, Bern/München 1976.
Karl H. Potter (Hg.), Advaita Vedanta up to Sankara and His Pupils, New Jersey 1981.
Joachim Sprockhoff, Samnyasa. Quellenstudien zur Askese im Hinduismus, Wiesbaden 1976.
Hans Torwesten, Vedanta. Kern des Hinduismus, Olten/Freiburg 1985.
Tilman Vetter, Studien zur Lehre und Entwickling Sankaras, Leiden 1979.

Brahmanismus

Die Bhagavadgita, übers. Richard Garbe, Leipzig 1921.
Adalbert Gail, Bhakti im Bhagavatapurana. Religionsgeschichtliche Studie zur Idee der Gottesliebe in Kult und Mystik des Visnuismus, Wiesbaden 1969.
Jan Gonda, Visnuism and Sivaism. A Comparison, London 1970.

Adam Hohenberger, Ramanuja. Ein Philosoph indischer Gottesmystik. Seine Lebensanschauung nach den wichtigsten Quellen, Bonn 1960.
Klaus Klostermaier, Hinduismus, Köln 1965.

Tantra und Neohinduismus

Arthur Avalon, Shakti und Shakta. Lehre und Ritual der Tantras, München 1987.
Teun Goudriaan/Sanjukta Gupta, Handu Tantra und Sakta Literatur, Wiesbaden 1981.
Ramana Maharshi, Die Suche nach dem Selbst. Leben und ausgewählte Gespräche des Heiligen von Berge Arunachala, Interlaken 1985.
Michael Mildenberger. Heil aus Asien? Hinduistische und buddhistische Bewegungen im Westen, Stuttgart 1974.
Swami Nikhilananda, Vivekananda. Leben und Werk, München 1972.
Swami Vivekananda, Vedanta. Der Ozean der Weisheit. Eine Einführung in die spirituellen Lehren und die Praxis des geistigen Yoga in der indischen Vedanta-Tradition, München 1989.

Der Konfuzianismus

Der Kanon

Der konfuzianistische Kanon geht zurück auf die sechs «klassischen» *Bücher (king): I-king* (das «Buch der Wandlungen»), *Shi-king* (das «Buch der Lieder»), *Shu-king* (das «Buch der Urkunden»), *Li-ki* (das «Buch der Riten»), *Schu-king* («das Buch der Musik») und *Tschun-tsiu* (Frühlings- und Herbstchronik). Der Verfasser des zuletzt genannten Werks scheint Konfuzius selbst gewesen zu sein. Er kannte die Orakelsprüche aus dem I-king und hat wahrscheinlich einen Kommentar dazu geschrieben. Im 12. Jahrhundert n. Chr. wurde das *Buch der Musik,* das immer ein Fragment geblieben war, durch einen rituellen Text ersetzt, den *Schu Li* (Riten von Schu). Die Sinnsprüche des Konfuzius sind bekannt unter dem Namen *Analekten* (Lun yü). Es ist noch eine Version aus dem 2. Jahrhundert v. Chr. vorhanden.

Konfuzius

Konfuzius ist die latinisierte Form von K'ung Fu-tse («Meister K'ung»), dem Stifter des Konfuzianismus. Unter seinem richtigen Namen K'ung Ch'iu soll er um die Mitte des 6. Jahrhunderts v. Chr. das Licht der Welt erblickt haben in der Provinz Shantung, wo sein Vater zur unteren Militäraristokratie gehörte. Seine Erziehung und die Anfänge seiner Laufbahn waren bescheiden. Er liebte die Rituale und die Musik, doch brachten ihm diese keine öffentliche Stellung ein. Erst mit fünfzig Jahren wurde er Beamter, verließ allerdings schon nach einem Jahr seinen Posten. Das wiederholte sich noch in verschiedenen anderen Fürstenstaaten. Schließlich kehrte er an den Ort seiner Geburt zurück, um ein eher unbedeutendes öffentliches Amt zu übernehmen und eine begrenzte Anzahl von Schülern mit bescheidenem Einkommen zu unterrichten, aus denen er *jens*, vollkommene Menschen, zu machen versuchte. Das Vorbild, das man heranziehen könnte, um zu verstehen, was einen *jens* ausmacht, ist nicht der mittelalterliche Ritter, sondern der *gentleman*, der sich dank seiner streng formalen Ausbildung in allen Lebenslagen auszeichnet, seien sie auch noch so banal oder unerwartet. Was den Dingen ihren je eigenen Charakter *(li)*, den sozialen Situationen ihre Beständigkeit und dem Menschen seine Stellung innerhalb der Gesamtheit der Gesellschaft zu bewahren und zu sichern vermag, ist allein das Ritual.

Die konfuzianische Moral, die das Fundament des chinesischen Kaiserreichs bis zum Jahre 1911 bilden sollte, war keine aristokratische, sondern ein bürgerliche. Sie konsolidierte nicht die Privilegien der Geburt, sondern die der Erziehung und des formalen moralischen Betragens; sie begünstigte nicht Feuer und Begeisterung des Soldaten, sondern die Geduld und die Langmut des Beamten.

Die Lehre

Obwohl der Konfuzianismus eine der drei Religionen ist, die zu dem überlieferten Erbe der Chinesen gehören, stellt sich durchaus die Frage, ob es sich genaugenommen wirklich um eine «Religion» handelt.

Scheinbar ist er das nicht. Er unternimmt es, die chinesischen Glaubensvorstellungen zu entmythologisieren: die übernatürlichen Wesen verwandeln sich in Tugenden, der Himmel ist nicht länger ein Gott, sondern er bleibt ein Prinzip, das die Ordnung gewährleistet. In gewisser Hinsicht deckt sich die konfuzianische Kritik an der überlieferten Religion mit derjenigen Buddhas, doch im Gegensatz zu dieser meint sie nicht die «Erlösung» des Individuums, und zwar aus dem einfachen Grund, weil es im sozialen Leben nichts gibt, wovon es zu erlösen gilt, also auch niemanden, der zu erlösen wäre. «Wenn wir unfähig sind, den Menschenwesen zu dienen, wie können wir dann geistigen Wesen dienen?» bedeutet, die Suche nach einer unsichtbaren Wirklichkeit aufgeben. «Wenn du das Leben nicht kennst, wie willst du dann den Tod kennen?» entmutigt alle jene, die sich in irgendeiner Weise zu den Geheimnissen des Jenseits hingezogen fühlen.

Im Gegensatz zum Buddhismus, der mit seiner Mönchs- und Laienhierarchie eine mächtige Organisation aufbaut, kennt der Konfuzianismus keine Priester. Die Verwalter der Rituale sind die *jus*, die gebildeten Bürokraten, die kraft der abgelegten staatlichen Examina alle verfügbaren Ämter der kaiserlichen Zentral- und Provinzialadministration bekleiden. Es fällt schwer, diesen formalen Kult, der mechanisch durchgeführt wird von Nichtpriestern für Nichtgottheiten, an die sie selbst nicht glauben, noch als «Religion» zu bezeichnen!

Wenn der Konfuzianismus also keine Religion im eigentlichen Sinn des Wortes ist, so kann er doch auch nicht als philosophisches System bezeichnet werden. Seine von Tung Chung-shu (176–104 v. Chr.), Premierminister des Kaisers Wuti (140–87 v. Chr.) in der Han-Dynastie, geschaffene Kosmologie ist nur bruchstückhaft und stark taoistisch durchsetzt. Die Logik interessiert Konfuzius ebenso wenig wie die Mythologie; ihm geht es vor allem darum, in der menschlichen Gesellschaft und im Handeln des einzelnen den Weg *(Tao)* der Mitte zu finden, und zwar den Weg, der das Gleichgewicht zwischen dem Wollen der Erde und dem Wollen des Himmels gewährleistet. Dieser «Himmel», das sei noch einmal deutlich herausgestellt, ist keine Gottheit, sondern ein universales, allgegenwärtiges, verborgenes und unerklärliches Prinzip, dessen Wirken «lautlos und geruchlos» ist.

Wenn der Konfuzianismus also ein heilbringendes Ziel verfolgt, so ist er deshalb doch keine religiöse Heilslehre. In der Tat hat der Konfuzianismus kein negatives Weltbild wie der Buddhist oder der Christ; unter Unsterblichkeit versteht er, ebenso wie der Taoist, nicht etwas, das man individuell erlangen kann, sondern ein Ziel, das durch die natürliche Generationenabfolge schon erreicht ist; er hat kein unmittelbares, zuweilen problematisches und schmerzliches Verhältnis zu Gott wie der Jude, zittert auch nicht angesichts des Himmels wie der Muselmane vor Allah. Der Konfuzianismus weist dem Menschen ein einziges Ziel zu, nämlich seine Menschlichkeit *(jen)* zu vollenden, indem er seine Pflicht so erfüllt, wie es angemessen und korrekt ist *(li): Der Vater soll Vater sein, und der Sohn soll Sohn sein.*

In der Tat geht es darum, die menschliche Gesellschaft zu ordnen durch eine von oben nach unten verlaufende Erziehung gemäß der väterlichen Liebe (für einen *Sohn*) und durch eine von unten nach oben strömende Verehrung, die der kindlichen Liebe entspricht; das ist die einzige konfuzianistische Pflicht, deren unabdingbarer Anspruch eine fast leidenschaftliche Prägung zu haben scheint. Das Gesetz der Liebe (gegenüber seiner Familie, seinem Vorgesetzten, seinem Vaterland, seinem Kaiser usw.) zu verletzen, das ist für den Konfuzianismus der einzige genau umrissene Frevel. Es liegt auf der Hand, daß eine so stark patriarchalisch ausgeprägte Ideologie leichter als andere zu blindem Gehorsam gegenüber den Interessen eines totalitären Staates verfallen konnte.

Die Entwicklung der Lehre in China

Die Geschichte des Konfuzianismus in China ist schon in ihren Anfängen gekennzeichnet durch die Lehren der Philosophen Meng-tzu (Mencius, 4.–3. Jh. v. Chr.) und Hsün-tzu (3. Jh. v. Chr.). Der erste nimmt an, die menschliche Natur sei von Grund auf gut, der zweite dagegen, sie sei grundsätzlich böse; der erste glaubt, die Gesetze und die Rituale würden dem Innersten des Menschen entspringen und seien Ausdruck des aufrichtigen Willens des einzelnen, der zweite dagegen meint, sie seien lediglich eine nicht erwünschte Unterwerfung unter die sozialen Zwänge; der erste hält die Gefühle des Königs seinem Volk gegenüber für väterlich, der zweite aber stellt fest, der König habe überhaupt keinerlei Gefühle. Beide sind so weit voneinander entfernt wie der schwarzsehende Augustinus von dem optimistischen Pelagius oder wie Immanuel Kant von Jean-Jacques Rousseau. Die unpersönliche Mechanik der Lehre von Hsün-tzu setzt sich zunächst in der legalistischen Schule der Ch'in-Dynastie (221–207 v. Chr.) und in der Han-Dynastie (206 v. Chr.–220 n. Chr.) durch. Später, zur Zeit der Sung-Dynastie (960–1279), gewinnt jedoch die Lehre von Mencius einen so starken Einfluß, daß er zuletzt als der «Zweite Weise» anerkannt wird, als derjenige, der nach Konfuzius allein legitimiert ist, dessen Werk fortzusetzen. Im Gegensatz zu dem, was wir im Okzident beobachten können, wo die pessimistischen Lehrmeinungen über die menschliche Natur von Augustinus, Luther und Kant erneut aufgegriffen werden, triumphiert in China mit dem Konfuzianismus von Han Yü (768–829 n. Chr.), dem Philosophen, der Mencius zur Zeit der T'ang-Dynastie (618–907 n. Chr.) rehabilitiert, die Lehre von der Güte der menschlichen Natur.

Die als Neokonfuzianismus bekannte Bewegung beginnt in der Sung-Zeit. Sie interpretiert den Begriff des *li* («Prinzip») neu in ontologischen Begriffen und entwickelt darüber hinaus kosmologische Berechnungen. Die Hauptvertreter des Neokonfuzianismus sind die Fünf Meister Sung des Nordens (Shao Yung, 1011–1077; Tschu-Tun-i, 1017–1073; Tschang Tsai, 1020–1077; und die Brüder Tsch'eng Hao, 1032–1085 und Tscheng I, 1033–1107), denen Tschu Hsi (1130–1200) folgt, der auf dem Werk seiner Vorgänger aufbauend eine eigene metaphysische Synthese entwickelt. Noch zu seinen Lebzeiten hat Tschu Hsi gegen die abweichende Lehre eines Kollegen aus dem Süden zu kämpfen, Lu Hsiang-shan (1139–1193). Die beiden begegnen sich zweimal im Jahre 1175, setzen jedoch ihre wechselseitige Kritik fort, ohne eine gemeinsame Lösung zu finden. Ihre Kontroversen erinnern sonderbarerweise an diejenigen des westlichen Nominalismus etwa im gleichen Zeitraum. Tschu Hsi ist als Meister der konfuzianischen Tradition unerreicht. Vom Beginn des 14. Jahrhunderts an bis 1912 gilt der von Tschu Hsi festgelegte konfuzianistische Kanon, der auch im chinesischen bürokratischen System für die Vorbereitung der gefürchteten öffentlichen Examina Verwendung findet. Ebenso ist die orthodoxe Überlieferung und Weitergabe des Konfuzianismus das Werk von Tschu Hsi. Seine Schule hat praktisch nur zwei bedeutende Rivalen: Wang Yang-ming (1472–1529) zur Zeit der Ming-Dynastie (1368–1644) und Tai Tschen (1723–1777) zur Zeit der Mandschu. 1912 bereitet die Ausrufung der Republik vorübergehend den offiziellen Opfern für den Himmel und für Konfuzius ein Ende, die jedoch 1914 wieder eingeführt werden. Die chinesischen Intellektuellen der Republik, die dem Konfuzianismus nicht besonders gewogen waren, erkannten jedoch bald, welche fundamentale Rolle er in der Geschichte Chinas gespielt hat. Der Neokonfuzianismus, der im kommunistischen China der sechziger Jahre verfolgt wurde, hat sich in Hong Kong und Taiwan sowie in den chinesischen Gemeinschaften der Vereinigten Staaten weiterhin behauptet. Heute gibt es eine starke neokonfuzianistische Strömung, wie die Arbeiten von Tu-Wei-ming und anderen Philosophen und Gelehrten aufzeigen.

Die Entwicklung außerhalb Chinas

Außerhalb Chinas hat sich der Konfuzianismus zunächst vor der christlichen Zeitrechnung in Korea ausgebreitet, doch wurde er erst Ende des 14. Jahrhunderts n. Chr. mit seinem Kanon aus den Vier Büchern und den Fünf Klassikern endgültig als Philosophie des Staates Yi (1392–1910) und als Erziehungs- und öffentliches Prüfungssystem anerkannt.

Von Korea aus drang der Konfuzianismus gegen Ende des 3. Jahrhunderts n. Chr. nach Japan vor, faßte dort um die Mitte des 7. Jahrhunderts Fuß, um kurz darauf wieder zu zerfallen. Der Neokonfuzianismus wurde dort von China aus nach dem Tod von Tschu Hsi (auf Japanisch Schushi) eingeführt und verband sich mit dem Zen-Buddhismus, blieb jedoch in dessen Schatten. Um 1600 gelangten neue konfuzianistische Texte aus Korea nach Japan. Sie erregten die Aufmerksamkeit von Fujiwara Seika (1561–1619) und seinem Schüler Hayashi Razan (1583–1657), der den Lehren von Tschu Hsi im Japan der Tokugawa einen bescheidenen Raum sicherte. Mehrere andere konfuzianische Schulen wirkten parallel dazu.

Zu Beginn des 20. Jahrhunderts wurde aus dem Konfuzianismus die Ideologie der japanischen militärischen Eroberung, die während des Zweiten Weltkrieges eine große Rolle spielte.

Literatur

Eliade, GrI 2/131.
Pierre Do-Dingh, Konfuzius, Reinbek 1981.
Werner Eichhorn, Die Religionen Chinas, Stuttgart 1973.
Ders., Die alte chinesische Religion und das Staatskultwesen, Leiden 1976.
Alfred Forke, Geschichte der mittelalterlichen chinesischen Philosophie, Berlin 1964.
Ders., Geschichte der neueren chinesischen Philosophie, Berlin 1964.
I Ging. Das Buch der Wandlungen, übers. Richard Wilhelm, München 1986.
Marcel Granet, Das chinesische Denken. Inhalt. Form. Charakter, Frankfurt 1985.
Hermann Koester, Symbolik des chinesischen Universismus, Stuttgart 1958.
Konfuzius, Gespräche, München 1987.
Li Gi. Das Buch der Sitte des älteren und jüngeren Dai, übers. Richard Wilhelm, Jena 1930.
Kenji Schimada, Einführung in die Neo-Konfuzianische Philosophie. Die Schulrichtungen Chu Hsis und Wang Yang-Mings, Berlin 1987.
Hubert Schleichert, Klassische chinesische Philosophie. Eine Einführung, Frankfurt 1980.
Wolfgang Schluchter (Hg.), Max Webers Studien über Konfuzianismus und Taoismus. Interpretation und Kritik, Frankfurt 1982.
Arthur Waley, Lebensweisheit im Alten China, Hamburg 1947.

Der Taoismus

Das Schrifttum

Die heiligen klassischen Werke des Taoismus sind der *Tao-te king*, der dem mythischen Gründer des Weges (*tao*), Lao-tse, zugeschrieben wird, und der *Tschuang-tse*, der nach seinem mutmaßlichen Verfasser benannt ist. Der Legende nach wurde Lao-tse etwa zwischen 604 und 571 v. Chr. geboren. Die Datierung des *Tao-te king* («Das klassische Buch vom Weg und der Tugend») ist jedoch zweifelhaft; einige Wissenschaftler berufen sich auf die überlieferte Version, während andere, wie Arthur Waley, die Niederschrift erst 240 v. Chr. ansetzen. Tschuang-tse dagegen soll im 4. Jahrhundert v. Chr. gelebt haben.

Den Taoismus auf diese beiden Texte beschränken zu wollen, wäre weitaus schlimmer als der Versuch, das Christentum auf die vier Evangelien zu reduzieren. Die philosophisch-medizinische und alchimistische Esoterik ebenso wie das sehr volkstümliche und auch «äußerst verfeinerte» Ritual bilden den vom Wasser bedeckten Teil dieses riesigen Eisbergs. In gewisser Hinsicht läßt sich der Taoismus nur vergleichen mit jener tausendgesichtigen platonischen Überlieferung, die mal als jüdischer Mystizismus Philos, mal als theurgisches Ritual der chaldäischen Orakel, mal als Gnostizismus, mal als philosophischer Purismus Plotins, mal als überquellende mythologische Magie des späten Neuplatonismus und schließlich auch in Gestalt der orthodoxen Lehre der Kirchenväter in Erscheinung tritt.

Der taoistische Kanon *(tao-tsang)* ist 1926 in Shanghai in 1120 Fortsetzungen gedruckt worden. In seinem Buch *The Parting of the Way* (1957) spricht Holmes Welch von 36 englischen Übersetzungen des *tao-te king*, während es keine vollständige Zusammenfassung des Taoismus gibt. Die Lage hat sich bis heute kaum verändert, doch sind durch die neuen Generationen von Sinologen in der Erforschung der esoterischen Aspekte des Taoismus einige entscheidende Fortschritte erzielt worden.

Frühe Mythologien

Am Ende von zehn mythischen Epochen, von denen uns eine alte Chronik berichtet, leitete der Gelbe Kaiser Huang Ti (etwa 2600 v. Chr.), der mit dem Element Erde und mit der Seidenherstellung in Verbindung gebracht wird, das Zeitalter des historischen China ein. Als Kulturheros und Schamane soll der Gelbe Kaiser Heldentaten vollbracht haben, wie sie der Religionshistoriker von solchen Persönlichkeiten erwartet: Ebenso wie die griechischen Wundertäter versetzt sich Huang Ti häufig in einen krampfartigen Zustand und sucht die Gefilde der feuerfesten Geister auf, die nicht anders als die Bewohner der Inseln der Glückseligen Platons auf Luft wandeln und sich auf den leeren Raum legen können wie auf ein Bett. Die Mythologie der Unsterblichen ist auf diese Weise mit dem goldenen Zeitalter des Gelben Kaisers, jenes weisen und gerechten Herrschers, verknüpft. Die Unsterblichen (*Hsien*) unterhalten eine geheimnisvolle Verbindung zu dem fröhlichen Volk der Feen, die so eng ist, daß sie zuweilen mit ihnen verwechselt werden. Der Hsien King oder das Gefilde der Unsterblichkeit ist das Gebirge (*Hsien Shan*) oder die Neun Paläste (*Chin Kung*), vielleicht die neun Gipfel des mythischen Gebirges *Chin I*. Diese Gegend wird manchmal als Gebirgs- und Inselkette zugleich geschildert, und die drei Inseln der Glückseligen in den östlichen Meeren werden *San Hsien Shan* (Inselberge) genannt. Der Kaiser Shih Huang-ti soll im Jahre 217 v. Chr. eine Expedition dorthin entsandt haben, um das Elixier des langen Lebens suchen zu lassen; sechstausend junge Leute sollen in den Wogen verschollen sein.

Hsi Wang Mu, die Mutter der Feen, beschenkte den Kaiser Wu Ti aus der Han-Dynastie (202 v. Chr.–220 n. Chr.) mit vier Pfirsichen von ganz besonderem Wohlgeschmack, die nur alle dreitausend Jahre wachsen. Die Pfirsiche sind gelegentlich das Symbol der Unsterblichen, eines Geschlechts, das dem der Vollkommenen (*Chen Jen*) und der Heiligen (*Shen*) gleichgestellt ist. Sie trinken himmlischen Wein (*t'en-chin*), sie wandeln auf der Luft, und sie bedienen sich des Windes wie eines Fahrzeugs. Und wenn sie vorgeben zu sterben, so findet man beim Öffnen ihres Sarges keine Spur von einem Leichnam, nur einige symbolische Gegenstände.

Spätere Lehren

Später entwickelt der Taoismus mehrere Lehren hinsichtlich der zu Göttern erhobenen Menschen, der ewigen Symbole des «Weges», die für dessen Erfolg bürgen. Unter dem Einfluß des Buddhismus entwickeln sich die Unsterblichen zu einer himmlischen Hierarchie. Doch nach einer anderen Überlieferung leben sie auch weiterhin in den Fünf Heiligen Bergen, Ziel von Wallfahrten, deren wichtigster der T'ai Shan in Schantung ist. Die höchste Hoffnung der Adepten ist es, sich eines Tages zu den Unsterblichen des westlichen Berges K'un-lun zu gesellen im Land der fröhlichen Königin Hsi Wang Mu, die auf Gänsen und Drachen reitet, von der Pflanze der Unsterblichkeit zu essen und aus dem Fluß Cinabre zu trinken, den man durchqueren muß, um ins Jenseits zu gelangen, wie den Acheron im platonischen Mythos des *Phaidon.* Der Berg und die von innen heraus leuchtenden Himmlischen Grotten, so wie die Höhle von Jules Verne auf der *Reise ins Innere der Welt,* sind das phantastische Land, das der Adept sucht, der sich dorthin begibt, versehen mit Amuletten und magischen Sprüchen, auf der Suche nach der Droge, dem Elixier, dem Wundermittel. Indem der Taoist in das Gebirge eindringt, dringt er auch in sich selbst ein und erfährt jene Leichtigkeit des Seins, die ihn unwägbar macht. Er befreit sich von allen sozialen und sprachlichen Übereinkünften und verändert sein Bewußtsein derart, daß er alle angenommenen Gewohnheiten und Verpflichtungen austreibt. Wie Tschuang-tse träumt es ihm, er sei ein Schmetterling, und beim Erwachen fragt er sich, ob er selbst geträumt habe, er sei ein Schmetterling, oder ob der Schmetterling geträumt habe, er sei Tschuang-tse. Die Welt ist ein unwirkliches Gebäude aus lauter Träumen, in denen die Traumwesen den Träumenden entstehen lassen, genau wie sich auf den Bildern des Malers M. C. Escher die Hände wechselseitig zeichnen, um zeichnen zu können.

Die Vorstellung von der Leichtigkeit des Seins, das nicht mehr durch strenge Pflichten dem Staat gegenüber belastet ist, war nicht im Sinne des Konfuzianismus, den die Han-Dynastie in den Rang der offiziellen Ideologie erhoben hatte, eine Stellung, die er bis 1911 beibehalten sollte. Als der Buddhismus in China auftaucht, müssen die drei Religionen sich um die Gunst der Gläubigen bemühen; und das geschieht mit Methoden, die zuweilen außerordentlich hart sind, vor allem am Ende der Tang-Dynastie (618–907), als die am heftigsten verfolgte Religion auch die mächtigste war: der Buddhismus. Seit dem Erscheinen des Buddhismus leidet der Taoismus unter einem Minderwertigkeitskomplex. Einerseits zwingt ihn der Konfuzianismus, die okkulten Bräuche und die Volksgötter zu mißbilligen; andererseits setzt ihn der Buddhismus unter einen intellektuellen Druck, dem er nichts entgegenzusetzen hat. Doch wie wir bereits wissen, wirkt sich die grundsätzliche Unwägbarkeit des taoistischen Seins als Ferment für Utopie und Revolte aus. Allein eine mächtige Organisation vermag dies in Schranken zu halten, und eben diese erscheint unter einem Himmlischen Meister nach dem Sturz der Han-Dynastie (220 n. Chr.) und bleibt bis zum heutigen Tage bestehen, ständig bemüht, in den Augen des Staates glaubwürdig zu erscheinen.

Wenn Judith Berling in *The Syncretic Religion of Lin Chao-en* (1980) auch nachweist, daß das religiöse Leben Chinas etwa vom 11. Jahrhundert an von einer intellektuellen Synthese der drei Religionen beherrscht wird, so besagt das noch nicht, daß die politischen Beziehungen des Taoismus, des Konfuzianismus und des Buddhismus friedlich gewesen sind. Jene Kaiser, die den Buddhismus begünstigen, lassen im allgemeinen den Taoismus verfolgen und umgekehrt. Eben unter dem Einfluß des Buddhismus bekennen sich die Taoisten zum Mönchtum. Von 666 bis 1911 werden ihre gemischten Klöster vom Staat subventioniert; es ist anzunehmen, daß die alten in den taoistischen Gemeinden praktizierten sexuellen Rituale noch eine geraume Zeit in der klösterlichen Epoche fortbestanden haben, ungeachtet der von den Mönchen gepredigten buddhistischen Moral. Gleichwohl erreicht die Mönchsbewegung unter den Taoisten nie jene große Beliebtheit wie im Buddhismus. Dagegen übernimmt der kaiserliche Hof gern das vielseitig umfassende Denken des Taoismus, seine genau festgelegte und komplexe Liturgie, seine okkulten Rituale, seine magischen Anrufungen.

In der Ming-Zeit (1368–1644) erkennt der konfuzianistische Intellektuelle Lin Chao-en (1517–1598) die Notwendigkeit, die Einheit der drei Religionen zu verkünden, und entwickelt eine Synthese, in der die Methoden der taoistischen inneren Alchimie eine große Rolle spielen.

Der Taoismus wird auch heutzutage noch praktiziert und zelebriert. Zwei neuere Arbeiten, *The Teachings of Taoist Master Chuang* (1978) von Michael Saso (über Meister Chuang-ch'en Teng-yün, aus Hsin-chu in Taiwan, gest. 1976) und *Taoist Ritual in Chinese Society and History* (1987) von John Lagerwey (über Meister Ch'en Jung-sheng aus Tainam in Taiwan) enthalten wertvolle Angaben über die Bräuche in Taiwan heute.

Lehre und Praxis

Wenn der Tao-te king immer wieder die Überlegenheit des Nichts gegenüber dem Seienden, der Leere gegenüber der Fülle betont, so ist das nicht einfach als Verneinung des Lebens aufzufassen. Im Gegenteil, es ist das höchste Ziel des Taoismus, die Unsterblichkeit zu erlangen. Dieses Ziel ist fest umrissen in einer komplexen Theorie von der Lebensstruktur des kosmischen Körpers. Nach dem Bild des Universums ist das menschliche Wesen in der Tat von einem Ur-Odem belebt und in *yin* und *yan,* weiblich und männlich, Erde und Himmel, geteilt worden. Das Phänomen Leben ist diesem hinter seinen Offenbarungen verborgenen Odem gleichzusetzen. Wenn man ihn bewahrt und nährt, ist das menschliche Wesen in der Lage, zur Unsterblichkeit zu gelangen. Es gibt zahlreiche Verfahren, um dieses Lebensprinzip zu nähren: Gymnastik, Diätetik, Atem- und Sexualtechniken, Genuß von Drogen, innerliche Alchimie usw. Meditation ist ein wesentlicher Bestandteil des Taoismus, und zwar schon früher als im Buddhismus. Sie besteht darin, eine sehr genaue Topographie des Inneren zu erarbeiten, die aus «Palästen» besteht, in denen der Adept die Götter aufstellt, aufsucht, anbetet und mit ihnen spricht. Henri Maspero hat uns eine hervorragende Schilderung dieser alten taoistischen Techniken hinterlassen, die zunehmend an Bedeutung verlieren, da sie immer genormter, einförmiger und monotoner werden.

Dagegen werden die Techniken des *t'ai hsi* oder der embryonalen

Atmung, die darin besteht, eine immer länger andauernde Apnoe, einen Atemstillstand, zu erzielen (wie im *pranayama* yoga), und die Techniken des *fang-chung shu* oder «der Kunst des Schlafzimmers», die darauf hinauslaufen, den Samenleiter zu blockieren und dadurch den Samenerguß zu unterbinden, so lange blühen und gedeihen, als sie nicht den Verdacht des konfuzianistischen Puritanismus erregen. In beiden Fällen geht es darum, die Unsterblichkeit zu erlangen, und in beiden Fällen wird der Odem (die Atmung im *t'ai hsi* und der Spermaatem im *fang-chung*) derart neu verteilt, daß das Lebensprinzip bewahrt oder neu belebt wird. In seinem Buch *Vie sexuelle en Chine ancienne* (1961) geht Robert van Gulik davon aus, der *fang-chung* sei vom konfuzianistischen Adel übernommen worden, auch wenn jeder weitere Hinweis auf die taoistische Ideologie fehle, und zwar wegen der polygamen Ehen, die dem männlichen Partner eine über seine normalen Kapazitäten hinausgehende Leistung abverlangen. Zahlreiche sehr verbreitete Texte machen uns mit der Idee des «sexuellen Vampirismus» vertraut, der vielen chinesischen Glaubensvorstellungen zugrunde liegt und der, meist von der Frau ausgeübt, zugunsten des Mannes oder auch beider Partner zugleich in sein Gegenteil verkehrt werden kann, um damit eine Verjüngung zu erreichen.

Das Ziel der taoistischen Alchimie ist die Herstellung des Elixiers der Unsterblichkeit. Bei den äußeren Techniken ist das Elixier eine trinkbare Substanz; bei der inneren Alchimie *(nei-tan)*, die sich in der T'ang-Zeit (618–907) zu entwickeln beginnt, geht es um das gleiche Lebensprinzip, das alle bereits erwähnten taoistischen Verfahrensweisen herauszukristallisieren, anzufachen, zu steigern suchen. Das Vokabular ist ein alchimistisches, doch das Ergebnis ist das gleiche wie bei der embryonalen Atmung und beim *fang-chung:* Am Ende der Übungen und Techniken des *nei-tan* steigt das Lebenselixier ins Gehirn und gelangt von dort in den Mund. Wenn es heruntergeschluckt ist, wird es zu einem heiligen Embryo, der zehn Monate ausgetragen wird und dann den Adepten wieder neues Leben verleiht als Irdischem Unsterblichen. Nach neunjähriger Übung ist der Unsterbliche dann ein Vollkommener. Die klassischen Lehrbücher der inneren Alchimie sind die Sammlungen *Tao-shu* («Angelpunkt des Tao» um 1140) und *Hsiu-chen shih-shu* («Zehn Schriften über die Kultur der Vollkommenheit», nach 1200). Meister Chuang in Taiwan kannte auch die Geheimnisse des *nei-*

tan, aber auch diejenigen der taoistischen Magie wie die Anrufung der Sternengeister, die an diejenige von Agrippa von Nettesheim (16. Jh.) erinnert und an die Handbücher über Volksmagie in der Renaissance. Von diesen Geistern, deren Namen und äußere Gestalt Meister Chuang bekannt sind, vermag er Außergewöhnliches zu erbitten, doch begnügt er sich damit, daß er ihnen gebietet, den Himmlischen Tao anzuerkennen. Meister Chuang verstand sich auch auf die Magie des Donners, die zur Song-Epoche (960–1279) sehr gefragt war und in der Tat auch eine Art innerer Alchimie ist.

Literatur

Eliade, GrI 2/132–134.

John Blofeld, Der Taoismus oder Die Suche nach Unsterblichkeit, München 1988.

Tsung-Tung Chnag, Metaphysik, Erkenntnis und praktische Philosophie in Chuang-Tsu, Frankfurt 1982.

Werner Eichhorn, Die Religionen Chinas, Stuttgart 1973.

Marcel Granet, Das chinesische Denken. Inhalt. Form. Charakter, Frankfurt 1985.

Max Kaltenmark, Lao Tse und der Taoismus, Frankfurt 1981.

John Lagerwey, Taoist Ritual in Chinese Society and History, New York 1987.

Lao-tse, Tao Te King. Das Buch vom Sinn und Leben, übers. Richard Wilhelm 1986.

Hua-Yang Liu, Das Grosse Werk. Anweisungen zur taoistischen Meditation, Bern 1987.

Henri Maspero, Le Taoïsme, Paris 1965.

Joseph Needham, Science and Civilization in China, 5 Bde., Cambridge 1954–1983.

Michael Saso, The Teachings of Taoist Master Chuang, New Haven 1978.

Wolfgang Schluchter (Hg.), Max Webers Studien über Konfuzianisums und Taoismus. Interpretation und Kritik, Frankfurt 1982.

Der Shintoismus

Die nationale Religion Japans ist ein großer weiter Komplex von Glaubensvorstellungen, Sitten und Bräuchen, die erst verhältnismäßig spät als *shinto* bezeichnet worden sind, um sie gegen die von China kommenden Religionen, den Buddhismus *(butondo)* und den Konfuzianismus, abzugrenzen. Mit dem Christentum, das in Japan nach 1549 Fuß faßt, sind dann im japanischen Inselmeer insgesamt vier Religionen vertreten, die noch bis zum heutigen Tag Bestand haben.

Das Wort *shinto* bedeutet «Weg (*to,* chinesisch *tao*) der *Kami*» oder Schutzgottheiten für alle Dinge.

Die Quellen

Die älteste Quelle für die ethnischen Überlieferungen Japans ist der *Kojiki* («Geschichte der Begebenheiten im Altertum»), der um 712 verfaßt wurde von Ono-Yasumaro, einem Beamten im Dienste der Kaiserin Gemmei, anhand von Berichten und Informationen eines Kantors, der über ein unfehlbares Gedächtnis verfügt haben soll. Der *Kojiki* erzählt die Geschichte Japans von der Schöpfung der Welt bis zum Jahre 628.

Der *Nihongi* («Annalen Japans») in einunddreißig Bänden, von denen uns dreißig überliefert sind, stellt ein umfassendes Sammelwerk dar, das im Jahre 720 vollendet wurde. Weitere Angaben zu den frühen japanischen Glaubensvorstellungen finden sich im *Fudoki* (8. Jh.), im *Kogo-Shui* (807 f.), im *Shojiroku* und im *Engi-Shiki* (927). Ferner sind die chinesischen Dokumente aus der Wei-Dynastie (220–265) eine wertvolle Informationsquelle über das alte Japan.

Die Archäologie weist die Existenz einer neolithischen Kultur *(Jomon)* nach, die gekennzeichnet ist durch kleine weibliche Statuen aus Ton *(dogus)* und (phallische?) Siegelrollen aus poliertem Stein *(sekibo)*. In einer späteren Epoche *(Yayoi)* betrieben die Japaner Skapulomantie (Weissagung aus den Rissen im Schulterblatt eines Schafes) und Weissagung an Hand von Schildkrötenschuppen. Später stellt die Bestattung der Leichen in Hockstellung zur Kofunzeit die Religionsgeschichte vor unlösbare Deutungsprobleme.

Die alte Mythologie Japans

Doch das sind nicht die einzigen Probleme, mit denen sich der Exeget konfrontiert sieht. Die alte Mythologie Japans stellt sich uns dar als eine neue Variante aus verschiedenen Mythologien, die schon andernorts nachgewiesen worden sind. Trotz der Versuche älterer und moderner Verfasser von Augustin bis zu Claude Lévi-Strauss ist bis auf den heutigen Tag noch nicht eine einzige wirklich überzeugende Erklärung für die grundlegende Übereinstimmung aller Mythologien gefunden worden. Zu behaupten, sie beruhe auf der Konstanz logischer Denkvorgänge, ist sicher geistreich, doch recht unwahrscheinlich. Das würde im übrigen ein geheimes Orientierungssystem des binären Klassifizierungsmechanismus voraussetzen, eine Art mytho-poetische Vorrichtung im Gehirn.

Die ersten fünf Gottheiten des Shintoismus tauchen spontan aus dem Chaos auf. Nach mehreren Paarungen kommen Izanagi («Der-da-einlädt») und seine Schwester Izanami («Die-da-einlädt») zur Welt und erschaffen von der himmlischen Schwebebrücke aus durch Umrühren in der Ursalzflut die erste Insel. Sie steigen hinab und entdekken dort die Sexualität und ihre Nutzung, indem sie eine Bachstelze beobachten. Das Produkt ihrer Paarung, bei der ein Fehler unterläuft, ist Hiruko (Blutegel), der sie nicht zufriedenstellt, weil er im Alter von drei Jahren immer noch nicht aufstehen kann (Mythologem des mißgebildeten Erstgeborenen). Sie paaren sich aufs neue und erzeugen die japanischen Inseln und die Kami, bis zuletzt der Kami des Feuers die Scheide seiner Mutter verbrennt und diese tötet. Wütend enthauptet Izanagi den Tölpel, aus dessen Blut zahlreiche andere Kami entstehen. Wie Orpheus begibt er sich danach hinab in die Hölle (ins «Land der gelben Quelle»), um Izanami zurückzuholen, die dort festgehalten wird, weil sie von der höllischen Nahrung gekostet hat (Mythos der Persephone). Gleichwohl versichert sie sich der Hilfe des örtlichen Kami unter der Bedingung, daß Izanagi sie nicht bei Nacht holen kommt. Izanagi hält sein Versprechen nicht, und beim Schein einer Behelfsfakkel erkennt er, daß seine Gemahlin nur noch ein von Ungeziefer befallener verwester Kadaver ist. Acht Furien, die «abscheulichen Megären aus dem Land der Finsternis», verfolgen Izanagi, doch dieser wirft seine Kopfbedeckung hinter sich, die sich sogleich in einen Rebstock verwandelt. Die Furien bleiben zurück, um die Trauben zu verzehren. Genau wie in allen anderen Sagen auf der ganzen Welt wiederholt sich dieser Vorgang dreimal, wobei die nächsten Hindernisse Bambusschößlinge und ein Fluß sind. Nachdem Izanagi entflohen ist, nimmt Izanami selbst die Suche nach ihm auf in Begleitung von acht Kami des Donners und fünfzehnhundert Kriegern aus dem «Land der Finsternis». Izanagi jedoch versperrt mit einem Felsblock den Übergang zwischen beiden Welten, und die harten Worte der Trennung werden über jenen Felsen hinweg verkündet: Izanami soll täglich tausend Lebende in ihr Reich aufnehmen, doch Izanagi wird täglich die Zeugung von eintausendfünfhundert Lebewesen veranlassen, auf daß die Welt nicht entvölkert werde. Während sich Izanagi reinigt vom Schmutz aus der Berührung mit dem Tode, erschafft er den wichtigsten Kami des Shintopantheon, die Sonnengöttin Amaterasu («Großes Himmelslicht») und den durchtriebenen Gott Sosa-no-o.

Nach und nach füllen unzählige Generationen von Kami den Raum aus, der die ursprünglichen Gottheiten von den Menschen trennt. Einige Kami stehen im Mittelpunkt mythischer Zyklen, unter denen der von Izumo und der von Kyushu die wichtigsten sind. Eben die Leute von Kyushu, die sich in das (mythische?) Land Yamato begeben, werden dann die ersten Kaiser von Japan sein.

Der alte Shintoismus

Der alte Shintoismus weist eine besondere Verehrung der Kami auf, allgegenwärtige Manifestationen des Heiligen. Ursprünglich haben die Kami – ob es Naturkräfte, verehrte Ahnen oder ganz einfach nur Begriffe sind – keine Heiligtümer. Ihr Gebiet wird nur markiert, wenn ihnen zu Ehren Riten zelebriert werden. Da das traditionelle Produktionssystem Japans auf Ackerbau basiert, handelt es sich um jahreszeitlich bedingte Riten und Feste. Neben Gemeinschaftszeremonien gibt es auch einen individuellen Shintokult. Die Institution des Schamanismus und die Besessenheitskulte sind alt. Die solchen Glaubensvorstellungen zugrundeliegende Kosmologie ist ursprünglich. Sie besteht mal aus einer vertikalen Dreiteilung (Himmel–Erde–Unterwelt der Toten), mal aus einer horizontalen Zweiteilung (Erde–Tokoyo oder «ewige Welt») des Kosmos.

Ursprünglich hatte jede in sich geschlossene Gruppe von Menschen ihren eigenen Kami. Doch mit der wachsenden vereinigenden kaiserlichen Macht kommt es bald zur Vorherrschaft des kaiserlichen Kami, der Göttin Amaterasu Omikami. Unter dem Einfluß des chinesischen politischen Systems im 7. Jahrhundert wacht ein zentrales Kamibüro darüber, daß alle Kami des Reiches erfaßt und registriert werden, damit die Zentralregierung ihnen Heiligtümer errichten und ihnen die gebührende Verehrung angedeihen lassen kann. Im 10. Jahrhundert unterhält die Regierung an die dreitausend Heiligtümer.

Äußere Einflüsse

Der im Jahre 538 in Japan eingeführte und vom Staat im 8. Jahrhundert unterstützte Buddhismus bringt mit dem Shintoismus zusammen interessante Synthesen hervor. In der ersten Zeit werden die Kami den *devas* (Göttern) des Buddhismus gleichgestellt; später dann wies man ihnen den höheren Rang von Avatars der Bodhisattvas selbst zu. Ein reger Austausch von bildlichen Darstellungen des Buddha und der Kami erschütterte beide Religionen. Unter dem Schogunat der Kamakura (1185–1333), das durch die ungewöhnliche Kreativität des japanischen buddhistischen Denkens gekennzeichnet ist, bilden sich ein Tendai-Shinto und ein tantrischer Shinto (Shingon) heraus. Eine gegenläufige Bewegung zur Befreiung des Shinto entwickelt sich dann in den folgenden Jahrhunderten (der Watarai- und der Yoshida-Shinto). In der Edo-Epoche (Tokyo, 1603–1867) bildet sich eine Synthese des Shinto und des Konfuzianismus (der Suiga-Shinto) heraus. Obschon die Shinto-Renaissance (Fukko) von Motoari Norinaga (17. Jh.) eine Erneuerung des Shinto in völliger Reinheit anstrebt und die Verschmelzung mit dem Buddhismus und dem Konfuzianismus einer strengen Kritik unterzieht, übernimmt die Bewegung zuletzt die katholische Vorstellung von der Dreieinigkeit und die Theologie der Jesuiten. Während zur Zeit der Tokuwaga (Edo, 1603–1867) die shinto-buddhistische Synthese Staatsreligion wird, gilt später in der Zeit der Meiji (nach 1868) der reine Shinto wieder als offizielle Religion.

Die religiöse Reform der Meiji

Die religiöse Reform der Meiji führt zur Unterscheidung von vier Shintoarten: Koshitsu oder kaiserlicher Shinto, Jinja oder Shinto der Heiligtümer, Kyoha oder Sektenshinto und Minkan oder Volksshinto.

Die kaiserlichen Riten sind privat, üben aber einen starken Einfluß auf den Shinto der Heiligtümer aus. Der kaiserliche Shinto ist von 1868–1946 offizielle Staatsreligion Japans. Fortan steht er unter dem Schutz einer zentralen Vereinigung *(Jinja honcho)*.

Das Shinto-Heiligtum ist auch die Wohnstatt des Kami, der stets mit einem Stück Natur verbunden ist: einem Berg, einem Wald, einem Wasserfall. Wird es nicht in eine natürliche Landschaft hineingebaut, so ist es unerläßlich, daß sich im Innern des Heiligtums eine symbolische Landschaft befindet. Der Tempel wird in einfacher Holzbauweise errichtet (wie in Ise oder in Izumo) und ist gelegentlich mit chinesischen Architekturelementen verziert. Üblicherweise muß der Bau alle zwanzig Jahre erneuert werden.

Die Reinigungsriten spielen im Shinto eine grundsätzliche Rolle. Sie bestehen aus bestimmten Enthaltsamkeitsübungen, die den großen Zeremonien vorangehen oder aber die Menstruation und den Tod begleiten. Ursprünglich nahmen alle Gläubigen daran teil, heute werde sie von dem shintoistischen Priester allein wahrgenommen. Diesem steht ausschließlich das Recht zu, den *harai* oder Reinigungsritus mittels eines Stabes *(haraigushi)* zu zelebrieren. Nach den Reinigungen werden Schößlinge des heiligen Baumes *sakaki* als Symbol der Ernte und Gaben von Reis und Sake usw. als Opfer dargebracht, die begleitet von Musik, Tanz und Gebeten *(norito)* zum Kami den Mittelpunkt dieses Kults bilden.

Der Kami wird im Heiligtum symbolisch durch ein Emblem dargestellt (z. B. einen Spiegel, Symbol von Amaterasu) oder unter dem Einfluß des Buddhismus durch eine Kleinstatue. In der sogenannten *Shinko*-Zeremonie (Umwandern der Gemeinde) wird das Emblem des Kami in einer Prozession durch das Stadtviertel getragen. Eine Sühnezeremonie *(jichin-sai)* findet stets auf dem Gelände eines Neubaus statt. Ihr liegt die Vorstellung zugrunde, die unzähligen Kami könnten zuletzt gefährlich werden und es sei notwendig, sie in bestimmten Augenblicken zu beschwichtigen. Der Shintobrauch, der gemeinschaftliche wie der individuelle, wird bestimmt durch den Begriff *matsuri.* Traditionsgemäß besaß ein japanisches Haus einen *kamidama* oder Priesteraltar, auf dem in der Mitte ein Miniaturtempel stand. Auf die Anwesenheit des Kami wurde dort durch symbolische Gegenstände hingewiesen.

Der Staatsshintoismus

In der Zeit des Staatsshintoismus (1868–1946), als die Priester vom Jingikan oder dem Shintodepartment abhängige Beamte waren, mußte die Regierung andererseits Japan auch Religionsfreiheit gewähren, was in erster Linie bedeutete, daß die Verfolgung des Christentums ein Ende hatte. Doch die Meiji-Verfassung von 1896 wurde Gegenstand negativer politischer Interpretationen, insofern eine Religion nur dann praktiziert werden durfte, wenn sie vom Staat offiziell anerkannt war. Der Jingikan stand manches Mal vor dem schwierigen Problem der Klassifizierung neuer Religionen, die in der zweiten Hälfte des 19. Jahrhunderts auftauchten. Obwohl ihr Verhältnis zum Shintoismus oft nur sehr locker und auch problematisch war, wurden dreizehn neue Kulte (von denen zwölf zwischen 1876 und 1908 gegründet worden waren) als «Shintosekten» registriert: Shinto Taikyo (ohne Stifter, 1886 zugelassen), Kurozumikyo (gegründet von Kurozumi Munetada i. J. 1814), Shinto Shuseiha (gegründet von Nitta Kuniteru i. J. 1873), Izumo Oyashirokyo (gegründet von Senge Takatomi i. J. 1873), Fusokyo (gegründet von Shishino Nakaba i. J. 1875), Jikkokyo (gegründet von Shibata Hanamori, zugelassen i. J. 1882), Shinto Taiseikyo (gegründet von Hirayama Shosai, zugelassen i. J. 1882), Shinshukyo (gegründet von Yoshimura Masamochi i. J. 1880), Ontakekyo (gegründet von Shimoyama Osuka, zugelassen i. J. 1882), Shinrikyo (gegründet von Sano Tsunehiko, zugelassen i. J. 1894), Misogikyo (gegründet von den Schülern Inone Masakanes i. J. 1875), Konkokyo (gegründet von Kawate Bunjiro i. J. 1859) und Tenrikyo (gegründet von einer Frau, Nakayama Miki, i. J. 1838, zugelassen 1908, hat sich 1970 von Shinto getrennt; daraus hervor ging die Honmichi-Sekte). Seit 1945 sind zahlreiche «neue Sekten» aufgetaucht (nach einer Statistik aus dem Jahre 1971 waren es 47).

Der japanische Schamanismus lag traditionsgemäß in der Hand von Frauen. Folglich behalten mehrere neue Religionen den Frauen ganz besondere Charismata vor.

Die Volksreligion Japans

Obwohl die Volksreligion *(minkan shinto)* in Japan in mehreren Punkten mit dem Volksshintoismus übereinstimmt, unterscheidet sie sich doch deutlich von ihm. Sie besteht aus einer Summe von Sühne-, Jahreszeiten- und Spezialriten, die den drei großen Religionen Japans entlehnt sind. Tatsächlich heißt es manchmal, der Japaner lebe als Konfuzianist, heirate als Shintoist und sterbe als Buddhist. Zu Hause besitzt er einen Shintoaltar und einen buddhistischen Altar. Er hält die geomantischen Verbote (der Eingang eines Hauses darf nie im Nordosten liegen) und den Kalender der glücklichen und der unglücklichen Tage ein. Die wichtigsten Bräuche, die er wahrnimmt, sind verbunden mit Neujahr *(shogatsu)*, mit dem Frühling (*setsubun*, am 3. Februar), mit dem Puppenfest (*hana matsuri*, am 8. April), mit dem Tag der Knaben (*tango no sekku*, am 5. Mai), mit dem Fest für den Kami des Wassers (*suijin matsuri*, am 15. Juni), mit dem Sternenfest (*tanabata*, am 7. Juli), mit dem Totenfest (*bon*, 13.–16. Juli), mit dem Fest der Tagundnachtgleiche im Herbst *(aki no higan)* usw.

Die soziale Gruppe, die an diesen Riten teilnimmt, ist manchmal der erweiterte Familienkreis *(dozuku)*, manchmal auch eine Nachbarschaftsgemeinschaft *(kumi)*.

Literatur

Maurice A. Bairy, Japans Neue Religionen in der Nachkriegszeit, Bonn 1959.
Karl Franz, Die historischen Quellen der Shinto-Religion, Göttingen 1919.
Joseph M. Kitagawa, On Understanding Japanese Religion, Princeton NJ 1987.
Klaus Köpping, Religiöse Bewegungen im modernen Japan als Problem des Kulturwandels, Köln 1972.
Johannes Laube, Oyagami. Die heutige Gottesvorstellung der Tenrikyo, Wiesbaden 1978.
Ernst Lokowandet (Hg. und Übers.), Zum Verhältnis von Staat und Shinto im heutigen Japan. Eine Materialsammlung, Wiesbaden 1981.
Haruko Okano, Die Stellung der Frau im Shinto. Eine religionsphänomenologische und -soziologische Untersuchung, Wiesbaden 1976.
Bruno Petzold, Die Quintessenz der T'ien-t'ai (Tendai-)Lehre. Eine komparative Untersuchung, Wiesbaden 1982.

Der Jainismus

Der Name Jainismus (auch Jinismus) kommt von der Bezeichnung *Jina* («Sieger»), die dem Stifter dieser Religion beigegeben wurde.

Quellen

Die Literatur der *Jainas,* der Anhänger, ist äußerst umfangreich. Nach den beiden Überlieferungen oder Jaina-«Sekten» zerfällt sie in zwei Richtungen: die *Digambaras* (die «Luftbekleideten», also die «Nackten», die «Unbekleideten») und die *Svetambaras* (die «Weißgekleideten»). Die Schriften der Svetambaras sind in einem Lehrkanon zusammengefaßt, der aus etwa zehn Abhandlungen in sechs Gruppen besteht; der älteste Teil ist in Prakrit (der Sprache des Stifters) und der Rest in Sanskrit überliefert. Die Schriften der Digambaras zeichnen sich in erster Linie durch den vorwiegend systematischen Charakter der Abhandlungen *(prakaranas)* aus, von denen die älteste wohl aus dem 1. Jahrhundert n. Chr. stammt.

Mahavira

Mahavira («Großer Held») ist der Stifter des Jainismus; mit seinem wahren Namen hieß er Vardhamana («der Glückliche») und war ein Zeitgenosse Buddhas. Im Mittelpunkt der Svetambara-Überlieferung steht seine mythische Biographie, die gemäß dem indischen Paradigma der göttlichen Person *(mahapurusha)* umgedeutet worden ist. Nach der Zeugung in einer brahmanischen Familie aus Bihar soll sein Embryo von dem Gott Indra in den Uterus der Prinzessin Trisala verpflanzt worden sein, auf daß das Kind in eine königliche Familie hineingeboren werde. Vierzehn oder sechzehn Träume verkünden der Mutter die wunderbare Geburt. Das Prinzenkind, das nicht abwarten kann, die Gebärmutter zu verlassen und Wunder zu vollbringen, wird nach den religiösen Prinzipien von Parsva erzogen, dem die jinitische Überlieferung den Titel des dreiundzwanzigsten *tirthamkara* zuerkennt, was soviel bedeutet wie «Furtenbereiter» (auf daß die anderen das Gewässer zu durchschreiten vermögen), so etwa wie das Wort *pontifex* wohl «Brückenbauer» zu bedeuten scheint.

Mahavira selbst ist dann der vierundzwanzigste in dieser Reihe. Wie im Fall von Buddha, dessen Biographie Mahavira übrigens irgendwie zu wiederholen scheint, hat der Religionsstifter, einigen Quellen zufolge, eine Frau und eine Tochter gehabt, deren Ehemann wesentlich dafür verantwortlich gewesen sein soll, daß der Jainismus sich spaltete. Wie dem auch sei, nach dem Tode seiner Eltern verläßt Vardhamana dreißigjährig seinen gesamten Besitz und schließt sich den exzentrischen *shramanas* an, beeindruckenden Spezialisten einer vielgesichtigen Askese; sie gehen nackt und befolgen fünf Gebote, welche dann die fünf Großen Gelübde *(mahavratas)* eines Jaina-Mönches bilden sollten: nicht töten, nicht die Unwahrheit sagen, nicht stehlen, sexuelle Keuschheit bewahren und keine vergänglichen Güter anhäufen. Mahavira brachte über zwölf Jahre auf dem mühseligen Weg der Askese zu. Die Erleuchtung überkam ihn dann unter einem Weidenbaum in einer Sommernacht am Ufer eines Flusses. Ihm wurde Allwissenheit (oder Vollkommene Gnosis: *kevala-jnana*) zuteil, und zwar über alles, das da war, ist und sein wird in sämtlichen Welten. Dieser Zustand des *kevalin* ist als Äquivalent des buddhistischen *arhat* anzusehen. Auch der Jainismus kennt eine Überlieferung, die bestätigt, daß der *kevalin* von allen Zwängen der menschlichen Natur befreit ist, und eine zweite Lehre, die ihm lediglich zugesteht, daß er vor jenen Verunreinigungen gefeit ist, welche die Zwänge verursachen (Nahrungsaufnahme, Ausscheidungen usw.). Nach Erlangen der Vollkommenen Gnosis oder Erkenntnis verbreitete der Jaina die Wahrheit in seinen Kreisen und gründete die Jainagemeinschaft aus Mönchen und Laien beiderlei Gechlechts. Laut Überlieferung ging er im Alter von zweiundsiebzig Jahren in das Nirwana ein (nach der mystischen Zahlenlehre (2^3 x 3^2) im

Jahre 527 v. Chr., richtiger vermutlich 467). So wie die Lehre Buddhas in den Schriften des Achtfachen Pfades zusammengefaßt werden kann, die alle mit dem Wort *samyak-, samma* («rechte») beginnen, so ist die des Jaina zusammengefaßt in den Drei Juwelen *(triratnas)*, der Rechten Weltensicht *(samyagdarsana)*, der Rechten Gnosis *(samyagjnana)* und des Rechten Verhaltens *(samyakcaritra)*.

Entwicklung der Gemeinde

Der Legende nach übertrug Manavira die Leitung der Gemeinschaft auf elf seiner Schüler *(ganadharas)* unter der Führung von Gautama Indrabhuti. Im Jahre 79 n. Chr. spaltete sich die Gemeinschaft in die Anhänger der liberalen Überlieferung *(Svetambaras)* und in die sich zur konservativen heroischen Tradition bekennenden, grundsätzlich nackt gehenden «Luftgekleideten» *(Digambaras)*. Von Nordostindien aus (Magadna, heute Bihar) breitete sich die Bewegung nach Süden und nach Osten aus. Sie erlebte Zeiten der Entfaltung und Blüte, doch abgekapselt wie sie heute lebt, scheint die Zahl der Jainas drei Millionen kaum zu überschreiten. Eine Wirtschaftsethik, die auf Erfolg in Handel und Geschäft abstellt, garantiert der Gemeinschaft einen relativen Reichtum. In intellektueller Hinsicht haben die Jainas in der indischen Gesellschaft stets eine führende Rolle gespielt. Ihr Beitrag zur geistigen Bewegung von Mahatma Ghandi war wesentlich und bedeutsam.

Weltensicht

Die Weltensicht *(darsana)* der Jainas ist in den Großen Gelübden *(mahavratas)* der Mönche und in den Kleinen Gelübden *(anuvratas)* der Laien niedergelegt: *ahimsa* (Gewaltlosigkeit), *satya* (Ehrlichkeit), *asteya* (Rechtschaffenheit), *brahma* (Keuschheit: hier Enthaltsamkeit von unzulässigen sexuellen Beziehungen), *aparigraha* (Verzicht auf Anhäufung von Reichtümern).

Der Jainismus stimmt mit dem überlieferten Hinduismus und mit einigen Lehren aus dem Buddhismus überein, so etwa in der Vorstellung von der Reinkarnation des lebendigen *(jiva)* Teils des menschlichen Wesens in allen Lebensbereichen unter dem Einfluß des «karmischen Körpers», der das Ergebnis verflossener Taten ist. Der jainistische Erweckte versucht, diesem natürlichen Prozeß ständig entgegenzuwirken *(samvara)*. Es geht darum, in jedem Augenblick eine lange Reihe mentaler, verbaler und körperlicher Verzichte einzuhalten und sich den Prüfungen und Entsagungen im religiösen Leben zu stellen. Der ethische Dualismus in der jainistischen Lehre geht soweit, daß er den Selbstmord durch Fasten *(samlekhama)* nahelegt. Gleichwohl wird die bis zum äußersten getriebene Achtlosigkeit dem eigenen Leben gegenüber ausgeglichen durch die viel eindringlichere Sorge um das Leben der anderen. Die Jainas sind in der Tat verpflichtet, jedes Leben, und sei es das eines Flohs oder einer Ameise, zu achten; sie sind also nicht nur äußerst strenge Vegetarier (bis hin zu sterilisiertem Wasser), sondern sie bemühen sich mit allen Mitteln, niemals irgendeinem lebenden Wesen Schaden zuzufügen. Die Mönche beispielsweise werden stets dafür Sorge tragen, nicht in der Dunkelheit zu essen aus Angst, sie könnten versehentlich Insekten mit herunterschlucken.

Allein die vielfältige Askese *(tapas)*, so wie sie die Mönchsgemeinde *(nirgrantha)* handhabt, ist geeignet, die Erlösung des *samvara* herbeizuführen. Wenn der *samvara* des Mönches zuletzt zur Befreiung von allen Bindungen des *karma* führt, so erreicht er damit das Ziel der Vollkommenheit *(siddhi)*.

Obwohl die Kosmologie des Jainismus streng durchdacht ist, greift sie überlieferte brahmanische Gegebenheiten wieder auf, genau wie sich die mythische Biographie des Mahavira an diejenigen anderer Mahapurushas, der Großen Männer Indiens, anlehnt.

Tempel

In weit zurückliegenden Zeiten scheinen die Grotten der bevorzugte Wohnort der Jainamönche gewesen zu sein. Sie wurden in Anbetungsstätten verwandelt, welche die neueren in Felswände gegrabenen und gehauenen Heiligtümer nachzuahmen suchten (Badani, Ellora). Ohne in jedem Fall eine solche Struktur zu berücksichtigen, besteht der Jainatempel häufig aus einem Hauptbildnis des Tirthamkara «mit vier Gesichtern» *(catur-mukha)*, zu dem die vier Zugänge führen. Die berühmtesten Jainatempel finden sich in Westindien in Mont Abu und auf den Anhöhen von Aravalli.

Literatur

Eliade, GrI 2/152–153.

André Bereau/Walther Schubring, Die Religionen Indiens III. Buddhismus, Jinismus, Primitivvölker, Stuttgart 1964.

Willem B. Bollée, Studien zum Suyagada. Die Jainas und die anderen Weltanschauungen vor der Zeitwende, 2 Bde., Stuttgart 1977–1988.

Helmuth von Glasenapp, Der Jainismus. Eine indische Erlösungsreligion, Hildesheim 1984.

Willibald Kirfel, Symbolik des Hinduismus und des Jinismus, Stuttgart 1959.

Walther Schubring, Die Jainas, Tübingen 1927.

Ders. (Übers.), Worte Mahaviras. Kritische Übersetzungen aus dem Kanon der Jainas, Göttingen 1927.

Nicole Tiffen/Colette Caillat, Indien und der Dschainismus, Genf 1987.

Anhang

Sach- und Namenregister